כתבי האקדמיה הלאומית הישראלית למדעים

החטיבה למדעי־הרוח

סוגיות במחקר התלמוד

סוגיות במחקר התלמוד

יום עיון

לציון חמש שנים לפטירתו של

אפרים א׳ אורבך

כ״א בכסלו תשנ״ז

ירושלים תשס״א

האקדמיה הלאומית הישראלית למדעים

עריכת הלשון

אסתר גולדנברג

התקנת הספר והבאתו לדפוס

צופיה לסמן

ISBN 965-208-155-8

סודר בדפוס ׳מונולין מחשבים בע״מ׳
נדפס במפעלי דפוס ׳כתר׳, ישראל

תוכן העניינים

דברי פתיחה

יעקב זוסמן

כבוד נשיא האקדמיה, גב׳ אורבך הנכבדה, בני משפחת אורבך היקרים, מוריי, גבירותיי ורבותיי.

מתכבד אני לפתוח את יום העיון לציון מלאות חמש שנים לפטירתו של מורנו הפרופסור אפרים אלימלך אורבך זכרו לברכה.
לפי צוואתו הרוחנית של רבנו ונאמן לרוח אישיותו של מורנו לא נישאו בשעתו הספדים אישיים ולא דובר לא בדמותו ולא בהישגיו המדעיים הכבירים. גם הפעם, כאשר אנו באים לציין חמש שנים להסתלקותו, הוחלט בעצה אחת עם המשפחה, עם האקדמיה הלאומית הישראלית למדעים ועם החוג לתלמוד באוניברסיטה העברית: במקום לשאת דברים על הפרופסור אפרים אורבך ועל תורתו יוצגו לפניכם פירות ופירי פירות של תורתו. על כן החלטנו להשמיע לכם הפעם את מחקרי בני ׳דור ההמשך׳, תלמידי תלמידיו, ממשיכי דרכו של פרופ׳ אורבך במחקר התלמוד ובחקר הספרות הרבנית.
טיפוח ׳דור ההמשך׳ במחקר היה משאת נפשו של מורנו הפרופסור אורבך וקרוב ביותר ללבו. כל ימיו ובכל פעילותו המדעית והציבורית הענפה באוניברסיטה ובאקדמיה היו מעיינותיו נתונים בראש ובראשונה לקידומו של ׳דור ההמשך׳. דאגתו הייתה לעידודו של דור חוקרים צעיר הממשיך במחקר מדעי טהור. מצד אחד, מחקר בכל תחומי מדעי היהדות, מחקר החופשי מכל דעות קדומות, משוחרר מכל סד רוחני ומכל אילוץ חברתי או דתי ומצד אחר מחקר שמגמתו ׳הפקעת דמותה של היהדות התלמודית מבדידותה והצגתה כגוף חברתי חי׳. את התפקיד הזה ייעד לדורות החוקרים הצומחים בארץ, הממשיכים את מפעלם של חוקרי ׳חכמת ישראל׳ והם משוחררים מן האילוצים האפולוגטיים של דורות קודמים.
השפעתו הברוכה של פרופסור אורבך ז״ל בכל תחומי מדעי היהדות מכרעת גם מבחינה זו. אין לך היום חוג מחוגי מדעי היהדות שבחבר מוריו אין מתלמידיו, אם תלמידים מובהקים שעשו את עבודת הדוקטור שלהם בהדרכתו ואם תלמידים שזכו והיו משומעי לקחו. הדבר בולט, כמובן, בחוג לתלמוד שבאוניברסיטה העברית, חוג שכל מוריו, הן הוותיקים הן הצעירים יותר, כולם תלמידיו ותלמידי תלמידיו.
בזכותו של פרופסור אורבך ז״ל מופיע היום לפניכם פרי עמלו וטיפוחו — שישה מתלמידי תלמידיו המצטיינים, שירצו על עבודותיהם בתחומי מחקריו המגוונים. חוקרים צעירים אלו הם מורים וחוקרים בזכות עצמם באוניברסיטה העברית ובמוסדות אקדמיים אחרים, ואף פרסמו מפרי

מחקריהם בבימות מדעיות חשובות — אחד המרבה ואחד הממעיט. במהלך כתיבת עבודות הדוקטור שלהם זכו כולם לפרסים יוקרתיים, ועם השלמת עבודותיהם זכו להכרה בהצטיינותם. אכן, מעולים הם ותורתם תורה מפוארת היא, אלא שבתור מורה מוזהר אני מלהרבות בשבחם ועליי להסתפק במקצת שבחם.

חוקרים צעירים אלו, תלמידי תלמידיו של פרופסור אורבך, ירצו היום על נושאים מתחומי מחקריו של רבנו: פילולוגיה והיסטוריה, הלכה ואגדה, ראליה ואמונות ודעות; וכל הנושאים האלה למן ימי הבית ועד לימי־הביניים.

זכה מורנו אפרים אורבך והקים דורות של מורים וחוקרים לתפארת — שלנו ושלהם שלו הם.

דברי ברכה

יעקב זיו
נשיא האקדמיה הלאומית הישראלית למדעים

נתכבדתי בהשמעת דברי פתיחה ליום העיון במלאות חמש שנים לפטירתו של פרופסור אפרים א׳ אורבך ז״ל. ולא משום שאני חריף ובקי במשנתו. הרי כל המרצים בכנס זה כולם מומחים ובקיאים ופיהם מפיק מרגליות.

זכות זו נפלה בחלקי, מפני שמצאתי את עצמי בתפקיד שנשא ברמה ובהדר פרופסור אורבך ז״ל — תפקיד נשיא האקדמיה הלאומית הישראלית למדעים, שבחסותה ובחסות האוניברסיטה העברית בירושלים מתקיים יום העיון החשוב הזה.

וכיוון שמשנתו של פרופסור אורבך איננה שגורה בפי, נזקקתי לכלי שני — לקריאה בדברים שכתבו ואמרו אחרים ולרשמיי האישיים מתוך היכרות של כמה שנים באקדמיה. במאמרו של פרופסור יעקב זוסמן, תלמידו של פרופסור אורבך וממשיך דרכו, מצאתי משפט שביטא בצורה תמציתית את דרכו של אפרים אורבך: ׳חכמתו קדמה למדעו׳. פרופסור אורבך לא רק תלמיד חכם היה ואחד מגדולי החוקרים בחכמת ישראל. הוא היה גם בר־סמכא במובן הרחב של מושג זה.

אישיותו הדומיננטית דחפה אותו לחשוף במחקריו את דרך פעולתם של אותם תלמידי חכמים שטבעו את חותמם בהלכה, וכל כך הרבה להבין את נפשם עד שהיו שטענו נגדו שאינו כותב את תולדות ההלכה אלא את תולדות בעלי ההלכה. אכן, במחקריו על בעלי התוספות התעמק פרופסור אורבך לא רק בחקר ההלכה אלא גם ׳בכיוון המחקר האישי, הבוחן את מידת גמישותם של בעלי־ההלכה׳. חלומו הגדול, שהפך למציאות, היה לחקור את הבעיות הגדולות של תולדות ההלכה ולא פחות מכך את עולמם של חז״ל ואת הגותם.

השילוב המופלא של חריפות ובקיאות עם כושר ראייה חודר והיכולת להבדיל בין טפל לעיקר וללכת לפני המחנה מאפיין אישיות זו של ׳בר־סמכא׳, ובאמת כזה היה פרופסור אפרים אורבך.

אכן, ׳חכמתו קדמה למדעו׳.

חבל על דאבדין.

חרותא

מאת

שלמה נאה

[א]

פרופסור אפרים אורבך במאמרו על הפרישות והסיגוף במשנתם של חכמינו ז״ל העמיד אבן פינה במחקר תחום חשוב של התרבות החברתית והרוחנית של החכמים ובני זמנם.[1] לדעתו, הפרישות של החכמים לא הייתה קשורה באידאולוגיה האסקטית שרווחה בחוגים יהודיים קדומים או בקרב קבוצות דתיות אחרות שבזמנם. החכמים התנגדו לפרישות ולסיגוף לשם השגת מעלה רוחנית, ואלו מהם שנהגו בפרישות עשו זאת רק בתגובה למאורעות היסטוריים או לשם כפרה על חטא שחטאו. כמו כן אורבך קובע שלא הייתה בקרב החכמים פרישות מינית מוחלטת.[2] אתמקד כאן באחד המקורות שאורבך מזכירם ברמיזה — המעשה ברב חייא בר אשי ואשתו, המובא בסוף מסכת קידושין בתלמוד הבבלי. אלה דבריו של אורבך: ׳מימי האמוראים ישנן בידינו עדויות על מעשי פרישות יתירה ועל ריבוי תעניות [...] אבל רוב המעשים קשורים בחשש עברה. תלמידו של רב, רבי חייא בר אשי, שנהג פרישות יתירה ולחם ביצרו, התענה כל ימי חייו עד שמת׳.[3] מהקשר דבריו מסתבר שעיקר עניינו בתעניות שהתענה רב חייא למן אותו המעשה (המסופר בבבלי שם) עד שמת ולא במנהגי ה׳פרישות היתירה׳ שהיה החכם נוהג קודם לכן (שלא היו תעניות לשם כפרה על חטא או ספק חטא). ואולם מנהגי פרישות אלו והמלחמה ביצר, שהעסיקו את רב חייא עד לאותו המעשה האומלל, חשובים לעניין האסקזיס של החכמים לא פחות מן התעניות שהתענה לאחר מעשה,[4] ועל שורשיהם אני מבקש להתחקות כאן.

1 א״א אורבך, ׳אסקזיס ויסורים בתורת חז״ל׳, מעולמם של חכמים, ירושלים תשמ״ח, עמ׳ 437–458 (= ספר היובל ליצחק בער, ירושלים תשכ״ח, עמ׳ 48–68).

2 עיקרי העובדות כפי שהציען שרירים ועומדים גם אם אפשר להרהר מעט אחר רוח הדברים, בעיקר בשאלת ההגדרה של הפעילות האסקטית ומה מן העדויות על החכמים עשוי להיכלל בה. ראה למשל את הצעותיו של פראד S. D. Fraade, ‘Ascetical Aspects of Jewish Spirituality’, *Jewish Spirituality*, New York 1987, pp. 253–288) המבוססות על הגדרה מתונה יותר של האסקזיס כתרגולת של שליטה עצמית לצורך השגת כל מטרה רוחנית שהיא.

3 מעולמם של חכמים (לעיל, הערה 1), עמ׳ 451.

4 לאמתו של דבר, אין בידינו כל עדות ממשית על תעניות אלו, שכן המאמר שבסוף

בסיפור הזה דנו כמה מחברים שעמדו על צדדים חשובים שבו.[5] הפרשנות המוצעת להלן מבוססת על ביקורת לשונית ומבנית של הסיפור ורכיביו ועל השוואה לקסיקלית ומושגית עם הלשון והספרות של החברה הנוכרית השכנה. ניתוח זה מאיר את הסיפור באור מיוחד ויש בו כדי לתרום גם להבנת התרבות הרוחנית והחברתית שעל קרקעה צמח. וזה הסיפור, כפי שהוא מובא בתלמוד הבבלי במסכת קידושין פא ע"ב[6]:

רב חייא בר אשי הוה קא רגיל כל יומא דהוה נפיל על אפיה ואמר[7]:
הרחמן יצילני מיצר הרע.
יומא חד שמעתיה דביתהו, אמרה: הא כמה שני דפריש ליה מינאי, מאי טעמא אמר הכי?
יומא חד הוה קא גריס בגינתיה —
קשטה נפשה, וחלפה ותניא קמיה.
אמר: מאן את?
אמרה ליה: אנא חרותא[8] דהדרי מיומא.
תבעה.
אמרה ליה: אייתי לי מן הדין רומני דריש צוציתא דדיקלא!
שוור אייתי ניהלה.
כי מטא לביתיה הוא קא שגרא דביתהו תנורא,
סליק ויתיב בגויה.
אמרה ליה: מאי האי?
אמר לה: הכי והכי הוה מעשה.
אמרה ליה: אנא הואי!
אמר לה: אנא מיהא לאיסורא איכווני.

הסיפור 'כל ימיו של אותו צדיק היה מתענה[...]' — ניכר מתוכו שאינו אלא תוספת על גוף הסיפור, ובאמת אינו מתועד בכתבי־היד; ראה להלן, הערה 6.

5 ראה: י' פרנקל, 'קוים בולטים בתולדות מסורת הטקסט של סיפורי האגדה', דברי הקונגרס העולמי השביעי למדעי היהדות, מחקרים בתלמוד, הלכה ומדרש, ירושלים תשמ"א, עמ' 59–61; א' אלון, 'הסימבוליזציה של מרכיבי העלילה בספור התלמודי', חיבור לשם קבלת תואר מוסמך, האוניברסיטה העברית בירושלים, תשמ"ב, עמ' 40–44; י' ברקאי, הסיפור המיניאטורי, ירושלים תשמ"ו, עמ' 128–133; ר' קלדרון־שחר, 'דמות המשנה כטופוס בסיפורת האגדה שבתלמוד הבבלי', חיבור לשם קבלת תואר מוסמך, האוניברסיטה העברית בירושלים, תשנ"א, עמ' 42–45.

6 הסיפור מובא כאן לפי נוסחו שבכ"י וטיקן 111. בשאר כתבי־היד אין שינויים חשובים פרט לאלה שיצוינו להלן במפורש. לעומת זאת בדפוסי התלמוד נוספו משפטים שלמים אחרי שורה 14 ובסוף הסיפור אחרי שורה 15. על תוספות אלו ועל משמעותן ראה פרנקל (הערה קודמת לזו), שם.

7 בנוסחאות אחרים: 'הוה אמר'. לפי הנוסח שלפנינו הנפילה על פניו והתפילה להצלה מן היצר היו שגרה יום־יומית של רב חייא. על המוטיב של נפילת אפיים בסיפורי אגדה ראה אלון (לעיל, הערה 5).

8 כך בכל העדויות למעט כ"י וטיקן 111, הגורס 'חריתא'; וראה עוד להלן, הערה 56.

[ב]

בתשתית הסיפור משולבות יחד תבניות של שני סיפורי פיתוי מספר בראשית — סיפור אדם וחוה וסיפור יהודה ותמר. התבנית הראשונה משתקפת בעיקר בדימויים של הגן והפרי: החכם יושב ולומד בגן, אשתו מפתה אותו, והנפילה מתגלגלת על־ידי קטיפת הפרי מן העץ.[9] התבנית השנייה משתקפת בדרכי הפעולה של הדמויות: האישה הזנוחה מתחפשת לזונה ומפתה את בעלה, והחוטא נידון בשרפה. על רקע הדוגמאות המקראיות ניכר היטב השינוי במגמת הסיפור התלמודי: כאן האיש הוא הקוטף את הפרי והוא הנידון בסוף לשרפה. שלא כבסיפורים המקראיים הגרסה התלמודית מעמיסה על האיש את כל כובדם של הכישלון והעונש. הסיפור מובא בתלמוד בסופה של סדרת סיפורים קצרה על התמודדויות וכישלונות של חכמים במאבקם ביצר הרע.[10] לכל הסיפורים מסגרת דומה,[11] אבל הסיפור על רב חייא בר אשי שונה מן האחרים בפרטים חשובים:

(א) החכמים בסיפורים הקודמים מתגרים ביצר כמנצחים, וכישלונם הוא עונש על גאוותם. ואילו בדבריו של רב חייא בר אשי אין שמץ גאווה. הוא גם יודע שאין בכוחו לגבור בעצמו על היצר, ולכן הוא מתמיד בתחנוניו אל הקב״ה שיעזרנו ויצילנו מידיו.

(ב) שלא כבסיפורים הפשטניים על ר׳ עקיבא ועל ר׳ מאיר העלילה המורכבת בסיפור על רב חייא חושפת קונפליקט מהותי המאפיין את היחס ליצר ולפרישות. ההבדל נעוץ בטיבה של הדמות העומדת כנגד הגיבור. בסיפורים הראשונים הריהי דמות רקע בלבד, דמיון ותו לא (׳אידמי ליה כאיתתא׳). אבל בסיפורנו הסיבוך והחשיפה נוצרים מתוך פגישה בין שתי דמויות אנושיות ממשיות שדרכיהן מסתבכות זו בזו מתוך אי־הבנה עמוקה שאינה יכולה להגיע לכלל השלמה. הסיפור איננו רק על המאבק, הניסיון והכישלון של רב חייא אלא גם על כישלונה של אשתו, שיזמה את הניסיון.

(ג) ההבדל העיקרי בין הסיפורים הוא בטיבם של הניסיון ושל העברה, ומתוך כך גם במהותם של היצר הרע והמאבק בו. בסיפורים על ר׳ עקיבא ועל ר׳ מאיר הניסיון והכישלון ברורים: השטן נדמה לאישה אחרת והחכם נכשל בה. לעומת זאת הסיפור שלנו מעיד על רב חייא בר אשי שפרש מאשתו שלו ולא השטן הוא שנדמה לו לאישה אחרת אלא אשתו, שעשתה ׳מעשה תמר׳

9 דודי, פרופ׳ ח״נ ברנדוין ז״ל, העיר את תשומת לבי למקומם החשוב של מוטיבים אלו בסיפור.

10 המעשים בר׳ מאיר, בר׳ עקיבא ובפלימו; בבלי קידושין פא ע״א–ע״ב.

11 בפתיחה מוצג דיבור שהחכם היה רגיל לומר כהתגרות ביצר או בשטן. בגוף הסיפור מתוארים הניסיון והכישלון: הניסיון מבוים על־ידי התחפשות ומתוכנן להכשיל את הגיבור; כדי להבליט את הניסיון ואת עומק הכישלון מוצב מכשול קשה לפני הגיבור בדרכו אל העברה. בסוף הסיפור הגיבור מעומת עם כישלונו המביש. הסיפור על פלימו (השלישי בסדרה) שונה מן האחרים בתוכנו, אבל הוא דומה להם במבנהו ואפשר שמשום כך שובץ כאן.

והייתה לו לשטן בדרכו. גם בגילוי האמת שלאחר מעשה אין כדי להקהות את חריפות ההכרה של רב חייא בכישלונו.[12] לכן נראה שמטרת המאמץ הרוחני של רב חייא בר אשי היא לא רק להינצל ממעשה של עברה, ובדבריו על יצר הרע כוונתו ליצר המיני בכללו.[13] קריאה ראשונית זו מציירת את דמותו של רב חייא בר אשי כאדם העסוק בפעילות אסקטית שמטרתה להימלט משלטון היצר המיני. על כך הוא מבקש בתחנוניו מדי יום ביומו, ולכן גם פרש מאשתו זה כמה שנים.

הבנה זו מעמידה את המסופר כאן על רב חייא בר אשי בסתירה עם דמות החכם הפָּרוש כפי שצייר אותה אורבך. לפני שאעסוק בכך אדון במשפט הסתום שבפי האישה (שורה 6) ובמקומו בתוך הסיפור. פירושו של משפט זה עשוי לאשש את ההבחנות שנעשו בחטף בפסקה הקודמת.

הסיפור בנוי בשלוש מערכות וביניהן קשרים מבניים ותוכניים הדוקים. במערכה השנייה (שורות 3–9) העלילה מגיעה לשיאה בוניאור הפיתוי והכישלון. אשתו של רב חייא מתחפשת לזונה ומשתדלת למשוך את תשומת לבו של החכם (שורה 4), המבחין בה ומבקש לבוא אליה (שורה 7). בין שני המעשים הללו, בנקודה הקריטית של הסיפור, משובצת שיחה. רב חייא שואל את האישה לזהותה (שורה 5) והיא עונה לו: 'אנא חרותא דהדרי מיומא' (שורה 6). במבט ראשון דומה שהשיחה מעמעמת ומקהה את המתח שברצף ההתרחשויות וקשה להבין במה היא תורמת להנעת העלילה, אבל קביעתה בנקודת השיא של העלילה מלמדת על תפקידה החשוב בסיפור.

דבריה של האישה — 'אנא חרותא דהדרי מיומא' — הם תשובה לשאלה 'מאן את', כלומר במשפט הזה האישה מציגה את עצמה. כפי שאַראה להלן, 'חרותא' הוא שם פרטי שהאישה בודה לעצמה.[14] מתחילת הסיפור אין היא מוצגת בשמה אלא היא 'אשתו של רב חייא בר אשי', ודי לסיפור בכך, כדרכם של סיפורי התלמוד, שבדרך כלל אינם מציגים דמויות של נשים בְּשמן. הצגת האישה עתה בַּשם הפרטי שאימצה לעצמה מלמדת שהשם הזה הוא יסוד מהותי בדמותה ובסיפור כולו. דברי האישה מובילים אל המפנה בהתנהגותו של רב חייא, ועל כן ברור שהמשפט הזה נושא משמעות עמוקה העומדת בתשתיתו הרעיונית של הסיפור. שורה זו טעונה אפוא ליבון

12 אפיון חשוב זה של הסיפור מיטשטש לגמרי בדפוסי התלמוד המאוחרים שנוסף בהם המשפט 'לא אשגח בה עד דיהבה ליה סימני' לאחר שורה 14. תוספת זו (כנראה בהשראת הסיפור המקראי על יהודה ותמר) מקהה את עוקצו של הסיפור; ראה: פרנקל (לעיל, הערה 5).

13 על ההתפתחות הסמנטית של המושגים 'יצר' ו'יצר הרע' ראה: F.C. Porter, 'The *Yeçer hara*: A Study in the Jewish Doctrine of Sin', *Biblical and Semitic Studies*, New York–London 1901, pp. 93–156; דיון נרחב ומפורט אצל G.H. Cohen Stuart, *The Struggle in Man Between Good and Evil*, Kampen 1984, pp. 81–205. וראה גם: D. Boyarin, *Carnal Israel*, Berkeley–Los Angeles 1993, pp. 61–67

14 ראה להלן, ראש חלק ד (עמ' 21–22).

מחודש, שיתמקד בפירושה של התיבה ׳חרותא׳.[15] לאחר קביעת המטען הסמנטי של המילה הזאת יהיה אפשר לפרש את המשפט כולו.[16]

[ג]

השם ׳חֵרותא׳ הוא המקבילה הארמית ל׳חֵרות׳ העברית. מובנה הנפוץ — חופש, שחרור — אין בו כדי לספק הסבר הולם ל׳חרותא׳ שבסיפור שלנו ואולם בדיקת שימושיה של המילה בלשונות קרובות מגלה גוני משמעות מיוחדים העשויים לסייע בפירושה כאן. גוני משמעות אלו באים לידי ביטוי מובהק ומתועד יפה בעיקר בסורית, שבה ׳חֵארותא׳ (מקבילה מדויקת ל׳חרותא׳ בסיפור התלמודי) משמשת גם בשדה המוסר המיני. הסורית חשובה ביותר לענייננו בהיותה אחותה הקרובה של ארמית התלמוד הבבלי ולשונה של חברה שכנה לחברה היהודית בבבל. בדיון שלהלן אסקור כמה מקורות[17] המדגימים את שימושי המילה בתחום המוסר המיני, ואחר כך אנסה להראות כיצד הם מקופלים בתוך ׳חרותא׳ שבסיפור שלנו וכיצד הבנה זו עשויה להאיר את המבנה הפנימי של הסיפור ואת משמעותו בהקשרו התרבותי.

במקרא אין ה׳חורים׳ מי שאינם עבדים אלא האצילים, המיוחסים[18] וכיוצא

15 פירושו של רש״י ׳חרותא — שם זונה ניכרת בעיר׳ עשוי להלום את רצף ההתרחשויות, אלא שאין בו כדי למלא את הדברים בתוכן המתבקש על־פי המבנה הספרותי. ניכר בו בפירוש הזה שאין ביסודו ׳פירוש עתיק׳ (כדברי פרנקל [לעיל, הערה 5], עמ׳ 60, הערה 73), אלא שנולד מתוך הדוחק באמצעות צירוף שטחי של הנתונים: האישה מתחפשת לזונה ומכנה את עצמה ׳חרותא׳, מכאן שזה שמה; מהסתפקותו של רב חייא בתשובה זו לשאלתו ׳מאן את?׳ עולה שמדובר באישה מפורסמת שמן הסתם הגיע שמעה גם לאוזניו.

16 קשה לקבל את הצעתו של פרנקל (שם, עמ׳ 60–61): ׳חרותא דהדרי׳ — המצומקת שחזרתי להיות רעננה. הוא גוזר את המשמעות הזאת מן הבבלי בחולין נה ע״ב, אבל גזירה זו קשה ביותר. ׳חרותה בידי שמים׳, הנזכרת במשנה (חולין ג:ב) כאחד מן המומים שאינם עושים טרפה, היא ביטוי עברי גמור (במשקל פָּעוּל של השורש חר״ת), שאינו מתאים לצורה הארמית שבסיפור שלנו. אמנם בתלמוד הבבלי (חולין נה ע״ב) מובא מעשה (בארמית) ברבה בר בר חנה שמצא כבשים שריאתם צמוקה והחכמים הציעו לו דרך לבדוק אם המום טרפה או לא: ׳אי הדרן בריין כשרה׳, אבל במעשה זה לא נזכרת כלל המילה ׳חרותא׳, ובכל הסוגיה כולה אין מופיע הצירוף הלשוני שפרנקל מבקש: ׳חרותא דהדרא׳. גם אם אפשר לחבר את שני הרכיבים שבסוגיה מבחינת תוכנם, עדיין אי־אפשר לקבל מחיבור זה צירוף לשוני שלם. למעשה, הדבר לא ייתכן, שהרי הוא יצור כלאיים שחציו עברית וחציו ארמית. ואפילו נתעלם מן הקשיים הללו, קשה להניח שהסיפור על רב חייא ואשתו מבוסס על פלפול לשוני בדיני טרפות! לאמתו של דבר, פרנקל עצמו מסופק אם יש ממש בפירוש שהציע, ועיין שם. קלדרון ([לעיל, הערה 5], עמ׳ 33, הערה 1) מבינה את המילה כפשוטה: חרותא=חירות, חופש. בכך היא מתקרבת לפירוש שיוצע בהמשך.

17 מובן שאין בדוגמאות הספורות האלה משום סקירה ממצה של המקורות.

18 ראה במילונים.

בזה בשפות קרובות אחרות.[19] בלשון המשנה והתלמוד ההוראה העיקרית של 'בן חורין' היא מי שאינו עבד, אבל אפשר למצוא את הצירוף גם במובן בן טובים, מיוחס.[20] בהתאמה שם העצם המופשט 'חירות' עשוי להביע לא רק חופש מעבדות אלא גם אצילות, ייחוס.[21] ממובן האצילות שבייחוס נגזרת גם המשמעות של אצילות שבהתנהגות, כלומר נימוסין, צניעות, איפוק וריסון עצמי.[22] מכאן המובן המיוחד של החירות כמשמעת מינית: שמירה על הבתולין או על הכבוד המיני וגם פרישות מינית (מרצון או מאונס). כך, למשל, בערבית 'בת חורין' (حرّة) הוא כינוי לאישה צנועה השומרת על כבודה, ועל כלה שבעלה לא קרב אליה אומרים שעבר עליה 'לילה של בת חורין'.[23] גון משמעות זה מתקשר היטב אל 'חרותא' שבפי אשתו של רב חייא, שבעלה לא קרב אליה זה שנים. ההקשרים של התיבה בספרות הסורית לסוגיה עשויים לפרוש את היריעה ולהרחיבה עוד.

יעקוב מסרוג מספר על שתי הנשים הזונות שנשא הושע: 'לא נכפותא ולא חֵארותא לחדא מנהין' ('לא צניעות ולא חירות לאחת מהן').[24] 'חֵארותא' אינה באה כאן במשמעות הפשוטה של חופש, אלא היא מציינת תכונה או דפוס התנהגות. 'חֵארותא' עומדת בהקבלה ל'נכפותא' (צניעות, פרישות), והנשים הזונות מאופיינות בחסרונן של מידות אלו. באותה המשמעות המילה חוזרת בפתרון המעשה הנבואי: 'שטת שמרין ולנמוסא ולחארותא, ואיך זניתא דקניא גברֿא קנת אלהֿא' ('זנחה שומרון את התורה ואת החירות, וכמו זונה הקונה גברים קנתה לה אלוהות').[25]

דוגמה יפה לשימוש זה של 'חֵארותא' יש בעיבוד סורי לסיפור יוסף ואשת פוטיפר.[26] שלא כבסיפורי הפיתוי האחרים שבספר בראשית גיבור הסיפור

19 למשל 'חֵארא', 'בר חֵארֿא' או 'חֵאריא' בסורית (ראה: R. Payne Smith, *Thesaurus Syriacus*, Oxford 1879–1901, col. 1356); حرّ בערבית (ראה: E.W. Lane, *Arabic-English Lexicon*, Book 1, Part 2, London 1865, p. 538b–c).

20 ראה למשל משנה ב"ק ח:ו. מעניין התרגום ל'בן חורים' בקהלת י:יז: 'מן יחוס בית דוד'.

21 לסורית ראה פיין־סמית (לעיל, הערה 19), עמ' 1357; לערבית ראה ליין (לעיל, הערה 19), עמ' 540a.

22 שמירת הצניעות והכבוד בתחום יחסי המין היא מן המאפיינים החשובים של בני החורין לעומת העבדים והשפחות, אשר בחברה הקדומה, גם היהודית, היו מופקעים במידה זו או זו מחוקי היוחסין והצניעות של בני החורין, ולכן נודעו כפרוצים בעריות. למשל, 'מרבה שפחות מרבה זימה' (משנה אבות ב:ז); התלמוד סבור שהעבד הממוצע מעדיף שלא לשאת בת חורין אלא שפחה, כיוון ש'עבדא בהפקירא ניחא ליה, זילא ליה, שכיחא ליה, פריצא ליה' (בבלי גיטין יג ע"א; וראה רש"י שם). על המצב בחברה ההלניסטית והרומית ראה: P. Brown, *The Body and Society*, London 1989, p. 23

23 ליין (לעיל, הערה 19), עמ' 538c.

24 Jacob von Sarug, *Der Prophet Hosea*, ed. W. Strothmann [*Göttinger Orientforschungen*, Part I, Book 5], Wiesbaden 1973, p. 44, l. 257

25 שם, עמ' 54, שורות 309–310.

26 *Histoire de Joseph par Saint Ephrem*, Paris 1887, pp. 69–79; כמו יצירות רבות אחרות שלא נודע שם מחברן גם החיבור הזה מיוחס בטעות לאפרם.

הזה הוא מופת של עמידה בניסיון וכיבוש היצר.[27] מחברו של העיבוד הסורי מרחיב כדרכו את הסיפור ומפתח את השיחה שהתנהלה בין הגבירה לעבד. 'חֵארותא' היא מילת המפתח בשיחה, המושתתת כולה על המתח שבין משמעויות המילה — בין חירות במשמע חופש ומעמד חברתי ובין חירות שהיא צניעות ופרישות מינית. למשל, בפניית האישה אל יוסף: 'לא עמלת דאטור חֵארותי' ('אינני מסוגלת עוד לשמור על חירותי'),[28] ובתשובתו: 'אנא עבדא ואנתי ברת חֵארא [...] לבר חארא טר חארותכי' ('אני עבד ואת בת חורין [...] לבן חורין שמרי את חירותך').[29] משנכשלה בניסיונה לפתות את יוסף היא מודה: 'מן הו דרגא דחֵארותא דרגא ילפת עמיקא [...] אנא ברת חארא ואנת עבדא, אנת זהיא ואנא זניתא!' ('מדרגת החירות ירדתי למדרגה שפלה [...] אני בת חורין ואתה עבד, [אבל] אתה קדוש ואני זונה!').[30]

בספרות החוק הסורית כבר אפשר למצוא את המילה 'חֵארותא' בהוראה מיוחדת זו של שמירה על הכבוד והצניעות המינית כשהיא משמשת מונח משפטי פורמלי בדיני משפחה. טימותיאוס[31] קובע כי האישה זכאית להישאר ולהתפרנס בבית בעלה (ולפעמים היא אף יורשת את בעלה ושַליטה על ביתו ועל רכושו) אם היא 'נטרא חֵארותא' (שומרת חירות) או 'יתבא בחֵארותא' (יושבת בחירות), כלומר שומרת על פרישות.[32] באופן דומה 'חֵארותא' משמשת גם בגיבוש המאוחר של מסורת החוק הסורית המערבית, בספר החוקים של בר עבריא, שפרק שלם מיוחד בו לחוקי 'נטורות חֵארותא' המחייבים שמירה על פרישות מינית לתקופות מוגדרות לפני קבלת היתר לגירושין או לנישואין שניים.[33]

בספרות הסורית 'חֵארותא' קשורה באופן הדוק בשאלת הפרישות גם בתחום

27 המקרא מציג את סיפור יוסף כדוגמה מנוגדת לסיפור הפיתוי והכישלון של יהודה. ראה: י' זקוביץ וא' שנאן, מעשה יהודה ותמר, ירושלים תשנ"ב, עמ' 220–222.

28 סיפור יוסף (לעיל, הערה 26), עמ' 70.

29 שם, עמ' 71–72.

30 שם, עמ' 73.

31 הפטריארך של הכנסייה הנסטוריאנית בשנים 780–823. לפי E. Sachau, *Syrische Rechtsbücher*, II, Berlin 1908, pp. 53–117, §§ 49–51, 65, 84, 86, 95

32 יורשו של טימותיאוס בכהונה, אישוברנון (שם, עמ' 119–177), משתמש בביטויים אחרים להצעת אותם חוקים: 'נטרא איקרא' ('שומרת כבוד'; סעיף 41), 'נטרא קימא' ('שומרת שבועה או ברית'; שם), 'מקימא קימא דלא תהוא לגברא' ('נשבעת שלא תהיה לאיש'; סעיף 44), 'נטרא ארמלותא עדמא למותא' ('שומרת אלמנות עד מות'; סעיף 54). אפשר שביטויים אלו הם מעין פירוש ל'חֵארותא' של טימותיאוס, אבל ייתכן שמשתקפת בהם מחלוקת בדבר טיבה המדויק של הנאמנות שהאישה חייבת לשמור לבעלה המת כדי לקיים את זכותה לשבת בביתו. בשאלה זו נחלקו גם האמוראים בבבלי (כתובות נד ע"א) בפירושם לנוסח הכתובה 'את תהי יתבה בביתי ומתזנה מנכסיי כל ימי מיגר אלמנותיך בביתי' (משנה כתובות ד:יב).

33 *Nomocanon Georgii Barhebraei*, ed. P. Bedjan, Paris 1898, pp. 154–161. ספרות החוק הסורית מאוחרת הרבה מן התקופה שאנו עוסקים בה. אף על פי כן סביר שהשימוש המעשי במונח 'חארותא' היה רווח קודם שנתנסח ניסוח משפטי מוגמר בספר החוקים. השווה, למשל, את הצירוף 'נטר חארותא' בלשון החוק לצירוף הדומה בדו־שיח שבין יוסף לאשת פוטיפר, שהובא לעיל.

האסקטי המובהק. החירות היא יסוד חשוב של האידאל האסקטי המיוסד על קבלת הפרישות והייסורים מתוך רצון חופשי, שהרי אין לאלה ערך אסקטי אם הם באים על האדם שלא מרצונו.[34] אבל בהקשרים אלו משמעה של 'חֵארותא' איננו רק החופש לבחור אלא גם הסגולה הנפשית שבעזרתה האדם יכול להגשים את האידאל האסקטי. כך למשל יעקוב מסרוג מתאר את הפָּרוש הנלחם במחשבות הזרות כאילו הוא מנפץ אותן אל הסלע[35] בכוחה של 'חֵארות אנשא'.[36] המטען הסמנטי של 'חֵארותא' הארמית בהקשר זה דומה למטען של ἐγκρατεία היוונית, שמשמעה שליטה עצמית ואיפוק — הסגולה המובהקת של האידאל הגברי ההלניסטי, אשר בחוגים אסקטיים מסוימים נתייחדה לפרישות מינית דווקא.[37]

בספרו על הפרישות הנוצרית הקדומה בראון מתאר את המקום המרכזי שמילא בה מושג החירות ואת הקשר ההדוק ביוו ובין הפרישות המינית.[38] הפרישות נתפסה כדרך שהאדם יכול להביא בה את חירותו לידי ביטוי מלא ובעזרתה לגבור על הטבע וההכרח. אידאל זה הכה שורשים עמוקים בכנסייה הסורית המזרחית שהפרישות האסקטית הייתה לב לבה של הווייתה הרוחנית מראשיתה.[39] הספרות הסורית הקדומה מתאפיינת בהוראה ובהטפה לפרישות כדרך חיים לקהילת המאמינים. בספרות זו המילה 'חֵארותא' משמשת במגוון משמעויות בשדה הפרישות האסקטית. אביא כאן כמה דוגמאות מן המקורות העיקריים של הכנסייה הסורית המזרחית הקדומה.

34 השווה, למשל, בבלי ברכות ה ע"א: 'יכול אפילו לא קבלם מאהבה? תלמוד לומר: "אם תשים אשם נפשו" — מה אשם לדעת אף יסורים לדעת'.

35 על־פי תה' קלז:ח. לפי יעקוב מסרוג ילדיה של בת בבל מסמלים את המחשבות הזרות, ומסתבר שהקטע מבוסס על פירוש אלגורי ברוח אסקטית של המזמור (שיש בו רמזים של סיגוף גופני: 'תשכח ימיני', 'תדבק לשוני לחכי'). גם ה'סלע' שהפרוש מנפץ עליו את עולליה של בת בבל טעון משמעות סמלית; ראה: R. Murray, *Symbols of Church and Kingdom*, Cambridge 1975, pp. 205–238

36 'מאמרא ב דעל יחידיא' (*Homiliae Selectae Mar Jacobi Sarugensis*, IV, ed. P. Bedjan, Paris 1908, p. 845).

37 על תולדות המושג ועל תופעת הפרישות בעת העתיקה בכלל ראה: H. Chadwick, 'Enkrateia', in: *Reallexikon für Antike und Christentum*, V, Stuttgart 1962, pp. 343–365. המילה היוונית ἐγκρατεία, כמו 'חֵארותא' הארמית, עשויה לשמש במובן של פרישה מזיווג גם שלא ממניעים אסקטיים. ראה, למשל, צוואת יששכר ב:א (לפי *The Testaments of the Twelve Patriarchs*, ed. M. De Jonge, Leiden 1978, p. 82); במקרה זה זלזלה רחל במשכבו של הצדיק לא מתוך פרישות שבשליטה עצמית אלא דווקא מפני שלא משלה ברוחה וחשקה בדודאים שמצא ראובן.

38 לעיל, הערה 22, עמ' 83 ואילך.

39 ראה מרי, סמלים (לעיל, הערה 35), עמ' 11–20; S.P. Brock, 'Early Syriac Asceticism', *Numen*, 20 (1973), pp. 1–19; S. Ashbrook-Harvey, *Asceticism and Society in Crisis: John of Ephesus and the Lives of the Eastern Saints*, Berkeley, Ca., 1990, pp. 4–8; והספרות שאנדרסון מביא במאמרו G. Anderson, 'Celibacy or Consummation in the Garden? Reflections on Early Jewish and Christian Interpretation of the Garden of Eden', *Harvard Theological Review*, 82 (1989), p. 140, n. 43

הפרישות המינית היא מן הנושאים העיקריים ב'תַחוִיָתא' של אפרהט.[40] מדבריו של אפרהט על 'בני קְיָמא',[41] חברי החוג המרכזי של הקהילה הסורית הקדומה, עולה כי המאפיין העיקרי של חייהם הוא הפרישות המינית.[42] בתחויתא השביעית ('על בעלי התשובה') אפרהט מתאר את המאמץ לשמור על הפרישות במונחים של מלחמה ב'אויב',[43] וסמוך לסוף הפרק הוא מסכם:

> הלין כלהין כתבת לך חביבי, מטל דבדרן דילן אית דמגבין נפשהון דנהוון יחידַיא, בני קימא וקדִישא. ועבדין חנן איגונא לוקבל בעלדרן. והו בעלדרן לקובלן מתכתש, דנהפכן לכינא דפרשן מנה בחארותן.[44]

מודגש כאן שינוי הטבע שהפרוש מחולל: בכוח החירות 'בן הברית' פורש מטבעו המיני הנחות וקונה לו טבע חדש נעלה, והוא משתתף במלחמת הקודש נגד האויב. בהקשר זה אין החירות מציינת חופש בחירה בעלמא אלא את הכוח לפעול ולהיאבק על מימושה של הבחירה בחיי פרישות.

משמעות זו של 'חֵארותא' מקבלת ביטוי מיוחד ב'פרכסיס דיהודא תאומא'. חיבור זה עוסק בעיקר בפרישות המינית ובמאבק נגד היצר, שהוא רואה בהם מלחמה נגד שלטון השטן בעולם הזה. במעשה השלישי, על הריגת הנחש

40 נכתבו בשנים 337–345 (הנידונות כאן נכתבו בשנת 337), והן 'מייצגות את הנצרות הדוברת סורית בצורתה הטהורה ביותר' (לשונו של ברוק, שם, עמ' 9).

41 לנושא זה מיוחדים הפרקים השישי ('תחויתא דבני קימא') והשביעי ('תחויתא דתיבא'). על המונח 'בני קְיָמא' (=בני ברית) ראה: ברוק, 'אסקטיזם' (לעיל, הערה 39), עמ' 7–8; G. Nedugatt, 'The Covenanters of the Early Syriac-Speaking Church', *Orientalia Christiana Periodica*, 39 (1973), pp. 191–215, 419–444; והספרות הרשומה אצל אשברוק־הרווי (לעיל, הערה 39), עמ' 153, הערה 36.

42 סגנונן הדרשני של התחויָתא אינו ממוקד, אבל אין ספק שזו הנקודה העיקרית בפרקים אלו; ראה: R. Murray, 'The Exhortation to Candidates for Ascetical Vows at Baptism in the Ancient Syriac Church', *New Testament Studies*, 21 (1974–1975), pp. 60–61

43 כלומר בשטן. השימוש במונחי המלחמה אצל אפרהט אינו מליצה בעלמא, אלא יש לו משמעות ברורה של מלחמת מצווה אסכטולוגית. הביטוי הקיצוני של תפיסה זו הוא השיבוץ של דברי הכוהן והשוטרים אל העם היוצא למלחמה (דב' כ:א–ח); ראה: מרי, סמלים (לעיל, הערה 35), עמ' 60–63; אנדרסון (לעיל, הערה 39), עמ' 140–142. הממד האסכטולוגי של מלחמת היצר בתפיסתו של אפרהט משתקף גם במבנה החיבור. שני הפרקים הללו באים בין הפרק החמישי, 'על המלחמות', העוסק במלחמת אחרית הימים שבחזון דניאל, ובין הפרק השמיני, 'על תחיית המתים'. מסידור הפרקים הזה עולה שמלחמתם של בני קימא ב'אויב' היא־היא המלחמה הגדולה והסופית על גאולת העולם. מובן שבראייה זו הממד המשיחי של הפרישות המינית מתעצם מאוד.

44 'כל אלה כתבתי לך, חביבי, משום שבדורנו שלנו יש אנשים המפרישים את עצמם להיות "יחידים", "בני ברית" ו"קדושים". ועורכים אנו מלחמה נגד האויב שלנו. והאויב נאבק נגדנו להשיבנו אל הטבע שפרשנו ממנו בחירותנו' (*Aphraatis Sapientis Persae Demonstrationes*, ed. J. Parisot [*Patrologia Syriaca*, I, 1], Paris 1894, p. 356, ll. 6–12). שלוש הקבוצות הנזכרות בקטע מתאפיינות בפרישות מינית; ראה אשברוק־הרווי (לעיל, הערה 39), עמ' 6. במקומות אחרים אפרהט מבחין בין 'קדישא' ו'קדישותא' לבין 'בתולא' ו'בתולותא' כשני סוגים של פרישות מינית; ראה את הספרות בספרו של מרי, סמלים (לעיל, הערה 35), עמ' 13, הערה 2. מקור המונח 'קדישא' יהודי; ראה: S.P. Brock, 'Jewish Traditions in Syriac Sources', *Journal of Jewish Studies*, 30 (1979), pp. 217–218

השחור (בן דמות של הנחש הקדמוני), משבח הנשוך שקם לתחייה את האל ומתאר את נפילתו של אדם הראשון ברשתו של השטן:

> ואנת הוא דעבדת לברנשא איך דצבת אלהותך בתוקנא דאידיך, דנהוא שליט לעל. וברית לה בריתא אחרתא דנתכתש עמה בחארותא דיהבת לה. וברנשא טעא כינה ברחארא ולכנתה אשתעבד הוא. והוא לה בעל דבבא, בדאשכחה דטעה לחארותה.[45]

בתיאור המיתי הזה גם 'חֵארותא' מקבלת גוון מיתולוגי; היא הנשק שהאל נתן במתנה לאדם, כוח מיוחד שהוא צייד אותו בו כדי להילחם בברייה שברא כנגדו.[46] מן הסיפור וגם מן ההקשר הכללי של החיבור ברור שהשטן מתגלה ביצר המיני. האדם נברא מלכתחילה כדי להיאבק באופן מתמיד נגד היצר בכוח החירות שלו, אבל הוא זנח את חירותו, ובחירתו בחיים של שותפות מינית שעבדה את העולם לשלטונו של השטן.[47]
האידאל של שינוי הטבע המיני מוצג בצורה רחבה ומוחשית ב'כתבא דמסקָתא',[48] גם הוא חיבור סורי מזרחי בן המאה הד'. הפרק החמישה עשר[49] עוסק בחיי הפרישות ובשאלת הטבע המיני של האדם, והוא בנוי כפירוש לסיפור גן עדן והחטא הקדמון. לדעת בעל החיבור, האדם נברא שווה למלאכים, בלא יצר מיני ובלא צורך בשותפות מינית, ואת אלו קנה רק לאחר

45 'ואתה הוא שעשית את האדם כמו שחפצה אלוהותך, בתיקון ידיך, שיהיה שליט מעל. ובראת לו ברייה אחרת שייאבק עמה בחירות שנתת לו. והאדם שכח את טבעו בן החורין והשתעבד לעמיתו. וזה נעשה לו אויב, כיוון שמצאו ששכח את חירותו' (*Apocryphal Acts of the Apostles*, I, ed. W. Wright, London 1871, p. 201). הקטע מופיע רק בנוסח הסורי של החיבור; הנוסח היווני שונה מאוד במקום זה.

46 הבנה זו מחויבת על־פי המשך הקטע המתאר כיצד משנכשל האדם נשלח 'בן האלוהים' להצילו, חמוש בכוח מחודש של 'חֵארותא' שהאל מעניק לו. במשמעות זו 'חֵארותא' דומה ל־ἐξουσία היוונית (כפי שזו מופיעה באוונגליונים, כמתארת את הכוחות של ישו ושל תלמידיו למשול בכוחות הטבע ובחיצוניים); ראה: W. Foerster, 'ἐξουσία', in: G. Kittel & G.W. Bromley (eds.), *Theological Dictionary of the New Testament*, II, pp. 562–575

47 מיתוס זה הוא עיבוד של הסיפור על בריאת האדם ונפילתו, והקבלתו לסיפור המקראי מעלה כמה נקודות מעניינות. מקבילתה המקראית של ה'ברייה האחרת' שהאדם נאבק עמה היא האישה, 'עזר כנגדו'. הסיפור הזה מציע אפוא פירוש מיוחד לבר' ב:יח, בצד זיהוי האישה עם השטן. (זיהוי כזה מרומז, או עשוי להיתפס כמרומז, כבר בכתובים, והשווה את בר' ג:טז אל ד:ז. מסתבר שהמשמעות המיוחדת של 'חֵארותא' במעשי יהודא תאומא [ראה לעיל, הערה 46] נגזרת מן הממשלה הניתנת לאדם בכתובים אלו על האישה ועל ה'חטאת הרובץ'. וראה עוד בר"ר יז:ו [מהדורת תיאודור–אלבק, ירושלים תשכ"ה, עמ' 157]: 'כיוון שנבראת נברא הסטן עימה'.) אם השערה זו נכונה, נובע ממנה שסיפור זה על המאבק בין האדם לבין הברייה האחרת מבוסס (במישרין או בעקיפין) על הנוסח העברי של המקרא 'עזר כנגדו' ('כנגדו' הוא היריב, העומד כנגד במאבק, כמו 'דלקובלא' בסורית) ולא על נוסח הפשיטתא 'מעדרנא אכותה' ('עוזר כמותו'). ראה: ש' נאה, '"עזר כנגדו", "כנגד המשחיתים": משמעויות נשכחות ופתגם אבוד', לשוננו, נט (תשנ"ו), עמ' 100–112 והערה 22.

48 *Liber Graduum*, ed. M. Kmosko [*Patrologia Syriaca*, I, 3], Paris 1926

49 'על מרדיתא דזווָגא דהות באדם' ('על הטבע המיני שנתהווה באדם'), שם, עמ' 355–386.

שחטא בעצת ה׳רע׳ (השטן) ובחר בחיים ארציים. לכן על־ידי פרישות מחיי העולם, בעיקר מחיים של שותפות מינית, האדם עשוי להשיל מעליו את טבעו המיני ולחזור לדרגתו של אדם קודם החטא. הדרשן מוכיח את השומע שאינו מקבל עליו את חיי הפרישות: ׳אלא אנת הכוָת אף חֵארותך אשתמעת לבישא׳ (׳אלא שאף אתה, כאחרים, חירותך השתעבדה ל״רע״׳).[50] גם כאן ׳חֵארותא׳ היא החירות מן היצר ומן הטבע המיני.

עמדנו כאן על משמעות מיוחדת של ׳חֵארותא׳ כמשמעת מינית או כפרישות מינית אסקטית. מצד אחר החירות עשויה להתפרש גם באופן מנוגד למשמעותה בתחום הפרישות, שהרי החופש יכול להיות חופש מן החוק, חוסר משמעת ופורקן יצרים. חופש הבחירה יכול להביא גם לידי בחירה ברע, והוא הקרקע שצומחים עליה הפיתויים. כך טוען אפרם ב׳מאמרֿא דעל בתולותא׳:

> חארותא גיר איך חיותא הי ואיך נפשא לארֿגיגתא, ובה הו חיין. ואן מנה תפסוק תשדא אנין הוי מיתתא. משלטתא הי, דבצבינה קימין חובֿא ובצבינה נפלין חֿטהא. דמות עליא הי, דחילה אחיד כל, ואנהו דקפס לה — נפל כל.׳[51]

ביסוד הדברים עומדת תפיסה דו־ערכית של החירות. המחבר מדגיש את כוחה הרב של החירות המניעה את הכול, ולכן יש בה סכנה בהיותה גם מקור חיותם של היצרים והתאוות. ברוח זו אפשר למצוא ש׳חֵארותא׳ משמשת נרדפת ממש ליצר הרע. כך אנו קוראים באחד מן ה׳מדרֿשא דעל עני͂דא׳ (׳המנוני אשכבה׳),[52] המדבר בשבחם של המתים ילדים: ׳ומרכן רישא דחארותא דלא שגשת רֿעיניהון׳ (׳ומורכן ראשה של החירות שלא שיבשה עליהם את דעתם׳)[53] — משמעותה של ׳חֵארותא׳ כאן שלילית במובהק, והיא מוצגת כהתגלמות היצר הרע גופו.[54]

המילה הסורית ׳חֵארותא׳ מתייחדת אפוא בדו־פרצופין כשהיא משמשת בשדה המוסר המיני. מצד אחד משתקפים בה חיים של שליטה עצמית וכיבוש היצר, ומן הצד האחר ניבטים פיתוייה של החירות שבפריקת העול והפריצות.[55]

50 שם, עמ׳ 352.

51 ׳החירות היא כמו החיות והנפש של התאוות ובה הן חיות. ואם תנתק ותשליך אותן ממנה — הן מתות. שליטה היא, שברצונה החובות עומדים וברצונה החטאים נופלים. דמות העליון היא, שכוחו מחזיק בכול, ואם יבלום אותו — נופל הכול׳ (*S. Ephraim's Prose Refutations against Mani, Marcion and Bardaisan*, ed. C.W. Mitchell [Completed by A.A. Bevan and F.C. Burkit], II, London–Oxford 1921, p. 174).

52 מיוחסים (בטעות) לאפרם.

53 *Ephraem Syri Opera Omnia*, II, 3, Roma 1743, p. 300

54 גם במנדעית אפשר למצוא את ׳חרותא׳ במשמעות של פריצות והוללות; ראה: E.S. Drower & R. Macuch, *A Mandaic Dictionary*, Oxford 1963, p. 127

55 לעומת התפוצה הרחבה וגיוון המשמעות של ׳חֵארותא׳ במקורות הסוריים בולט הקושי למצוא תיעוד ממשי לשימושים הללו במקורות יהודיים, עבריים וארמיים. הספרות התלמודית — בהלכה ובאגדה — מכירה את המילה רק במשמעות שחרור משעבוד

[ד]

כשנשוב אל הסיפור התלמודי על רב חייא בר אשי ואשתו ניווכח כי המטען הסמנטי הרב־משמעי של 'חרותא' בתחום הפרישות המינית הולם היטב את מעמדה כמילת מפתח בסיפור. ברובדי המשמעות שלה 'חרותא' מקפלת את הסיפור כולו, והיא עומדת באמצעו: מֵעֶבְרָה האחד שרויים שני הגיבורים בפרישות, 'נטרין הֲארותא' — זה מרצונו וזו על כורחה; מֵעֶבְרָה האחר הפרישות הופכת לפריצות.

נבדוק עתה את רכיביו של המשפט כצורתו: 'אנא חרותא דהדרי מיומא'. כאמור, המילה 'חרותא' אינה תיאור או הגדרה של האישה אלא שם פרטי ממש, שהיא מכנה בו את עצמה.[56] כך עולה מסדר המילים במשפט, שכן

חיצוני, כמעט תמיד במשמעות הטכנית של שחרור עבדים (בדרך כלל בצירוף 'גיטא דחירותא'). מצאתי שני רמזים בלבד לשימושי התיבה במשמעויות דומות לאלו המופיעות בספרות הסורית, אך ספק אם יש בהם ממש: (1) המאמר הידוע '"חרות על הלוחות" אל תקרי חָרות אלא חֵרות, שאין לך בן חורין אלא מי שעוסק בתורה', שאולי רומז למשמעות אסקטית של חירות משעבוד פנימי. מאמר זה מופיע בפעם הראשונה בפרק קניין תורה (אבות ו:ב), שזמנו ומקורו אינם מבוררים. לעומת זאת, בגרסה קדומה יותר של הדרשה באה 'חירות' במשמעות שחרור משיעבוד חיצוני: '"חרות על הלוחות" [...] ר' יהודה אמ' חירות ממלאך המות, ור' נחמיה אמ' חירות מן המלכיות, ורבנן אמ' חירות מן הייסורין' (ויק"ר יח:ג [מהדורת מרגליות, ירושלים תשי"ד, עמ' תז]; שהש"ר ח:א). ואפשר שגם הדרשה בפרק קניין תורה איננה מכוונת למשמעות שונה מאלה הנזכרות כאן. (2) דרשת התנחומא: 'מהו "פי החירות"? מקום קבוע לזנות' (במ"ר כ:כג). דרשה זו מבוססת כנראה על פירוש של 'פי החירות' (שמ' יד:ב) מלשון חירות, כפי שפירש שם בעל מתנות כהונה: 'לשון חירות והפקר של זנות'. אך קשה לדעת עד כמה המדרש הזה משקף מסורת לשונית־פרשנית מקורית. בדרשה הקדומה יותר, במכילתא דר' ישמעאל, אין התייחסות ברורה למשמעות זו של זימה ופריצות: 'אין "חירות" אלא מקום חירותן של מצריים' (מכילתא דר' ישמעאל, מסכתא דויהי בשלח א, מהדורת הורוביץ–רבין, פרנקפורט תרצ"א, עמ' 83). עם כל עמימותה של דרשה זו נראה שהיא מבוססת על לשון חירות וחופש, כעולה מן ההמשך: 'מקום אטליס', כלומר שוק חופשי מן המכס (ראה: ש' ליברמן, מחקרים בתורת ארץ ישראל, ירושלים תשנ"א, עמ' 443). לכן קשה לקבל את הצעותיהם של ח' ילון (פרקי לשון, ירושלים תשל"א, עמ' 292–293) ושל א' טל ('אטלין', תעודה, ז [תשנ"א], עמ' 156–159). באמת אפשר שהיריד ההמוני הוא גם מקום של זנות ופריצות (השווה בר"ר לז:ה [מהדורת תיאודור–אלבק, עמ' 348], על 'אטליסין של בני מצרים'), אך הסמכת הדרשה ל'אטליס' מלמדת שלא לכך נתכוון הדרשן בפירושו ל'פי החירות'.

56 שמות פרטיים בעלי גיזרון דומה מצויים בשפות השמיות. למשל 'חרו' בנבטית במשמע 'אציל' (ראה: A. Negev, *Personal Names in the Nabatean Realm*, Jerusalem 1991, pp. 31–32), 'חר', 'חרת' בערבית קדומה במשמע דומה (ראה: G.L. Harding, *An Index and Concordance of Pre-Islamic Arabian Names and Inscriptions*, Toronto 1971, pp. 181–182). הקרוב ביותר ל'חרותא' שלנו הוא 'חירתא', בקמיע עברי־ארמי שפרסמו נוה ושקד; ראה J. Naveh & S. Shaked, *Magic Spells and Formulae: Aramaic Inscriptions of Late Antiquity*, Jerusalem 1993, pp. 88, 90. ראוי לעיון הנוסח בכ"י וטיקן 111, המציע את שם התואר 'חריתא' במקום השם המופשט 'חרותא' (לעיל, הערה 8). שם התואר מתאים לשמש שם פרטי יותר מן השם המופשט, אבל כיוון שבכל שאר העדויות הנוסח הוא 'חרותא', אפשר שאין נוסח זה אלא טעות סופר.

בעברית ובארמית במשפט של זיהוי בא כינוי הגוף בראש המשפט אם הנשוא הוא שם פרטי.[57] לעומת זאת, כאשר המשפט אינו משפט מזהה אלא משפט מגדיר, הסדר הפוך.[58] אילו נתכוונה האישה להגדיר את עצמה או להסביר את מצבה, הייתה צריכה אפוא לומר: 'חרותא אנא [...]'.

במאמר על גלגוליו של מוטיב ההתחפשות בסיפורים מן הטיפוס שלפנינו ונדי דוניגר מדגישה את הקשר המהותי שבין הדו־משמעות הלשונית לבין הדו־פרצופיות של המתחפש[59] ומלמדת על התפקיד החשוב שממלאים השמות המלווים את הדמויות המחופשות כאשר בעת ובעונה אחת הם מכסים ומגלים את טבען האמתי של דמויות אלו.[60] גם בסיפור שלנו השם הבדוי מצטרף אל התחפושת כדי להסתיר את זהותה של האישה, אבל במשמעותו המרומזת הוא חושף אותה. כרגיל בסיפורים האלה, האיש אינו מבין את המשמעות הנסתרת של השם, כמו שאינו מזהה את האישה גם בעיצומו של המעשה.[61]

המילה 'מיומא' בצירוף 'דהדרי מיומא' היא תיאור זמן ובנויה בתבניתם של תיאורי הזמן כגון 'מצפרא', 'מאורתא'. לאלה יש תמיד בן זוג הפוך: כנגד 'מצפרא', שמשמעו '[הפעולה נעשתה] הבוקר', אתה מוצא 'לצפרא' במשמע '[הפעולה תיעשה] בבוקר [הבא]'; כיוצא בזה כנגד 'מאורתא' יש 'לאורתא'. על־פי דוגמה זו, תיאור הזמן 'למחר' מלמד על התיאור המקביל 'מיומא', כזה שאנו פוגשים בסיפור שלנו, שמשמעו '[הפעולה נעשתה] היום'.[62]

ולבסוף, התיבה 'הדרי' — משמעה הפשוט 'חזרתי'. אבל הפעלים 'הדר/חזר', 'הפך' ו'שב' מתחלפים זה בזה בעברית ובארמית וגם בארמית של הבבלי.[63]

57 למשל 'אנכי עשו בכֹרך' (בר' כז:יט); 'אנא אחאי בר יאשיה' (בבלי שבת קנב ע"ב); 'אנא חוני המעגל' (בבלי תענית כג ע"א).

58 למשל, 'כהנא אנא, גברא רבא אנא' (בבלי פסחים קיג ע"א), וכמוהו רבים (למעט מקרים בתנאים מיוחדים שאינם ממין המקרה שלנו).

59 W. Doniger, 'Enigmas of Sexual Masquerade in Hindu Myths and Tales', in: *Untying the Knot: On Riddles and Other Enigmatic Modes*, Oxford 1996, pp. 208–223

60 שם, עמ' 219.

61 ראה שם.

62 השווה לכך את לשון המשנה: 'בין שהורמו מאמש בין שהורמו מהיום' (ביצה א:ו). ראה עוד: M. Schlesinger, *Satzlehre der Aramäischen Sprache des Babylonischen Talmuds*, Leipzig 1928, pp. 124–125

63 כבר במקרא: 'ושב לבנון לכרמל' (יש' כט:יז)=יהפוך הלבנון לכרמל. בלשון חז"ל יש הרבה 'חזר' במשמע 'הפך', למשל, 'חזר להיות' (משנה כלים א:ה [חמש פעמים]) או 'חזרו לומר' שאין משמעו שחזרו לדעה ראשונה (משנה נדרים יא:יב). כיוצא בזה בארמית של ארץ־ישראל. למשל בתרגום ניאופיטי לבר' ב:י, ד:טז (במקומות אלו ממש במשמעות 'הפך את עורו' כלומר, שינה את דרכיו והתנהג באופן הפוך משנהג בתחילה — כמו בסיפור שלנו) ועוד. סוקולוף במילונו החדש לא עמד על משמעות זו, שאינה נדירה כלל (ראה: M. Sokoloff, *A Dictionary of Jewish Palestinian Aramaic of the Byzantine Period*, Ramat-Gan 1990, p. 195). בארמית הבבלית נפוץ הצירוף 'הדר ביה', שאין משמעו שחזר לדעה קודמת שהייתה לו אלא שהפך את דעתו. הסורית משתמשת ב'הפך' במשמעות 'שב' וכך גם במקרא (דה"ב ט:יב). בהשפעת הערבית נפוץ בעברית של ימי־הביניים השימוש של 'שב' ושל 'חזר' במשמע 'הפך ל־' (ראה דוגמאות במילון בן־יהודה, עמ' 6935–6936, ועמ' 1496).

אם כן, 'הדרי מיומא' עשוי להיות דו־משמעי: 'היום חזרתי' וגם 'היום הפכתי, השתניתי'. אפשר אפוא שהמשפט השלם שבפי האישה כולל, מלבד ריבוי המשמעים של 'חרותא', גם את היסוד החשוב של ההתהפכות וההתחפשות. האישה רומזת כביכול לכפל הדמויות שלה עצמה, הטמון בדו־המשמעות של השם 'חרותא' — היום הפכתי מפרושה לפרוצה. דבריה של האישה הם תמצית הווייתה. ודומה שאפשרות קלה זו של התהפכות מקיצוניות אחת לחברתה היא המכניעה את רב חייא שבמקום לענות לאישה המפתה 'חרותא, טר חרותך!', כמענהו של יוסף לאשת פוטיפר, הוא ממיר את החירות שבשלטון על היצר בחירות היצר ומאבד את עולמו. שלא כבסיפור המקראי על יהודה ותמר, שהוא מעין דוגמה של הסיפור שלנו, ההתוודעות של האישה במערכה האחרונה אינה יכולה לרפא את השבר,[64] ורב חייא גוזר על עצמו את הדין שגזר יהודה על תמר: 'הוציאוה ותשרף'.

הפירוש המוצע כאן מבוסס על ניתוח סמנטי של 'חֵארותא' בספרות הסורית, ומקומה כמושג מפתח בתרבות הנוצרית הדוברת סורית. חשוב לחזור ולהדגיש כי מחוץ לסיפור על רב חייא ואשתו אין בספרות התלמודית כל ביטוי לריבוי הגוונים ולעומק המשמעות של המילה כפי שתוארו כאן.[65] נראה אפוא שהמספר התלמודי משתמש כאן ב'חרותא' בכוונה, כבמילה השייכת לתרבות זרה, ויש בכך כדי לרמז על הלקח שהסיפור רוצה להנחיל לקוראיו. הדברים יתבררו יותר כשנשים לב לייחודו של הסיפור בפרט מרכזי אחר, שגם הוא זר ביותר לעולמם של החכמים: אין בידינו עדות אחרת על חכם שפרש מאשתו מתוך מאבק אסקטי מפורש נגד היצר, כמסופר כאן על רב חייא בר אשי. מבחינה זו מעשהו של רב חייא מנוגד להשקפה ולמעשה המקובלים על החכמים.

כידוע, החכמים אינם מוצאים פסול בשותפות מינית כשהיא נתונה בתוך המסגרת המשפחתית על־פי ההלכה.[66] להפך, מן הבחינה ההלכתית היא מצווה ('פרייה ורבייה' או 'עונה') שאסור לאדם להיבטל ממנה,[67] שכן 'לא תוהו בראה, לשבת יצרה',[68] ו'כל שאינו עוסק בפרייה ורבייה כאילו שופך

64 ניסיון של ריפוי מעין זה נעשה בגרסאות מאוחרות של התלמוד (רק בדפוסים); ראה לעיל, הערה 12.

65 ראה לעיל, הערה 55.

66 שלא כזרמים יהודיים קדומים אחרים; על הפרישות בזרמים קדם־תלמודיים ראה פראד (לעיל, הערה 2), עמ' 261–269; D. Biale, *Eros and the Jews*, New York 1992, pp. 37–40; J.M. Baumgarten, 'The Qumran Restraints on Marriage', in: *Archaeology and History of the Dead Sea Scrolls*, Sheffield 1990, pp. 13–24, והספרות המובאת שם, עמ' 21, הערה 1; אנדרסון (לעיל, הערה 39), עמ' 140, הערה 45; E. Qimron, 'Celibacy in the Dead Sea Scrolls and the Two Kinds of Sectarians', *The Madrid Qumran Congress*, I, Leiden 1992, pp. 287–294

67 משנה יבמות ו:ו; כתובות ה:ו.

68 משנה גיטין ד:ה.

דמים׳ או ׳ממעט את הדמות׳.[69] יתר על כן, החיים המשותפים לא נועדו לפרייה ורבייה בלבד: ׳אף על פי שיש לו לאדם כמה בנים אסור לעמוד בלא אישה, שנאמר ״לא טוב היות האדם לבדו״׳.[70] מאמרים רבים מציגים באופן חיובי, מעבר לציווי על פרייה ורבייה, גם את הצד הרגשי ואת השמחה שבחיים המשותפים שניתנו לאדם עם יצירתו כברכה וכמתנה ואין הם חטא או עונש על חטא.[71] התפיסה המצויה במדרש, שאדם וחוה נהנו משותפות בגן עדן, מעידה יותר מכול על אופיים האידאלי של החיים האלה, לדעת החכמים. מסורות על אישים מקראיים שחיו חיי פרישות אינן משמשות בספרות התלמודית דגם לחיקוי, שלא כשימושם של מחברים נוצריים במסורות אלו לשם טיפוח עקרון הפרישות.[72]

עם זה, אין להתעלם מקולות אחרים הנשמעים במקומות לא מעטים בתלמוד ובמדרש המביעים יחס דו־ערכי לתופעת היצר המיני ולבעייתיות העמוקה הכרוכה בה גם במקום שאין עמה עברה.[73] הרעיון של ביטול היצר לעתיד לבוא, המובע במקומות מספר, מעיד על מועקה קשה המלווה את ההשלמה עם הטבע האנושי בעולם הזה. הסיפור על הריגת היצר[74] משקף בבהירות את הכמיהה להיפטר משעבודו של יצר המין למרות ההשלמה עמו ככורח המציאות.[75] הרתיעה מן היצר אינה כרוכה בחשש עברה דווקא, ואת הכתוב

69 תוס׳ יבמות ח:ז (מהדורת ליברמן, עמ׳ 26). ראה גם י׳ לורברבוים, ׳צלם אלוהים: ספרות חז״ל, הרמב״ם והרמב״ן׳, חיבור לשם קבלת תואר דוקטור, האוניברסיטה העברית בירושלים, תשנ״ז, עמ׳ 228 ואילך, ועמ׳ 258–259.

70 בבלי יבמות סא ע״ב. ראה: ע׳ שרמר, ׳נישואין והקמת משפחה ביהדות בבל בתקופת התלמוד׳, חיבור לשם קבלת תואר דוקטור, האוניברסיטה העברית בירושלים, תשנ״ו, עמ׳ 300.

71 ראה למשל אנדרסון (לעיל, הערה 39), עמ׳ 123–139; ביאלה (לעיל, הערה 66), עמ׳ 53–57; י׳ גפני, יהודי בבל בתקופת התלמוד, ירושלים תשנ״א, עמ׳ 266–273; שרמר (הערה קודמת לזו), עמ׳ 292–305. גפני ושרמר מראים כי תפיסה זו מודגשת ביותר במקורות הבבליים דווקא.

72 על גישת חז״ל לפרישותו של משה ראה את דיונו של בויארין (לעיל, הערה 13), עמ׳ 165–169. כנגדם השווה, למשל, אפרהט (לעיל, הערה 44), עמ׳ 824–827. במסורת סורית קדומה נזכרים ׳בני אהרן הכהן׳ לשבח על ש׳קדושים היו, קדוש היה בשרם ולא קרבו אל נשים׳ (תוספת שנתחבה בפשיטתא לדה״ב לא:יח–יט; ראה ברוק, ׳מסורות יהודיות׳ [לעיל, הערה 44], עמ׳ 217). אבל במסורת המדרש נענשו בני אהרן מפני שלא נשאו אישה או מפני שלא היו להם ילדים (ראה: א׳ שנאן, ׳חטאם של נדב ואביהו באגדות חז״ל׳, תרביץ, מח [תשל״ט], עמ׳ 209–210). פרישותם של נח ובניו בתיבה היא הדגם לחיי הפרישות והטהרה של העדה אצל אפרם (ראה: T. Kronholm, *Motifs from Genesis 1–11 in the Genuine Hymns of Ephrem the Syrian*, Upsala 1978, pp. 188–189), אבל במדרש היא מוסברת כהכרח הנובע מן המצב הדחוק (בר״ר לא:יב [מהדורת תיאודור–אלבק, עמ׳ 286], ומקבילות. אבל השווה לדברי ר׳ נחמיה, שם, לה:א [מהדורת תיאודור–אלבק, עמ׳ 328]).

73 לדעת ביאלה (לעיל, הערה 66), עמ׳ 33–59, יחס דו־ערכי זה הוא הקו המהותי המאפיין את מחשבתם של החכמים בשאלת היצר.

74 בבלי יומא נט ע״ב.

75 אני מדגיש כאן היבט שונה מזה שעמד עליו בויארין (לעיל, הערה 13), עמ׳ 61–63.

׳הן בעון חוללתי ובחטא יחמתני אמי׳[76] מבאר ר׳ אחא כהערכה שלילית של כל מעשה הולדה: ׳אפילו חסיד שבחסידים אי אפשר שלא יהיה בו צד אחד [של תאוה]׳.[77] בעייתיות זו מוצאת גם ביטוי הלכתי באיסור על בעל קרי לעסוק בתורה עד שיטבול.[78] הבדלי הדעות בעניין התקנה הזאת משקפים היטב את הלבטים ואת ניסיונות הפשרה בין התפיסה היסודית לבין הרגש המנוגד.[79]

תפיסות והרגשות מעין אלה אי־אפשר להן שלא יולידו שאיפה לחיים של טהרה ושחרור מעולו של היצר ושלא יעוררו משיכה חזקה לאסקזיס של פרישות מינית. אבל ככל העולה מן הספרות התלמודית משיכה זו לא הגיעה לידי ביטוי מעשי, הלכתי או אידאולוגי. אין בספרות זו רמז להתגבשות אידאל של פרישות מינית לשמה, והקולות המביעים חוסר נחת מטבעו המיני של האדם נשמעים תמיד מתוך השלמה עם טבע הבריאה וקבלת האידאל השולט של חיי משפחה מתוקנים. פרישתם של חכמים ותלמידים מנשותיהם כדי ללמוד תורה[80] היא האפיק היחיד שהמשיכה לפרישות מוצאת בו ביטוי מעשי. אי־אפשר להתעלם מן היסוד האסקטי הברור שבנוהג הזה, אבל גם הוא מוגבל ומשועבד לעיקרון של חיי המשפחה, כעולה מן ההלכות ומן הסיפורים שבעניין.[81]

מובן שאין ברפרוף בלתי־שיטתי זה כדי לתאר בדייקנות את מערכת האמונות

76 תה׳ נא:ז.

77 ויק״ר יד:ה. עיין בחילופי־הנוסחאות ובהערות מרגליות במהדורתו (ירושלים תשי״ג–תש״ך) עמ׳ שח.

78 ראה בבלי, ברכות כב ע״א–ע״ב; ירושלמי, ברכות פ״ג ה״ד, ו ע״ג.

79 האיסור מיוסד על ההוראה שניתנה לבני ישראל לפני מתן תורה: כדי שיהיו קדושים משה מזהיר את העם שלא ייגשו אל אישה שלושת ימים (שמ׳ יט:י–טו, וראה בבלי, שם). לכן יש להדגיש כי גם בצורתה החמורה ביותר אין ההלכה החז״לית אלא הוראה מתונה מאוד בהשוואה לתקדים המקראי כפשוטו. לעניין זה השווה למשל את החוק שבמגילת המקדש (עמ׳ מה, שורות 7–12 [מהדורת י׳ ידין, כרך ב, ירושלים 1983, עמ׳ 251]), האוסר על בעל קרי להיכנס אל התחום המקודש שלושה ימים רצופים. אפשר אפוא שתקנת עזרא (בבלי, שם וב״ק פב ע״א) איננה גזרה מחמירה על בעל קרי (כפי שהמפרשים מבינים בדרך כלל) אלא הקלה, שהרי מעתה אין הוא צריך להמתין שלושה ימים, אלא די לו שיטבול ומיד הוא יכול לעסוק בתורה.

80 למקורות ודיון ראה: י׳ פרנקל, עיונים בעולמו הרוחני של סיפור האגדה, תל־אביב תשמ״א, עמ׳ 99–115; בויארין (לעיל, הערה 13), עמ׳ 134–166; הנ״ל, ׳הנזיר הנשוי: האגדה הבבלית כעדות לתמורות בהלכה הבבלית׳, אשנב לחייהן של נשים בחברות יהודיות, ירושלים תשנ״ה, עמ׳ 77–93; ש׳ ולר, נשים ונשיות בסיפורי התלמוד, תל־אביב תשנ״ג, עמ׳ 56–80.

81 במיוחד בולט הדבר מאופן הצגת דבריו של בן עזאי בתוספתא (לעיל, הערה 69). הוא החכם היחיד במקורות התלמודיים שנמסר עליו בפירוש שוויתר לגמרי על חיי משפחה כדי לעסוק בתורה, ובו בזמן הוא עצמו קובע למצוות פרייה ורבייה ערך גבוה ביותר ומתנצל על שלא נשא אישה. הצגה כזאת של הדברים נראית כמכוונת מעיקרה להעמיד את האידאלים השונים זה מזה כאילו אין ניגוד מהותי ביניהם, עם שהיא קובעת סדר ערכים ברור (שלא כדברי כהן בחיבורו J. Cohen, *'Be Fertile and Increase, Fill the Earth and Master It': The Biblical and Medieval Career of a Biblical Text*, Ithaca 1989, pp. 109–115).

של חז״ל בשאלה עקרונית זו, אבל די בו להתוות את התמונה בקווים כלליים. על רקע זה פרישותו של רב חייא בר אשי, ככל שאפשר להבין את מניעיה, בולטת מאוד בחריגותה. מסתבר אפוא שהשימוש במילת המפתח הזרה ׳חרותא׳ נועד לציין את המקור הזר לתורת הפרישות של רב חייא. הוא מתואר כאחד מאותם בני קְיָמא או קדישָא,[82] המנהל מערכה של התכתשות עם בעלדבבא, היצר–האויב–השטן. הצגה מכוונת זו תתבלט עוד יותר אם יודגש המקום החשוב שנועד בסיפור שלנו לדימויים השאולים מסיפור גן עדן,[83] דימויים הבונים את סיפור פרישותו ונפילתו של רב חייא כחזרה על החטא הקדמון. ציור כזה של גן עדן, שהחיים האידאליים בו הם חיי פרישות והבחירה בשותפות היא החטא המביא לידי נפילה, רווח בספרות הסורית, אך אינו מקובל בעולמם של חז״ל.[84]

בסיפור המעוצב על רב חייא בר אשי ועל סופו המספר מביע אפוא בדרך נחרצת את השקפתו על חיי הפרישות של רב חייא ועל הפרישות האסקטית בכללה. את גן העדן האסקטי, שהאישה והיצר הם בו שליחי השטן, הוא מעמיד בסתירה חריפה למושג המשפחה של חז״ל. הפרוש שביקש את החירות הגמורה מן היצר והתרחק אפילו מאשתו שלו, סופו שנכשל באשתו שהפכה לו לזונה. האישה בסיפור היא מראה ביקורתית למעשיו ולאמונותיו של האיש; התהפכותה מפרושה לפרוצה מלמדת מה גלום בפרישות הקיצונית, וכישלונו של האיש מוכיח זאת.

[ה]

הסיפור שבתלמוד איננו תיעוד עובדתי היסטורי וספק אם אפשר ללמוד ממנו על חייו ועל מעשיו של רב חייא בר אשי עצמו. עם זה, יש בו כדי ללמדנו על עולמם התרבותי והאידאולוגי של יהודי בבל וגם על יחסיהם עם החברה הלא־יהודית שבשכנותם. מסתבר שמחבר הסיפור וקוראיו הכירו את התרבות הנוצרית הדוברת סורית היכרות מספקת כדי לשאול ממנה מוטיב לשוני וחברתי בעל שרשים אידאולוגיים עמוקים. צדה האחר של היכרות זו משתקף ב׳תחוִיָתא׳ של אפרהט המתארות נקודות של חיכוך וויכוח בין היהודים ובין שכניהם הנוצרים ובהן גם שאלת הפרישות האסקטית. התחויתא השמונה־עשרה, ׳נגד היהודים ועל הפרישות והקדושה׳, היא פולמוס חריף נגד הטענה היהודית שחיי הפרישות של העדה הנוצרית סותרים את האידאל המקראי המתבטא בברכה ׳פרו ורבו׳ ובסיפורים על

82 ראה לעיל, הערה 44.

83 ראה לעיל, עמ׳ 12, ראש חלק ב.

84 ראה את סקירתו של אנדרסון (לעיל, הערה 39). בזמן האחרון הראה יהלום שסדר העבודה ׳אז באין כול׳ מתאר חיים של פרישות בגן עדן. הוא קובע בצדק שהפיוט הזה אינו משקף תפיסה חז״לית אלא ממשיך את מסורת הפרשנות של הספרים החיצוניים. ראה: י׳ יהלום, אז באין כול: סדר העבודה הארץ־ישראלי הקדום ליום הכיפורים, ירושלים תשנ״ז, עמ׳ 33–35.

חייהם של גיבורי המקרא.[85] בסוף הפרק, אחרי שהביא ראיות רבות מן המקרא בזכות חיי הפרישות, אפרהט מסביר מדוע נזקק לדון בכך ותולה זאת במעשה שהיה:

> אנא דכתבת לך חביבי על בתולותא וקדישותא, מטל דשמעית מן גברא יהודיא דחסד לחד מן אחֿין בני עדתן ואמר לה: דאנתון טמאין אנתון, דנשׂא לא נסבין אנתון, וחנן קדישין ומיתרין, דמולדין ומסגין זרעא בעלמא.[86]

טענתו של אותו איש יהודי כי הפרושים הנוצרים טמאים מפני שאינם נושאים נשים נראית תמוהה.[87] ייתכן שאפשר לחוורה מעט מתוך הסיפור על רב חייא בר אשי, שברקעו עומדת טענה פרדוקסלית דומה. תכליתו של הסיפור היא חשיפת טבעה הדו־פרצופי של 'חרותא', והוא מוכיח על־ידי מעשה כי הפרישות האסקטית צופנת בחובה זנות וטומאה.

אפרהט מלמדנו על ויכוח בין היהודים לשכניהם הנוצרים, ואילו הסיפור שבתלמוד מעיד על לבטים שרחשו בפנים הקהילה היהודית בשאלה האסקטית. עיצוב דמותו של רב חייא והשימוש במוטיב הסורי 'חרותא' עושים את הסיפור להתקפה על אורח החיים של 'בני קְיָמא'. לכאורה יש בכך כדי ללמד שבקהילה היהודית שבה חי המחבר היו שנשבו בקסמי רעיון המלחמה לחירות מן היצר. דרכם של עימותים תרבותיים ואידאולוגיים שהם גורמים להשפעה הדדית, גלויה או סמויה. לפרישות האסקטית של הנצרות הסורית הייתה עצמה רוחנית סוחפת שטבעה את רישומה במתנגדיה. הסיפור על רב חייא בר אשי ואשתו מציג אפוא היבט מעניין של הוויכוח היהודי־נוצרי על ערכם של חיי הפרישות כשהוא מלמד על התמודדות יהודית פנימית עם המשיכה וההשפעה של התורה האסקטית הזרה.

85 תחויתא יח: 'דלוקבל יהודיא ועל בתולותא וקדישותא' (מהדורת פריסו [לעיל, הערה 44], עמ' 817–844). דיון בפולמוס זה וברקעו ההיסטורי ראה: N. Coltun, 'Jewish-Christian Polemics in Fourth-Century Persian Mesopotamia: A Reconstructed Conversation', Ph.D. Dissertation, Stanford University, 1993, pp. 100–131

86 'כתבתי לך, חביבי, על הפרישות ועל הקדושה, משום ששמעתי מאיש יהודי שעלב באחד מאחינו בני כנסייתנו ואמר לו: אתם טמאים אתם, שאינכם נושאים נשים, אבל אנחנו קדושים ומעולים שאנו מולידים ומרבים זרע בעולם' (תחויתא יח, מהדורת פריסו [לעיל, הערה 44], עמ' 841).

87 ראה אנדרסון (לעיל, הערה 39), עמ' 122–123. ראה גם את הצעותיהם של בויארין ([לעיל, הערה 13], עמ' 139, הערה 10) ושל פייר (*Aphraate le Sage Persan: Les exposés*, ed. M.J. Pierre, Paris 1988–1989, p. 763, n. 36).

'נעשה אדם'

הייחוד בין אחדות לריבוי

מאת

מנחם קיסטר

פגישתי הראשונה, ואולי המכרעת, עם מורי פרופסור אורבך זכרו לברכה הייתה, עוד קודם שהכרתיו, באמצעות ספרו הכובש 'חז"ל — אמונות ודעות'. לאחר שנים זכיתי להיות מאחרוני תלמידיו בשיעוריו באוניברסיטה. אמנם הקורס לא היה בתחום האגדה, אך ביקשתי ממנו שעבודתי הסמינריונית תהיה בתחום זה, והוא נענה לי. עבודה זו קבעה הרבה את המשך דרכי. אישיותו שילבה סמכות ברורה עם נכונות לשוב ולדון על קביעותיו עם כל אדם — ויהא זה אפילו תלמיד צעיר — בלא לומר קַבלו דעתי, בנכונות גדולה לשמוע. כמה מאמירותיו באותן שיחות בעניין הדרך שיבור לו האדם במחקר, אמירות שהיו בהן רוחב־דעת והבחנה ברורה בין עיקר לטפל (בלא שמץ זלזול בפרטים ובערכם המכריע), מלוות אותי מאז, מדריכות, מזהירות ומעוררות. הדברים שאומַר כאן באים מכוחו ובהשראתו ומתוך התמודדות מתמדת עם דברי מורנו בספרו הגדול.

כבר נכתב הרבה על רכיב הפולמוס בדרשות חז"ל. גם התופעה שהצדדים המתפלמסים שואלים זה מזה פסוקי מפתח ובונים עליהם דרשות מנוגדות ידועה היא.[1] ואולם במאמר זה נראה, בין השאר, תופעה מורכבת יותר, שכיחה פחות אך לא בלתי־מצויה: דפוס לשוני או פירוש ששירתו נאמנה פולמוס נגד דעות יריבות ואידאולוגיות מנוגדות בתקופה מסוימת נראו מסוכנים מבחינה תאולוגית בתקופה אחרת, בהקשר אחר, בשעה שההתמודדות הייתה עם דעות יריבות אחרות. מה שהיה התגוננות טובה או טענה רבת־חשיבות בהקשר אחד הופך בהקשר אחר לנקודת המוצא להתקפת היריב או לערעור מכרסם ובעייתי מבית. כפי שנראה להלן, רעיון שנוצר עקב לחץ תאולוגי מכיוון אחד גלומה בו בכוח בעיה תאולוגית מכיוון אחר. אמנם לא תמיד הבעיה ניכרת מלכתחילה, אך עם פיתוחו של הרעיון היא ניכרת בכל חומרתה: 'סבור שהוא כמגעה [= כמגאה] ואינו אלא כמבזה' (ירושלמי חגיגה פ"ב ה"א, עז ע"ג). במקרים אלו הפרשנות והפתרונות

1 לעניין הפולמוס היהודי־נוצרי ראה לאחרונה דוגמה מסוג זה M. Kister, 'A Common Heritage: Biblical Interpretation at Qumran and its Implications', *Biblical Perspectives*, Leiden 1998, pp. 104–105 and note 15

התאולוגיים עומדים בסימן ההתרוצצות בין קטבים מנוגדים. הפולמוסים שיידונו כאן אינם סטטיים, ועל הדינמיקה שבהתפתחותם ננסה לעמוד. סובב סובב הולך הרוח ועל סביבותיו שב הרוח.

לפני שנראה (להלן, חלק ג) את התממשותם של משפטים כלליים אלו בפירוש צורת הריבוי בכתוב 'נעשה אדם' (בר' א:כו) אבהיר את הדברים בקצרה בשתי דוגמאות: (א) גלגולו של פסוק פולמוסי מן המקרא ותפקידו בפולמוסים בין־דתיים שונים; (ב) גלגוליה של פורמולה במקרא ובספרות חז"ל ותפקודה בהקשרים תאולוגיים מנוגדים, לחיוב ולשלילה.

[א]

'יוצר אור ובורא חושך'

בדברי ישעיהו השני לכורש אנו קוראים:

> אני ה' ואין עוד, זולתי אין אלהים, אאזרך ולא ידעתני. למען ידעו ממזרח שמש וממערבה כי אפס בלעדי אני ה' ואין עוד. יוצר אור ובורא חשך עשה שלום ובורא רע אני ה' עשה כל אלה (יש' מה:ה–ז).

רבים סברו שפסוק זה אמור 'כנגד מחשבת מי שהוא מאמין בשני אלוהות אחד טוב ואחד רע',[2] כלומר כנגד אמונתו הזורואסטרית של כורש, שאינו יודע את ה' (פסוקים ד–ה). אחרים מפרשים את הפסוק אחרת, ורואים אותו על רקע האמונה הישראלית.[3] מכל מקום ברי, לדעתי, שהנביא בא להוציא בפסוק זה מכל מחשבה דואליסטית שהיא. בולט בו הניגוד בין 'עושה שלום' ל'בורא רע'. יש חוקרים המסיקים מכאן שבפסוק עצמו אין הכוונה ל'רע' המוסרי אלא לרעה הבאה על אדם, היפוכו של 'שלום' ותו לא.[4] לאידך גיסא יש לציין את תפקידו החשוב של המושג 'שלום' (שעניינו הרמוניה, טוב) במינוח הזורואסטרי (כפי שמלמדני פרופ' שאול שקד). הדורות הבאים, מכל מקום, מצאו לפניהם פסוק שנאמר בו שהאל 'בורא רע', אולם לא נאמר בו בפירוש שהאל 'עושה טוב' או 'בורא טוב'. גרסת מגילת ישעיהו מקומראן באה ליישב קושי זה: היא גורסת כאן 'עושה טוב ובורה רע'.[5] השינוי נובע מבעיה פרשנית־תאולוגית, בעיה שהייתה אולי חריפה במיוחד בכת

2 פירוש רד"ק לפסוק, בשם רס"ג.

3 ראה: מ' וויינפלד, 'האל הבורא בבראשית א ובנבואת ישעיהו השני', תרביץ, לז (תשכ"ח), עמ' 123; ובכיוון אחר: H. Haag, '"Ich mache Heil und erschaffe Unheil" (Jes 45,7)', *Wort, Lied und Gottesspruch: Festschrift für Joseph Ziegler*, Würzburg 1972, pp. 179–185

4 ראה: מאמרו של האג (לעיל, הערה 3); ב"י שוורץ, 'השלום במקורות ישראל', חוג בית הנשיא לתנ"ך ולמקורות ישראל, יא (תשנ"ז), עמ' 11–12.

5 D.W. Parry & E. Qimron, *The Great Isaiah Scroll (1QIsa^a): A New Edition*, Leiden 1999, p. 77

שבמחשבתה היו מנוגדים כל כך (בתוך שיטה תאולוגית מונותאיסטית) האור והחושך, הטוב והרע.[6]

לעומת זאת, כפי שאנו למדים מטרטולינוס,[7] מרקיון השתמש בפסוק זה עצמו לראיה שהאל הוא 'בורא רע', השקפה שהיא עיקר גדול בשיטתו הדואליסטית, ולפיה האל הבורא, בורא העולם הרע, עומד לעומת האל העליון, הבלתי־ידוע, הטוב![8] נמצא שהפסוק המקראי, שניסוחו אנטי־דואליסטי במובהק (ויכול לשמש ביעילות נגד הדואליזם הזורואסטרי),[9] היה למסוכן ביותר, מבחינה מונותאיסטית, בהתמודדות עם הדואליזם המרקיוניסטי והגנוסטי.

אפשר ששימוש זה של מינים בפסוק כהוכחה לטבעו של אלוהי ישראל היה בין הגורמים שהשפיעו על שינוי נוסח הפסוק כפי שנכלל בברכת יוצר: 'יוצר אור ובורא חשך, עשה שלום ובורא את הכל'. המילים 'ובורא רע', המילים המסוכנות מבחינה תאולוגית, הומרו בצירוף החדש 'ובורא את הכל'.

בשולי דברים אלו כדאי להעיר שנוסחו החדש של הפסוק — 'עושה שלום ובורא את הכל' — עשה פירות שמן הסתם לא עלו כלל על דעת מי ששינה את הפסוק (אולי מפני תרעומת המינים, כאמור). הנוסח הליטורגי, המתוקן, נדרש בספרא (בחוקותי פרק א, מהדורת וייס, קיא ע"א) כאילו היה נוסח המקרא ממש,[10] בהדגשת חשיבותו של השלום האמור בפסוק, שהוא שקול כנגד הכול. ואולם גם בתחום הוויכוח הבין־דתי מצוטט פסוק זה (בגרסתו המקראית או הליטורגית) בשתי אגדות המספרות על ויכוח עם פילוסוף פגני. (א) באבות דר' נתן נו"ב מסופר על הפילוסוף אבנימוס הגדרי ששאל את רבן גמליאל 'איזהו בכורו של עולם' (פרק כד, עמ' 49),[11] כלומר שאלה קוסמוגונית, מן השאלות שהעסיקו רבים בזמן הזה. רבן גמליאל עונה: 'בכורו של עולם' הוא 'שלום', וראיתו מפסוקנו: '"עושה שלום ובורא את הכל" — מאחר שברא הקב"ה את השלום חזר וברא את הכל'. על דיאלוג בין אבנימוס ובין החכמים בענייני קוסמוגוניה אנו שומעים בשמ"ר יג:א (עמ' 254). באגדה שלפנינו נראה שהתשובה מועברת מן המישור הקוסמוגוני הספקולטיבי אל המישור המוסרי האנושי (השלום כשקול לבריאה וכקודם לבריאה), ואולם דומה שיש לה קיום גם במישור הקוסמוגוני: הלוא לפי 'טימאיוס' לאפלטון

6 שלא כדברי יחזקאל קוטשר בספרו 'הלשון והרקע הלשוני של מגילת ישעיהו השלמה ממגילות ים המלח', ירושלים תשי"ט, עמ' 181. וראה האג (לעיל, הערה 3).

7 Tertullianus, *Adversus Marcionem*, 1:2 (ed. A. Kroymann, [*CCSL*, 1], Turnholt 1954, p. 443)

8 שיטות מעין אלו רווחות הרבה בזרמים גנוסטיים, ואפשר שאף בהם היה מי שראה בפסוק סיוע לדעתו הדואליסטית נגד אלוהי ישראל.

9 אפשר שזו הייתה לפחות אחת מכוונותיו של הנביא. מכל מקום, ודאי שהוא ממלא בהצלחה תפקיד זה בפירושו של רס"ג!

10 בספרי במדבר פיסקא מב (עמ' 47) באה דרשה דומה המתבססת לא על סופו של הפסוק אלא על ראשיתו: 'יוצר אור ובורא חושך עושה שלום' (כך גם בכ"י רומי של הספרי). אבל בספרא גורסים כל עדי־הנוסח 'ובורא את הכל', וגם לשון הדרשה בספרא מלמדת שזו כבר דרשה על הגרסה ה'ליטורגית'.

11 כך לנכון בכ"י פרמה. בגוף מהדורת שכטר נדפס 'כבודו'.

ומקורות אחרים באמת ראשית הבריאה אינה אלא סידור הערבוביה והטלת שלום, אחווה ואחדות בין היסודות.[12] הנוסח המשני של הפסוק (שאולי גם לפולמוס יש חלק בהיווצרותו) משמש באגדה זו מענה לשאלתו של פילוסוף פגני. (ב) בבר"ר א:ט (עמ' 8) פסוק זה מנוצל כתשובה לפילוסוף, שטענתו הפעם שהאל לא ברא יש מאין אלא נעזר בסממנים שסייעוהו.[13] מקור זה יידון בנספח.

[ב]

'שליט בעולמו לעשות בו כרצונו'

אין זה המקרה היחיד שהתבטאויות המשמשות נגד תפיסות לא־מונותאיסטיות נעשו בעייתיות בהקשרים אחרים. כאן נדון במטבע העוסק בריבונותו של האל על העולם.

בפסוקי מקרא לא מעטים נרמז ההליך המשפטי בהקשרים דתיים שבין האל לבריותיו. בספר איוב מצוירים פעמים הרבה איוב והאל כמתדיינים: ספר זה עוסק בצדקתו של האל, ו'צדק' הוא מונח משפטי מרכזי. אליהוא מייצג את התאולוגיה הרגילה באמרו: 'הן אל ישגיב בכחו מי כמהו מורה [='מרא' בארמית, ראה תרגום השבעים] מי פקד עליו דרכו ומי אמר פעלת עולה' (איוב לו:כב–כג). מרותו של האל מתקשרת לאי־היכולת להרשיעו: 'מי אמר פעלת עולה'. איוב, לעומת זאת, טוען שאין הוא יכול להתדיין כראוי עם האל דווקא משום שליטתו המוחלטת של האל בעולם ובבריותיו וחוסר הסימטריה הנובע מכך: 'דרכו שמרתי ולא אט מצות שפתיו ולא אמיש, והוא באחד ומי ישיבנו ונפשו אִוְּתָה ויעש' (שם, כג:יא–יג) ומשום שאין מי שישפוט בין האל ובין האדם: 'אמנם ידעתי כי כן, ומה יצדק אנוש עם אל. אם יחפץ לריב עמו, לא יעננו אחת מני אלף ... המעתיק הרים ולא ידעו אשר הפכם באפו, המרגיז

12 'כל מה שהיה בנראה ושלא היה שרוי במנוחה (ἡσυχία), אלא נע באופן בלתי־הרמוני ובלתי־מסודר'; 'מטעמים אלו ומיסודות [=אש, אדמה, מים ואוויר], שכך טיבם ומספרם ארבעה התהווה גוף הקוסמוס על־ידי פרופורציה. הם היו בשלום זה עם זה (ὡμολόγησαν) והייתה לו [לגוף] אחווה (φιλία) מתוך כך...' (32c; וראה גם שם, 30a). השווה עוד לדברי אובידיוס המתאר את הניגודים הנלחמים (pugnabant) לפני בריאת העולם ואת ראשית העולם כהפסקת המאבק ביניהם (litem diremit) וקשירתם בקשר שָׁלום אחדות (concordi pace ligavit) (מטמורפוזות, א, 18–31). לעניין כולו השווה גם למדרשים הדורשים (בגוונים שונים) הן את פסוקנו הן את הפסוק 'עושה שלום במרומיו' על עשיית שלום בין היסודות (ירושלמי ברכות פ"ח ה"ז, יב ע"ג; ירושלמי ראש השנה פ"ב ה"ה, נח ע"א; בר"ר ג:ו, עמ' 23; ויק"ר ט:ט, עמ' קצג; פסיקתא דרב כהנא, עמ' 5–6; תנחומא ויגש, ו; דב"ר ה:יב; דב"ר, מהדורת ליברמן, עמ' 100; שיר השירים זוטא א:א; ועוד), ואלה מקרבים אותנו ביותר לרעיון האמור בטימאיוס. ניתוחו של לוז (M. Luz, 'Oenomus and Talmudic Anecdote', *JSJ*, 23 [1992], pp. 66–74) אינו נראה לי.

13 שכטר במהדורתו לאבות דר' נתן מעיר על הדמיון שבין המסורת באבות דר' נתן ובין זו שבבראשית רבה 'ואולי איזה ערבוב דברים והתדמות יש כאן [באבות דר' נתן]' (עמ' 49, הערה ט).

ארץ ממקומה ועמודיה יתפלצון ... הן יחתף מי ישיבנו מי יאמר אליו מה תעשה ... כי לא איש כמוני אעננו נבוא יחדו במשפט, לא יש בינינו מוכיח ישת ידו על שנינו' (איוב ט). חוסר היכולת האנושית להתמודד עם שלטונו המוחלט ועם רצונו המוחלט של האל פוגמת אפוא בהצדקת האל על דרך המשפט.

בעמודים הבאים נעסוק, כאמור, בנוסחת בעלות משפטית שקושרה לעניין בעלותו וריבונותו של האל על העולם. שאלת היחס בין בעלות האל על העולם לבין הצדק שבהנהגת העולם היא שאלת היחס בין שני מושגים משפטיים ביסודם, 'בעלות' ו'צדק'. הפיכת המשפט לתאולוגיה (ואתה חדירה של טרמינולוגיה משפטית ספציפית אל התחום הדתי) מתמיהה פחות מן הנראה במבט ראשון.

בספר דניאל מודגשת ריבונותו של האל במילים: 'די שלטנה שלטן עלם ומלכותה עם דר ודר, וכל דארי ארעא כלה חשיבין וכמצביה עבד בחיל שמיא ודארי ארעא ולא איתי די ימחא בידיה ויאמר לה מה עבדת' (ד:לא–לב). לשון זו של פיאור האל — מקורה בתיאור ריבונותו המוחלטת, כשם שמתוארת בספר דניאל גם ריבונותו המלכותית של מלך גדול כנבוכדנצר: 'די הוא צבא הוה קטל ודי הוה צבא הוה מחא ודי הוה צבא הוה מרים ודי הוא צבא הוא משפל' (ה:יט). ובדומה בתיאור ריבונותו של המלך בקהלת: 'אל תעמד בדבר רע כי כל אשר יחפץ [המלך] יעשה. באשר דבר מלך שלטון, ומי יאמר לו מה תעשה' (ח:ג–ד). כבר הראו שיסודו של מטבע זה בסעיף הבעלות של לשון שטרות משפטית שמודגשת בו ריבונותו של הקונה לעשות ברכושו ככל שירצה[14]: 'אנת ... שליט באמתא הדא דזבנת לך ... ולמעבד בה כל דתצבא'[15] ('ואנתי ... שליטא ... ולמן זי רחמתי תנתנן'),[16] ושהמטבע בספר דניאל אינו אלא העברת המטבע המשפטי אל התחום התאולוגי. מטבע זה מתועד גם במדרש: '"רב לך" (דב' ג:כו) יש לך רב, והרב שליט לעשות בתלמיד מה שהוא רוצה' (מדרש הגדול לדברים ג:כו, עמ' סו). אין ספק שלפנינו המטבע המשפטי (ושמא צריך להיות: 'והרב שליט לעשות *בעבדו* מה שהוא רוצה', ממש כניסוח המשפטי בסמוך לעיל). החלתה של תפיסת

14 ראה: J.J. Rabinowitz, *Jewish Law*, New York 1956, pp. 17–23, 124–129; ח"י גרינפלד, 'מחקרים במונחי משפט בכתובות הקבר הנבטיות', ספר חנוך ילון, רמת־גן תשל"ד, עמ' 67–70; A. Hurvitz, 'The History of a Legal Formula', *VT*, 32 (1982), pp. 257–267; J.C. Greenfield, 'The Genesis Apocryphon: Observations on Some Words and Phrases', *Studies in Hebrew and Semitic Languages in Memory of E.Y. Kutscher*, Ramat Gan 1980, pp. xxxii–xxxiv

15 שטר סורי משנת 243 לסה"נ מדורא אורופוס (J.A. Goldstein, 'The Syriac Bill of Sale from Dura Europos', *JNES*, 25 [1966], pp. 2, ll. 11–12), ובשטרות יהודיים קדומים, כגון נחל צאלים 9, שורות 6–7: 'רשי (?) ושלט יהו[דה] זבנא ויר[תוהי בזב]נה דך למקנה ולמז[ב]נה ול[מ]עבד בה כל די תצבה'; נחל צאלים 23, שורה 3; ראה: ע' ירדני, תעודות 'נחל צאלים', ירושלים תשנ"ה, עמ' 16, 28, 53. לדברי המהדירה באשר לשטר הראשון 'לפי הכתב הוא עשוי להיות מסוף התקופה ההרודיאנית'.

16 מיב (קריילינג 9, שורה 21; ב' פורטן וע' ירדני, אוסף תעודות ארמיות ממצרים העתיקה, ב, ירושלים 1989, B3.10, עמ' 86). על היחס בין שתי הנוסחות ראה לעיל, הערה 14.

הריבונות המשפטית על תחום התאולוגיה פירושה שכל פעולה של האל בעולמו מוצדקת מראש משום בעלותו המוחלטת עליו. והשווה, למשל: 'כשהיה סומא בא אצלך ... והיית מנחמו ואומר לו: אם היית בונה בית ולא היית רוצה לפתוח חלונים, מי היה ממחה בידך?' (תנחומא בובר וישלח, ח). השימוש בנוסחה דתית זו נמשך עוד דורות הרבה, הן לפיאור שמו של מלך מלכי המלכים לעומת מלכי הארץ הן להרחקת כל שותף ממחיצת ריבונותו של האל. המטבע המשפטי הצטרף למטבע אחר המדגיש את רצונו המוחלט של האל — 'ונפשו אִוְּתָה ויעש' (איוב כג:יג) — לעתים לעומת אפסותם של האלילים — 'כי אני ידעתי כי גדול ה' ואדנינו מכל אלהים, כל אשר חפץ ה' עשה בשמים ובארץ בימים וכל תהומות' (תה' קלה:ו). בצוואת קהת הארמית נאמר: 'ותנדעונה די הוא אלה עלמיה ומרא כול מעבדיא ושליט בכולא למעבד בהון כרעותה', ובדומה בקטע ארמי אחר מקומראן (שנתכנה 'פרוטו־אסתר'): 'עליא די אנתון דחלין ו[פ]לחין הו שליט ב[כול אר]עא כול די יצבא קריב', ובמגילה החיצונית לבראשית מקומראן: 'אנתה מרה ושליטא על כולא ובכול מלכי ארעא אנתה שליט למעבד בכולהון דין' (כ, שורה 13).[17] ניגוד בין האל לבין מלכי הארץ נרמז גם בסיפור מרטירולוגי בספר מקבים ב, ולפיו אחד משבעת הבנים מקדשי השם אומר למלך המענה אותם: 'כשיש לך שלטון [ἐξουσία] באנשים אתה עושה מה שאתה רוצה, בהיותך בן תמותה ... ואתה חכה ותראה את כוחו הגדול [של האל] כשיענה אותך ואת זרעך' (ז:טז). מלך בשר ודם שליט (רשאי, ריבוני) לעשות בבני אדם כרצונו, אבל מלך מלכי המלכים שליט לעשות דין גם במלכים. מטבע זה משמש גם לשם ניגוד בין האל האמתי לבין האלילים; הפייטן השומרוני עמרם דרה (המאה הד' לספירה) אומר: 'מלכה דלעל מכלה ושלטנה ברומה ובמכה ... וכל מלכיה בשלטנה שליט דאין לון ומאבד לון הך דו בעי ... עבוד מה דו בעי ולא עורן ימעי'[18] (='המלך שהוא מעל לכול ושלטונו בעליונים ובתחתונים ...

17 לצוואת קהת ראה: E. Puech, 'Le Testament de Qahat en araméen de la grotte 4 (4QTQah)', *RQ*, 15 (1991), p. 33; לטקסט שנתכנה (שלא כדין) 'פרוטו־אסתר' ראה: J. T. Milik, 'Les modèles araméens du livre d'Esther dans la grotte 4 de Qumran, *RQ*, 15 (1992), p. 351; K. Beyer, *Die aramäischen Texte vom toten Meer*, Ergänzungsband, Göttingen 1993, p. 116. לאור המטבע הקבוע מסתבר שיש לתרגם את הטקסט: 'העליון שאתם יראים ועובדים אותו הוא שליט בכל הארץ, כל שירצה הוא מקרב', על אף קיטועו של הטקסט ובעייתיותה של המילה האחרונה בו ('קריב', שלא כתרגומו של מיליק ושלא כתרגומו של באייר). הדברים מושמים בפי גויי המכיר באלוהותו של אלוהי ישראל. למגילה החיצונית בבראשית ראה: נ' אביגד וי' ידין, מגילה חיצונית לבראשית, ירושלים תשי"ז; גרינפלד ('מגילה חיצונית לבראשית', לעיל, הערה 14) דן במקום זה לעניין המטבע המשפטי.

18 ז' בן־חיים, עברית וארמית נוסח שומרון, כרך ג, חלק ב, ירושלים תשכ"ז, עמ' 62–64 (שיניתי קצת מתרגומו; ראה להלן, הערה 19). על זמנו של פייטן זה ראה שם, עמ' 12–13. קטע דומה ביותר בפתיחת החלק הראשון (המקורי, כנראה) של תיבת מרקה (מהדורת ז' בן־חיים, ירושלים תשמ"ח, עמ' 40): 'וכלה לגו שלטנה ... והו עבוד מה דו בעי ולא מלך ולא שלטן יכל ימעי לה. ה' הוא האלהים ולית חורי לבר מנה' ('הכול בשלטונו ... והוא עושה מה שהוא חפץ, ואין מלך ואין ממשלה יכולים למחות בידו').

וכל המלכים בידיו, שליט [=רשאי] לדון אותם ולאבד אותם כפי שהוא רוצה...[19] עושה מה שהוא רוצה ואין אחר שימחה׳), והדברים אמורים בפיוט פולמוסי נגד הכופרים באל והבוטחים בזולתו ונגד עצם האפשרות שיש אל לבד ממנו. הלשון כלשונו של דניאל, אף־על־פי שעמרם דרה השומרוני בוודאי אינו תלוי בו (לפחות לא במישרין), וכאן היא משמשת בבירור נגד תפיסות לא־מונותאיסטיות, כפי שעולה מקריאת פיוטו של עמרם דרה במלואו. אבל לפי המכילתא, כשדרש פפוס ׳״והוא באחד ומי ישיבנו [ונפשו אִוְּתָה ויעש]״ (איוב כג:יג) — דן יחידי לכל באי העולם ואין מי ישיב על דבריו, אמר ר׳ עקיבא: דייך פפוס ... אין להשיב על דברי מי שאמר והיה העולם אלא דן הכל באמת והכל בצדק׳ (מכילתא דר״י ויהי פרשה ו, עמ׳ 112). הן תגובתו החריפה של ר׳ עקיבא על דרשה זו של הפסוק הן סמיכות הדברים לשאר המחלוקות בין ר׳ עקיבא לפפוס מצביעות על חשש מדעה הטרודוקסית בדבריו של פפוס.[20]

קולות מתריסים ברוח זו נגד שרירותו של האל היחיד נשמעו מכיוונים שונים. לאמתו של דבר כך כבר במקרא: כנגד דברי השבח לאל בדניאל ׳ולא איתי די ימחא בידיה ויאמר לה מה עבדת׳ אתה מוצא דברי התרסה של איוב האמורים באותו מטבע: ׳הן יחתף מי ישיבנו מי יאמר אליו מה תעשה׳ (ט:יב). קולות אלו נשמעים בבהירות יתרה במקורות חז״ל. כך אנו קוראים באבות דר׳ נתן נו״ב (פרק א, עמ׳ 3–4): ׳עכשיו כל באי עולם אומרים למשה בשביל שהוא שליט[21] בעולמו הורג מי שהוא רוצה ומניח מי שהוא רוצה: אנשי דור המבול מה עשו לו שהציף אותן כנודות במים אנשי דור הפלגה מה עשו לו שפזרן בכל העולם כלו אנשי סדום מה עשו לו שמעטן באש ובמלח ועמו מה עשו לו שהגלם מארצו.׳[22] השגה זו קרובה לאמור בבראשית רבה

19 בן־חיים מתרגם: ׳שליט, דן אותם ומאבד כפי שהוא רוצה׳, אבל לאור המטבע המשפטי שראינו לעיל (בייחוד הערה 15) ראוי יותר לתרגם שהאל רשאי לדון ולאבד את כל המלכים. ואכן, כך בדיוק לשונה של המגילה החיצונית לבראשית (לעיל, הערה 17).

20 ראה לאחרונה: מ׳ כהנא, ׳מהדורות המכילתא דר׳ ישמעאל בראי קטעי הגניזה׳, תרביץ, נה (תשמ״ו), עמ׳ 512 והערה 119; עמ׳ 514, הערה 123. אולם ספק אם אפשר לקרוא על דעה זו שֵׁם גנוסיס, שהרי בגנוסיס דווקא הדואליזם שולט בדרך כלל.

21 כך בכ״י מינכן 222 ובקטע המצטט את נו״ב (כ״י מינכן 210; ראה: מ׳ קיסטר, עיונים באבות דר׳ נתן — נוסח, עריכה ופרשנות, ירושלים תשנ״ח, עמ׳ 234; עמ׳ 104–105); בכ״י פרמה ובציטוט הקטע בפירוש ר׳ יו״ט ן׳ צהלון: ׳שולט׳. מכל מקום ברור שהטקסט שוב משקף את הנוסחה המשפטית הכוללת את המילה הארמית ׳שליט׳.

22 וראה ספרי דברים פיסקא שז, עמ׳ 344:

׳[הצור] תמים פעלו׳ — פעולתו שלימה עם כל באי עולם ואין להרהר אחר מעשיו אפילו עילה של כלום ואין אחד מהם שיסתכל ויאמר מה ראו אנשי דור המבול להשטף במים ומה ראו אנשי מגדל שנתפזרו מסוף העולם ועד סופו ומה ראו אנשי סדום להשטף באש וגפרית ומה ראה אהרן ליטול את הכהונה ומה ראה דוד ליטול את המלכות ומה ראו קרח ועדתו שתבלעם הארץ תלמוד לומר ׳כי כל דרכיו משפט׳ — יושב עם כל אחד ואחד בדין ונותן לו מה שראוי לו.

ללשון ׳פעולתו שלימה עם כל באי עולם׳ השווה למקבילה שבאבות דר׳ נתן נו״א (פרק א, עמ׳ 3): ׳שהוציא שכר (כל) בריא בשלום׳ (׳בשלום׳ מובנו בשלמות; ראה: קיסטר, עיונים [לעיל, הערה 21], עמ׳ 47; ׳פעולה׳ כאן לשון שכר, כמו להלן בספרי דברים פיסקא שז,

׳שאם יאמר אדם למי שהוא רוצה מעשיר ולמי שהוא רוצה מעני ולמי שרוצה הוא עושה מלך, אברהם כשרצה עשאו עשיר, כשרצה עשאו מלך׳ (נה:א, עמ׳ 585; ולסגנון השווה דנ׳ ה:יט), וכך שואלת מטרונה את ר׳ יוסי: ׳אלהכון מאן *דהוא* בעי הוא מקריב׳ (מדרש שמואל ח:ב, עמ׳ 70), ממש מעין סופו של הפסוק באיוב: ׳ונפשו אִוְּתָה ויעש׳ (כג:יג). במקור מדרשי מאוחר יחסית אנו קוראים: ׳אמר הקב״ה אם <*אני*> הורגן כשהם קטנים, נתתי פתחון פה לבאי עולם שהם אומרין אחרי: מה שהוא רוצה לעשות עושה ואין אחר שמוחה בידו, כשם שנאמר ״וכמצביה עביד בחיל שמיא *ובדארי* ארעא ולא אינש [צ״ל: איתי] דימחה בידיה ויימר ליה מה את עביד״ [דנ׳ ד:לב]. אמר הקב״ה: ... מכיר הייתי את המן והייתי יכול להורגו עד שהוא קטן, ותליתי לו וגידלתיו בעולם להודיע לכל באי עולם מה רשעו׳ (מדרש פנים אחרים לאסתר ג:א נוסח ב, פרק ו, עמ׳ 80). כאן הופך פסוק השבח לאל בדניאל להתרסה של ׳באי עולם׳ כנגד האל; מטבע זה אינו נתפס עוד כמצדק את הדין האלוהי אלא כטענה אפשרית — שוודאי עלתה — בדבר שרירותו. נמצא שדווקא ההדגשה היתרה של יכולתו המוחלטת של האל וחוסר ההגבלה של פעילותו — הדגשה שבאה בין השאר כנגד שיטות דואליסטיות — פתחה פתח לטענה בדבר התנהגות שרירותית ובלתי־מבוקרת של האל האחד, והיה צורך למתן הדגשה זו.[23] ואם יכול חכם להשיב לאומות העולם על טענתם שארץ־ישראל בזוזה בידם ׳העולם ומלואו שלקב״ה הוא, כשרצה נתנו לכם וכשרצה נטלו מכם ונתנו לנו׳ (ר׳ יהושע דסכנין בשם ר׳ לוי, בר״ר א:ב, עמ׳ 4–5),[24] הרי בעל ׳חכמת שלמה׳ חש צורך

עמ׳ 345: ׳פעולתם של באי העולם שלימה לפניו מתן שכרם של צדיקים ומחת פורענותם של רשעים׳. מרמורשטיין (A. Marmorstein, 'The Background of the Haggadah', *HUCA*, 6 [1926], pp. 149–150) רואה בספרי דברים פיסקא שז פולמוס אנטי מרקיוניסטי. אולם לעניות דעתי, זיהוי זה של נמעני הפולמוס מוטל בספק. השווה עוד: ׳שלא יהו אומות העולם אומרי׳ מפני שהוא אלוה ובעל עולמו עשה דברו שלא כדין׳ (מכילתא דרשב״י, עמ׳ 2).

23 ואכן, לעתים מודגשת בתגובה דווקא יכולתו הבלתי־מוגבלת של האל למחול ולבטל גזרות (לפנים משורת הדין והצדק, כדברי ר׳ עקיבא): ׳״אשר מי אל בשמים ובארץ״ שלא כמדת בשר ודם מדת המקום: מדת בשר ודם הגדול מחבירו מבטל גזירת חבירו, אבל אתה מי יכול למחות על ידך? וכן הוא אומר: ״והוא באחד ומי ישיבנו״׳ (ספרי במדבר פיסקא קלד, עמ׳ 180); ׳מלך בשר ודם יושב על בימה שלו מתירא הוא מפני דיתוכוס שלו שלא יחזירנו אתה שאין לך דיתוכוס מפני מה אין אתה מוחל לי׳ (ספרי דברים פיסקא כז, עמ׳ 43–44. מעניין שהובא לראיה הפסוק מאיוב ולא דנ׳ ד:לב). וראה עוד בדיוניו של כהנא (לעיל, הערה 20). מכל מקום, גם כאן גובר הדין, ואין הקב״ה נושא פנים למשה.

24 אף זו בדיוק הנוסחה המשפטית ׳נתן לכל מן די יצבא׳ ודומותיה, העומדות בבסיס הנוסחות שאנו סוקרים כאן (ראה לעיל, הערה 16; ובייחוד גרינפלד, ׳מונחי משפט׳ [לעיל, הערה 14], עמ׳ 67, הערה 21), וביסודה קביעת הבעלות (׳העולם ומלואו שלקב״ה הוא׳). מטבע זה ודומיו חוזרים ונשנים בקוראן. היחס למטבע המשפטי הקדום בולט בפסוק הבא: ׳אמור: אלוהים אתה בעל הקניין (מַאלִכּ אלמֻלכּ), אתה נותן את הקניין (מֻלכּ) למי שתרצה ולוקח את הקניין (מֻלכּ) ממי שתרצה ומגדל מי שתרצה ומשפיל מי שתרצה. בידך הטוב, ואתה בעל יכולת [קדיר; ראה: גרינפלד, ׳מונחי משפט׳ (לעיל, הערה 14), עמ׳ 72–73] בכל דבר ... מוציא את החי מן המת ומוציא את המת מן החי ומכלכל את מי

לסייג תשובה זו בהבלטה גדולה של הצדק האלוהי: 'כי מי יאמר מה תעשה או מי יקום נגד משפטיך או מי ירשיעך בהשמידך גויים אשר יצרתם או מי יעמוד אתך למשפט ... הלא אין אלהים מבלעדיך ... כי לא הוצאת משפט שקר ... בהיותך צדיק תכלכל הכל בצדק ...' (חכמת שלמה יב:יב–יח). לפי המימרה בבראשית רבה, די בבעלותו של האל על העולם במובן המשפטי כדי להצדיק את לקיחת ארץ כנען מידי תושביה הכנענים, ולפיה אין עוד צורך בהצדקות מוסריות ותאולוגיות אחרות. בעל 'חכמת שלמה' פותח במטבע המוכר לנו לכוחו המוחלט של האל: 'מי יאמר לך מה תעשה', אבל מיד הוא מדגיש שהאל צודק לפי מהותו, ואין ספק שלא ישתמש בשרירות־לב בכוחו האין־סופי.[25] כיוצא בזה מצורפים שני הדפוסים בברכה בבית האבל: 'אל אמת דיין אמת שופט בצדק לוקח במשפט ושליט בעולמו לעשות בו כרצונו' (ברכות מו ע"ב). כאן נצטרפו שתי הפורמולות (א) 'שליט בעולמו לעשות בו כרצונו' (ב) 'אל אמת דיין אמת' וכו' — והוקדמה הנוסחה השנייה לראשונה, כדי להוציא מדעת מי שיחשוב ששרירות־לב יש כאן.

שאתה רוצה בלא חשבון' (ג:כו). את הפסוק כולו יש להשוות במיוחד לפסוק האמור בספר דניאל לא כלפי האל אלא כלפי שלטונו של המלך הגדול נבוכדנצר: 'די הוא צבא הוה קטל ודי הוה צבא הוה מחא ודי הוה צבא הוה מרים ודי הוא צבא הוא משפל' (ה:יט; 'מוציא את החי מן המת ומוציא את המת מן החי' הוא פיתוח האמור בפסוק בדבר שלטונו של המלך להמית ולהחיות). מטבע זה משמש בקוראן גם לשם פולמוס עם היהודים והנוצרים: עם הנוצרים — כי לדעתו של מחמד אין לדבר על המשיח כאל, משום שהאל שליט לעשות כרצונו בכל מעשי ידיו, כולל המשיח. עם היהודים — משום שהם אינם בני האל ואהוביו אלא בשר ודם, ולכן אין להם חסד תמידי ומובטח מן האל, כי אלוהים 'מכפר למי שהוא רוצה ומענה את מי שהוא רוצה, ולאלוהים קניין השמים והארץ ומה שביניהם והוא המכריע באחרית' (ה:יז–יח), והוא יכול לכפר למוסלמים ולענות את היהודים. כאן כבר מדובר במושגים תאולוגיים ('מכפר'), ולאו דווקא משפטיים או מעין־משפטיים.

במקום אחר מסופר בקוראן על הגזרות שנגזרו על בני ישראל במצרים, ועל משה האומר להם: 'בקשו עזר באלוהים והאריכו רוחכם: הארץ של אלוהים היא, והוא מוריש אותה למי שירצה מעובדיו ... אולי אלוהיכם ישמיד אויביכם וישימכם במקומם בארץ'; ואכן, כך קורה בהמשך: 'ונורש את העם אשר היו חלשים [=בני ישראל] את מזרח הארץ ומערבה אשר ברכנוה [=ארץ־ישראל], ויימלא דבר אלהים הטוב אשר דיבר על בני ישראל על אשר האריכו רוחם' (ז:קכח–קכט, קלז). אין זה אלא גלגול של המימרה מבראשית רבה — 'העולם ומלואו שלקב"ה הוא, כשרצה נתנה לכם וכשרצה נטלה מכם ונתנה לנו' — אלא שנכרכו כאן, בקוראן, שלא כדין, עונש המצרים עם הורשת הכנענים. מכל מקום, נוסחאות דומות חוזרות הרבה בקוראן, בעיקר בהקשרים תאולוגיים (כגון האמור בקוראן כמה וכמה פעמים שהאל מוליך בדרך הישר את מי שהוא רוצה ומתעה את מי שהוא רוצה [יד:ד, טז:צג, לה:ח, לט:לב ועוד]), אולם דומני, שיש במקומות שסקרנו כדי להוכיח את מוצאן של הנוסחאות מן הנוסחה המשפטית. זווית אחרת לזיקתם של ניסוחים בקוראן (בעיקר ד:פט, נט:ה) לסעיף הבעלות בשטרות הארמיים ראה: J.C. Greenfield, 'The Verb *sallata* In the Qur'an in the Light of Aramaic Usage', *JSAI*, 9 (1987), pp. 36–41

25 את ההקבלה לבראשית רבה ציין וינסטון (D. Winston, *The Wisdom of Solomon*, New York 1979 [The Anchor Bible], p. 242), אך לא העמיד על היחס הרעיוני בין שני המקורות.

על רקע הטענות והחששות שהבאנו לעיל בדבר האל הדן יחידי אנו מבינים את המניע לדברי ר' יהודה בן פזי ור' יוחנן: 'אמר ר' יהודה בן פזי: אף הקב"ה אין דן יחידי, שנאמר "וכל צבא השמים עומדים עליו מימינו ומשמאלו" [מל"א כב:יט] ... אמר ר' יוחנן: אין הקב"ה עושה בעולמו דבר עד שנמלך בבית דין שלמעלן. מה טעם? "ואמת הדבר וצבא גדול" [דנ' י:א] אימתי חותמו של הקב"ה אמת[26] בשעה שנמלך בבית דין שלמעלן' (ירושלמי סנהדרין פ"א ה"א, יח ע"א), ובמדרשים צורף עניין זה למחלוקת פפוס ור' עקיבא שהובאה לעיל. צירוף דרשות זה מצוי כבר בשיר השירים רבה א:ט[27] וכך אנו קוראים בתנחומא בובר שמות יד:

> דרש ר' פפייס: לפי שהוא יחידי בעולמו ואין מי שימחה בידו כל מה שמבקש לעשות עושה, שנאמר 'ונפשו אותה ויעש'. אמר לו ר' עקיבא: דייך פפייס, אין דורשין כך, ומהו 'והוא באחד ומי ישיבנו' — כשם שהשואל למטן כך שואל למעלן. מנין? שנאמר 'בגזירת עירין פתגמא ומאמר קדישין שאילתא' ... 'ואמת הדבר וצבא גדול' ... והקב"ה נושא ונותן במשפט ואומר: היאך יצא דינו של פלוני? והם [=המלאכים] אומרים: כך יצא, והקב"ה מסכים עמהם.

פתחנו בניסוח מונותאיסטי חד, וסיימנו בניסוחים שלפיהם המלאכים שותפים באופן פעיל בהנהגת האל ובשיפוטו. הטענות נגד המונותאיזם והצורך להוכיח לעומתן שייחודו של האל אינו מביא לידי שרירות בדינו ובמעשיו חייבו למצוא בתוך המסגרת המונותאיסטית משקל-נגד בהוויה העליונה, האלוהית, להכרעת-היחיד של האל, גם אם יש במהלך זה פרדוקס חריף.

הנושא בכללו סבוך ורב-פנים (האל כמלך, הצדק האלוהי, מה מנהגו הראוי של מלך); המעקב אחרי הפורמולה המשפטית-דתית שהעלינו בראשית הסעיף הזה הוא שאִפשר לנו לשרטט קווים אלו של התפתחות רעיונית בעולמם של חכמים.

26 וכך גם להלן שם: 'מהו חותמו של הקב"ה ר' ביבי בשם ר' ראובן: אמת'. וכדאי לציין לממצא ראלי שאולי מלמד משהו על התהוותה של דרשה זו, שחותמו של הקב"ה אמת: חותם יהודי קדום (כנראה ממוצא בבלי) נושא עליו את המילה 'אמת', כנראה בהשפעת כתובות ססניות מקבילות על חותמות (S. Shaked, 'Jewish and Christian Seals of the Sassanian Period', *Studies in Memory of G. Viet*, Jerusalem 1977, p. 26). וראיתי לציין לממצא זה על אף המרחק שבין ארץ-ישראל לבבל.

27 שם עונה ר' עקיבא לפפוס: 'דייך פפיס, שלא להשיב על דברי מי שאמר והיה העולם, לפי שהכל באמת והכל בדין, שכן כתיב "ואראה את ה' יושב על כסא רם ונשא ... וכל צבא השמים עומדים עליו מימינו ומשמאלו" ... אלו מכריעין לכף זכות ואלו מכריעין לכף חובה. ר' יוחנן בשם רבי אחא מייתי לה מן הדא "ואמת הדבר וצבא גדול" ...'

[ג]

׳נעשה אדם בצלמנו כדמותנו׳

בספר בראשית אנו קוראים: ׳ויאמר אלהים: נעשה אדם בצלמנו כדמותנו וירדו בדגת הים ובעוף השמים ובבהמה ... ויברא אלהים את האדם בצלמו בצלם אלהים ברא אתו זכר ונקבה ברא אתם׳ (א:כו–כז). בפסוק זה שני קשיים: (א) לשון הריבוי בפי האל, המניח ריבוי כלשהו בעולם האלוהות, כשיירים של אגדות קדומות ומיתולוגיות יותר, לפחות במישור הסגנוני, כמו שעולה גם מן הפסוק ׳הן האדם היה כאחד ממנו׳ (בר׳ ג:כב);[28] (ב) משמעותו של ׳צלם ודמות׳ כשמדובר באל. כמה וכמה תרגומים מתייחסים רק לשאלה השנייה,[29] כלומר נרתעים מלתרגם בפשטות תרגום מילולי את הצירופים

28 אמנם לפי חקר המקורות המקראיים פסוק זה משתייך למקור אחר, אולם יש במקראות אלו כדי ללמד זה על זה. ראה עוד ויינפלד (לעיל, הערה 3), עמ׳ 115–116.

29 (א) השבעים מתרגמים ׳כדמותנו׳ (בר׳ א:כו) καθ' ὁμοίωσιν, וראה בגוף המאמר בהמשך; בבר׳ ה:א הם מתרגמים ׳בדמות אלהים׳ κατ' εἰκόνα θεοῦ (= תרגומו של ׳צלם׳ בבר׳ א:כו), ושם פסוק ג: ׳ויולד בדמותו כצלמו׳ κατὰ τὴν ἰδέαν αὐτοῦ καὶ κατὰ τὴν εἰκόνα αὐτοῦ; ׳בצלם אלהים׳ בבר׳ ט:ו: ἐν εἰκόνι θεοῦ (שוני במלת היחס [ἐν], הקרובה יותר לנוסח המסורה). (ב) תרגום אונקלוס משאיר את המילים העבריות בלא לתרגמן לארמית (ראה: א׳ גייגר, המקרא ותרגומיו, ירושלים תשל״ב, עמ׳ 332–334). (ג) התרגומים הארץ־ישראליים (כ״י נאופיטי ותרגום הקטעים) מתרגמים בבר׳ א:כז ׳בדמו מן קדם ה׳׳, והוסיפו ׳מן קדם׳ מפני הכבוד. (ד) סומכוס מתרגם בבר׳ א:כז: καὶ ἔκτισεν ὁ θεὸς τὸν ἄνθρωπον ἐν εἰκόνι διαφορῷ ὄρθιον ὁ θεὸς ἔκτισεν αὐτόν (= ׳ויברא אלוהים את האדם בצלם מיוחד, ישר [= בקומה זקופה] האלוהים ברא אותו׳). תרגום זה בולט בשינויו המדרשי לעומת תרגומו המילולי של סומכוס לפסוק כו. דיון נרחב בתרגום זה ראה לאחרונה: A. Salvesen, *Symmachos in the Pentateuch*, Manchester 1991, pp. 6–7. לעניין קישורה של ההליכה בקומה זקופה ל׳צלם אלהים׳, המקבילה הקרובה ביותר (שלא צוינה, ככל הידוע לי) היא במטמורפוזות לאובידיוס, א, שורות 83–86, שם מתוארת בריאת האדם כך: ׳יצר בצלם (in effigiem) האלים השולטים בכול. חיות אחרות מטות מבטן אל הארץ, [אך] את פני בני האדם הניח להביט למרום, להביט לשמים ציווה וזקופים (erectos) לשאת מבטים לכוכבים׳. הדמיון הכללי בין תיאורו של אובידיוס ובין התיאור המקראי ידוע זה מכבר (מקבילות בעולם הקלסי לשורות האלה ראה בפירוש למטמורפוזות: F. Bömer, *Metamorphosen*, I, Heidelberg 1969, pp. 42–46). נראה אפוא שסומכוס הכניס לפרשנות הפסוק רעיון הלניסטי, שאפשר בהחלט שכבר קושר לפניו עם הבריאה בצלם. מצד אחר סומכוס תופס את המילה ׳אלוהים׳ כנומינטיבוס ולא כגנטיבוס, כלומר לדעתו אין כאן צירוף סמיכות. (ה) בתפיסה זו מצטרפים אליו גם התרגום המיוחס ליונתן וכנראה גם כתבי־יד של תרגום אונקלוס, ויפה הערתו של גייגר, שם; וראה עוד A. Aptowizer, 'La création de l'homme d'après les anciens interprètes', *REJ*, 75 (1922), pp. 1–4. (ו) התרגומים השומרוניים מתרגמים ׳צלם אלהים׳ בצורות שונות: בבר׳ א:כו–כז אמנם גורסים גם כ״י J וגם כ״י A תרגום קרוב לפשט (אלא שכ״י J מעתיק ׳בצלמנו כדמותנו׳, בלי לתרגם), אולם בבר׳ ה:א מתרגם A: ׳בתשבית מלאכיה׳, ׳בצורת מלאכיה׳. המילון השומרוני הקדום ׳המליץ׳ מעיד על קיומה של מסורת תרגומית כזאת גם לבר׳ א:כו (׳תשבית מלאכינן׳, ז׳ בן־חיים, עברית וארמית נוסח שומרון, ב, ירושלים תשי״ז, עמ׳ 444). מילון זה מעיד גם על תרגומים פרשניים חופשיים לתיבת ׳צלם׳: ׳ביכלותן׳, ׳במדעינן׳ (שם, עמ׳ 569). כ״י D גורס בפסוק כו ׳בשלטנן׳, ובפסוק כז הוא מתרגם: ׳בצלמו בצלם אלהים׳ — ׳בשלטנה בצוערתה

'בצלמנו, בצלם אלהים' או 'כדמותנו', ואולם כל התרגומים המוכרים לנו שמרו על לשון הרבים בתחילת הפסוק (רק המיוחס ליונתן הוסיף לשון מרחיבה במקום זה, וראה להלן, עמ' 53). לעומת זאת בספרות האגדה של חז"ל רוב המאמץ המדרשי והרעיוני מושקע בפירוש לשון הריבוי שבבר' א:כו (לפעמים מתוך עימות גלוי עם 'מינים',[30] ולעתים קרובות יותר מתוך עימות סמוי אתם), ואילו המילים 'צלם אלהים' שבפסוק אינן נתפסות כבעיה תאולוגית הטעונה תירוץ, שלא כבספרות אבות הכנסייה, העוסקת הרבה בבעיה זו דווקא, וממשיכה בכך מסורות יהודיות הלניסטיות[31] וכנראה גם ארץ-ישראליות.[32]

דאלהים'. (כל הנתונים הטקסטואליים לפי התרגום השומרוני לתורה, מהדורת א' טל, תל-אביב תש"ם, לפסוקים הנדונים.) ראה עוד: ז' בן-חיים, תיבת מרקה, (לעיל, הערה 18) עמ' 110, הערה 1 לדף 57א ועמ' 116, הערה 4 לדף 262ב (אבל קטע זה, וכן האמור שם, עמ' 200–201, הם, לדעת בן-חיים, קטעים מאוחרים!). אם כן, מועטים מאוד התרגומים שאינם מתייחסים לבעיית 'צלם אלהים'.
בשולי התרגום השומרוני יש להעיר: הפתרון שמכוון לצלם המלאכים, המצוי בתרגום השומרוני למקום (ראה גם: A. Tal, 'Un fragment inédit du Targum Samaritain', *Salvacion en la palabra: Targum, derash, berith, en memoria del professor A. Diez Macho*, Madrid 1986, p. 537; H.-M. Schenke, *Der Gott 'Mensch' in der Gnosis*, Göttingen 1962, pp. 120–143, בעיקר עמ' 132, ושם סקירת פירושים יהודיים, נוצריים וגנוסטיים לבר' א:כו), מצוי בימי-הביניים אצל רב סעדיה גאון (ראה: מ' צוקר, פירושי רס"ג לספר בראשית, ניו-יורק תשמ"ד, עמ' 51–53 [ערבית], 253–254, 256 [תרגום והערות; התרגום לקטע זה טעון תיקון יסודי כמה וכמה פעמים, ויש להשתמש בו בזהירות רבה]; וראה גם: אפטוביצר, שם, עמ' 4, הערה 1). אבל עתה יודעים אנו מחיבורים פייטניים ש'צלם אלהים' נתפרש כצלמם של המלאכים כבר בימים קדומים, וכך הוא בפיוט 'אז באין כול': 'חקקתו בחכמה בצלם בני אלהים וחיסרתו מעט מדמות יוצרו' (מהדורת י' יהלום, ירושלים תשנ"ז, עמ' 84–85, שורות 197–198). יהלום מביא בהערותיו פיוט של ינאי שטרם פורסם: 'פיקדתה נעשה אדם בדמות פניהם פני אדם'. אפשר שבריאת האדם בצלם המלאכים רמוזה כבר בקטע מקומראן (ראה: J.J. Collins, 'In the Likeness of the Holy Ones: The Creation of Humankind in a Wisdom Text from Qumran', *The Provo International Conference on the Dead Sea Scrolls*, Leiden 1999, pp. 609–618; פרטי הפירוש לקטע זה עוד צריכים עיון). לאמתו של דבר, אם מניחים שהאל פנה למלאכים, מתבקש לפרש את הריבוי ('בצלמנו כדמותנו') כמציין את האל ואת המלאכים כאחד, ומכאן קצרה הדרך, מפני כבוד האל, לפירוש שמדובר במלאכים בלבד; ראה גם דברי רס"ג (צוקר, שם). לתרגום זה השווה גם התרגום השומרוני לפי גרסת כ"י A לבר' ה:כד ('ויתהלך חנוך את האלהים ואיננו כי לקח אתו האלהים'): 'ואתהלך חנוך עם האלהים וליתו הלא נסבתה מלאכיה'. מסורת הפירוש 'אלהים' = מלאכים בפסוק זה קדומה ביותר ואפשר להתחקות אחריה עד לימי הבית השני (ואין כאן מקום להאריך בזה). הפרשנות הנתונה בתרגום השומרוני 'מדע' [=חכמה] מצויה אף היא בדברי רס"ג, ופירושי הפסוק אצל אבות הכנסייה מלאים אותה. (וראה גם: 'יצרתה בדמות כבוד[כה] / [נ]פחתה באפו ובינה ודעת' [4Q504 קטע 8, שורות 4–5, בתוך: M. Baillet, *DJD*, 7 (1982), p. 162].) ניתוח מעניין (מכיוונים שונים מאלה שעלו כאן) למושג 'צלם אלהים' בספרות התלמודית ראה: י' לורברבוים, 'צלם אלהים: ספרות חז"ל, הרמב"ם והרמב"ן', חיבור לשם קבלת התואר דוקטור של האוניברסיטה העברית בירושלים, תשנ"ז.

30 ראה, למשל, בר"ר ח:ח, עמ' 61; ח:ט, עמ' 63.

31 השווה לספקולציות מרחיקות הלכת של פילון ושל פאולוס בפירושו של עניין זה.

32 הפירוש ש'צלם אלהים' הוא לשון שלטון מקורו בימים קדומים. כפירוש לכתוב מוצעים

תרגום השבעים נרתע מלתרגם תרגום מילולי את תיבת ׳כדמותנו׳. מילה זו מיתרגמת בו καθ' ὁμοίωσιν, כלומר ׳לפי דמות׳ (או בשחזור ללשון מקרא — ׳כדמות׳), בלא כינוי, אפשר משום שנועז מדיי נראה לו להניח שהאדם לא רק בצלמו של האל נעשה, אלא הוא דומה לו ממש.[33] (׳דמיון׳ כשהוא מתייחס לאל יכול להתפרש בדרך נועזת מאוד, ויש להשוות לתרגום נאופיטי, המתרגם כאן ׳כד נפק בן׳ [=כיוצא בנו].)[34] עדויות חז״ל המספרות על ׳דברים ששינו זקנים לתלמי המלך׳[35] — כלומר על שינויים בנוסח השבעים לעומת נוסח המסורה — מוסרות שנוסח השבעים היה ׳אעשה אדם בצלם ודמות׳. שני שינויים כאן: האחד — שינוי צורת הרבים בפועל ליחיד (׳אעשה׳, שלא כבתרגום השבעים שלפנינו),[36] והאחר — השמטת הכינוי משתי המילים ׳בצלמנו כדמותנו׳ (לא המרתן ללשון יחיד ׳בצלמי כדמותי׳!).

הדברים במפורש בספרות היהודית אצל רס״ג (צוקר [לעיל, הערה 29], עמ׳ 257; ראה עוד כ״י D של התרגום השומרוני [לעיל, הערה 29, סעיף ו]), אבל פירוש זה בא גם אצל כמה מאבות הכנסייה (ראה אפטוביצר [לעיל, הערה 29, סעיף ה], עמ׳ 4–6), והוא רמוז בפעם הראשונה, במובלע, בבן־סירא (יז:3), שאמנם מקורו העברי לא שרד (את הקשר הפרשני ציין צוקר [לעיל, הערה 29], עמ׳ 257, הערה 286*). את הטקסט העברי של בן־סירא יש לשחזר על־פי התרגום היווני בערך כך: ׳*כמוהו* הלבישם עוז ובצלמו ברא אותם׳. דומה שיש להעדיף את התרגום היווני על התרגום הסורי (שבו סיפא של הפסוק שונה לגמרי), ולראות בפסוק עדות לפרשנות המקרא של בן־סירא הירושלמי. אבל גם מי שייטה לפסוק אחרת יצטרך לראות בתרגום היווני לבן־סירא את העדות הקדומה ביותר לפרשנות זו. הבנה זו מופיעה גם בפיוטים. בפיוט ׳אז בדעת חקר׳ אנו קוראים: ׳לרקם גולם בצלם מוראו. לגדלו, לחסרו מעט מאלהים׳ (פיוטי יוסי בן יוסי, מהדורת א׳ מירסקי, ירושלים תשנ״א², שורה 24 עמ׳ 225, [מדור המסופקים]). ׳צלם מוראו׳ כאן יש לפרש כמו בבן־סירא. אפשר שכך יש לפרש גם בפיוט ׳אתה כוננת עולם ברוב חסד׳ ליוסי בן יוסי: ׳היות כאלהים שוטר ומושל׳ (שם, עמ׳ 181, שורה 23). בבר״ר ח:יב נקשר ה׳צלם׳ עם השלטון, אולם כנראה בהיבט אחר. בשולי הדברים הכרח להעיר על הצעתו של מורי ש״א ליונשטם (במאמרו ׳חביב אדם שנברא בצלם׳, תרביץ, כז [תשי״ח], עמ׳ 1–2), המפרש ׳צלם אלהים׳ כמטפורה שלטונית הנהוגה במזרח הקדום, כלומר בכיוון פרשני זה ממש. ואולם בר׳ ה:ג אינו סובל אלא פירוש מילולי. ראה עוד ויינפלד (לעיל, הערה 3), עמ׳ 113–116. דומה שמשמעותו הקדומה של הביטוי ׳צלם ודמות׳ היא ׳איקונין׳; ראה: J.C. Greenfield & A. Shaffer, 'Notes on the Curse Formulae of the Tell Fekherye Inscription', *RB*, 92 (1985), p. 49

33 המילה היוונית ὁμοίωσις, כמו המילה העברית ׳דמות׳, יכולה להתפרש לשון דמיון או לשון צורה (מילה נרדפת ל׳צלם׳). גם הימנעות השבעים מלתרגם במילה זו בבר׳ ה:א (וכן היות תרגומם בבר׳ ה:ג שונה מתרגומם בשאר הפסוקים) מסייעים לסברה ששיקול תאולוגי הדריך את המתרגם. ראה גם G. Veltri, *Eine Tora für den König Talmai: Untersuchungen zum Übersetzungverständnis in der jüdisch-hellenistischen und rabbinischen Literatur*, Tübingen 1994, pp. 35–36

34 השווה למימרות האגדה שהקב״ה אומר בהן ׳הריני כיוצא בכם׳ או ׳הרי אתה כיוצא בי׳; ראה: ש׳ ליברמן, שקיעין, ירושלים תש״ל², עמ׳ 14, 99. (ויש להוסיף עוד לעניין שם: סדר אליהו רבה, פרק (יג) יד, עמ׳ 68.)

35 מכילתא דר״י, עמ׳ 50; ירושלמי מגילה פ״א הי״א, עא ע״ד; בבלי מגילה ט ע״א.

36 שינוי זה הוא חלק ממגמת השינויים המנויים ברשימה, כמו שברור מן השינוי של כינוי הרבים בפועל בבר׳ יא:ז, לפי רשימה זו.

נדמה שהשמטת שני הכינויים נובעת מתחושת אי־נוחות כלפי האנתרופומורפיזם החריף שבפסוק זה, תחושה שמעידים עליה הרבה תרגומים אחרים למקרא.[37] השמטות דומות של כינויי קניין המוסבים על ה' מצויות בתרגום השבעים;[38] והרי גם תרגום השבעים שלפנינו השמיט מסיבות תאולוגיות (אולי אחרות במקצת) את הכינוי במילה 'כדמותנו', אם כי שמר על הכינוי במילה 'כצלמנו' (מילולית: 'לפי צלמנו'). אבל כלום היה במקרא היווני בזמן מן הזמנים נוסח כזה, 'בצלם ודמות' (ליתר דיוק, 'לפי צלם ולפי דמות')?[39] עזר מעט בפתרון תהייה זו נמצא בדברי כמה מאבות הכנסיה על מיתוסים גנוסטיים הנוגעים לפסוק זה. אפיפניוס מספר על שיטתו של סטורנילוס, ולפיה שבעה מלאכים שמרדו באל העליון בראו את העולם, והם גם שבראו את האדם לפי צורתו של הדיוקן (εἰκών, שהוא תרגומו של 'צלם') המאיר, שהציץ מלמעלה, ועל טיבו הם לא עמדו בדיוק, וכדברי אפיפניוס: 'לכן, לפי מה שהמחיז הרמאי הזה [סטורנילוס] אמרו המלאכים: "נעשה אדם לפי צלם ודמות"'. ואפיפניוס מיד מוסיף:

> הוא [סטורנילוס] סילף את האמור בבראשית על־ידי האל הקדוש 'לפי צלמנו כדמותנו' [אפיפניוס מביא את כינוי הגוף בלבד: καθ' ἡμέτεραν], בהשאירו את [המילים] 'לפי הצלם' בלבד, כדי להקנות כושר שכנוע לכזב, כאילו כדי לומר מכאן ש'נעשה אדם בצלם ודמות' [כוונתו ש]אחרים הם שעשו ואילו הצלם הוא של אחר.[40]

אולי אפשר ללמוד מעדות זו[41] שאכן הגרסה 'בצלם ובדמות' הייתה קיימת

37 ראה לעיל, הערה 29.

38 ע' טוב, 'מסורת חז"ל על ה"שינויים" שהוכנסו בתרגום השבעים לתורה ושאלת הנוסח המקורי של תרגום זה', ספר י"א זליגמן, ירושלים תשמ"ג, עמ' 389. הצעתו של טוב שחיסור כינויי הזיקה בתרגום השבעים לפסוק לפי עדות מקורות חז"ל מבוסס על גרסה עברית קדומה אינה נראית לי (הוא הולך בזה, בשתיקה, בעקבות גייגר [לעיל, הערה 29, סעיף ב]). גם השקפתו הכללית (עמ' 371–393) שהמסורת מעידה על שלב קדום של תרגום השבעים אינה מובנת מאליה. אמנם לעתים קרובות מהדורות מעובדות של תרגום השבעים מקרבות את התרגום למקור העברי אבל שינויים שהם רובם ככולם תאולוגיים ועניייניים יכלו להיכנס לעיבוד של תרגום השבעים לא פחות מלשקף את מקורו.

39 השאלה ראויה להישאל במיוחד משום השמטת הכינוי השני בתרגום השבעים שלפנינו: אפשר היה לטעון שהמסורת התלמודית משקפת זאת בצורה לא לגמרי מהימנה.

40 Epiphanius, *Panarion*, 23: 4–7, ed. K. Holl, I (*GCS*, 25), Leipzig 1915, pp. 248–249 המהדיר מציין את היעדר הכינוי בציטוט הפסוק מבראשית גם אצל אירנאוס והיפוליטוס. בחרתי להביא את אפיפניוס בגלל התייחסותו המפורשת לשאלת הכינויים בפסוק. אפיפניוס חוזר (23:5) על טיעון זה, ומדגיש שהאל דיבר עם הלוגוס שלו בפסוק שלפנינו, ודבר לא נתהווה מהתייעצות מלאכים (οὔδε κατὰ τὴν τῶν ἀγγέλων συμβουλία τι γέγονεν).

41 אמנם בחיבור המכונה 'על ראשית העולם' מצוטט פסוק זה ומתפרש לפי הגרסה שלפנינו בתרגום השבעים. לפי חיבור זה, הארכונים אומרים זה לזה: 'נעשה אדם מן האדמה לפי צלם גופינו ולפי הדמות של זה [= של אדם־האור, אויבם]' ('On the Origin of the World', 112–113, J.M. Robinson, *The Nag Hammadi Library*, Leiden 1977, p. 170). כאן 'בצלמנו' בניגוד ל'בדמות' (לא 'בדמותנו'!), 'מדרש' של דופי על נוסח תרגום השבעים כפי

אי־פעם באחת הוורסיות של תרגום השבעים, אם כי לצד 'נעשה' בראשו של הפסוק. גרסה זו, 'בצלם ובדמות', כנראה גרסה משנית שנוצרה כדי למנוע הגשמה, נוצלה לימים בידי המינים לשם יצירת סיפור חלופי לאמור בתורה, סיפור שבו המלאכים בוראי העולם מנוגדים לאל הגבוה והאמתי.

השינוי ששינו הזקנים לתלמי המלך, לפי עדות חז"ל, לשון רבים ליחיד (כשם ששינו לפי עדות זו גם בבר' יא:ז) מעיד על חשש מתגובות פגניות. ואכן, לימים נתן יולינוס הכופר פירוש פגני לבר' יא:ז וכנראה גם למקומנו.[42] גם מלשונו של פילון 'את הסיבה האמתית [ללשון הריבוי בפסוק] מן ההכרח הוא שידע אלוהים לבדו' (על בריאת העולם, 72 [תרגום ס' דניאל־נטף]), ברור שהבעיה מטרידה אותו. הוסף על כך את פרשנותם של מינים, שאף הם העניקו מעמד נכבד לכוחות אלוהיים בבריאת האדם והעולם והסתייעו בפסוק זה, ואת הפרשנות הנוצרית הרואה בפסוק עדות חשובה לשיתוף פעולה של האב והבן, ותובן מרכזיות הפירוש ללשון רבים שבפסוק זה בפרשנות היהודית הקדומה.[43] כבר אצל יוסטינוס (המאה הב' לספירה) ב'דיאלוג עם טריפון' (פרק סב), מתועדים (ונדחים, כמובן) שני פירושים של חכמי היהודים (οἱ διδάσκαλοι ὑμῶν) ללשון זה של ריבוי: (1) האל אמר לעצמו 'נעשה'; (2) האל אמר 'נעשה' ליסודות (στοιχεῖα), כלומר לאדמה וליסודות האחרים שמהם נוצר האדם; נוסף על כך יוסטינוס מזכיר (3) דעת 'מה שנקרא אצלכם מינות' (ἡ παρ' ὑμῖν λεγομένη αἵρεσις), שהאל אמר 'נעשה אדם' למלאכים, והם שבראו את גופו של האדם. דעה זו אפוא אינה מקובלת גם על היהודים, לפי דברי יוסטינוס. ואילו יוסטינוס טוען: 'נעשה אדם' הוא דברו של האל־האב לבן, הזהה עם ה'חכמה' שבה ברא האל את העולם, ככתוב במשלי 'ה' קנני ראשית דרכו קדם מפעליו מאז ... ואהיה אצלו אמון ...' (ח:כא–לו); וכך מפרשים המחברים הנוצרים הקדומים שאחרי יוסטינוס.

מן הראוי להשוות את האמור כאן לדעות במדרש. בבר"ר ח:ג–ח (עמ' 58–62) שואל המדרש '"נעשה אדם" — במי נמלך?' התשובות מרובות, ובהן (1) התשובה 'במלאכת שמים וארץ נמלך', המקבילה לדעה שהאל אמר 'נעשה אדם' ליסודות; (2) התשובה שהאל נמלך במלאכי השרת (והיא

שהוא בידינו, ואולי יש לטעון שגם הגרסה שמביא אפיפניוס (ואחרים) משקפת 'מדרש' של גרסה אחרת בתרגום השבעים לבר' א:כו. לניתוחנו השווה: O. Wintermute, 'A Study of Gnostic Exegesis of the Old Testament', *The Use of the Old Testament in the New and Other Essays: Studies in Honor of W.F. Stinespring*, Durham, N.C., 1972, pp. 263–264. למקבילות נוספות למיתוס זה ראה: F. Williams, *The Panarion of Epiphanius of Cyprus*, I (*NHS*, 35), Leiden 1987, p. 64, n. 6

42 ד' רוקח, היהדות והנצרות בראי הפולמוס הפאגאני, ירושלים תשנ"א, עמ' 216 (146B); שם, עמ' 208–210, והערתו של רוקח, שם, עמ' 209, הערה 31.

43 על מדרשו של פסוק זה ראה לאחרונה: J.L. Kugel, *The Bible as It Was*, Cambridge, Mass., 1997, pp. 61–63

הרווחת בספרות חז"ל), המקבילה לדעת המינות אצל יוסטינוס; (3) הפתרון 'בליבו נמלך', שמיד נרחיב עליו את הדיבור. אמנם גם הדעות שיש בהן הקבלה בין האמור אצל יוסטינוס ובין המדרש אינן זהות. יש לשים לב שהשאלה בבראשית רבה היא במי נמלך הקב"ה (כפי שהדגיש אורבך);[44] השאלה אינה אפוא למי אמר הקב"ה 'נעשה אדם' (כהתבטאותו של יוסטינוס, כלומר, בשיתוף כלשהו אם כי מינימלי). כבר הראו[45] שהדרשות על הימלכותו של הקב"ה במלאכים הן עידון מסורת שלמלאכים היה בה תפקיד פעיל ביצירת האדם: יצירת החלק הגופני של האדם, כפי שאנו מוצאים אצל פילון מצד אחד ואצל הגנוסטיקאים מצד אחר, המחלקים את בריאת האדם בין שני כוחות — המלאכים והאל.[46] מסורת זו הושפעה מתפיסות הלניסטיות כלליות ובייחוד, במישרין או בעקיפין, מתיאור בריאת היצורים החיים ב'טימאיוס' לאפלטון (41b–d), בריאה המתחלקת בין האל לבין אלי המשנה שברא. ההבדל בין הניסוח בדיאלוג של יוסטינוס, שהאל אמר למלאכים 'נעשה אדם' והם עשו את גופו, ובין הניסוח בבראשית רבה 'במי נמלך' הוא הוא ההבדל בין ה'מינות' היהודית הנזכרת אצל יוסטינוס (שאין כל הכרח לפרשה כתפיסה גנוסטית דווקא,[47] ודברי פילון יוכיחו)[48] לבין הדרשות הרווחות אצל חז"ל הקושרות למלאכים את הריבוי שבמילים 'נעשה אדם'. גם הדעה הקושרת את הריבוי ליסודות התעדנה מאוד במדרש: מניסוחו של יוסטינוס ברור ש'נעשה' משמעו שהאל אומר ליסודות שהוא והם יבראו את האדם, כלומר הם את החלק הגופני והוא את החלק הרוחני (ומשום כך האל אומר זאת בייחוד לאדמה!).[49] פירוש יהודי קדום זה לריבוי

44 א"א אורבך, חז"ל — פרקי אמונות ודעות, ירושלים תשל"א, עמ' 181. בהמשך נראה שמימים קדומים משמשת לעניין זה לשון התייעצות. וראה להלן, הערה 70.

45 J. Fossum, 'Gen. 1, 26 and 2, 7 in Judaism, Samaritanism, and Gnosticism', *JSJ*, 16 (1985), pp. 202–239. חלק ניכר מדבריו של פוסום עוסק במקורות מאוחרים, הן שומרוניים הן יהודיים. ואולם גם אם נתעלם מן המקורות המאוחרים הללו, עיקר דברי פוסום במקומו עומד.

46 על־אף ההבדל העצום ביניהן הן השיטה הגנוסטית הן שיטתו של פילון בנויות על יסוד משותף: דיכוטומיה בין החומר ובין הנפש, בין בריאת האל העליון לבריאת הכוחות הנחותים ממנו. ההבדל ביניהן הוא שאצל פילון אלוהי ישראל הוא הכוח העליון, ואילו לשיטת הגנוסטיקאים הוא אחד הכוחות הנחותים. ראה: וינטרמוט (לעיל, הערה 41), עמ' 259–260.

47 לפירוש כזה ראה לאחרונה: D.T. Runia, '"Where, tell me, is the Jew": Basil, Philo and Isidore of Pelusium', *VC*, 46 (1992), p. 179 תודתי לד"ר דוד סתרן שהפנה את תשומת לבי למאמר זה.

48 נראית סברתו של פוסום (לעיל, הערה 45) שהעמדת הדברים בצורת דיכוטומיה בין הגוף לרוח ובין הטוב לרע, כדברי פילון והגנוסטיקאים, משקפת חלוקת תפקידים בין האל למלאכיו העוזרים על־ידו בבריאת האדם במסורת קדומה יותר. על תיאור בריאת גוף האדם בידי מלאכים באמנות היהודית והנוצרית בימי־הביניים ושורשיו האפשריים באמנות היהודית הקדומה ראה: M. Friedman, 'The Angelic Creation of Man', *Cahiers archeologiques*, 39 (1991), pp. 79–94 ובקיצור בעברית: מ' פרידמן, 'תיאורי הבריאה באמנות היהודית', עט הדעת, ב (תשנ"ח), עמ' 51–62.

49 כך בצדק אפטוביצר (לעיל, הערה 29, סעיף ה), עמ' 6–10.

שב׳נעשה אדם׳, שעליו מעיד יוסטינוס, מקורו — בתוך המסגרת היהודית — בניסיון לרכך את לשון הריבוי (דווקא מתוך ההנחה שהיסודות אינם בני־תחרות לאל), וכן לשלב בתוך התיאור בספר בראשית פרק א את הדואליות (׳עפר – נפש׳) שבבר׳ ב:ז (הבולטת, כמובן, פי כמה לאור הניגוד ההלניסטי בין גוף לנפש).[50] אולם פירוש זה זכה לאינטרפרטציה של ריבוי שיש עִמה רה־מיתולוגיזציה ברוח דואליסטית מכיוון אחר. לפי המיתוס שמוסר אזניק מקולב כחלק מתורתו של מרקיון,[51] שני שותפים שווים באדם — האל הבורא והחומר (שנציגתו האדמה), והאל אומר לאדמה ׳נעשה אדם בצלמנו׳.[52] הניסוחים ׳במלאכת שמים וארץ נמלך ... במעשה כל יום ויום נמלך׳ גודרים בעד פרשנויות מסוג זה, והם שלב נוסף והחלטי יותר בפתרון לשון הרבים שבפסוק בדרך זו של דה־מיתולוגיזציה, המוכרת לנו מיוסטינוס. לפתרון ׳בליבו נמלך׳ בבראשית רבה נוסף:

> משל למלך שבנה פלטין על ידי ארדכל ראה אותה ולא ערבה לו. על מי להתרעם, לא על ארדכל? (אתמהא). כך ׳ויתעצב אל לבו׳ [בר׳ ו:ו]. אמר רב יאסי: משל למלך שעשה לו סחורה על ידי סרסור והפסיד. על מי להתרעם, לא על הסרסור? (אתמהא) כך ׳ויתעצב אל לבו׳ (בר״ר ח:ג, עמ׳ 59).

50 ראה חזון עזרא ג:ד–ה: ׳אתה דיברת מבראשית כאשר יצרת את הארץ — וזאת לבדך — וציווית לעפר ויתן לך את האדם — גוף מת, ואף הוא יציר כפיך היה — ותפח בו רוח חיים׳ (ספר חזון עזרא, תרגום י׳ ליכט, ירושלים תשכ״ח, עמ׳ 21. ראה: M. Stone, *Fourth Ezra*, Mineapolis 1990, p. 67. אין ספק שבפסוק זה יש פירוש לבר׳ ב:ז, ואולם מחזון עזרא ח:מד אנו למדים שיצירת האדם בידי האל (שמקורה בבר׳ ב:ז) ויצירת האדם בצלמו ובדמותו של האל (שמקורה בבר׳ א:כו) צורפו והיו לאחדים בשיטתו של המחבר. לפיכך אפשר כדבריו של קוגל (לעיל, הערה 43, עמ׳ 63) הסבור שדברי האל לעפר משקפים מדרש על לשון הריבוי בבר׳ א:כו (וגם אם לא כיוון לכך בעל חזון עזרא, בוודאי יש בדבריו כדי להראות לנו את הדרך להיווצרות הפירוש היהודי המובא אצל יוסטינוס ללשון הרבים שבבר׳ א:כו). נעימת הדברים המסתייגת בחזון עזרא חשובה לא פחות מן התוכן, שכן דומה שכבר יש בה רמז לחשש מייחוס שיתוף בבריאת האדם לעפר או לגורם אחר (ראה ספר חזון עזרא, תרגום ליכט, שם, עמ׳ 21–22).

51 הביאו פוסום (לעיל, הערה 45), עמ׳ 218, הערה 46. הוא מקשר את הדברים עם מימרה בזוהר (שם, עמ׳ 216 ואילך) אולם לא עם דברי יוסטינוס, ובכך הניח את הברי ואחז בשמא. לדעת פוסום (שם, עמ׳ 217), מקור הדברים מיתולוגי: שריד לתפיסה בדבר האדמה כבת־זוגו של האל הבורא, המוכרת לנו מסיפורים מיתולוגיים בקרב עמים שונים. אבל לדעתי, הפירוש היהודי הקדום המסור לנו אצל יוסטינוס מכל מקום אינו בעל גוון מיתולוגי, ואולי אפילו אפשר לדבר (בהקשר התאולוגי היהודי) על ניסיון של דה־מיתולוגיזציה גם באשר לפירוש זה (מגמה זו ברורה לגמרי בפירוש הראשון של ׳חכמי היהודים׳ אצל יוסטינוס מרטיר). שמא ואולי גם בסיליוס רומז לפתרון יהודי זה כאשר הוא מתאר את האומן מדבר (לפי פירושם האבסורדי של היהודים) כשהוא יושב לפני כליו (=היסודות?). ראה: הקסמרון, דרשה ט; Basil de Césarée, *Homélies sur l'hexameron*, ed. S. Giet (*SC*, 26), Paris 1968, p. 514

52 C.S.C. Williams, 'Eznik's Resumé of Marcionite Doctrine', *JTS*, 45 (1944), pp. 65–73, בעיקר עמ׳ 70–71.

אם כן, דווקא שני המשלים שנלווים לפתרון 'בליבו נמלך'[53] אינם מטים אותנו להבנה הפשוטה שהאל דיבר אל עצמו, כפי שאנו שומעים בדיאלוג של יוסטינוס. כדי להסיר ספק אומַר בבירור: ודאי ש'לבו' של האל הוא חלק בלתי־נפרד מ'עצמו', אולם לפי פתרונם של מקצת חכמי היהודים אצל יוסטינוס הריבוי בבר' א:כו אינו אלא דרך דיבור, ואילו לפי האמור כאן בבראשית רבה הריבוי מתפרש על־ידי הבחנה כלשהי בין המלך לבין 'לבו', כהבחנה שבין המלך לארדיכל או לסרסור.[54]

ובמונחים ספקולטיביים יותר נפרש שה'לב' [=חכמה] הוא הוא הלוגוס, חכמתו של אלוהים, שבה נועץ וברא את עולמו וברא את האדם (והיא היפוסטזה של האל).[55] והשווה לניסוחו של יוסי בן יוסי בקשר לבריאת האדם: 'דִּבֵּר בלבו מי יסור הנה לטבח הטבוח ויין המסוך' ('אזכיר גבורות', שורה 35),[56] והוא על־פי משלי 'חכמות בנתה ביתה חצבה עמודיה שבעה טבחה טבחה מסכה יינה אף ערכה שלחנה' וגו' (ט:א–ד), שנדרש על בריאת העולם בחכמה (וראה תוספתא סנהדרין ח:ט).[57] 'דבר בלבו' אצל יוסי בן יוסי מפייט בוודאי את 'בלבו נמלך', ומצד אחר הוא קשור למדרש על בריאת העולם כולו (והאדם בכללה, כמובן) בחכמת האל, ממש כשם שיוסטינוס מסמיך את המקראות, כפי שראינו לעיל.[58] עוד נראה מטבעות לשון ביצירות

53 אמנם נראה שהדברים מועברים למקומנו ממדרש הפסוק 'ויתעצב אל לבו' (בר' ו:ו; וראה בר"ר כז:ד, עמ' 258 ובחילופי הנוסחאות שם). אולם מכל מקום הדרשנים מצאו פתרון לבר' ו:ו בריבוי 'נעשה אדם' שלפנינו, ויש לנו לנסות להבין את דבריהם.

54 גינצבורג סבור שבמדרש 'לבו' פירושו עצמו, אלא שמכאן נפתח הפתח לספקולציות נוצריות (ראה להלן, הערה 63); אורבך, חז"ל (לעיל, הערה 44), עמ' 183: 'אבות הכנסייה ... סיגלו לעצמם את הפירושים היהודיים שאלהים פנה אל עצמו, אל לבו, או, בלשונם, ל"סופיה", ל"לוגוס" שלו או ל"ידיו" — ביטויים שזיהו אותם עם הבן או עם רוח הקודש'; כיוצא בזה פוסום (לעיל, הערה 45), עמ' 210: '(his heart (i.e., himself'. בדרך שונה הולך בער, האומר על בר"ר א:א ועל בר"ר ח:ג, שה'ארדיכל' הוא הדמיורגוס, פרי תורה מיתית קדומה (י' בער, ישראל בעמים, ירושלים תשכ"ט, עמ' 131, הערה 3 [אלא שהפליג שם הרבה בטיעוניו!]). דומה לדבריי טענתו של ליבס: 'לבו של הקב"ה נראה כאן כאילו הוא דמות נפרדת, מתווכת בינו ובין הבריאה' (י' ליבס, '*de Natura Dei* — על המיתוס היהודי וגלגולו', משואות — מחקרים בספרות הקבלה ובמחשבת ישראל מוקדשים לזכרו של א' גוטליב, ירושלים תשנ"ד, עמ' 280), אבל דבריו בהמשך וקישור הדברים ל'דת הגנוסטית ... שעיקרה הבדל שבין האל העליון לאל הבורא הנקרא דמיורגוס' ותפיסת הלב כ'פנימיותו הרוחנית של האל', קישור מימרה זו לבר"ר לא:ז והניסיון לראות שם ב'ארץ' כינוי לכוח של מעלה אינם נראים לי.

55 אני נוקט לשון 'היפוסטזה' רק כדי להביע בשם מופשט מה שאין להביע בלשון חכמים, אף־על־פי שבדיון בשיטת חשיבה מסוימת רצוי להימנע ממושגים זרים טעונים כגון זה (והיעדרו של השם המופשט רב־משמעות לעצם העניין). ראה עוד להלן, הערה 64.

56 פיוטי יוסי בן יוסי (לעיל, הערה 32), עמ' 133.

57 מרכזיותו של טקסט זה בספקולציות על בריאת העולם ניכרת מעצם השם Achamoth (בצורה זו דווקא, הרומזת בוודאות למקורה: מש' ט:א–ד) במיתוסים גנוסטיים שונים.

58 מבחינה פרשנית מתפרשת כאן ובמקורות יהודיים אחרים (ראה להלן, הערה 83) לשון הריבוי בבר' א:כו כבניין־אב למעשה בראשית כולו ולא כיוצא מן הכלל לעומת שאר מעשי בראשית, שאותם פעל האל בדברו ובלא הימלכות כלל (הדגשה בכיוון זה ראה

פייטניות, המתארים באותה לשון את הימלכותו של הקב״ה בלבו ובחכמתו — היא התורה — בבריאת העולם ובבריאת האדם.[59] ואכן, גם לפי מקורות יהודיים ויהודיים־נוצריים קדומים נמלך האל בחכמתו לעניין בריאת האדם.[60] לפי כל אלה הדעה 'בלבו נמלך' תהא מקבילה דווקא לפירוש הנוצרי של יוסטינוס שהאל אמר 'נעשה אדם' ללוגוס שלו, לחכמתו, המזוהה במסורת הפרשנות הנוצרית עם הבן (או עם הבן ורוח הקודש), כדברי תאופילוס מאנטיוכיה (סוף המאה הב' לספירה): 'לא לאחר אמר "נעשה אדם" אלא ללוגוס שלו ולחכמתו שלו',[61] וכדבריו במקום אחר, לעניין בריאת העולם בכלל: 'לא כמו שהמשוררים וכותבי המיתוסים מדברים על בנים של אלים ... אלא כמו שהאמת מתארת את הלוגוס כמצוי תמיד בתוך לבו של אלוהים; הרי קודם התהוות הכול היה הוא [הלוגוס] לו ליועץ, בהיותו שכלו ובינתו [של האל]' (ἑαυτοῦ νοῦν καὶ φρόνησιν ὄντα).[62] כבר גינצבורג העמיד בקצרה על ההקבלה, אבל בה בעת ברור לו שאין 'בלבו' שבמדרש אלא בעצמו.[63] ואילו לפי מה שניסינו להעלות, מסתמנת כאן תפיסה מורכבת יותר.[64]

אצל פילון [על בריאת העולם, 72] ובלשון דומה בקטע מן התנחומא [א״א אורבך, 'שרידי תנחומא־ילמדנו', קבץ על־יד, ס״ח ו/א (תשכ״ו), עמ' 25]).

59 מעין זה — הימלכות הקב״ה בתורה לעניין בריאת האדם — רק בחיבור היהודי המאוחר 'פרקי דר' אליעזר', פרק יא. וראה: אורבך, חז״ל (לעיל, הערה 44), עמ' 183, הערה 4. ואולם, כאמור, ביכולתנו להראות כעת את יסודה הקדום של הדרשה הזאת.

60 ראה להלן, הערה 62. וראה פוסום (לעיל, הערה 45), עמ' 210, הערה 27; קוגל (לעיל, הערה 43), עמ' 62. חשוב במיוחד חכמת שלמה ט:א–ב.

61 לפירושו של הכתוב ולרקע יהודי אפשרי שלו ראה: N. Zeegres-Vander Vorst, 'La création de l'homme (Gn 1, 26) chez Theophile d'Antioche', *VC*, 30 (1976), pp. 258–267 (אני מודה לפרופ' גדליה סטרומזה על שהפנה את תשומת לבי למאמר הזה). ואולם אין צורך להרחיק אל פרקי דר' אליעזר (ראה לעיל, הערה 59) כדי לעמוד על המקבילה היהודית, וראה לעיל בסמוך וראה עוד להלן, הערה 83. כמובן, איני מחווה דעה בשאלה מה משמעותו התאולוגית המדויקת של האמור אצל תאופילוס מאנטיוכיה להתפתחותה של תורת השילוש, ומה היחס המדויק אצלו בין ה'לוגוס' ובין ה'חכמה'. במאמר מודגשת השלילה בניסוח המשפט, 'לא לאחר אמר', כנגד דעות גנוסטיות. השווה גם 'שרידי תנחומא־ילמדנו' מהדורת אורבך (לעיל, הערה 58): 'טועין השוטין ואומרין באחר נמלך'. (אמנם בספרות חז״ל ניסוח זה יכול להיות גם אנטי־נוצרי.)

62 Theophilus of Antioch, *Ad Autolycum*, II, 18, 22, ed. R.M. Grant, Oxford 1970, pp. 56, 62. גם טקסט יהודי־נוצרי מפרש את בר' א:כו כהימלכות האל בחכמתו, שהיא חלק ממנו, כנפשו, אלא שהיא גם ידו, שבה ברא את העולם (Pseudo Clementines, *Homiliae*, 16:12, ed. B. Rehm [*GCS*, 42], Berlin–Leipzig 1953, pp. 223–224). נראה שהמשכו של טקסט זה מתכוון לטעון שהמעבר מיחיד לרבים בבר' א:כז ('ויברא אלהים את האדם בצלמו בצלם אלהים ברא אתו זכר ונקבה ברא אותם') נועד לרמז על דרך הפרשנות הראויה, לדעתו, בפסוק כו: אחדות שיש עמה ריבוי, ואף־על־פי־כן אחדות היא.

63 גינצבורג אומר: 'Eine weitere Erklärung des Midrasch läutet dahin, dass Gott mit "בלבו נמלך" sich selbst wegen Schöpfung des Menschen zu Rathe ging'; ואולם מיד בהמשך הוא משווה את הדברים לדעה הנוצרית בדבר ההימלכות בלוגוס ומסיק שדעה זו 'erst eine Fortentwicklung der vom Midrasch gegebenen Erklärung "בלבו נמלך" ist' (L. Ginzberg, *Die Haggada bei den Kirchenvätern*, I, Amsterdam 1898, pp. 20–21)

64 איני מנסה לטעון באופן פשטני שבכל מקום שנזכר 'לבו' של אלוהים במדרש או במדרש

המשל בבראשית רבה 'למלך שבנה פלטין על ידי ארדכל' מזכירנו את המשל המפורסם בראש בראשית רבה (א:א, עמ' 2):

> 'ואהיה אצלו אמון' [מש' ח:ל] ... 'אמון' — אומן. התורה אומרת: אני הייתי כלי אומנותו של הקב"ה בנוהג שבעולם מלך בשר ודם בונה פלטין ואינו בונה אותה מדעת עצמו אלא מדעת אומן, והאומן אינו בונה אותה מדעתו אלא דיפטראות ופינקסות יש לו לידע היאך הוא עושה חדרים ופשפשים. כך היה הקב"ה מביט בתורה ובורא העולם.

בנמשל מדובר באומן בלבד, אולם במשל מודגש 'אינו בונה אותה מדעת עצמו אלא מדעת אומן', וגם כאן אפוא זה לצד זה המלך והאומן בונה הפלטין, '"ואהיה אצלו אמון" — אומן', ואומן זה הוא 'אצל' האל, ואינו זהה עמו. כידוע, משל זה קרוב למשלו של פילון (על בריאת העולם, 17–24),[65]

הקדום הכוונה ל'לוגוס' שלו: היצירה המדרשית מגוונת ביותר וחסרת שיטתיות קבועה. יתרה מזו, איני בטוח עד כמה היו בעלי המימרות עצמם ערים לאפשרויות הפירוש: מקצת המימרות עשויות להיות שריד של תפיסות קדומות, ששרדו באגדה רק משום שהתאבנו במסורת הדורות.

65 לפי משלו של פילון, המלך מטיל על אדריכל לבנות עיר, וזה 'רושם בלבו' את העיר ואחר כך בונה, בהביטו אל הדגם, כלומר אל הדגם שבמחשבותיו (כך מדגיש פילון גם במשל וגם בנמשל). למען דיונו הפילוסופי צריך פילון (סעיף 20) לקלקל את שורת המשל, שהרי הדגם שהאדריכל מתבונן בו, לפי פילון, רוחני לגמרי, שלא כבבראשית רבה, וכן אין הוא מפתח את ההבחנה בין המלך לאדריכל (הבורא הוא האל ולא הלוגוס). שתי הסטיות נובעות מסיבות הקשורות לטיעונו שם (ראה: צ"א וולפסון, פילון, א, ירושלים תש"ל, עמ' 156–158; אורבך, חז"ל [לעיל, הערה 44], עמ' 176–177): לפי שיטתו של פילון, כפי שהוא מרצה אותה במקום זה, האל ברא את העולם הנראה לפי הדגמים שראה במחשבתו, בלוגוס שלו. מכלול הדגמים הוא עצם המחשבה — הלוגוס — של האל: 'העולם המושכל אינו אלא מחשבתו של האל' (על בריאת העולם, 23–24). אין טעם אפוא להפריד בין המלך לאדריכל ובין האדריכל לדגמים, אף־על־פי שהבחנות אלו מתבקשות מן המשל. (לכל העניין כאן יש להשוות עוד פילון, חיי משה ב, 74–76.) במקומות אחרים פילון מדבר על הלוגוס כעל כלי אומנותו של האל בבריאת העולם אבל לא כעל בורא העולם (עיין בדברי וולפסון, שם, עמ' 158, 168–173). נראה לי שהמשל בבראשית רבה אינו תלוי בפילון (כסברה המקובלת; ראה אורבך, שם, בעקבות בכר [W. Bacher, 'Historical Notices II', *JQR*, OS 3 (1891), pp. 358–359], הסובר שר' הושעיה השתמש במשלו של פילון, שהגיע אליו אולי בתיווכו של אוריגנס; וראה עוד לאחרונה: D.T. Runia, 'Polis and Megalopolis', *Mnemosyne*, 42 [1989], p. 411; M. Hirschman, 'Reflections on the Aggada of Caesarea', *Caesarea Maritima: A Retrospective after Two Millennia*, Leiden 1996, p. 474). לפי השערתי, השיטה שיצרה את המשל הבחינה באופן ברור יותר בין הכוח שנאצל מן האלוהות, הלוגוס בורא העולם, לבין המלך, ובין בורא העולם לבין הדגמים שלפיהם ברא, שזוהו במדרש (אך האם כך זוהו לכתחילה?) עם התורה. גם פילון מדגיש (במקום אחר בחיבורו) שחוקי התורה הם חוקי 'הטבע, שעל פיו מנוהל גם העולם כולו' (על בריאת העולם, 3 [מעין מקבילה ארץ־ישראלית לתפיסה זו ראה: M. Kister, 'Commentary to 4Q298', *JQR*, 85, (1994), pp. 241–242 and n. 14]), ואין הדברים רחוקים הרבה מן מהות התורה כ'דיפטראות ופינקסיות' רוחניים במשל שבבראשית רבה. י' פרנקל מבליט בדין את המרחק בין דברי פילון לאגדה שבבראשית רבה: 'הוכח בבירור שאין ר' עקיבא ור' הושעיה מזכירים, ואף לא ברמז, משהו מתורת האידאות והבריאה של אפלטון ומאידך אין פילון מכיר את התורה כמושג מטפיזי שקדם

אולם אפשר שמקורו בשיטה ספקולטיבית השונה מזו של פילון, שעיבד את הדברים לצורכו במקום זה, שיטה שנטשטשה במידה ניכרת במדרש.
נחזור לפירוש ׳נעשה אדם׳ — ׳בלבו נמלך׳, כלומר בחכמה האלוהית. אין ספק שהחכמה היא חלק בלתי־נפרד מן האל, ובכל זאת הוא יכול להיוועץ בה, ובדיבור אליה אף אפשר למצוא הסבר ללשון הרבים של פסוקנו. אם כן, דעתו של יוסטינוס, החולקת על ׳חכמי היהודים׳ — היא הדעה השולטת (בגוונים שונים) בפרשנות הנוצרית לדורות — אף היא פיתוח ישיר של תפיסה יהודית. ההבדל הגדול הוא, כמובן,[66] לפחות בשתי נקודות מהותיות ועקרוניות: ראשית, שיטות יהודיות כאלה לא דיברו על אינקרנציה של הלוגוס. ועוד: דרגת הבידול של חכמת האל כהיפוסטזה אלוהית הייתה קטנה הרבה יותר (לפחות בחוגים המוכרים לנו) מזו שבנצרות.
אם אמנם ׳בלבו נמלך׳ מרמז לחכמה נראה שהפירוש הפשטני שהאֵל דיבר אֶל עצמו (כלומר שאין כאן ריבוי כלל וכלל אלא צורת דיבור בלבד), פירוש שהזכיר יוסטינוס (ואחריו עוד סופרים נוצרים), אינו מצוי בספרות חז״ל. רעיון זה, המצדיק את צורת הריבוי ברובד הלשוני בלא להניח כל ריבוי שהוא בפסוק, מוצא מאוחר יותר את פיתוחו הפרשני בטענה שלפנינו pluralis maiestatis, לשון דיבור מלכותית.[67] הפרשן היהודי הראשון הידוע לי המביא

לבריאת העולם אלא כספר שנכתב — בהשראה אלהית — על ידי משה׳ (דרכי האגדה והמדרש, ירושלים 1991, עמ׳ 73–75). ואולם את דבריו האחרונים של פרנקל יש למתן לאור המובאה האחרונה מכתבי פילון. ואשר לחכמים, אם גם אין הטרנסצנדנטיות של האל בעיה למראית־עין (אבל ראה: מ׳ קיסטר, ׳לפירושו של ספר בן־סירא׳, תרביץ, נט [תש״ן], עמ׳ 353, הערה 179), מכל מקום (כפי שעוד נראה במאמר זה) היו סיבות תאולוגיות פנימיות כבדות־משקל ועתיקות לתפיסת חכמת האל כהיפוסטזה שלו (לאו דווקא — כדברי פרנקל שָׁם — כמתווכת בין האל לבין העולם הנברא המוחשי), ואין תֵּמה שבעולמם של חכמים זוהה הלוגוס עם התורה. הזיקה בין החכמה כקודמת לבריאה לבין דברים אחרים שנבראו קודם בריאת העולם, לפי מדרשי חז״ל (פרנקל, שם, עמ׳ 75) צריכה ליבון לעצמו. נראה לי שרשימת הנבראים קודם בריאת העולם (למשל בר״ר א:ד, עמ׳ 6) החלה להתהוות בימי בית שני (והתרחבה, מן הסתם, במאות הראשונות לספירה) בהשראת רעיון הבריאה של התורה (המבוסס על משלי פרק ח); ואכמ״ל.
בשולי הדברים אולי כדאי לציין שחכמת האל, היא הלוגוס שלו, מתוארת אצל אב־כנסייה מן המאה הד׳ כאדריכל חכם (sapientem architectum, על־פי תרגום השבעים ליש׳ ג:ג), ראה פפין (להלן, הערה 70), עמ׳ 63.

66 ותעיד על כך תגובתו של טריפון היהודי ב׳דיאלוג עם טריפון׳ פרק סג!

67 כאמור, איני סבור שפתרון הפסוק על דרך דיבור האל עם עצמו ובוודאי לא פתרונו על דרך pluralis maiestatis מצויים בספרות חז״ל, ובזה שלא כאורבך, חז״ל (לעיל, הערה 44), עמ׳ 182–183. ראה בר״ר ח:ח (עמ׳ 62): ׳אמר ר׳ ליה: לית הכא מלכו. אלא למלך שהיה מטייל פתח פלטין וראה בולרין אחת מושלכת. אמר: מה נעשה בה? מהן אומרים דימוסיות ומהן אומרים פרבטיות. אמר המלך: אדריינטיס אני עושה אותה. מי מעכב?׳ תן דעתך: צו המלך מנוסח בלשון יחיד ברורה (׳אני עושה׳), ובכן העיקר אינו ש׳כן דרך המלכים לדבר׳ (אורבך, שם, עמ׳ 182; רוניא, ׳בסיליוס׳ [לעיל, הערה 47], עמ׳ 179, 181). אפשר לפרש, וכך נראה לי, שאמנם המלך פונה אל הפמליה שלו, אולם לא כדי לבקשם עצה אלא כדי להדגיש את שלטונו הריבוני. מבחינה פרשנית נראה שדרשה זו קוראת את הפסוק כך: ׳ויאמר אלהים: נעשה אדם? [כאן באות התגובות] — בצלמנו כדמותנו!׳.

הצעה זו (שמאז לא ירדה מעל סדר היום הפרשני) הוא רס"ג, בסוף המאה הט' לספירה.[68] אבל עם דעה יהודית זו בפרשנות הפסוק מתווכח כבר תאודורט (אמצע המאה הה' לספירה),[69] ומלשון הבאת הדברים אצל תאודורט ברור שהצעה זו היא המשך הכיוון הפרשני שלפיו האל דיבר אל עצמו. מסתבר אפוא שרס"ג ממשיך מסורת פרשנית עתיקה. אבל אין אנו יודעים אל נכון מתי נולדה ואריאציה יהודית זו של הדעה היהודית המובאת אצל יוסטינוס.

אי־היוועצותו של האל במלאכים (לאו דווקא באשר לבריאת האדם) נזכרת כמה וכמה פעמים במקורות הקדומים. עצם הדבר שמקורות אלו כולם (וכן הפרשנות הנוצרית הקדומה)[70] נזקקים ללשון היוועצות מעיד שגם הלשון בבראשית רבה ('במי נמלך'), עם כל עידונה הרעיוני, אינה מחדשת אלא ממשיכה דפוסים סגנוניים קדומים (ברם במקורות הקדומים הובנה 'הימלכותו' של האל בדומה לנטילת עצה של בשר ודם מחברו, ואילו בבראשית רבה נחלש מאוד היבט זה). הדגשת החכמה האלוהית לעומת המלאכים, כגון זו שבחזון ברוך כא:ו ('אתה, המנהל בדעת [חושבא] רבה את הצבאות העומדים לפניך...') עשויה להיראות חסרת חשיבות ומובנת מאליה.[71] אולם בספר חנוך הסלבי הדברים מודגשים ומובלטים באופן שאינו מניח מקום לספק בחשיבותם העקרונית: 'את כל אלה לברוא בחכמתי בינותי ... ואין יועץ ואין יורש לבריותי.[72] אני הוא לנצח ולא נעשיתי בידים. אין שנוי במחשבתי. יועצי הוא חכמתי ומאמרי הוא מעשה' (תרגום א' כהנא, יא:פב–פה; מהדורת אנדרסן, לג:ג–ד).[73] בספר חנוך יד:כב: 'ולא יכול כל מלאך ... לראות את פניו ... ריבי רבבות עמדו לפניו <וכל דברו (λόγος) מעשה>' — כך בנוסח היווני, אבל בנוסח האתיופי במקום המילים (αὐτοῦ)

מכל מקום, ברור שגם דעה זו, על אף ניסוחה הבוטה בתחילה ('לית הכא מלכו'), קשורה למסורת שהפסוק משקף משא ומתן כלשהו עם מלאכי השרת.

68 צוקר (לעיל, עמ' 39, הערה 29), עמ' 50–51, 252; וראה עוד: י' צורן, 'לשון גדולה — ריבוי לשם כבוד', בית מקרא, מ (תשנ"ה), עמ' 402–403.

69 Theodoret, *Quaestiones in Genesim*, *PG* 80, p. 101. העיר על כך גינצבורג (לעיל, הערה 63), עמ' 20.

70 ראה, למשל, תאופילוס מאנטיוכיה (לעיל, הערה 62); הרמַס, משלים, ט, 12, 2 (K. Lake, *The Apostolic Fathers*, II, Cambridge, Mass., 1946, p. 248); חזיונות הסיבילה ח, 264; אפיפניוס (לעיל, הערה 40); ועוד הרבה. והשווה ללשונו של פילון ('מבלי להתייעץ באף אחד — מי היה זולתו? — אלא הוא עצמו, לבדו, החליט אלוהים שעליו להיטיב להוויה ...' על בריאת העולם, 23, תרגום ס' דניאל־נטף). ראה: J. Pepin, 'Le "conseiller" de Dieu', *Lectures anciennes de la Bible* (*Cahiers de Biblia Patristica*, 1), Strasbourg 1987, pp. 53–74. את החומר מכתבי אבות הכנסייה שנאסף ונותח במאמר זה יש לראות במסגרת רחבה יותר ועל רקע המקורות היהודיים.

71 וראה גם 'וכמצביה עבד בחיל שמיא' (דנ' ד:לב), שאינו עניין לכאן.

72 לזיווגם של שניים אלה השווה: 'אתה שאין לך סנקתידרוס [= יועץ] ... אתה שאין לך דיתוכוס [= יורש]' (ספרי דברים פיסקא כז, עמ' 44).

73 F.I. Andersen, in: J.H. Charlesworth (ed.), *The Old Testament Pseudepigrapha*, I, Garden City, NY, 1983, pp. 156–157. הטקסט מצוי בשתי הוורסיות של הנוסח הסלבי.

המוסגרות בסיפא בנוסח היווני: 'ולא היה לו חפץ בכל עצה קדושה [=עצת מלאכים]'.[74] בספר בן־סירא מב:15–21[75]:

באמר אדני מעשיו ופעל רצנו לקחו...
לא השפיקו קדשי אל לספר כל נפלאתיו
אמץ אדני צבאיו להתחזק לפני כבודו...
כי ידע עליון דע[ת ו]יביט אתיות עולם...
לא נעדר מפניו שכל ול[א] עב[ר]ו כל דבר[76]
גבורת חכמ[תו תכן] אחד ה[ו]א [מע]ולם
לא נאסף (=נוסף) ולא נאצל (=חסר) ול[א צריך לכ]ול מבין

בשלושת המקורות האחרונים אנו רואים אשכול של תפיסות האחוזות זו בזו בניסוחים קרובים: המעטת חשיבותם של המלאכים (שאינם יכולים לקרב אל האל), מחשבתו של האל היא מעשה, האל אינו צריך ליועץ, וכנגד זה הדגשת החכמה האלוהית (ודבר האל). במקום אחר[77] ציינתי את המבנה הכיאסטי בפסוקים האחרונים שהובאו לעיל מספר בן־סירא: 'אחד הוא מעולם' — 'לא נוסף ולא נאצל', 'גבורת חכמתו תכן' — 'לא צריך לכל מבין'. הצעתי שם לראות בניסוח שבספר בן־סירא תגובה מרומזת לאפשרות שתפיסה נפרדת של החכמה עשויה לגרוע מאחדותו של האל, ולכן אומר בן־סירא: האל יודע

74 *The Ethiopic Book of Enoch*, ed. M. A. Knibb, , Oxford 1978, I, p. 55; II, p. 99; M. Black, *The Book of Enoch*, Leiden 1985, p. 50

75 הטקסט לפי מגילת מצדה (י' ידין, מגילת בן־סירא ממצדה, ירושלים תשכ"ה, עמ' 27–28), ההשלמות בעיקר לפי כ"י ב מן הגניזה.

76 השווה חנוך פד:ג: 'ודבר לא יפלא ממך, כל חכמה לא תעבורך ולא תסור [לאור המקבילה מבן־סירא אולי: תיעדר] ממכון [?] כסאך ומפניך' (אני מודה למר אמנון שפירא שסייע בידי לברר את הטקסט האתיופי). החוקרים לא נתנו דעתם על מקבילה מדויקת זו, שיש בה כדי להועיל להעמדת הטקסט והמשמעות המדויקים הן בספר חנוך הן בספר בן־סירא: (1) אין להגיה את הגרסה 'כל חכמה' בחנוך (ראה: ניב [לעיל, הערה 74], ב, עמ' 194); (2) יש להעדיף בחנוך את הנוסח 'תעבורך' (כמו בבן־סירא 'עברו'), ובכך נוסף קושי גדול על הצעת ההגהה של צ'ארלס 'כל חכמה לא תעבור ממכון כסאך, ולא תעדר מפניך' (R. H. Charles, *The Book of Enoch*, Oxford 1893, p. 184); (3) 'מפניך' בספר חנוך מתאימה לגרסה 'מפניו' בטקסט של בן־סירא לפי מגילת בן־סירא ממצדה (וכן בתרגום הסורי; לעומת 'ממנו' בכ"י ב מן הגניזה ובתרגום היווני); (4) הסמיכות למילים 'ודבר לא יפלא ממך' בספר חנוך מרחיקה את השערתי ש'דבר' בפסוק בבן־סירא מקביל ל'שכל', בעקבות המילה היוונית λόγος (מאמרי שבהערה הבאה, עמ' 355).

77 ראה: מ' קיסטר, 'לפירושו של ספר בן־סירא', תרביץ, נט (תש"ן), עמ' 355–357 (לגרסה, ללשון ולעניין). לעניין 'תחרות' אפשרית בין האל לבין חכמתו, בשעה שהיא נתפסת כישות בפני עצמה ראה עוד להלן, הערה 93. וראה עוד להלן, עמ' 53. לניסוח ולהקשרו השווה לשונו של חיבור נוצרי מאוחר המצדיק את אחדות השילוש, כלומר שהאב והבן אחד הם מאז ומעולם: 'אי אפשר שנחשוב שיש משהו גדול ממנו [מן האל] שיעזרהו ואין הוא מקבל חסרון, שכן הוא שלם, ולא תוספת, שכן הוא מושלם' (Ps.-Zacharias Rhetor, *Historia Ecclesiastica*, ed. E.W. Brooks [*CSCO*, 83, *Sc. Syr.*, 38], Louvain 1953, p. 73 [על בר' א:כו]). מובן שההשוואות האחרונות אינן באות להכניס עולמות רעיוניים מאוחרים אלה לתוך ספר בן־סירא אלא רק ללמדנו לקרוא פסוקים אלה ברגישות מספקת.

את חכמתו וברא אותה, ומציאותה אין בה כדי לגרוע או להוסיף: האל יחיד ובלתי־משתנה וחכם תמיד. בחזון עזרא ו:ד–ו מודגש כי לפני היות הכול — גם לפני היות המלאכים — 'האל חשב על כל אלה והיו' (וכך תהיה גם הגאולה בידי האל בלבד).[78]

חכמת האל מועמדת לעומת המלאכים בהקשר של הבריאה גם בקטע ממזמור שנמצא ב'מגילת תהלים' בקומראן:

מבדיל אור מאפלה שחר הבדיל בדעת לבו
אז ראו כול מלאכיו וירננו כי הראם את אשר לא ידעו[79]

הניגוד בין הבריאה ב'דעת לבו' של האל ובין ידיעתו וחכמתו של האל לעומת המלאכים מודגשת בבירור בטקסט הזה, כמו גם בטקסטים מאוחרים יותר[80] עד לקוראן.[81] קו זה מודגש גם בפיוט הקדום 'אז באין כול', שעתה זה נתפרסם בידי יוסף יהלום[82] (שעמד על המקבילות הקדומות):

<אילי> ארץ סודך ובם לא נמלכתה
בנושאך לבך לבב[ר]ות עולם ...[83]

78 ההקבלה בין הבריאה ובין הגאולה אמורה במפורש בנוסח הלטיני, אבל היא משתמעת מן ההקשר גם בנוסחים האחרים. וראה את ביאוריו הממצים של סטון (לעיל, הערה 50) בפירושו לפסוקים. לפיכך אולי ראוי להביא כאן את דברי ריש לקיש: '"כי יום נקם בלבי" ללבי גליתי, למלאכי השרת לא גליתי' (סנהדרין צט ע"א) — אחרית הימים, כמו הבריאה, מסורה ל'לבו' של האל, ולא למלאכים.

79 *The Psalms Scroll of Qumran Cave 11*, ed. J.A. Sanders (*DJD*, 4), Oxford 1965, col. XXVI, pp. 47, 89–90. בהמשך המזמור: 'ברוך עושה ארץ בכוחו / מכין תבל בחוכמתו'. הפסוקים שהבאנו בפנים מפייטים את ספר היובלים ב:ב–ג. על הקשר בין השניים עמד סקיהן (P.W. Skehan, 'Jubilees and the Qumran Psalter', *CBQ*, 37 [1975], pp. 343–347).

80 השווה נרסי, על בריאת העולם, ב, שורה 250 (*Homélies de Narsai sur la création*, ed. P. Gignoux, [*PO*, 34/3–4], Paris 1968, p. 570): המלאכים שנבראו ביום הראשון, קודם בריאת האור, לא ידעו מאין נבראו, ולפיכך דברו של האל 'יהי אור' 'לימד אותם את שלא היו יודעים' ('אלף אנון ... דלא ידעין הוו'). הדמיון למזמור במגילת תהלים (לעיל, ההערה הקודמת) מפליא.

81 בתיאור בריאת האדם בקוראן (סורה ב:ל–לב) האל עונה להתנגדות המלאכים לבריאת האדם: 'אני יודע את אשר לא תדעו', והמלאכים מדגישים: 'השבח לך, אין לנו ידיעה אלא מה שלימדתנו, הן אתה הוא היודע והחכם'. שוב, דעת אלוהים וחכמתו (הנמסרת, בחלקה, לאדם) הן יתרונו המהותי של האל על המלאכים. לפי זה נפתרת מאליה הבעיה הפרשנית למה הכוונה בפסוק הקוראני 'אני יודע את אשר לא תדעו': ידיעתו היתרה של האל מתגלמת בעצם כוח הבריאה שלו.

82 י' יהלום, אז באין כול, ירושלים תשנ"ז, שורות 17–34, עמ' 65–67. למקבילות ראה בפירושו של יהלום, עמ' 65, הערה לשורה 17.

83 וראה ביטוי זה בדיוק בקשר לבריאת האדם בהמשך פיוט זה, שורות 374–375 (שם, עמ' 107): 'על ליבו נעצב כי הוא נשאו לברות צלם בצייה' — מפייט את בר"ר ח:ג (עמ' 59), שנידון לעיל (עמ' 43–44), כפי שציין יהלום בפירושו (שם); וראה גם: '[חי עו]למים בליבו נועץ לעשות בצלם לרדות בכל אלה' (שם, עמ' 82–83, שורה 187). והשווה עוד בפיוט קדום אחר שפרסם יהלום (והוא מכנה אותו 'העבודה המעושרת'): 'זאת העלה ללב ונם מה הועלתי יצרתי ופעלתי ומי זה יפארני. זמם להצלים אנוש כדמותו ...' (שם, עמ'

שאין עבד אומר לקונו מה תעשה...[84]
אל לא אנסך ריע לא יעצך...
בדעתך נשענתה בבינתך בטחת...
בלבך הוצפנה[85] ומפיך הונבעה
בידך ה[..ב]תה כ[...... ח]רש[86]

לא במלאכים נמלך אפוא האל, לפי הפיוט 'אז באין כול', אלא בחכמתו, שהיא התורה[87] (וכלשונו של פיוט קדום אחר: 'אז בדעת חקר בבינה יעץ בערמה זמם בשיכל היתבונן. אפס בלתו וכי במי נועץ ואין עמו זר להפיל דברו'[88]).[89]

נראה שאת הניגוד בין מלאכים לחכמה במקורות האלה אי אפשר לתלות בפולמוס עם תורות 'גנוסטיות' (שם אנכרוניסטי למקורות מספרות הבית השני שהוזכרו לעיל). הצורך לזקק את דמויותיהם של המלאכים משיירים אליליים הוא שגרם בד בבד עם התפתחויות חדשות בתורת האלוהות בתקופת בית שני. מלאכיו של האל, יועציו לפי המסורת הקדומה (גלגול של מועצת האלים הקדומה),[90] יש בהם סיכון לרעיון המונותאיסטי ובייחוד בכל הקשור בבריאה.[91] משום כך דחתה אגדת חז"ל את בריאת המלאכים ליום

166–165, שורות 127–129). כנגד דברים אלה נאמר קודם לכן בפיוט זה: '[בה] נועץ ברוא ברוב עם נסוכה קדומה שנים אלפים' (שם, עמ' 155, שורות 25–26), ועיין בהערות יהלום. גם כאן ברור הקשר בין ההימלכות בבריאת האדם להימלכות בבריאת העולם (ראה גם בר"ר ח:ז, עמ' 61!), וברור שאין 'לב' כאן אלא תורה (= חכמה).

84 יהלום מציע להשלים: '[אימת צל]מך עליהם נפלה שאין עבד אומר לקונו מה תעשה', והוא מפרש על המלאכים ובריאת האדם. אילו הייתה השלמתו קרובה לוודאי, היה הדבר חשוב מאוד לענייננו. ואולם הן ההשלמה הן העניין רחוקים מלהיות ברורים. מכל מקום השווה לדברי אפרם: 'ומי שיהגה לומר שלמלאכים ציווה (האל 'נעשה אדם') — חוצפה גלויה היא שעבד יהיה לאדוניו שותף וחבר' (*Des Heiligen Ephraem des Syrers Hymnen de Fide*, ed. E. Beck [*CSCO*, 154, *Sc. Syr.*, 73], Louvain 1955, VI: 8:1–4; p. 27).

85 השווה לדברי תאופילוס מאנטיוכיה (לעיל, הערה 62) ב:22 (עמ' 62): τὸν λόγον τὸν ὄντα διὰ πάντος ἐνδιάθετον καρδίᾳ θεοῦ

86 מכאן עולה, כנראה, שהתורה היא גם ידו של האל המעצבת את העולם. לתפיסה דומה באשר לחכמה האלוהית ראה לעיל, הערה 62.

87 חכמתו של האל (ולא רק 'החכמה' בעלמא) מזוהה כאן עם התורה, ובזה נכרכו שני רעיונות קדומים: האחד זיהוי החכמה עם התורה (בן-סירא כד:1–23) והאחר חכמתו של האל כהיפוסטזה שלו. אם מסיקים מזיהוי זה את המסקנה המתבקשת, עולה שהתורה היא עצמה היפוסטזה של האל, ואולם ספק אם מסקנה זו, על כל המשתמע ממנה, הוסקה בטקסט שלפנינו. באסלאם רווחת הדוגמה שהקוראן בלתי־נברא והוא חלק מן האל, ואולי יש לשקול אם אין דוגמה מוסלמית זו קשורה למבנים התאולוגיים ששרטטנו בזה.

88 פיוטי יוסי בן יוסי (לעיל, הערה 32), עמ' 222 (מדור המסופקים).

89 דווקא משום אופיו העממי והבלתי-מתוחכם מאלף הניסוח במדרש המאוחר 'מדרש כונן': 'כיון שנסתכל הקב"ה הביט כאן וכאן ואין מלאך בשמים ונתאוה לבראות עולם... שנ' "והוא באחד ומי ישיבנו" ונתיעץ עם התורה שהיא חכמה לבראות עולם' (מהדורת א' ילינק בספרו: בית המדרש, ב, לייפציג תרי"ג, עמ' 23).

90 למועצת האל במקרא ותפקידיה בניהול העולם ראה מל"א כב:כ; איוב א:ו–יב.

91 השווה גם דברי נרסי (על בריאת העולם, ה, שורות 161–228 [לעיל, הערה 80, עמ' 648–652]): 'הכתוב גילה לנו את בריאתנו ובריאת הכול, ואת בריאת הכוחות הרוחניים

שני או ליום חמישי 'שלא תאמר מיכאל היה מותח בדרומו של רקיע וגבריאל בצפון והקב"ה מסדר באמצע ... מי היה שותף עמי בבריאת העולם' (בר"ר ג:ח, עמ' 24),[92] ופתרה בכך את המבוכה המשתקפת כבר במזמור החיצוני מקומראן. זו גם הסיבה לניסוחו של התרגום המיוחס ליונתן לבר' א:כו: 'ואמר אלהים למלאכייא דמשמשין קומוי דאיתבריין ביום תניין לבריית עלמא: נעבד אדם בצילמנא כדייוקננא' — יום בריאתם של המלאכים נזכר כדי להזכיר שאין הם שותפים בבריאה. משום הסכנה שהייתה בדמותם של המלאכים באה במקומם (כבר בימי בית שני) חכמתו של האל כיועצתו של האל, היושבת לצדו (חכמת שלמה ט:ד), השוכנת עם המלאכים (חנוך מב:א–ב) אך נעלה עליהם בהרבה. אין האל נועץ במלאכים כלל אלא רק בחכמתו. בכך החכמה מואנשת ומקבלת קיום נפרד במידת־מה מן האל, כמובן במידה רבה בהשראת מש' ח:כב–לא.

אכן, אם לא בימי בן־סירא, לכל המאוחר בימי פילון התממש האיום החבוי בהיפרדותה (החלקית) של החכמה האלוהית מן האל עצמו. בסופו של דבר, רעיון החכמה האלוהית סיכן את התפיסה המונותאיסטית היהודית לא פחות מן המלאכים, ישים עליונים ובכל זאת משרתי עליון: החכמה הפכה להיפוסטאזה, שאמנם תרמה למאבק בכוחם של המלאכים, אבל היא עשויה להפוך, כמו בנצרות, לחלק מיוחד לעצמו (אם כי לא נבדל) מן האלוהות, ל'אל שני' כביטויָם של פילון (שאלות ותשובות לבראשית, א, 62) ויוסטינוס, ובכך לסכן את התפיסה המונותאיסטית היהודית מכיוון אחר, קשה לא פחות. (ראה גם פילון, על בריאת העולם, 23, 24.) מצד אחר: לאחר שחכמתו של האל הייתה לישות נפרדת במידת־מה ממנו, מה חכמה יש באל עצמו? והוא שגרם לגנוסטיקאים לומר שאכן הדמיורגוס אינו חכם כלל: חֲכָמָה רק Sophia.[93] מסקנה קיצונית וחריפה זו הביאה את המהלך התאולוגי היהודי עד

[=המלאכים] לא רצה לגלות לנו ... סג סייג של שתיקה בפני הפראים ... שלא ייתן מקום לטעות שתמלוך בארץ', שאם לא כן הטעות האנושית הייתה: 'לדרגה גבוהה של האלוהות הייתה מעלה אותם ובוראי כול ושומרי הכול הייתה קוראת להם' ('כתבא גלא לן על תוקנא דילן ודכל ועל תוקנא דרֿוחניא לא צבא גלא לן ... סיגא דשתקא סג באפיהון דבערֿיריא ... דלא נתל לה אתרא לטועיי דתמלך בארעא ... לדרגא רמא דאלהותא מעליא הות להון ובריֿי כלא ונטריֿ כלא משמהא הות להון').

92 אורבך, חז"ל (לעיל, הערה 44) עמ' 180.

93 Hippolytus, *Elenchos*, 6:34–36 (*ANF* 29–31) (על שיטתו של ולנטינוס). והשווה גם להדגשתו של תאופילוס מאנטיוכיה (לעיל, הערה 62), שהאל לא רוקן את עצמו משכל (לוגוס) בשעה שיצר את הלוגוס. היפוך דומה מאוד של היחס בין האל ובין חכמה מצוי בחיבורים גנוסטיים, ולפיהם Sophia (=חכמה) היא שהשליטה את Sabaoth (=[ה'] צבאות) על הרקיע השביעי, והיא מלמדת אותו, ולפי שיטה אחרת, שמה את בתה Zoë (=חיים) לימינו של Sabaoth כדי ללמדו (ראה: 'The Hypostasis of the Archons', 95 [Robinson, supra, n. 41], p. 185; 'On the Origin of the World', 104, 106 [Robinson, supra, n. 41], p. 166). היפוך התפקידים כאן בין החכמה ובין ה' ברור ומובהק. החכמה, או בתה, יושבת לימינו של האל (ציור יהודי במקורו; השווה חכמת שלמה ט:ד), אלא שהאל הוא המודרך על־ידיהן! (וינסטון [חכמת שלמה (לעיל, הערה 25), עמ' 202] ציין אגב הילוכו את החיבור הגנוסטי השני שנזכר לעיל כאחת המקבילות ללשון ב'חכמת שלמה'.) על הרקע היהודי לפסקאות אלו ניסה לעמוד פלון (F.T. Fallon, *The*

סופו הפרדוקסלי. כאן אפוא עומדים אנו בצומת חשוב, שאפשר לראות בו את הסתעפותם של יסודות תאולוגיים נוצריים מצד אחד ושל יסודות תאולוגיים גנוסטיים מצד אחר מתוך נתיב תאולוגי יהודי בעל חוקיות פנימית משלו.
נחזור לריבוי 'נעשה אדם': מתוך דברינו מתבררת מהותה הרעיונית של המחלוקת המדרשית אם נועץ האל במלאכיו או בלוגוס שלו. מתברר שגם הגנוסטיקאים, שהדגישו את חלקם של המלאכים בבריאת האדם,[94] גם חסידי מרקיון המאוחרים, שהדגישו את חלקו של החומר (האדמה) לצד האל הבורא, גם אבות הכנסייה הטוענים שמפסוק זה ראיה לאב ולבן (או לשילוש) ממשיכים פרשנויות יהודיות, גם כאשר הקרב בינם ובין היהדות קשה ובלתי־מתפשר. כל אחת מן הפרשנויות הנזכרות של הפסוק נוצקה במקורה, כך נראה, בהקשר היהודי ושימשה להדגשת ייחוד האל, אבל פיתוחן העלה תוצאה אחרת,[95] וניכרת ההתרוצצות בין הריבוי לאחדות ובין האחדות לריבוי.[96] אכן, נראה שהתגובה לפרשנותו הנוצרית של הפסוק השפיעה על מהלך הפרשנות היהודית, ולפחות שינתה את הדגשותיה.[97]

(*Enthronement of Sabaoth* [*NHS*, 10], Leiden 1978, pp. 60–61, 110–111, אולם דומני שהעיקר חסר מספרו בדיון זה. לנושא בכללו ראה גם: G.W. MacRae, 'The Jewish Background of the Gnostic Sophia Myth', *NT*, 12 (1970), pp. 86–101

94 אמנם אפשר שחלק מאגדות אדם נוצר שוב הן בהשראת אגדות ומיתוסים גנוסטיים הן כתגובה להן (L. Ginzberg, *The Legends of the Jews*, V, Philadelphia 1925, p. 69, n. 12; אורבך, חז"ל [לעיל, הערה 44], עמ' 180–182; ומצד אחר: A. Altmann, 'The Gnostic Background of the Rabbinic Adam Legends', *JQR*, 35 [1944/45], pp. 371–391). הדעות שאין לברוא את האדם בשל הרשעים העתידים לעמוד ממנו, המושמות בכמה אגדות בפי המלאכים ובאגדות אחרות מתוארות כחלק משיקוליו של הקב"ה עצמו (ראה למשל בר"ר ח:ד–ה, עמ' 59–60) עונות קודם כול על השגות תאולוגיות מצד מינים, ששאלו שאלה זו בקשר לבריאת האדם: כלום לא ידע האל שאלה שברא יחטאו, ומפני מה לא נמנע מבריאת האדם מסיבה זו. כך נאמר באחד החיבורים הנוצרים־יהודיים 'ואם תקשה עלי: ... כלום לא ידע האל שאלה שיברא יחטאו?' (Pseudo Clementines, *Recognitiones*, 4:24, ed. B. Rehm [*GCS*, 51], Berlin 1965, p. 158); והתשובה שלא ראוי שמשום כך ימנע האל בכלל מבריאת האדם, משום טובו של האל (השווה ל'מידת הרחמים' בבראשית רבה, שם). כפי שאנו למדים מן ההשוואה למקור הנוצרי, עיקר מטרתן של אגדות אלו לענות על בעיה תאולוגית חמורה, שהייתה אחת מטענותיהם של מינים. בעיה זו הושמה באגדה בפי המלאכים (בין השאר כאמצעי ספרותי, כמצוי במדרש), והיא, לדעתי, העיקר באגדות האלה, וההתמודדות עם תפקיד המלאכים בבריאת האדם לשיטת הגנוסטיקאים (ההקשר שבו מעמיד אורבך [שם] אגדות אלו) טפל לו.

95 אמנם לא תמיד היסוד הפרשני עיקר. בר' א:כו (שדה קרב מרכזי כל כך לפולמוס הבין־דתי) הושפע מן המערכות הרעיוניות של היהדות, הנצרות והגנוסיס יותר משהשפיע על התהוותן של המערכות האלה. לעומת זאת קשה לדמות את החשיבה הדתית היהודית והנוצרית בלא פרקים ח–ט בספר משלי, שהביאו למערכת האלוהית ולבריאת העולם את דמות החכמה; אבל החשיבות העיקרית של משלי ח–ט היא בעצם קיומו של טקסט כזה, ופרשנותו המדוקדקת השפיעה פחות על התהוותם של הרעיונות. הדבר יכול לעורר הרהורים באשר ליחס בין הרעיונות התאולוגיים לבין הרכיב הטקסטואלי והפרשני.

96 לעומת זאת השווה לדברי אורבך: 'כל הצרכים הפרשניים והפולמוסיים לא שינו במאומה בתפיסתם היסודית של חז"ל בכל התקופות' (חז"ל [לעיל, הערה 44], עמ' 183).

97 לעניין ההשפעה שהייתה להתמודדות עם הנצרות על הדגשת הפתרון של ההימלכות

הנצרות דוגלת, כידוע, בסוג של מונותאיזם שהיה זר ובלתי מתקבל על דעת חז"ל מכול וכול. בתוך הוויכוחים של ר' שמלאי עם מינים על לשונות של ריבוי בכתובים, שר' שמלאי מתרצם על-ידי הפועל האמור בלשון יחיד (ירושלמי ברכות פ"ט ה"א, יב ע"ד – יג ע"א), אנו קוראים:

> שאלו המינים את ר' שמלאי: כמה אלהות בראו את העולם? ... חזרו ושאלו אותו: מהו דכתיב 'ויאמר אלהים נעשה אדם' וגו'? אמר להון: קרון דבתריה 'ויבראו אלהים את האדם' אין כתיב אלא 'ויברא אלהים'. כיון שיצאו אמרו לו תלמידיו: לאלו דחיתה בקנה, לנו מה תשיב? אמר להם: לשעבר אדם נברא מאדמה וחוה נבראת מאדם, מיכן ואילך 'בצלמנו כדמותנו' לא איש בלא אשה ולא אשה בלא איש ולא שניהם בלא שכינה.[98]

להבנתו של ר' שמלאי התשובה הניצחת למינים היא בתחום התחבירי: מאחר שבבר' א:כז משמשת לשון יחיד, אין ספק שלשון הרבים האמורה קודם אינה מעידה על ריבוי אלוהויות. שונה דעתו של בסיליוס. הוא אומר:

> 'ויברא אלהים את האדם' לא 'ויבראו'. [הכתוב] נמנע כאן מריבוי הדמויות (πρόσωπα). באמצעות [המילים] הללו ['נעשה אדם'] הוא מלמד את היהודי, ובאמצעות המילים האלה ['ויברא אלהים'] הוא סוגר את הדלת בפני הפגניות, והוא עולה במהירות אל האחד (τὴν μοναδα), כדי שגם תדע שהבן [הוא] עם האב וגם תינצל מסכנת הפוליתאיזם. 'בצלם אלהים עשה אותו' — שוב הוא מציג את הדמות (πρόσωπον) של שותפו. אין הוא אומר 'בצלמו שלו' אלא 'בצלם אלהים'.[99]

לשון אחר: לדעת בסיליוס, דווקא התמרון בין לשון רבים ללשון יחיד הוא ההוכחה לאמתה של תורת השילוש הנוצרית, המניחה ייחוד אבל גם ריבוי באלוהות, והדברים באים (כעדות הניסוח) בהמשך לפולמוס הנוצרי-יהודי.[100] לפחות מקצת הוויכוחים של ר' שמלאי עם המינים בַנושא, הסדורים זה אחר זה בירושלמי, מתייחסים לנוצרים: כמה פעמים מובאים שלושה שמות של

במלאכים השווה אורבך, שם, עמ' 183. וראה עוד ניסוחו של בסיליוס: 'האל, הם [היהודים] אומרים, פנה לכמה דמויות (πρόσωπα), ולמלאכים שאתו הוא אומר: "נעשה אדם" ... כדי לא לקבל אחד [כלומר, את ישו], הם מכניסים רבים' (לעיל, הערה 51, עמ' 516).

98 כלומר: לא איש מוליד בלא אישה, ולא אישה יולדת בלא איש ולא שניהם בלא שכינה — הם שלושת השותפים ביצירת האדם. לשון הרבים של 'נעשה' מכוון אפוא לאל ולאדם כאחד. הייתכן שאפרם מתפלמס עם טענה זו באמרו 'עיוורון הוא לסבור שלאדם אמר [אלוהים 'נעשה אדם בצלמנו כדמותנו']' (מזמור ו:ז:6; לעיל, הערה 84)?

99 בסיליוס (לעיל, הערה 51), עמ' 521.

100 ראה לאחרונה רוניא, 'בסיליוס' (לעיל, הערה 47), עמ' 180; ואולם איני סבור ש'זה בדיוק אותו טיעון שהשתמש בו ר' שמלאי נגד המינים בבראשית רבה', אלא שהנתונים הטקסטואליים בבראשית נוצלו בדרכים פולמוסיות מנוגדות (!) בפי בסיליוס מצד אחד ור' שמלאי מצד אחר.

אלוהים כהוכחה לריבוי, וקרוב לוודאי שיש לראות באלה ניסיונות להוכיח את השילוש. אם אמנם כוונו דברי ר' שמלאי נגד נוצרים,[101] אפשר לראות גם כאן את היעדר השפה המשותפת בדיאלוג היהודי־נוצרי הקדום (שמעידים עליו באופן בולט גם הוויכוחים היהודיים־נוצריים המתוארים בספרות הנוצרית): לר' שמלאי (וליהודי בחיבורים אלו) אם ריבוי כאן, הרי זה ריבוי באלוֹהוּת, וכמה אלוֹהוֹת בראו את העולם ואת האדם, ואין כל מקום לדבר על ייחוד האל. הדקויות הנוצריות רחוקות, אינן נקלטות ואינן מובנות.[102] מן הראוי להעיר בשולי הדברים על תשובתו של ר' שמלאי לתלמידים. ייתכן שמקורה של תשובה זו במקום אחר,[103] אבל בהקשר שלפנינו לשון הריבוי שבפסוק מתפרשת בה כמציינת את שיתוף המין האנושי ביצירתו לדורות. בכך מתבטל מאליו היסוד לדרשה הנוצרית, הנשענת על הריבוי. יתרה מזו: בפיו של ר' שמלאי, בשולי הפולמוס היהודי־נוצרי, יש משמעות נוספת למילים 'מיכן ואילך ... לא אשה בלא איש'[104]: ניגוד לדוגמה הנוצרית בדבר הולדתו של ישו[105] ולהדגשתם ההפוכה של מחברים נוצרים. כך מפייט אב־הכנסייה אפרם הסורי:

את חוה היולדת יָלַד גבר שלעולם אינו יולד
כמה תיאמן בת חוה (=מרים) שבלא גבר יֶלֶד יָלְדָה
הארץ הבתולה ילדה את אדם ראש הארץ
הבתולה היום ילדה את אדם ראש השמים[106]

101 ולא גנוסטיקאים. השווה לדברי שמעון מגוס בתוך: Pseudo Clementines, *Recognitiones*, 2:39, ed. B. Rehm [*GCS*, 51], Berlin 1965, pp. 74–75

102 ואם יטען אדם שיש מתח מסוים בין האמור כאן ובין הטענה לעיל, שתפיסה דומה לתפיסת הלוגוס באה לידי ביטוי במדרש, הרי כבר הדגשתי שבתפיסות היהודיות הארץ־ישראליות, גם בצורתן הרדיקלית יותר, לא חל בידול מוחלט בין האל לחכמתו (או לבו) באותה מידה שחל בנצרות. אמנם במבט פנים־נוצרי ניכר בנצרות שנזהרה מלחצות את גבולות המונותאיזם, אך לא כן במבט מבחוץ, מן הצד היהודי, אל הנצרות, והרי אף כמה מראשי המדברים בנצרות במאה הד' הציגוה גם בהכללה חריפה (השווה לדבריו של בסיליוס עצמו כאן) כמידה ממוצעת בין המונותאיזם היהודי ובין הפוליתאיזם (ראה רוניא, 'בסיליוס' [לעיל, הערה 47], עמ' 180, עמ' 187 והערה 23, עמ' 183 ועוד).

103 בר"ר כב:ב (עמ' 206) על הפסוק 'והאדם ידע את חוה אשתו ותהר ותלד את קין, ותאמר קניתי איש את ה'' (בר' ד:א), ושם באים כל שלושת היסודות בגלוי: איש, אישה ושכינה; אבל עוד צריך עיון.

104 אבל רחוק לשער שמימרה זו כולה אמורה בהקשר אנטי־נוצרי. נראה שנוצרה בהקשר אחר (ראה בהערה הקודמת), אלא שבהקשר האנטי־נוצרי קיבלה טעם מיוחד.

105 עכשיו אני רואה שכבר שיער כך (בקיצור ובדרך אגב) א' מרמורשטיין (A. Marmorstein, 'The Unity of God in Rabbinic Literature', *HUCA*, 1 [1924], pp. 497–498). ההשערה שדברי ר' שמלאי הם תגובה על האמור באיגרת אל הקורינתים א יא:יא–יב (B.L. Visotsky, *Fathers of the World*, Tübingen 1995, pp. 61–74) נראית לי רחוקה.

106 אפרם, מזמורי הלידה, א, 15–16: 'לחוא ילודתא ילדה גברא דממתום לא ילד. כמא תתהימן ברת חוא דלא גברא ילדא ילדת. ארעא בתולתא ילדת הות להֿו אדם רישא דארעא בתולתא יומנא ילדת לאדם רישא דשמיא' (*Des Heiligen Ephraem des Syrers Hymnen de Nativitate [Epiphania]*, ed. E. Beck [*CSCO*, 186, *Sc. Syr.*, 82], Louvain 1959, p. 3).

כשם שאדם נוצר מאדמה בתולה וחוה נוצרה מאדם, כך נוצר גם ישו מאישה בתולה בלא איש. באמת אנו מוצאים טיעון זה מופנה נגד היהודים, כהוכחה ללידת הבתולין של ישו בוויכוחים של נוצרים עם יהודים. בהקשר זה הושם הטיעון זה בפי סילווסטר בוויכוח עם היהודים: 'הארץ שממנה היה אדם — נשחתת הייתה או לא? ... לפיכך ראוי שמן הבתולה מרים ייוולד לנו אדם חדש'.[107] על רקע טיעון נוצרי זה יכולים דבריו של ר' שמלאי ('לשעבר אדם נברא מאדמה וחוה נבראת מאדם, מיכן ואילך ... לא איש בלא אישה ולא אישה בלא איש ולא שניהם בלא שכינה') להישמע באוזננו בהטעמה מיוחדת. אכן, דומה שגם פירושים אחרים של ר' שמלאי שנאמרו לתלמידים, ולא למינים עצמם, בסדרת ויכוחים זו נאמרו בצל טענות המינים. מעין זה מפרש ר' שמלאי לתלמידים בוויכוח אחר בקובץ זה את הפסוק 'אל אלהים ה' דיבר ויקרא ארץ' — 'שלשתן שם אחד כאיניש דאמר אומנין בניין ארכיטקטנין' (ירושלמי ברכות פ"ט ה"א, יג ע"א), והיא תשובה לטענה שאחד הכוחות הנזכרים בפסוק זה, המדבר בבריאת העולם, הוא הדמיורגוס, ה'ארכיטקטון' לפי המינוח היווני, כאחד מרכיבי השילוש. טענתו של ר' שמלאי היא שכל כינויי האלוהות כאן מכוונים — בשמות שונים זה מזה — למהותו הבוראת של האל האחד.

נספח

'והארץ היתה תהו ובהו וחשך על פני תהום'

הזכרנו לעיל (עמ' 31) את ויכוחו של פילוסופוס אחד עם רבן גמליאל, כמסופר בבראשית רבה, ותהינו על קשרו לשיחתו של רבן גמליאל ואבנימוס הגרדי [= הגדרי] באבות דר' נתן נו"ב (פרק כד) ועל פשר הציטוט המובא שם מן הפסוק שנידון בדברינו (יש' מה:ז). כאן ננסה לענות על תהיות אלו.
בבר"ר א:ט (עמ' 8) אנו קוראים:

> פילוסופוס אחד שאל את רבן גמליאל, אמר לו: צייר גדול היה אלהיכם אלא מצא לו סמנים טובים שסייעוהו. אמר לו: מה אינון? אמר ליה: תהו ובהו וחשך ומים ורוח ותהומות. אמר ליה: תיפח רוחיה דההוא גברא, כולם כת' בהם בריאה: תהו ובהו — 'עושה שלום ובורא רע' [יש' מה:ז], חושך — 'יוצר אור ובורא חשך' [שם], מים — 'הללוהו שמי השמים והמים' למה 'כי הוא צוה ונבראו' [תה' קמח:ד], רוח — 'כי הנה יוצר הרים ובורא רוח' [עמוס ד:יג], תהומות — 'באין תהומות חוללתי' [מש' ח:כד].

לדעת אורבך, בתשובתו של רבן גמליאל 'ישנה דחייה ברורה של ההשקפה על בריאת העולם מחומר שלא נברא. אין אנו יודעים מיהו הפילוסופוס, אבל הוא לא רק מחזיק בשיטה של חומר קדמון, אלא גם מנסה למצוא לה סימוכין במקרא, ולכן קרוב לומר, שהמדובר ביהודי מין'.[108] ואילו וינסטון טוען: 'ניסוחו של רבן גמליאל נאמר

107 בנוסחה הסורית של ויכוח סילווסטר עם היהודים המשוקעת בחיבורו של פסוודו־זכריה (לעיל, הערה 77), עמ' 77.

108 אורבך, חז"ל (לעיל, הערה 44), עמ' 164.

רק בהשפעת פולמוס עם מישהו שאין ספק שהיה גנוסטיקאי׳.[109] אמנם לשונו של הפילוסופוס ׳מצא לו סממנים טובים שסייעוהו׳ אינה מסייעת לסברה שגנוסטיקאי היה, שכן לא היינו מצפים שגנוסטיקאי יוצג כמי שמתייחס לחומר כ׳טוב׳ (אם גם לכתחילה, ספק אם יש לדקדק כל כך בלשונו של מדרש, אולם ראה להלן).[110] שני חלקים לטיעונו של הפילוסופוס כאן: (א) הקב״ה כמוהו כאומן הבורא בהסתייעו בחומרים שלפניו;[111] (ב) זאת אפשר ללמוד מן הניסוח בבר׳ א:ב. את שני חלקיו של טיעון זה אנו מוצאים בדיון ארוך של אוריגנס (מאה ג׳ לסה״נ), שנשמר אצל אוסביוס. וכך כותב אוריגנס:

> אם מפריע למישהו שאי־אפשר לקבל, בגלל האומנים בני האנוש, שהאל עיצב (κατασκευάζειν) את הקוסמוס בלי חומר בלתי־נברא שהוא תשתיתם (ὑποκειμένη), כי הפסל אינו יכול לעשות את עבודתו בלא נחושת ולא הנגר בלא עץ, ולא הבנאי בלא אבן[112] — ראוי לשאול אותו...[113]

כאן בא דיון פילוסופי ארוך של אוריגנס, שהוא מסכמו במילים הבאות:

> ובכן, דברים אלו יספיקו לפי שעה לאלה הסבורים כי משום שנאמר ׳והארץ

109 D. Winston, 'The Book of Wisdom's Theory of Cosmogony', *History of Religions*, 11 (1971), pp. 185–202, esp. pp. 187–191; idem, 'Creation *Ex Nihilo* Revisited: A Reply to Jonathan Goldstein', *JJS*, 37 (1986), p. 91. לעומתו ראה: J.A. Goldstein, 'Creation *Ex Nihilo*: Recantations and Restatements', *JJS*, 38 (1987), pp. 188–189

110 וינסטון טוען שהשימוש בפועל ׳סיע׳ משמעו ׳actively assisted (in the act of creation)׳, ושדווקא שימושו של ה׳פילוסופוס׳ בפועל זה הוא שהעלה את חמתו של רבן גמליאל (במאמרו הראשון הנזכר בהערה הקודמת, עמ׳ 191, הערה 20 ובמאמרו השני, עמ׳ 91), וראה תשובתו הנכוחה של גולדשטיין, שם, עמ׳ 189. מובן שלא הפילוסופוס הוא הבורר את מילותיו, אלא מילות המדרש הן הניסוח שהגיע לידינו לאחר מסירה ארוכה של מסורת המדרש. דברים אלה נכונים, כמובן, לכל פרט במדרש, עד שיוכח דיוקו.

111 ללשון השווה: ׳לצייר שהיה צר אקונין של מלך. בא לגמור הפרצוף אמרו לו מת המלך ועמד מלך אחר. כיון ששמע הצייר כך נתרשלו ידיו, התחיל אומר, מה אעשה באלו הסימנים ... הקב״ה צר צורת העובר בדמות אביו׳ (תנחומא נשא, ד); ׳לא גיר סגדין לסממנא כד סימין בצררא אלא מא דצרו מנהון צלמֿא אומנֿא סגדין להון׳ (המיוחס למליטון W. Cureton, *Spicilegium Syriacum*, London 1855, p. 26*), כלומר ׳הרי אין הם [עובדי אלילים] עובדים את הסממנים כאשר הם מונחים בצרור, אלא משצרו מהם האומנים צלמים הם עובדים אותם׳.

112 כך גם בהמשך דברי אוריגנס: ׳כלפי הטוענים ששום אומן אינו עובד בלי חומר יש לומר ...׳. נראה שכבר תאופילוס (לעיל, הערה 62, ב, 4, עמ׳ 26–27) טוען נגד המדמים את האל לאומן, ומקישים מכאן שהשתמש בחומר קדמון: ׳מה הרבותא אם האל יצר את הקוסמוס מחומר מוכן (ἀφ' ὑποκειμένης ὕλης)? הרי גם אדם אומן, כאשר הוא לוקח חומר ממישהו, הוא עושה אותו כפי שהוא רוצה׳. אצל תאופילוס הדברים נאמרים נגד שיטות פילוסופיות (קודם מוזכרים הסטואים, האפיקוראים ואפלטון; ראה מראי מקומות המשולבים בתרגומו של גרנט, שם), והשווה אל האמור אצל אוריגנס.

113 אוריגנס כתב דברים אלו כנראה בפירושו על ספר בראשית, שאבד. כאמור, קטע זה נשמר אצל אוסביוס (Eusebius, *Praeparatio Evangelica*, 7:20, ed. K. Mras [*GCS*, 43/1], Berlin 1954, pp 402–403). ראה עליו: H. Crouzel, 'Un fragment du Commentaire sur la Genèse d'Origene et la création de la matière à partir du néant', *Agathe Elpis: Studi storico-religiosi in onore di Ugo Bianchi*, Rome 1994, pp. 417–425 (על דיון זה בקטע של אוריגנס העירני מר קלמנס לאונהרד משמו של מר הרלד בוחינגר).

הייתה בלתי-נראית ובלתי-מעוצבת (ἀκατασκευαστός) [בר' א:ב לפי תרגום השבעים] הטבע הגופני (ἡ σωματικὴ φύσις) הוא בלתי-נברא.

תחילת הדברים וסופם מלמדים על טיעוני יריבו של אוריגנס: ההיקש מן האומן האנושי והלימוד מבר' א:ב, ממש כמו הפילוסופוס בבראשית רבה. ואולם ממהלך הדיון הארוך אצל אוריגנס אנו יכולים ללמוד שיריבו אינו גנוסטיקאי: שניהם מסכימים להנחות רבות שאינן מקובלות כלל על הגנוסטיקאים (מטיעונו של אוריגנס עולה שהיריב אינו מזהה את החומר עם הרע,[114] ושאין הוא רואה את האל בורא העולם כאל נחות מן האל העליון. ברור גם שיריב זה אינו מייחס כל פעילות אקטיבית לחומר בבר' א:ב). הפולמוס הוא עם השקפה פילוסופית. ואכן, עצם ההוכחה בדבר קדמותו של החומר לאור דוגמת האומן אמורה בפיו של קוטא כטענה המופנית כלפי הפילוסופיה הסטואית בחלק אבוד של 'על טבע האלים' לקיקרו:

ראשית, מאחר שאין זה סביר שאותו חומר שממנו נוֹבע הכל, נעשה על ידי ההשגחה האלוהית, אלא יש לו ותמיד היו לו טבע ומהות משלו, כמו שהבנאי, כאשר הוא עומד לבנות משהו, אינו מייצר בעצמו את החומר, אלא משתמש בחומר המוכן, ובאותו אופן הפסל בשעווה, כך ראוי לחשוב שהחומר שבו השתמשה ההשגחה האלוהית שלך, לא היא עצמה עשתה אותו, אלא היה לה מן המוכן.[115]

נחזור לפירושו של אוריגנס. קשה לקבוע בוודאות (על-פי מקור זה כשהוא לעצמו) אם יריבו של אוריגנס הוא פילוסוף פגני הנסמך לצורך הפולמוס על בר' א:ב או נוצרי שקיבל את הנחותיה של הפילוסופיה ומפרש לאורן את המקרא. אולם עצם העובדה שפילוסופים פגנים (ולא רק מינים יהודים ונוצרים) נעזרו בטיעון זה בוויכוחיהם עם יהודים ועם נוצרים מוכחת (לפחות לגבי תקופה מאוחרת יותר) מן השימוש של יולינוס בפסוק (במאה הד' לסה"נ). לפיכך לא מן הנמנע שגם הפילוסופוס הנזכר בבראשית רבה ויריבו של אוריגנס פגנים הם.[116] לאחר שיולינוס מצטט את הפסוקים הראשונים בספר בראשית, הוא אומר:

בדברים דלעיל אין משה אומר שהתהום נבראה על-ידי האל ולא החושך ולא המים; אם כי, לאחר שאמר על האור שהוא נוצר כאשר ציוה האל, צריך היה

114 השקפה זו אינה מקובלת גם על מקצת הפילוסופים. ראה גם קרוזל (לעיל, הערה 113), עמ' 424.

115 קטע זה לא נשמר בידינו, והוא מצוטט אצל לקטנטיוס (Lactantius, *Institutiones divinae*, II, 8:10). הקטע מובא בתרגומה של אביבה קציר (קיקרו, על טבע האלים, רמת-גן תשנ"ב, עמ' 184, בשינויים קלים), וראה בהערתו של יוחנן גלוקר, שם, הערה 135. יש דמיון ניכר בין המבנה הכללי של הטיעון הבא בקטע של קיקרו לבין הטיעונים-שכנגד בדיונו הפילוסופי של אוריגנס (איני מכריע כאן, כמובן, נגד מי בדיוק מכוונים טיעוניו של אוריגנס).

116 קרוזל (לעיל, הערה 113, עמ' 419) טוען: 'ציטוט המקרא בפי יריבו של אוריגנס מעיד שאין הוא מופנה במישרין לפילוסופים, אלא לנוצרים בעלי השכלה פילוסופית'. אף-על-פי שקרוזל לא הכיר לא את המדרש בבראשית רבה ולא את דברי אורבך עליו, דבריו כמעט זהים לדברי אורבך (לעיל, עמ' 57, סמוך להערה 108). ההשוואה לדברי יולינוס (ובמידת-מה גם לבראשית רבה) מלמדת שאין הכרח להסיק מסקנה זו. הן דברי תאופילוס (לעיל, הערה 112) הן המדרש מרמזים, כמדומה, שטיעון מסוג זה היה מוכר (ומטריד) בחוגים רחבים למדי (שלא כהנחתו של קרוזל, שם, עמ' 421).

ללא ספק לדבר גם על הלילה, התהום והמים. אולם הלה לא אמר דבר כאילו נבראו ... מכאן שהאל לפי משה ... מסדר של החומר המוכן (ὕλης ὑποκειμένης κοσμήτωρ), שהרי האמירה 'והארץ היתה בלתי נראית ובלתי מעוצבת' [בר' א:ב לפי תרגום השבעים] ... מציגה את האל כעורכו ומסדרו [של החומר].[117]

ההקבלה בין ויכוחו של רבן גמליאל עם הפילוסופוס בבראשית רבה ובין פולמוסו של אוריגנס נראית לי מאלפת,[118] וילמדו דבריו הארוכים של אוריגנס על עולמו של מדרשנו.

אצל אוריגנס מצאנו מקבילה לדברי הפילוסופוס בבראשית רבה, ואילו הוכחה דומה לזו של רבן גמליאל בתשובתו לפילוסופוס, שאכן, הדברים המנויים בבר' א:ב נבראו בידי האל, מצויה בדברי טרטולינוס, בראשית המאה הג' לסה"נ, כפי שמעיר לי תלמידי, מר קלמנס לאונהרד. אצל טרטולינוס באים הדברים בחיבורו נגד הרמוגנס, גנוסטיקאי שטרטולינוס האשימו (אולי לאו דווקא בצדק) שכפירתו בבריאה יש מאין נובעת מדברי הפילוסופים (בעיקר הסטואה).[119] בין שאר דבריו אומר טרטולינוס:

במקומות אחרים הוא מלמד שהמינים האחרים נעשו. אתה מוצא שהחכמה אומרת: 'לפני תהומות חוללתי' [מש' ח:כד; השווה נוסח השבעים] כדי שתאמין שגם התהומות 'חוללו', כלומר נבראו ... על החושך אומר האל עצמו על-ידי ישעיה: 'אני יוצר אור ובורא חושך' [יש' מה:ז לפי תרגום השבעים]. כיוצא בזה עמוס [אומר] על הרוח: 'מחזק הרעם ובורא (condit) רוח ומגיד לאדם משיחו' [עמוס ד:יג לפי תרגום השבעים], ומראה שהרוח, אשר ריחפה על פני המים ונחשבה עם ייסוד הארץ, נבראה ... לא, כפי שיש חושבים, שהכוונה ב'רוח אלוהים' לאל עצמו [כלומר: לרוח הקודש, שהיא חלק מן האל] ... בדומה אומרת החכמה על המים: 'בעזוז (firmos ponebat) עינות אשר מתחת לשמים, בהיותי מתאימה (modulans) איתו' [מש' ח:כח–ל; השווה תרגום השבעים].[120]

117 יולינוס, נגד הגליליים 49B–E, לפי תרגומו של ד' רוקח, (לעיל, הערה 42, עמ' 207–208, בשינוי קל) וראה גם 96E על 'רוח אלהים'. על ההקבלה בין הדברים האלה של יולינוס לוויכוח רבן גמליאל והפילוסופוס לפי בראשית רבה עמד א"א הלוי (פרשיות באגדה לאור מקורות יווניים, תל-אביב תשל"ג, עמ' 17). הניסוח בבראשית רבה, 'כולם כת[ובה] בהם בריאה', עונה במדויק על לשון השגתו של יולינוס (אבל השאלה אם היסודות המנויים בבר' א:ב נבראו היא ישנה נושנה, ועיין להלן). השווה אל לשונו של אפרם בפירושו לבראשית: 'דכול דאתברי, אן כתיבא בריתה ואן לא כתיבא, בהון הו בשתת יומא אתברי הוא' ('שכל מה שנברא אם נכתבה בריאתו ואם לא נכתבה, נברא בששת ימים הללו'. *Sancti Ephraem Syri in Genesim et in Exodum commentarii*, ed. R.-M. Tonneau [*CSCO*, 152, *Sc. Syr.*, 71], Louvain 1955, p. 10); וראה עוד בדברי אפרם: 'השמים, הארץ, האש, הרוח והמים נבראו [יש] מאין כעדות הכתוב ... האש, המים והרוח — אף-על-פי שלא נאמר עליהם שנבראו, מכל מקום גם לא נאמר שלא נעשו, ובכן היו [יש] מאין כמו השמים והארץ שהיו [יש] מאין' (שם, עמ' 16; והדברים אמורים, כנראה, נגד שיטת בר-דיצן).

118 יצוין שגם אוריגנס, כמו מדרשנו, מתאר את השקפת יריבו שהאל 'מצא יש בלתי-נברא'.

119 Tertullianus, *Contra Hermogenem*, I (ed. A. Kroymann, [*CCSL*, 1], Turnholt 1954, p. 397)

120 שם, פרק לב (עמ' 424) המילה modulans בטקסט הלטיני של טרטולינוס היא תרגומה של המילה היוונית ἁρμόζουσα בתרגום השבעים.

מיד מתבלט הדמיון, כמעט הזהות, לא רק בדרך ההוכחה אלא גם בפסוקים המובאים במדרשנו ואצל טרטולינוס. הראיות ממש' ח:כד, מיש' מה:ז ומעמוס ד:יג זהות; הראיה הרביעית שונה בשני המקורות (ובעייתית בשניהם).[121] מעניין קישורו של עמוס ד:יג לכאן הן אצל טרטולינוס הן בבראשית רבה: 'רוח' נתפרשה בשני המקומות כיסוד פיסי (ventus), כפי שטרטולינוס אומר בפה מלא כאן (אבל פירוש זה סותר את דבריו במקום אחר!).[122]

ואולם קדמותה של המגמה הפרשנית שהאל הוא בוראם של כל הדברים שנזכרו בבר' א:ב מוכחת מדבריו של פילון:

> ובכן, בראשונה ברא הבורא את השמים הבלתי־גשמיים, את הארץ הבלתי־נראית ואת האידיאה של האוויר ושל הריק; לזה קרא 'חושך', מכיוון שהאוויר שחור מטבעו, ולזה קרא 'תהום', כי עמוק מאוד הריק ופעור.[123] בהמשך, ברא את העצמות הבלתי־גשמית של המים ושל הרוח. ועל כל זה — של האור, השביעי,[124] שהיה אף הוא דגם בלתי־גשמי ומושכל לשמש ולכל הכוכבים מפיקי־אור העתידים להתקיים בשמים ('על בריאת העולם', 29, תרגום ס' דניאל־נטף).

פילון אינו אומר דברים אלו על דרך הפולמוס,[125] ואווירתם שונה לגמרי מן המקורות שסקרנו לעיל, אולם הם משקפים מדרש הטוען שהאל הוא שברא ביום הראשון את החושך, התהום, המים, הרוח אף־על־פי שלא נכתבה בהם בריאה בבר' א:ב, וכבר העירו[126] על מקבילה קרובה למדרש זה בספר היובלים: '[כי ביום הראשון ברא את השמ]ים העליונים ואת האר[ץ ואת המים ואת כל הרוחות המשרתים לפניו] ... את התהו[מות] מאפלה ושחר ו[אור וערב אשר הכין בד]עתו ... [כי שבעה] מעשים

121 אצל טרטולינוס הפסוק ממשלי עצמו יכול לשמש ראיה רק בדוחק, ואילו בפסוק המובא בבראשית רבה (תה' קמח:ד) מדובר ב'המים אשר מעל לשמים'.

122 על הסתירה אצל טרטולינוס ראה: P. Nautin, 'Genèse 1, 1–2 de Justin à Origene', in: *In Principio: Interpretations des premiers versets de la Genèse*, Paris 1973, p. 83. מסתבר, כדברי נוטין, שיש לייחס סתירה זו לשימושו של טרטולינוס במקורות שונים (ואולם מאחר שפירושו של טרטולינוס במקום זה [לעיל, הערה 118] מצוי גם בחוגים נוצריים, אין להוכיח מכאן דבר ברור על היחס בין המדרש היהודי ובין המחבר הנוצרי. על פירוש זה בכתבים נוצריים ראה לאחרונה: R.B. Ter Haar Romeny, *A Syrian in Greek Dress*, Louvain 1997, pp. 175–183, especially pp. 181–183. ראה גם גינצבורג, אגדות היהודים [לעיל, הערה 94], א, עמ' 7, הערה 15 [ואולם הדברים מורכבים הרבה יותר מתיאורו]). ההנחה ש'רוח אלהים' היא היסוד הפיסי (רוח) הקיים בעולמנו (או קשורה אליו) מצויה במימרתו של ר' חגי בן פדת בבר"ר ב:ד (עמ' 17); וראה עוד: מ"מ כשר, תורה שלמה, א, ירושלים תרפ"ז, עמ' נז אות שב. הנחה זו גלומה בבירור גם בפיוט 'אז באין כול', האומר: 'גנזתה מרחפת בארבע פינותיה במידה במשקל ב[ ]' (לעיל, הערה 82, עמ' 73, שורות 88–89). הרמז לארבע רוחות העולם, ובייחוד הרמז לפסוק 'לעשות לרוח משקל ומים תכן במדה' (איוב כח:כה) אינם מותירים ספק ש'רוח אלהים מרחפת על פני המים' (בר' א:ב) נתפרשה כאן כרוח ממש.

123 מדרש על המילה היוונית ἄβυσσος, שפירושה המילולי חסר־תחתית.

124 המניין הוא אפוא שמים, ארץ, חושך, תהום, רוח, מים, אור. וראה להלן, הערה 131.

125 חוקרי פילון אף אינם תמימי דעים באשר לתפיסת בריאת העולם יש מאין בהשקפתו של פילון (G. May, *Schöpfung aus dem Nichts*, Berlin–New York 1978, pp. 9–21).

126 A. Epstein, 'Le Livre des Jubilés, Philon et le *Midrasch Tadsché*', *REJ*, 21 (1890), pp. 83–85

גדולים ע[שה ביום הראשון]' (ב:ב–ג),[127] ועל מקבילה למדרש זה בדברי חכמים[128]: 'אמר רב יהודה אמר רב: עשרה דברים נבראו ביום ראשון ואלו הן: שמים וארץ, תהו ובהו, אור וחשך, רוח ומים, מדת יום ומדת לילה' (בבלי חגיגה יב ע"א).[129] קל לראות את הקשר בין מסורת מדרשית זו לבין תשובתו של רבן גמליאל בוויכוחו עם הפילוסופוס. החידוש היחיד בדברי רבן גמליאל הוא ההוכחה המדרשית מן המקראות, ואפשר שאף זה אינו חידוש. לא הוויכוח עם הפילוסופוס הוא שהביא לידי יצירת הטיעון שלפנינו; עיקרו של טיעון זה היה קיים מאות שנים לפני רבן גמליאל ולפני רב, והוא משקף התמודדות עם בעייתיות תאולוגית חדשה שהורגשה בבר' א:א–ב, בעייתיות שככל הנראה לא הייתה כרוכה בפולמוס ולא נתנסחה במונחים פילוסופיים. ואולם מסורת זו היטיבה לענות על קושייתו של הפילוסופוס, קושיה שניסרה בימים ההם בכמה חוגים שהביאו ראיה גם מלשונה של התורה, כאמור לעיל.

כמעט מובן מאליו הוא שבבראשית רבה ובבבלי חגיגה מובאת ראיה לבריאתם של 'תהו ובהו', המתפרשים במקורות אלו כדבר ממשי,[130] ואילו פילון וטרטולינוס, שלפניהם נוסח המבוסס על תרגום השבעים ('והארץ הייתה בלתי־נראית ובלתי־מעוצבת'), אינם מביאים ראיה לעניין זה (ואולם גם ספר היובלים, הסמוך על נוסח המקרא העברי, אינו מונה בין שבעת הדברים שנבראו ביום הראשון 'תהו ובהו'!).[131] לעומת זאת טרטולינוס, כמו כל הסמוכים על המקרא היווני, חייב להתמודד עם לשון תרגום השבעים לבר' א:ב, שהייתה ראיה חשובה לשיטת מתנגדיהם (ראה בדברי יריבו של אוריגנס). כאמור, הפילוסופוס של בראשית רבה מתייחס לטקסט העברי, ורבן גמליאל מוכיח מן הפסוק 'עושה שלום ובורא רע' שאף 'תהו ובהו' בין הנבראים. 'תהו ובהו' הוא ה'רע' שבפסוק. לכאורה היה אפשר למצוא מקבילה קרובה לזיהוי 'תהו ובהו' עם רע ב'טימאיוס' לאפלטון (30a), והיא כרוכה בתפיסת הבריאה והסדר כ'טוב'. ואולם אפשר גם שהפסוק 'עושה שלום ובורא רע' לא נבחר אלא משום שהוא המשך הפסוק המובא מיד בהמשך במדרש, 'יוצר אור ובורא חושך'. לפי הצעה זו, דברי הפילוסופוס כפי שנוסחו בעיקרה של המסורת לא כללו קושיה על 'תהו ובהו', שאינם דבר נברא אלא מצב (אם לפי תרגום השבעים ואם לפי מסורות יהודיות קדומות, כאמור לעיל), ומשנוסף רכיב זה הסתפק המוסיף, כרגיל במקרים כאלה, במשיכת הפסוק הקיים בדרשה — יש' מה:ז — אל ההשלמה. אין זו יותר מהשערה אפשרית גרידא, ולא הצעתיה אלא כדי לסייג ניסיונות מופלגים יותר לפירוש הקטע במדרש. מכל מקום לא נראה לקשור חלק זה במדרש שלפנינו (המדרש על יש' מה:ז^ב) למדרש באבות דר' נתן (לעיל, עמ' 30).

אחת הסכנות הגדולות בהתבוננות במעשי בראשית כרוכה ביחס שבין האל לעולם

127 הפסוקים השתמרו בקטע שנתגלה בקומראן (4Q216 V, 4–11), והובאו בהשלמות ובשחזורים של המהדיר, ראה: J.C. VanderKam & J.T. Milik, *DJD*, 13, Oxford 1994, pp. 13–16

128 מ' שובה, 'פילון: על בריאת העולם §45 (I, 4, 20 וכו')', ידיעות המכון למדעי היהדות, ב (תרפ"ה), עמ' 81, הערה 1.

129 לתולדותיה של מסורת זו והקשר בינה לבין זו שבספר היובלים ראה: מ' קיסטר, 'אחור וקדם: מסורות אגדה ודרכי מדרש בספרות הבית השני ובספרות המדרש', ספר היובל לי' פרנקל (בדפוס).

130 ראה במאמרי הנזכר בהערה הקודמת.

131 היעדר 'תהו ובהו' מרשימת הדברים הנבראים מובן גם בהקשר יהודי ארץ־ישראלי: הן בכל תרגומי המקרא הארמיים אין 'תהו ובהו' שם דבר אלא תיאור מצבה השומם של הארץ ('צדיא וריקנייא'), וראה עוד במאמרי לעיל, הערה 129.

ובין האל לחומר. כאן גלום הפרדוקס שפתחנו בו (לעיל, עמ' 28): ''בגאוה ובוז'' — סבור שהוא כמגעה [=כמגאה] ואינו אלא כמבזה' (ירושלמי חגיגה פ"ב ה"א, עז ע"ג)[132] — הניסיונות להגאות את האל על החומר מביאים לביזוי עולמו ובריאתו החומרית של האל ובסופו של דבר, באופן פרדוקסלי, גם לביזויו של האל יוצר בראשית עצמו.[133] המוצא השיטתי מפרדוקס זה[134] הוא רעיון הבריאה יש מאין,

132 כך בירושלמי, אבל במקבילה בבר"ר א:ה (עמ' 3): ''ובוז'' אתמהא מבזה על כבודי אתמהא'. לפי בראשית רבה, הדברים אמורים כנגד המתגאים בדרישתם במעשה בראשית גם במחיר ביזוי הקב"ה, וכוונותיהם הטובות ('סבור שהוא כמגעה') אינן נזכרות. ספק אם שני מקורות אלו מכוונים נגד אותה קבוצה עצמה. ראה עוד בהערה הבאה.

133 בבראשית רבה, בהמשך הדרשה שנזכרה בהערה הקודמת אנו קוראים: 'בנוהג העולם מלך בשר ודם בונה פלטין במקום הביבין והאשפה והסיריות, כל מי שיבוא לומר פלטין זו בנויה במקום הביבין והאשפה והסיריות אינו פוגם? (אתמהא) כך כל מי שהוא בא לומר העולם הזה נברא מתוך תהו ובהו וחושך אינו פוגם? (אתמהא)'. משל זה מופיע בירושלמי באותה סוגיה אולם לא בהקשר זה: 'ר' יודן נשייא שאל לר' שמואל בר נחמן: מהו דין דכתיב "סולו לרוכב בערבות ביה שמו" א"ל: אין לך כל מקום ומקום שאינו ממונה על ביה שלו ... א"ל: ר' אלעזר רבך לא היה דרש כן, אלא למלך שבנה פלטין במקום ביבים, במקום אשפות במקום סריות ... כך מי שהוא אומר בתחילה היה העולם מים במים הרי זה פוגם' (ירושלמי חגיגה פ"ב ה"א, עז ע"ג). אמנם לדברים כפי שהם לפנינו אין כל מובן, ויש לתקנם בעזרת המקבילה בבר"ר יב:י (עמ' 108), שתחילתה שווה, וסופה: 'אמר: ... שאלית לר' אלעזר ולא אמר כך, אלא "כי ביה ה' צור עולמים" בשתי אותיות הללו ברא הקב"ה את עולמו ...', ואף בירושלמי צריך להיות: 'ר' אלעזר רבך לא היה דורש כן אלא <*בשתי אותיות נבראו שתי עולמות העולם הזה והעולם הבא שנאמר "כי ביה ה' צור עולמים"*>' או כיוצא בזה, וקוצר ונשמט משום שהובא קודם בסמוך. (ראה גם: ז"ו רבינוביץ, שערי תורת ארץ ישראל, ירושלים תש"י, עמ' 320). המשל למלך הוא עניין חדש, הנקשר לעניין הדרשה במעשה בראשית, ונראה שאינו קשור במישרין לדרשתו של רב, כמו שנקשר בבראשית רבה (ובוודאי אין לייחסו לר' אליעזר; שלא כאורבך, חז"ל [לעיל, הערה 44], עמ' 173, הערה 54). יתרה מזו: כפי שראינו בהערה הקודמת, אפשר שהירושלמי ובראשית רבה מכוונים לחוגים שונים, וכבר ספק גדול אם אפשר לשחזר את דברי רב כפי שניסה לעשות אורבך (שם, עמ' 173). לאור ניתוח זה אי־אפשר לקשר מבחינה טקסטואלית את החשש 'סבור שהוא כמגאה ואינו אלא כמבזה' (האמור בירושלמי — ולא בבראשית רבה) עם משל זה (המצוי בהקשר זה רק בבראשית רבה). ההקפדה שלא לבזות את החומר הקדמון ניכרת גם אצל פילון. במשלו הוא אומר על האדריכל: 'לאחר שהתבונן במזג האוויר הנאה ובמצבו הנוח של המקום' (על בריאת העולם, 17) ובנמשל: '[האל] לא מנע את טובו מהוויה שחסרה כל יופי כשלעצמה, שהרי כשלעצמה הייתה בלא סדר, בלא איכות, בלא חיות ... אך הייתה מסוגלת לתפנית ולתמורת תכונותיה להיפוכן המעולה: סדר, איכות, חיות, שיווי, אחידות, הרמוניה, התאמה, כל מה ששייך לסוג המשובח ביותר' (שם, 21–22). פילון מקפיד על איזון באפיונו של החומר ומקפיד לומר שאף כי לא היה יופי בחומר הגלם עצמו, גם גנאי לא היה בו. מעניין שבשני המשלים — אצל פילון ובמדרשנו — החומר שממנו נעשה העולם מדומה למקום שבו נבנו לבסוף העיר או הפלטין.
ההנחה שהיה קיים חומר קדמון (ראה דברי בר קפרא, בר"ר א:ה, עמ' 3) חייבה להפחית בחשיבותו לעומת האל היחיד הבורא, ואולם תוצאתו של מהלך כזה מיניה וביה ביזוי העולם החומרי ומכאן גם ביזוי האל הבורא, והשיטות הגנוסטיות יוכיחו; המהלך התאולוגי הדיאלקטי שרב מעיר עליו ('סבור שהוא כמגאה ואינו אלא כמבזה') מתאים לעניין זה, אם כיוון אליו ואם לאו.

134 להבדיל מן המוצא המעשי המוצע בירושלמי ובבראשית רבה שם: הימנעות מדרשה במעשי בראשית.

אשר התפתח ביהדות[135] ובנצרות, שאמנם לא היה נחלת כל החכמים, אולם הוא מרכזו של המדרש שלפנינו.

הן טענת הפילוסופוס בבראשית רבה הן תשובתו של רבן גמליאל לפי המדרש בבראשית רבה מצויות בדיוק נמרץ בכתבי שניים מאבות הכנסייה הקדומים (מאות ב–ג). שני ההוגים הנוצרים טוענים טענה דומה (בריאת יש מאין), גם אם נגד יריבים שונים. ראיית המדרש בתוך ההקשר התרבותי־דתי והמדרשי של התקופה יש בה כדי לעזור לפרשו ולדקדק בו, וודאי יש בה כדי ללמדנו על אופן התהוותם של טיעונים פולמוסיים כלפי חוץ וקשרם לפתרון בעיות פרשניות ותאולוגיות פנימיות, על הקשר ההדוק בין שיטות המחשבה היהודיות לשיטות המחשבה הנוצריות בנות הזמן ועל הקלות שבה יכלו להישאל טיעונים וטיעונים־שכנגד בין הקבוצות השונות: פגנים, גנוסטיקאים, יהודים ונוצרים.

135 בזמן האחרון עסקה דבורה דימנט בהשתקפות התהוותו של רעיון זה בצירוף 'תהו ובהו' בתרגומי תאודוטיון ועקילס ובשקיע תרגום ארמי (ראה: ד' דימנט, 'שקיע תרגום לאור תרגום השבעים', עיוני מקרא ופרשנות, ג [תשנ"ג], עמ' 121–130). תאודוטיון מתרגם צירוף זה: κένον (οὐθὲν) καὶ οὐθέν, ועקילס מתרגמו: κένωμα καὶ οὐθέν. לדעת דימנט, 'האווירה משתנה רק לאחר חורבן הבית ... המתרגמים עקילא, סומכוס ותאודוטיון בני אותה תקופה הם, ועל כן נראים תרגומיהם לפסוקנו כשייכים לאותה אווירה [= רעיון הבריאה יש מאין. — מ"ק]. יש להניח אפוא ששלושתם רואים צורך לשנות לחלוטין את ת[רגום ה]ש[בעים] הישן לפסוקנו משום רצונם להדגיש את הבריאה כמחודשת ממש, ולא כנעשית מחומר קדמון' (שם, עמ' 129). אולם יש להעיר כי התרגום οὐθέν לצירוף 'תהו ובהו' מצוי גם בתרגום השבעים ליר' ד:כג ('ראיתי את הארץ והנה תהו ובהו' ἐπέβλαψα ἐπὶ τὴν γῆν καὶ ἰδοὺ οὐθέν). המילה οὐθέν מתרגמת במקומות אחרים ובהקשרים אחרים גם את המילה העברית 'תהו', ואולם כאן עומד כנגדה בנוסח המסורה הצירוף 'תהו ובהו' (ולא נראה לי שיש להניח שהמתרגם גרס כאן 'תהו' בלבד שלא כנוסח המסורה). מאחר שהמילה οὐθέν אינה הולמת את ההקשר בירמיהו, נראה לי לשער שכבר מתרגם ספר ירמיהו בתרגום השבעים הבין את בר' א:ב באותו האופן שמצאנו בתרגומו של תאודוטיון, ופירוש (או תרגום) זה בבראשית השפיע על תרגומו לירמיהו. ואם כן, יש להקדים במידה ניכרת את המסורת התרגומית לתרגום 'תהו ובהו' בבר' א:ב המתועדת בתרגום תאודוטיון לפסוק זה. במשמעותו של ממצא זה לעניין הבריאה יש מאין ובפירושים שניתנו בספרות היהודית הקדומה ל'תהו ובהו' (בר' א:ב) יש לדון בנפרד.

רשימת המהדורות והקיצורים הביבליוגרפיים

אבות דר' נתן נו"א ונו"ב, מהדורת ש"ז שכטר, וינה תרמ"ז.

בר"ר = מדרש בראשית רבה, מהדורת י' תאודור וח' אלבק, ירושלים ת"ש.

דב"ר ליברמן = מדרש דברים רבה, מהדורת ש' ליברמן, ירושלים תשל"ד.

ויק"ר = מדרש ויקרא רבה, מהדורת מ' מרגליות, ירושלים תשי"ג–תש"ך.

מדרש הגדול לדברים, מהדורת ש' פיש, ירושלים תשל"ה.

מדרש פנים אחרים לאסתר, נוסח ב, בתוך: ספרי דאגדתא על מגילת אסתר, מהדורת ש' בובר, וילנה תרמ"ז.

מדרש שמואל, מהדורת ש' בובר, קראקוב תרנ"ג.

מכילתא דר"י = מכילתא דרבי ישמעאל, מהדורת ח"ש הורוביץ וי"א רבין, ירושלים תש"ך.

מכילתא דרשב"י = מכילתא דר' שמעון בן יוחאי, מהדורת י"נ אפשטיין וע"צ מלמד, ירושלים תשט"ו.

סדר אליהו רבה = סדר אליהו רבה וסדר אליהו זוטא (תנא דבי אליהו), מהדורת מ' איש שלום, וינה תרס"ד.

ספרא, מהדורת א"ה ווייס, וינה תרכ"ב.

ספרי במדבר, מהדורת ח"ש הורוביץ, לייפציג תרע"ג.

ספרי דברים, מהדורת א"א פינקלשטיין, ברלין ת"ש.

פסיקתא דרב כהנא, מהדורת ד' מנדלבוים, ניו־יורק תשכ"ב.

פרקי דר' אליעזר = פרקי דרבי אליעזר עם ביאור ר' דוד לוריא, ורשה תרי"ב.

שיר השירים זוטא = מדרש זוטא על שיר השירים, רות, איכה וקהלת, מהדורת ש' בובר, ברלין תרנ"ד.

שמ"ר = מדרש שמות רבה, מהדורת א' שנאן, ירושלים–תל־אביב תשמ"ד.

תנא דבי אליהו ראה סדר אליהו רבה

תנחומא בובר = מדרש תנחומא, מהדורת ש' בובר, וילנה תרמ"ה.

פילון, על בריאת העולם = כתבי פילון האלכסנדרוני, בעריכת סוזן דניאל־נטף, ב, ירושלים תשנ"א.

ANF = *Ante-Nicene Fathers*
CBQ = *Catholic Biblical Quarterly*
CCSL = *Corpus Christianorum Series Latina*
CSCO = *Corpus Scriptorum Christianorum Orientalium*
DJD = *Discoveries in the Judaean Desert*
GCS = *Griechische Christlische Schriftsteller*
HR = *History of Religions*
HUCA = *Hebrew Union College Annual*
JJS = *Journal of Jewish Studies*
JNES = *Journal of Near Eastern Studies*
JQR = *Jewish Quarterly Review*
JSAI = *Jerusalem Studies in Arabic and Islam*
JSJ = *Journal for the Study of Judaism*
JTS = *Journal of Theological Studies*
NHS = *Nag Hammadi Studies*
NT = *Novum Testamentum*
PG = *Patrologia Graeca*
PO = *Patrologia Orientalis*
RB = *Revue Biblique*
REJ = *Revue des Etudes Juives*
RQ = *Revue de Qumran*
SC = *Sources Chrétiennes*
Sc. Syr. = *Scriptores Syri*
VC = *Vigiliae Christianae*
VT = *Vetus Testamentum*

גילוי מחודש של נוסח מקרא ומדרש

מאת

ורד נעם

[א]

בשולי אדרתה של ספרות חז״ל מסתופפים כמה וכמה חיבורים עמומים שזמנם ומוצאם אפופי ערפל. שאלת מהימנותם איננה עומדת לעצמה. היא נושאת השלכות לא רק על התכנים המייחדים את החיבור הנידון כי אם גם על טיבן של חטיבות ספרותיות עתיקות וידועות שנלקטו אל תוכו. קטעי מקרא וספרות תנאית ששובצו במסגרת מאוחרת עשויים להשתקף מתוכה בפנים אחרות. מידת האותנטיות של הווריאציות החדשות האלה נגזרת מן המהימנות המיוחסת לחיבור המצטט. מצד אחר, במקום שניכר ערכה של מרגלית טקסטואלית נדירה הריהי חוזרת ומעידה על ייחוסה של המסגרת המקיפה אותה. להלן יידונו שתי דוגמאות ליחס הדדי מסוג זה בין ׳תפוחי זהב׳ ל׳משכיות כסף׳ — בין נוסחים אבודים של מקרא ומדרש לבין החיבור אפוף התעלומה המשמר אותם.

ה׳סכוליון׳, הפירוש העברי הנספח אל מגילת תענית,[1] מבאר את טיבם וזמנם של המאורעות הנמנים במגילה. אגב כך הוא סומך אל המועדים סיפורים היסטוריים, דרשות ואגדות, מהם מוכרים מתוך מקבילות בספרות חז״ל ומהם יחידאיים, נטולי מקבילה.

למן ראשית ימיה של חכמת ישראל ועד ימינו חלוקים החוקרים באשר לטיבו של סכוליון זה. היו שראו בו קובץ ברייתות עתיקות ומהימנות, אוצר רסיסים קדמוניים של ספרות חז״ל שלא נשתמרו במקום אחר ומקור רב־ערך למידע היסטורי. אחרים ביטלו את ערכו וסברו שאינו אלא אוסף מימי־הביניים ובו מובאות מספרות חז״ל בתוספת ניסוחים מפוקפקים שנבדו מן הלב. מתוך מחקרי בפרשה זו נתברר לי כי באמת אין ה׳סכוליון׳ המונח לפנינו בדפוסים חיבור אחד כי אם תרכובת של שני חיבורים נבדלים, שתי מהדורות סכוליון:

1 המהדורה המקובלת עד כה למגילה ולביאורה היא מהדורת ליכטנשטיין. על סגולותיה ועל ליקויה ראה ׳לנוסחיו׳, עמ׳ 59–60 ועמ׳ 92, הערה 155, וראה עתה המהדורה הנספחת אל ׳מגילת תענית והסכוליון׳ (לרשימת הקיצורים הביבליוגרפיים ראה להלן, עמ׳ 78). במהדורת ליכטנשטיין (עמ׳ 308–314) מובאת רשימה ביבליוגרפית מקיפה בנושא מגילת תענית עד ראשית שנות השלושים של המאה העשרים. בשבעת העשורים שחלפו מאז נדפסו בכמה אכסניות רשימות ביבליוגרפיות חלקיות. סקירה מעודכנת ראה: ׳מגילת תענית והסכוליון׳, הפרק ׳תולדות המחקר של מגילת תענית׳, עמ׳ 4 ואילך.

׳סכוליון **א**׳ ו׳סכוליון **פ**׳, השונים זה מזה בתוכן, במבנה ובסגנון.[2] ואילו רבים מן השיבושים, הצרימות והעיבודים המאוחרים בסכוליון הם פרי הכלאה תניינית בין שתי המהדורות, אשר דווקא היא שנשתלשלה אל הדפוסים. מחקרי העלה שאף בכל אחת מן שתי מהדורות המקור הללו דרים בכפיפה אחת יסודות קדמוניים אותנטיים עם ניסוחי סרק נטולי ערך. מטבע הדברים צריך דווקא הסוג הראשון — החומר היחידאי, הקדום והנדיר — לראיה. לקמן יידונו שני קטעי סכולין קצרים, אחד מכל מהדורה. באלה יש, לטעמי, משום ראיה לערכם ולקדמותם של המקורות שעמדו לפני שני העורכים. ולא על הסכולין בלבד ללמד יצאו: באחד נשתמר נוסח מקרא שאבד מאתנו, באחר שרד קטע של מדרש הלכה לא מוכר.

[ב]

התאריך הראשון שהמגילה מונה בחודש כסלו הוא שלושה בו: ׳בתלתא בכסלו עדו סמותא מן דרתא׳.[3] ׳דרתא׳ היא, ככל הנראה, העזרה שבמקדש, כפי שנתפרש גם בסכוליון, אלא שלא נתברר מהם ׳סמותא׳ אשר סרו מתוכה, ולפיכך גם אין בידנו רמז לפרשה ההיסטורית הנזכרת כאן. עוד מימיהם של הרצפלד[4] ופראנקל[5] קשרו רוב החוקרים[6] את המילה ׳סמותא׳ אל המילה היוונית σημαῖαι, הכינוי המקובל לנִסֵי הצבא הרומי — signa, אשר נשאו עליהם את איקונות הקיסר.[7] בתרגום יונתן לחבקוק א:טז (׳על כן יזבח לחרמו ויקטר למכמרתו׳) נאמר: ׳על כן מדבח לזיניה ומסיק בוסמין לסמויתיה׳. בתרגום זה משוקעת דרשה פוליטית המלעיגה על רומי ועל פולחן ה׳סיגנה׳ המקובל בצבאותיה. כבר קשרו כמה מלומדים[8] ובהם אורבך[9] דרשה זו עם דבריו של בעל פשר חבקוק, הדורש כתובים אלו בכלל ופסוק זה בפרט כנגד

2 ראה: ׳לנוסחיו׳, עמ׳ 64 ואילך; ׳מגילת תענית והסכוליון׳, עמ׳ 17 ואילך.

3 כך על־פי כ״י אוקספורד. ובכ״י פרמה: ׳אתנטלו סמואתא׳ תחת ׳עדו סמותא׳.

4 הרצפלד, עמ׳ 260 בהערה.

5 פראנקל, עמ׳ 444, הערה 9.

6 גרץ, עמ׳ 563–564; קאסל, עמ׳ 108; המבורגר, עמ׳ 106; דלמן, עמ׳ 33; שוואב, עמ׳ 213–215; צייטלין, עמ׳ 259–260; כהנא, עמ׳ 6; ליכטנשטיין, עמ׳ 299–300; המפל, עמ׳ 166–168. יצאו מכלל זה דרנבורג (היסטוריה, עמ׳ 60; משא, עמ׳ 26–27, הערה 1) ומילר (עמ׳ 141), שנתלו בהגהה נטולת יסוד (דרנבורג) ובטעות סופר פשוטה באחד מעדיו של נוסח הכלאיים (מילר) כדי לבקש למילה אטימולוגיה חדשה, שמשמעה פסל או מזבח לעבודה זרה.

7 לספרות על טיבם, סוגיהם ופולחנם של הנסים הללו ראה: קריילינג (להלן, הערה 23), עמ׳ 269, הערה 13; פלדמן בפירושו לקדמוניות יח ג א (*Jewish Antiquities*, XVIII, ed. L.H. Feldman [=*Josephus*, IX], London: Loeb Classical Library 1965, pp. 42–45, notes f, h) והספרות שהביא; שוורץ (להלן, הערה 19), עמ׳ 225 והערה 26.

8 ראה: י׳ בער, ׳פשר חבקוק ותקופתו׳, ציון, לד (תשכ״ט), עמ׳ 10, והספרות שהביא בהערה 21, ומה שחלק הוא עצמו על השערה זו. אבל ראה בהערה הבאה.

9 ראה: אורבך, ׳בער׳, עמ׳ 75. תודתי נתונה לפרופ׳ דניאל שוורץ על מראה המקום.

רומי: 'אשר המה זובחים לאותותם וכלי מלחמותם המה מוראם'.[10] כך נזכרות בפי יוסף בן מתתיהו 'προτομὰς καίσαρος, αἳ ταῖς σημαίαις προςῆσαν' ('הפרוטומות של הקיסר שהיו צמודות לדגלים').[11] בעקבות המקבילה במלחמת היהודים, שם נאמר שהאיקונות כשהן לעצמן נקראו אף הן σημαῖαι,[12] הרחיבו רוב החוקרים את משמעות המילה מן ה־signa הרומיים, נושאי דמות הקיסר, אל פסלים וצלמים בכלל, וזיהו את המאורע הנזכר במגילה עם הטיהור החשמונאי של חצר המקדש ('דרתא') מפסלים או ממבני פולחן[13] זמן־מה קודם לחנוכת המקדש בכ"ה בכסלו.[14] מהם[15] קשרו את 'סימואתא' שהוצאו מן העזרה עם 'λίθους τοῦ μιασμοῦ' — 'אבני השקץ' — שהוציאו החשמונאים מן המקדש והשליכו במקום טמא.[16] אחרים התקשו לקבל את הצמדת ההגדרה σημαῖαι — סימנים, ובהשאלה: דגלי צבא — אל פסלים בכלל, ועוד יותר מזה — אל אבנים טמאות,[17] וקשרו את 'סמואתא' שבמגילה אל אותם נסי צבא מעוטרי איקונות הקיסר אשר בהם דיבר יוספוס, הלוא הם צלמי הקיסר טיבריוס שביקש פונטיוס פילאטוס להעמיד בירושלים וסילקם מפני מחאתם של היהודים. כבר פראנקל,[18] במחצית המאה הקודמת, קשר את המועד בביטולה של גזרה זו,[19] אף שעל־פי

10 עוד על 'סימוותא', 'סימוון', בתרגומי המקרא הארמיים למילה 'נס' ראה קרויס, עמ' 383; ראה גם תרגום השבעים ליש' ל:יז, וראה עוד מה שהבאנו בשם אוריגנס, להלן.

11 קדמוניות יח ג א (לעיל, הערה 7), עמ' 42, וראה חילופי־נוסח למילה σημαίαις והערה f של המהדיר, שם.

12 'τὰς καίσαρος εἰκόνας ἃι σημαῖαι καλοῦνται' (*The Jewish War*, II, ed. H.St.J. Thackeray [=*Josephus*, II], London: Loeb Classical Library 1976, p. 388).

13 דרנבורג (לעיל, הערה 6) ובראן (עמ' 454) שיערו קיומם של מבני פולחן ולא פסלים, אנוסים על־פי הגהה של דרנבורג במגילה ('בימואות' במקום 'סימואות' — 'סמואתא'; ראה לעיל, הערה 6) והקישור עם 'אבני השקץ' של ספר חשמונאים, ראה להלן.

14 כך הרצפלד, גרץ, דרנבורג (היסטוריה, עמ' 60; משא, עמ' 26–27, הערה 1). בראן, מילר, קאסל, המבורגר, המפל. ראה גם את השערותיו המפליגות של לוריא (עמ' 157–170).

15 גרץ, דרנבורג (היסטוריה), בראן, קאסל והמבורגר.

16 חשמונאים א ד:מג. גרץ קשר את 'אבני השקץ' הללו גם עם 'האבנים הטובות' של הביאור לכ"ג במרחשוון ('מגילת תענית והסכוליון', עמ' 242–243), שהגיה אותן ל'אבנים טמאות', וסבר שהביאור המונח לפנינו על המועד ההוא שייך מיסודו לכאן, ג' בכסלו. ראה מה שכתבנו ('מגילת תענית והסכוליון', שם) על הצעת ההגהה שלו בביאור ההוא ודחייתה מכוח גרסתו המקורית של סכוליון פ, וראה מה שכתב כנגדו דרנבורג (לעיל, הערה 14).

17 ליכטנשטיין, עמ' 299–300.

18 פראנקל, עמ' 444, הערה 9.

19 המתואר בפי יוסף בן מתתיהו ב'קדמוניות היהודים' וב'מלחמת היהודים', לעיל, הערות 11–12. מקבילה לכאורה למעשה זה מתוארת אצל פילון, המשלחת לגאיוס, סעיפים 299–305, עמ' 134–137. על־פי גרסת פילון, אין מדובר בנסים כי אם במגנים. ההיסטוריונים נחלקו בשאלת היחס בין שני המקורות — יוספוס ופילון. סקירה מקיפה ראה: ד' שוורץ, 'יוסף בן מתתיהו ופילון האלכסנדרוני', בתוך: יוסף בן מתתיהו היסטוריון של ארץ ישראל, ירושלים תשמ"ג, עמ' 117–236.

יוספוס לא הוצבו נסיו של טיבריוס בעזרה — 'דרתא' — כלשון המגילה, כי אם בירושלים סתם.[20] בהקשר זה יש להזכיר את הערתו המעניינת של אוריגנס בפירושו לביטוי 'שקוץ משומם' (Βδέλυγμα τῆς ἐρημώσεως) במתי כד:טו. על־פי אוריגנס כינו היהודים בשם זה את ה־σημαῖαι 'אשר הוכנסו על־ידי פילאטוס למקדש'.[21] קשה לדעת מניין שאב אוריגנס ידיעה זו, אבל אפשר שהמסורת בדבר הכנסת הנסים אל המקדש מסייעת במשהו להצעה לזהות את המעשה בנסי טיבריוס עם עדות המגילה.

בהשערתו של פראנקל החזיקו דלמן, צייטלין, כהנא וליכטנשטיין.[22] נטה לדעה זו גם קריילינג[23] במחקרו בפרשה היסטורית זו, ואף אורבך[24] ולא מכבר שוורץ[25] — קיבלוה. ייבין[26] הפליג את המועד אל ימי מרד בר כוכבא.

שני הסכוליה למועד זה נעדרים בעליל מסורת פירוש כלשהי, ואינם אלא חוזרים על לשון המגילה:

סכוליון פ	סכוליון א
מפני שבנו שם גוים סמואתא	בימי מלכות יון עשו סמותא בעזרה וכשגברה בית חשמונאי הוציאום וכן הוא אומר
יום שנטלוהו עשאוהו יום טוב	ואת מסד השבת אשר בנו בבית

בסכוליון **א** נוספו על תוכן המועד במגילה גם הייחוס ההיסטורי המתבקש לימי 'מלכות יון' והפרשנות דרתא–עזרה, אבל אין בכך כדי להחשידו באינפורמציה קונקרטית כלשהי. ואף־על־פי־כן מַקרה כאן סכוליון **א** לידנו מציאה מיוחדת במינה. בעל סכוליון זה ביקש, כדרכו, להביא לאירוע המאוחר שבמגילה מעין 'זכר לדבר' מקראי, כפי שעשה גם במועדים אחרים.[27] כאן הוא טופֵל אל 'סמואתא' שהיו בעזרה פרשה מימי אחז: 'וכן

20 ראה דיונו של פלדמן (לעיל, הערה 7), הערה h. משום כך הגיה פראנקל (עמ' 444, הערה 9) מן 'דרתא' ל'קרתא' (היינו, ירושלים בכלל) בגוף המגילה.

21 'εις το ἱερόν' (Origines, XII_1, ed. E. Benz & E. Klosterman [=*GCS*, 41_1], Leipzig 1941, p. 194). מראה מקום זה קיבלתי משמו של ד"ר הלל ניומן, מפי פרופ' מנחם קיסטר, ותודתי נתונה לשניהם.

22 למראי מקום לכל דעות החוקרים הנזכרות ראה לעיל, הערה 6.

23 C. H. Kraeling, 'The Episode of the Roman Standards at Jerusalem', *HTR*, 35 (1942), pp. 263–289

24 אורבך, 'בער', עמ' 75.

25 שוורץ (לעיל, הערה 19, עמ' 228) אפילו מצא בפרשנות הזאת ראיה לטענתו בדבר עדיפותה של גרסת יוספוס על גרסת פילון לַמעשה (ראה לעיל, הערה 19). תגובה לטענתו הכללית ראה: פילון, המשלחת לגאיוס (כשר), עמ' 150, תוספת להערה 439.

26 ייבין, עמ' 150–151.

27 אל מעשה כיבוש החקרה החשמונאי של כ"ג באייר סמך את לכידת מצודת ציון בידי דוד המלך; אל 'גזירת קרן שור' של 'מלכות יון' בכ"ז באייר סמך את העדות המקראית על גזורות הפלישתים ('וחרש לא ימצא...'), שאף הן מנעו את ישראל מלחרוש.

הוא אומר ואת מסד השבת אשר בנו בבית׳. ציטָט זה אינו אלא הפסוק במלכים ב טז:יח: ׳ואת מיסך [קרי: מוסך] השבת אשר בנו בבית ואת מבוא המלך החיצונה הסב בית ה׳ מפני מלך אשור׳. מן ההקשר המקראי משתמע שמדובר בכתוב זה בסילוקם של כלים מן המקדש בידי המלך אחז מאימת המלך האשורי או במצוותו (ראה גם דה״ב כח:כא, כד).[28] המפרשים המסורתיים תמהו על ׳מוסך׳ זה, שאין לו רע במקרא, ועל ׳השבת׳ הסומכת אותו, ורובם פירשוהו מן השורש סכ״ך: ׳גג אהל עשוי לצל לשבת תחתיו בעזרה ביום השבת׳ (רש״י) ׳ועניינו בניין שעשו לאנשי המשמר לחסות תחתיו׳ (רד״ק) וכיוצא בזה.[29] בתרגום יונתן תורגם ׳מוסך השבת׳: ׳וית טיקוס שבתא׳ ובשם ׳קצת ספרים׳ שהביא רד״ק: ׳ית טקס מדבחא דשבתא׳[30] והספקות במשמעו של ׳טיקוס׳ בהקשר זה[31] אינם תורמים להבנת הפסוק עצמו. בפשיטתא תורגם: ׳ובית שבתא׳.[32]

אולם בסכוליון **א** ׳מסד׳ ולא ׳מוסך׳. ולכאורה אין כאן אלא טעות גרפית פשוטה. לבד מזה קשה להבין מה קשר מצא בעל הסכוליון בין החבאת מבנה תמים וכשר מפני המלך האשורי ובין פעולה מטהרת שסילקה מן העזרה סמלים של מלכות זרה או פולחן זר, כמתואר במועדנו.

והנה זכר לפסוק זה במלכים מצאנו אף בדרשה אחת בירושלמי, ואף במקור זה מתעוררת תמיהה על הפסוק, הן מצד נוסחו הן מצד הקשרו. אגב משנת סנהדרין בפרק חלק, המונה מלכים והדיוטות שאין להם חלק לעולם הבא, מקשה הירושלמי (סנהדרין פ״י ה״ב, כח ע״ב) ׳וכי מה עשה אחז׳ (שאין לו חלק לעולם הבא[33]) ומשיב: ׳על ידי שבנה כסא בעזרה׳. לראיה מובא פסוק: ׳הדא היא דכתיב: ״ואת אולם הכסא אשר בנו בבית״׳, דא עקא שפסוק זה איננו מצוי במקרא כלל! וכבר נתלבטו בו קרבן העדה[34] ופני

28 טיבה ומניעיה של פעולת אחז, כמו טיבם המדויק של ה׳מוסך׳ ו׳מבוא המלך׳, ניתנים להתפרש בכמה פנים. לסיכום הדעות בפרשה זו ראה: M.J. Mulder, 'Was war die am Tempel gebaute "Sabathalle" in II Kon. 16, 18?', *AOAT*, 211 (1982), pp. 161–172 לסיכום נוסחאות ופירושים ראה גם: J.A. Montgomery & H.S. Gehman, *The Book of Kings, The International Critical Commentary*, Edinburgh 1960², pp. 462, 464; J. Gray, *II Kings, The Old Testament Library*, London 1970², p. 635, n. a; p. 638; M. Cogan & H. Tadmor, *II Kings, The Anchor Bible*, Garden City, NY, 1988, pp. 189–190

29 עוד פירושים נסקרו במילון בן־יהודה, ו, עמ׳ 2976, הערה 2. וראה ההערה הקודמת.

30 כתבי הקדש בארמית על יסוד כתבי־יד וספרים עתיקים, מהדורת א׳ שפרבר, ב: תרגום יונתן לנביאים ראשונים, ליידן 1959, עמ׳ 308.

31 ראה לבטיו של בן־יהודה בעניין זה (לעיל, הערה 29).

32 H. Gottlieb & E. Hammershaimb, *The Old Testament in Syriac*, Leiden 1976, p. 130 על תרגומים אחרים ראה להלן ובהערות.

33 יש להעיר כי במשנה (שם) ל א נמנה אחז עם המלכים שאין להם חלק לעולם הבא. עפרה מאיר (ראה להלן, הערה 35) סברה שקושיית הירושלמי בעניין אחז תלויה בדרשת בר קפרא (סנהדרין פ״י ה״א, כז ע״ד). לא מכבר העלה ד״ר לייב מוסקוביץ את ההשערה המעניינת שמקור הדרשה על אחז באחת ׳הברייתות החסרות׳ בירושלמי. ראה: ל׳ מוסקוביץ, ׳עוד על ״הברייתות החסרות״ בירושלמי׳, דברי האקדמיה האמריקאית למדעי היהדות, סא (תשנ״ו), עמ׳ 5–6. תודתי נתונה לד״ר מוסקוביץ שזיכני במאמרו.

34 ד״ה ׳ואת מוסך השבת׳, אשר אכן זיהה בו את פסוקנו, מל״ב טז:יח.

משה[35] שם. וכגרסת הדפוס כן גרסת כ״י ליידן בפסוק זה. אולם כבר העיר גייגר[36] על נוסח הירושלמי של בעל יפה מראה כאן[37] הגורס את הפסוק כלשונו, והוא הוא פסוקנו: ׳ואת מוסך השבת אשר בנו בבית׳.[38] אלא שלא נתברר מה עניינו של כיסא לכאן, ומסתבר שנתקשה בכך גם הסופר האלמוני של הירושלמי, אשר שרבב את ׳אולם הכסא׳ ממקום אחר[39] אל תוך פסוקנו לצורך דרשת ׳כיסא׳ שבתלמוד הירושלמי.

פתרונן של שתי הקושיות — קושיית הסכוליון וקושיית הירושלמי — אחד, והוא מבצבץ מתוך תרגום השבעים, הגורס כאן: 'καὶ τὸν θεμέλιον τῆς καθέδρας',[40] היינו ׳ואת יסוד הכיסא׳. כלומר, לא ׳מוסך השַׁבָּת׳ היה לפני המתרגם כי אם ׳מסד השֶׁבֶת׳, היינו כיסא. והוא הוא הנוסח אשר עמד לפני אבי הדרשה שבירושלמי,[41] כפי שכבר העיר גייגר.[42] דרשן זה פירש את המקראות בכיסא מלכות שהכניס אחז לעזרה שלא כהלכה, ופינהו מפני מלך אשור. אולם בין נוסחי המקרא העבריים לא מצאנו עד כה כל עדות למקור העברי שעקבותיו הוטבעו במדרש שבירושלמי ובתרגום השבעים. והנה פגישה ראשונה עם נוסח זה: ׳מסד׳ במקורו מִזמן סכוליון **א**. מסתבר שאף בעל סכוליון זה פירש את הפסוק שלא כנוסח המסורה, וסמך את סילוקו של הכיסא אשר הוכנס למקדש שלא כדין אל סילוקן של ׳סמואתא׳ שבמגילת תענית, שאף הן הוכנסו שלא כדין לעזרה בימי בית שני.[43]

35 ד״ה ׳ואת אולם הכסא׳. במדרש זה עסקה עפרה מאיר (׳מעשה העריכה בבראשית רבה ובויקרא רבה׳, תעודה, יא [תשנ״ו], עמ׳ 64, הערה 8), ואף היא תמהה על מקורו של הפסוק ועל טיב הראיה ממנו.

36 גייגר, עמ׳ 159.

37 ר׳ שמואל יפה אשכנזי, ספר יפה מראה, ברלין תפ״ה-תפ״ו (ונדפס במהדורת צילום, ירושלים תשד״ם), קצג ע״א.

38 וראה שם דיחוקיו של בעל ׳אגדת אליהו׳ בפירוש האסמכתה על-פי נוסח המסורה.

39 ראה מל״א ז:ז.

40 אחת הגרסאות של Vetus Latina גורסת כאן, בעקבות θεμέλιον היוונית, in fundamentum. אחרת העדיפה את נוסח המסורה: mesech Sabbathorum. בכמה מעדי השבעים באים כאחד נוסח השבעים ונוסח המסורה, ונוסף בהם על Τῆς καθέδρας גם των σαββατων. ראה: A. Brooke, N. McLean & J. Thackeray, *The Old Testament in Greek*, II_1, Cambridge 1930, p. 355. הוולגטה משקפת את נוסח המסורה: musach sabbati. לסקירה מפורטת של תרגומים עתיקים ומודרניים ראה מולדר (לעיל, הערה 28) ושאר הספרות המצוינת שם בהערה 27.

41 בעצם התופעה של מקראות שהובאו או נדרשו שלא על-פי נוסח המסורה בספרות חז״ל כבר עסקו רבים, ובראשם אפטוביצר (V. Aptowitzer, *Das Schriftwort in der rabbinischen Literatur*, I–IV, Wien 1906–1915). כמה מן המחקרים מונה ע׳ טוב (ביקורת נוסח המקרא, ירושלים תש״ן, עמ׳ 26, הערה 10). וכן ראה: ד׳ רוזנטל, ׳על דרך טיפולם של חז״ל בחילופי נוסח במקרא׳, בתוך ספר זליגמן, ירושלים תשמ״ג, עמ׳ 395–417; וכן כהנא, ׳נוסח המקרא׳ (להלן, הערה 44).

42 גייגר, עמ׳ 159.

43 ייתכן שהקשר בין הפסוק ובין מועד המגילה קרוב יותר מן הדמיון הכללי בסיטואציה, ויש לעיין אם המילה ׳סמואתא׳ הייתה עשויה להתפרש לבעל הסכוליון פירוש (נכון או מוטעה) שיש לו זיקה כלשהי ל׳מסד׳ או ל׳כיסא׳.

חשיבותו של ממצא זה אינה מתמצה רק בפגישה ראשונה עם נוסח המקרא שעד כה הוכר רק מכלי שני אלא גם בהכרת טיבו של החיבור המוסר אותו ובהערכת צלילותה של הזגוגית העבה — כ״י אוקספורד המאוחר — אשר מבעד לה נשקף אלינו חיבור זה.[44] מסתבר שבסכוליון **א** העמום והמנומר, ודווקא בתוך יחידת ביאור מפוקפקת למדיי, נשתמרה מסורת נוסח ופירוש קדמונית של כתוב אחד במלכים. ועוד עולה מכאן שהעד היחיד אשר קם בסכוליון זה, כ״י אוקספורד המאוחר, המשובש והמקוטע, עשוי לשמר בטהרתה פיסת נוסח נדירה.

[ג]

הדוגמה השנייה לקוחה מסכוליון **פ**, ודווקא מקטע גניזה קטנטן אשר שרד בידנו כמעט יחידי לביאור זה.[45] זאת לשון המועד הראשון במגילה: ׳מן רש ירחא דניסן עד תמניא ביה איתוקם תמידא דלא למספד׳.[46]

הקמת התמיד הנרמזת בגוף המגילה מתפרשת בשתי מהדורות הסכוליון בניצחונם של הפרושים על הצדוקים/ביתוסים במחלוקת על דינו של קרבן התמיד. לשיטת הפרושים, אינו קרב אלא משקלי הציבור. לשיטת מתנגדיהם, הוא בא גם משל היחיד. החוקרים נחלקו אם לקבל את ביאורו של הסכוליון או לדחותו. רוב אוחזיו של פירוש הסכוליון הלכו בעקבות גרץ[47] ותיארכו את ניצחון הפרושים ובעקבותיו את תקנת המועד (ומקצתם — אף את תקנת השקלים גופה) לימי שלטונה של שלומציון המלכה, כשניתנה הבכורה לחכמי הפרושים.[48] דוחי הפרשנות הכיתתית הציעו למועד נימוקים אחרים,

44 על השתמרות נוסחי מקרא השונים מנוסח המסורה כאמת מידה להערכת טיבם של כתבי־יד של ספרות חז״ל ראה: מ׳ כהנא, ׳נוסח המקרא המשתקף בכתב יד רומי 32 לספרי במדבר ודברים׳, מחקרי תלמוד, א, ירושלים תש״ן, עמ׳ 1–10.

45 במועד הנידון, א׳–ח׳ בניסן, חלה השמטה בכ״י פרמה, והביאור על המועד נעדר ממנו. אולם בידנו קטע גניזה (TS–AS 88/227; מספרו במכון לתצלומי כתבי־יד 34321) למועד ולביאורו, והביאור הנמסר בו שונה ורחוק מזה של סכוליון **א** שבכ״י אוקספורד. נוסח הכלאיים מכיל יחידות משל סכוליון **א**, השפעות של המקבילה התלמודית וגם דרשות תנאיות יחידאיות ומקוריות (ראה להלן). חומר מקורי זה דומה דמיון בולט לתוכנו של קטע הגניזה הנזכר. מכלל שהיסודות הללו בתוך נוסח הכלאיים נובעים מסכוליון **פ**, שלא נשתמר בידנו בכ״י פרמה, אבל שרד בחלקו בקטע הגניזה. בהמשך נתייחס אל קטע הגניזה ואל היסודות האמורים בנוסח הכלאיים כאל מייצגיו של סכוליון **פ**.

46 כך על־פי גרסת כ״י פרמה, שהמועד גופו אינו נעדר ממנו. בעדיה האחרים של המגילה גופה, וקטע הגניזה בכללם, יש שינויים קלים. אולם בשני התלמודים המועד מצוטט בחילופי גרסה גדולים יותר. ראה במהדורה הנספחת אל ׳מגילת תענית והסכוליון׳, עמ׳ 2.

47 גרץ, עמ׳ 568–569.

48 יצאו מכלל זה שווארץ (׳הלשכה׳, עמ׳ 233) ולוריא (עמ׳ 87–95), שקיבלו את טענת הסכוליון בדבר הניצחון הפרושי שביסוד המועד, אבל הקדימו ניצחון זה לתקופת

ורובם תלו אותו בשמונת הימים של הקמת המשכן במדבר.[49] שיטת ביניים מיוחדת בנידון זה נקט אורבך[50] בקבלו את עדות הסכוליון בחלקה בלבד. במועד ראה זכר לתקנת השקלים אך לא זכר לניצחון כיתתי, ואת תקנת השקלים גופה הקדים לימיו של יוחנן כהן גדול.

בין שהוויכוח הכיתתי עומד ביסודו של מועדנו ובין אם לאו, עולים הדיה של המחלוקת עצמה ממקורות פנים וחוץ כאחד: מספרות חז״ל,[51] מן הספרות הכיתתית[52] ומן הברית החדשה.[53] מעשה הוויכוח עם הכת היריבה וניצחונם של החכמים, כפי שהוא מתואר בסכוליון, נמסר גם בסוגיית הגמרא במנחות (סח ע״א) בצד לשון המועד גופו. במהלך ההתנצחות, על־פי שני הסכוליה והתלמוד, הפרושים מוכיחים את טענתם שדין התמיד לבוא משל הציבור מתוך הפסוק העוסק בקרבן התמיד (במד׳ כח:ב): ׳תשמרו להקריב לי במועדו — שיהו כולם באים מתרומת הלשכה׳.

אולם בסכוליון **פ** משולב בטענת החכמים מדרש הלכה על הפסוק כולו מתחילתו ולא רק ראיה קצרה מן המילה ׳תשמרו׳ בלבד כבתלמוד ובסכוליון **א**. מדרש זה, הדורש את מילות הפסוק על־פי סדר, מצוי גם בספרי במדבר (פיסקא קמב, עמ׳ 188) ובנוסח שונה וקצר יותר — בספרי זוטא (פיסקא שכב, עמ׳ 322) על כתוב זה בס׳ במדבר.

סכוליון פ[54]	ספרי במדבר (עמ׳ 188)	ספרי זוטא (עמ׳ 322)
		צו את בני ישראל משל צבור התמידין באין אינן באין לא משל יחידים...
לפי שאין קרבן צבור בא אלא משל כל ישראל שנ׳ צו את בני ישראל ואמרת אליהם		

החשמונאים הראשונים. שווארץ שיער שאירע פעם אחת שלא הגיעו השקלים בזמן למקדש והחשמונאים סיכלו את עצת מתנגדיהם להנהיג בהזדמנות זו הלכה צדוקית. לוריא סבר שהמועד מנציח את הסדרת סדרי המקדש בידי החשמונאים אחרי ניצחונותיהם, כדי להוציא מלבם של ׳הכהנים הביתוסים׳ שקדמום. וראה את תגובתו של ליכטנשטיין (עמ׳ 290–292) להצעתו של שווארץ. גם הלוי (דורות ראשונים, חלק א, כרך ג, עמ׳ 450) סמך על הסכוליון ופירש בו פרשנות משלו. וראה מה שהשיב על כך אלבק (׳מחלוקות׳, עמ׳ כה–כח) בחריפות אפיינית.

49 ראה ביתר הרחבה ׳מגילת תענית והסכוליון׳, עמ׳ 183 ואילך.

50 אורבך, ההלכה, עמ׳ 40–42.

51 ראה דברינו להלן.

52 על עמדתה של כת קומראן בפרשה זו ראה אלגרו, עמ׳ 71–73. דיון בקטע קומראני אחר ראה אשל, ׳מעמדות׳; וכן: ליוור ובר.

53 ראה: מתי י:כד–כז, ומה שהציע בעניין זה פלוסר. ראה גם את פרשנותו ההיסטורית של בר.

54 משוחזר על־פי קטע הגניזה ונוסח הכלאיים. על השמטה שחלה בנוסח הכלאיים והשלמה כאן על־פי קטע הגניזה ראה להלן.

סכוליון פ	ספרי במדבר (עמ׳ 188)	ספרי זוטא (עמ׳ 322)
את קרבני זה הדם	קרבני זה הדם	את קרבני זה הדם
לחמי אלו חלבים	לחמי אילו אימורים...	לחמי אלו התמידין
לאשי זה הקטרת	לאשי אלו קמצים ולבונה	לאשי אלו החלבים
ריח זו הלבונה	ריח ניחוחי	ריח ניחוחי אלו הנסכים...
ניחוחי אלו הנסכים	אלו בזיכי לחם הפנים	
וכל שהוא כריח ניחוחי		
	תשמרו שלא יביא	
	אלא מן השמור	
תשמרו... במועדו	תשמרו	תשמרו תשקלו
שיהו כולם באים	שלא יביא	להביא מן השקול
מתרומת הלשכה	אלא מתרומת הלשכה...	

עיון בטבלה מגלה כי הלימוד של סכוליון פ מ׳צו את בני ישראל׳: ׳אין קרבן צבור בא אלא משל כל ישראל׳ דומה לזה של הספרי זוטא. הלימוד: ׳תשמרו [...] שיהו כולם באים מתרומת הלשכה׳ דומה לזה שבספרי במדבר. אבל שאר כל הדרשות על מילות הפסוק מוחלפות מאלה שבספרי במדבר ובספרי זוטא כאחד.

בהמשך מובאות בסכוליון פ עוד שתי דרשות מן המילה ׳תשמרו׳. אין הן נוגעות בעניינו של הוויכוח בין חכמים ליריביהם אלא בהלכה אחרת, והובאו כאן אגב דרשת הפסוק בכללו. תכליתן ללמד שכבש התמיד טעון ביקור — כלומר שמירה ובדיקה ממום בלשכת הטלאים שבמקדש[55] — ארבעה ימים קודם שחיטתו. לדרשה זו לבדה יש מקבילות גם במכילתא, בספרי במדבר, בסוף רצף הדרשות אשר נידון לעיל ובשלוש סוגיות בבליות.[56] בטבלה שלהלן (עמ׳ 75) מוצגת דרשת הסכוליון עם מקבילותיה. ההשוואה מלמדת שהדרשה שבסכוליון פ נשתנתה מזו שבמקבילות. דין ביקור התמיד נלמד בסכוליון בדרשה כפולה: פעם אחת לשיטת רבי עקיבא, שאת החובה לשמור את כבש התמיד בלשכה היא לומדת מעצם המילה ׳תשמרו׳. הדרשה השנייה, בשם בן בג בג, דורשת אותה הלכה עצמה בגזרה שווה מקרבן פסח. כשם שבפסח נאמר ׳למשמרת׳ וּמִקָּחוֹ מִבֶּעָשׂוֹר, היינו ארבעה ימים קודם שחיטתו בארבעה־עשר בניסן, כך אף תמיד, שנאמר בו ׳תשמרו׳, טעון ביקור ארבעה ימים קודם שחיטתו. הגזרה השווה מצויה גם בספרי במדבר ובבבלי, ומצאנוה נדרשת במכילתא דר״י על פסוקי קרבן פסח במקומם שבס׳ שמות. אבל הדרשה הראשונה, שאיננה תלויה בגזרה שווה, איננה מוכרת מן המקורות הללו. גם ייחוסו של מדרש בדבר ביקור התמיד לרבי עקיבא נפקד מכולם.

55 ראה: משנה ערכין ב:ה.

56 פסחים צו ע״א, מנחות מט ע״ב, ערכין יג ע״ב.

סכוליון פ (המשך)	ספרי במדבר (עמ׳ 188)	מכילתא דר׳ ישמעאל (עמ׳ 16)	בבלי פסחים צו ע״א ומקבילות
ר׳ עקיבא אומר			
מניין שלא יצא וירעה			
בעדר			
ת״ל תשמרו להקריב			
לי במועדו			
בן בג בג אומר			בן בג בג אומר
מניין שמבקרין* אותו			מנין לתמיד שטעון ביקור
ארבעה ימים קודם שחיטתו	תשמרו	והיה לכם למשמרת	ד׳ ימים קודם שחיטה
נאמר כאן תשמרו	נאמרה כאן שמירה	נאמרה שמירה בפסח	שנא׳ תשמרו
להקריב לי במועדו**			להקריב לי במועדו
ולהלן הוא אומר	ונאמרה להלן שמירה	ונאמרה שמירה בתמיד	ולהלן הוא אומר
והיה לכם למשמרת...			והיה לכם למשמרת...
מה להלן... אף כאן...	מה שמירה האמורה להלן...	מה שמירה האמורה בפסח...	מה להלן... אף כאן...
	אף שמירה האמורה כאן...	אף שמירה האמורה בתמיד...	

* כאן נקטע קטע הגניזה. עד ׳במועדו׳ השלמתי על-פי המקבילות.

** הקטע ׳בן בג בג... במועדו׳ נשמט מחמת הדומות בנוסח הכלאיים. השמטה זו הטעתה את אפשטיין לחשוב ש׳כל הדרשה נמסרת במגילת תענית בשם ר׳ עקיבא׳. ראה לקמן.

והנה דרשה זו ועמה אף הייחוס לרבי עקיבא נגלים בקטע של מכילתא דרשב״י.[57] אף בו הדרשה כפולה — בשם בן בג בג[58] ובשם רבי עקיבא. אף שם האחת מן המילה ׳תשמרו׳ והאחת מן גזרה שווה.

׳והיה לכם למשמרת (בן עזאי אומ׳) [=בן בג בג אומר] שלא יצא וירעה בעדר [...] ר׳ עקיבא אומ׳ נאמרה כאן שמירה ונאמרה להלן שמירה [...]׳

קטע זה של מכילתא דרשב״י שוחזר מתוך מדרש הגדול, אבל מקורו במכילתא דרשב״י אינו מוטל בספק, שכן צוטט בחלקו בפי רבנו הלל בשם ׳מכילתא דסניא׳.[59] במהדורת אפשטיין–מלמד הושמטו דברי בן (עזאי) [בג בג] מפני שאפשטיין סבר (שם, הערה 11) שצירוף שתי הדרשות, זו של רבי עקיבא וזו של בן בג בג, הוא פעולתו של בעל מדרש הגדול, ואי־אפשר ששתי הדרשות הדומות נכפלו במקורן, במכילתא דרשב״י גופה. לראיה הביא גם את נוסח ׳מגילת תענית׳ שנמסרה בו, כביכול, כל הדרשה בשם ר׳ עקיבא בלבד, אלא שנוסח קטע הגניזה שבידנו לסכוליון פ, שלא הוכר לאפשטיין, מוסר את שתי הדרשות הדומות זו אחר זו, האחת בשם רבי עקיבא והאחת בשם בן בג בג (סופה של דרשת בן בג בג, הנקטע בקטע הגניזה, אינו מוטל בספק על־פי המקבילה בבבלי). השוואת קטע הגניזה של סכוליון פ עם נוסח הכלאיים של הסכוליון מלמדת שבאחרון חלה השמטה מחמת הדומות מן ׳במועדו׳ עד ׳במועדו׳, והשמטה זו, שהייתה לפניו בדפוס, היא שהטעתה את אפשטיין. סכוליון פ במקורו גורס את שתי הדרשות. נוסח סכוליון פ כפי ששחזרנוהו מלמד אפוא שגם במדרש הגדול באו שתי הדרשות ברצף ממקורן הראשון — מכילתא דרשב״י — ולא העורך סמכן זו לזו. נמצא הסכוליון למועד זה מסייע בשחזור נוסחה של מכילתא דרשב״י.[60] ראוי לשים

57 מכילתא דרשב״י בא, מהדורת אפשטיין–מלמד, עמ׳ 11; ראה גם מהדורת הופמן, עמ׳ 10.

58 ונשתבש ל׳בן עזאי׳, ראה מהדורת אפשטיין–מלמד, שם, עמ׳ 11.

59 בפירוש רבנו הלל לברייתא, די״ג מדות. ראה: א׳ פריימאן, ׳פירוש רבינו הלל על ברייתא דר׳ ישמעאל׳, בתוך: ספר הזכרון לש״א פוזננסקי, ורשה תרפ״ז, עמ׳ קעה.

60 לתוספת בהירות נביא כאן את נוסח מכילתא דרשב״י והבבלי מול סכוליון פ, כפי ששרד בנוסח הכלאיים ובקטע הגניזה.

מכילתא דרשב״י (מדה״ג)	נוסח הכלאיים לסכוליון	קטע הגניזה מתוך סכוליון פ	בבלי פסחים ומקבילות
והיה לכם			
בן עזאי אומר	ר׳ עקיבא אומר	ר׳ עקי או	
שלא יצא וירעה בעדר [..]	שלא יצא וירעה בעדר	מנין [..] לא יצא וירעה בעדר	
	ת״ל תשמרו להקריב לי במועדו	ת״ל תשמרו להקריב לי במועדו	
ר׳ עקיבה אומר	]	בן בג בג אומ	בן בג בג אומר
		מניין שמ [..] קרין [..]	מניין לתמיד שטעון בקור
		[מכאן ואילך קטוע]	ד׳ ימים קודם שחיטה
נאמרה כאן שמירה			שנאמר תשמרו להקריב לי במועדו
	[		

לב כי במכילתא דרשב״י, הדורשת את הפסוק בס׳ שמות, אין אלא דרשה זו בדבר ביקור התמיד והפסח קודם שחיטתם. מובן שאין במכילתא מקום לרצף הדרשות על מילות הפסוק של ס׳ במדבר. מכאן שהדרשה בסכוליון לא הייתה יכולה להישאב במלואה מהמכילתא דרשב״י. היא תלויה במדרש רצוף על הפסוק בס׳ במדבר. מצד אחר, היה המדרש שלפני הסכוליון שונה בפרטיו הן מן הספרי במדבר הן מן הספרי זוטא לפסוק זה. כל הדרשות התלויות במילות הפסוק מוחלפות בו, ושונה גם הדרשה האחרונה. אין היא נמסרת בסתם, כבספרי, אלא בשם בן בג בג, ונוספה עליה דרשה דומה בשם ר׳ עקיבא. לאותנטיות של תוספת זו ולאותנטיות של ייחוסה נמצא עד נאמן במכילתא דרשב״י. אמור מעתה: בסכוליון **פ** צוטטה ברייתא מתוך מדרש הלכה אחר לס׳ במדבר,[61] ברייתא שמקוריותה אינה מוטלת בספק. לבד מחשיבותה של מסקנה זו להכרת מדרשי ההלכה על ס׳ במדבר גדולה משמעותה לקביעת טיבו של סכוליון **פ**, לפחות בביאור דידן. לפני עורכו של סכוליון זה עמד מקור תנאי עלום אשר אבד מאתנו.

שתי הציטטות אשר נידונו כאן — הכתוב בס׳ מלכים ומדרש ההלכה — מגידות את שבחה של אכסניה שלהם, הסכוליון למגילת תענית, לשתי מהדורותיו. ואילו שני המצטטים, סכוליון **א** וסכוליון **פ**, הריהם בבחינת משיבי אבדה, אבדת מקרא ואבדת מדרש.

מכילתא דרשב״י (מדה״ג)	נוסח הכלאיים לסכוליון	קטע הגניזה מתוך סכוליון **פ**	בבלי פסחים ומקבילות
ונאמרה להלן שמירה	ולהלן הוא אומר והיה לכם למשמרת עד ארבעה עשר יום		להלן הוא אומר והיה לכם למשמרת
מה שמירה שנאמרה כאן שיהיו מבוקרים [..] אף שמירה האמורה כאן שיהיו מבוקרים.	מה להלן מבקרין אותו ארבעה ימים קודם לשחיטתו אף כאן מבקרים אותו ארבעה ימים קודם לשחיטתו		מה להלן טעון בקור ד׳ ימים קודם שחיטה אף כאן טעון בקור ד׳ ימים קודם שחיטה.

61 על אפשרות קיומו של היקף רחב של מדרשי הלכה תנאיים, הרבה מעבר ל׳מייצגים המקריים׳ אשר שרדו בידנו ראה את דברי מנחם כהנא (׳מובאות ממדרש תנאי חדש׳, דברי הקונגרס העולמי למדעי היהדות, יא [תשנ״ד], כרך ראשון, עמ׳ 23–30, ובעיקר עמ׳ 29–30).

רשימת המהדורות והקיצורים הביבליוגרפיים

אורבך, 'בער' = א"א אורבך, 'ימי הבית השני ותקופת המשנה בעיני יצחק בער', דברי האקדמיה הלאומית הישראלית למדעים, ו, ירושלים תשמ"ד, עמ' 59–82.

אורבך, ההלכה = א"א אורבך, ההלכה — מקורותיה והתפתחותה, תל־אביב 1996.

אלבק, 'מחלוקות' = ח' אלבק, 'למחלוקות הפרושים והצדוקים בענייני המקדש וקדשיו', תורה שבעל פה, ה (תשכ"ג), עמ' כד–לא.

אלגרו = J.M. Allegro, 'An Unpublished Fragment of Essene Halakha (4Q Ordinances)', *JSS*, 6 (1961), pp. 71–73

אשל, 'מעמדות' = E. and H. Eshel, '4Q471 Fragment 1 and *Ma'amadot* in the War Scroll', *The Madrid Qumran Congress*, II (*Studies on the Texts of the Desert of Judah*, XI, 2), Leiden–New York–Köln–Madrid 1992, pp. 611–620

בר = מ' בר, 'הכתות ומחצית השקל', תרביץ, לא (תשכ"ב), עמ' 298–299.

בראן = M. Brann, 'Enstehung und Werth der *Megillath Taanit*', *MGWJ*, 25 (1876), pp. 375–384, 410–418, 445–460

גייגר = א' גייגר, המקרא ותרגומיו בזיקתם להתפתחותה הפנימית של היהדות (תרגם י"ל ברוך), ירושלים תש"ט.

גרץ = H. Grätz, *Geschichte der Juden*, III/2, Leipzig 1906[5]

דלמן = G. Dalman, *Aramäische Dialektproben*, Leipzig 1896

דרנבורג, היסטוריה = J. Derenbourgh, *Essai sur l'histoire et la géographie de la Palestine*, Paris 1867

דרנבורג, משא = י' דרנבורג, משא א"י, תורגם ע"י מבש"ן, פטרבורג תרנ"ו.

הלוי, דורות הראשונים = י"א הלוי, דורות הראשונים, חלק א, כרך ג, פרנקפורט תרס"ו; כרך ד, בתוך: מ' אויערבך (עורך), ספר זכרון לרב י"א הלוי, תל־אביב תשכ"ד; כרך ה, פרנקפורט תרע"ח.

המבורגר = J. Hamburger, *Real Encyclopädie für Bibel und Talmud*, Suppl., Leipzig 1886

המפל = ע' המפל, 'מגילת תענית', חיבור לשם קבלת התואר דוקטור לפילוסופיה של אוניברסיטת תל־אביב 1976.

הרצפלד = L. Harzfeld, *Geschichte des Volkes Israel*, I, Leipzig 1863[2]

ייבין = ש' ייבין, מלחמת בר כוכבא, ירושלים 1957[2].

כהנא = א' כהנא, ספרות ההיסטוריא הישראלית מן מגילת תענית עד ר' משה בן מימון, א, וארשה תרפ"ב.

לוריא = ב"צ לוריא, מגילת תענית, ירושלים תשכ"ד.

ליוור = י' ליוור, 'מחצית השקל במגילות כת מדבר יהודה', תרביץ, לא (תשכ"ב), עמ' 18–22.

ליכטנשטיין = H. Lichtenstein, 'Die Fastenrolle: Eine Untersuchung zur Jüdisch-hellenistischen Geschichte', *HUCA*, 8–9 (1931–1932), pp. 257–351

'לנוסחיו' = ו' נעם, 'לנוסחיו של הסכוליון למגילת תענית', תרביץ, סב (תשנ"ג), עמ' 55–99.

'מגילת תענית והסכוליון' = ו' נעם, 'מגילת תענית והסכוליון, טיבם, זמנם ומקורותיהם, בצירוף מהדורה ביקורתית', חיבור לשם קבלת תואר דוקטור של האוניברסיטה העברית בירושלים תשנ"ז.

מגילת תענית, מהדורת ליכטנשטיין — ראה ליכטנשטיין

מילר = J. Müller, 'Der Text der Fastenrolle', *MGWJ*, 24 (1875), pp. 43–48, 139–144

מכילתא דר"י = מכילתא דרבי ישמעאל, מהדורת ח"ש הורוביץ וי"א רבין, ירושלים תש"ל.

מכילתא דרשב״י = מכילתא דרבי שמעון בן יוחאי, מהדורת י״נ אפשטיין וע״צ מלמד, ירושלים תשט״ו; מהדורת ד״צ הופמן, פרנקפורט תרס״ה.

ספרי במדבר, מהדורת ח״ש הורוביץ, לייפציג תרע״ז.

ספרי זוטא, מהדורת ח״ש הורוביץ, לייפציץ תרע״ז.

פילון, המשלחת לגאיוס = פילון האלכסנדרוני — כתבים, בעריכת ס׳ דניאל־נטף, כרך א, ירושלים תשמ״ו, המשלחת לגאיוס (תרגם והוסיף הערות א׳ כשר).

פלוסר = ד׳ פלוסר, ׳מחצית השקל באוונגליון ואצל כת מדבר יהודה׳, תרביץ, לא (תשכ״ב), עמ׳ 150–156.

פראנקל = Z. Frankel, 'Die Juden unter den ersten römischen Kaisern', *MGWJ*, 3 (1854), pp. 401–413, 439–450

צייטלין = S. Zeitlin, Megillat Taanit *as a Source for Jewish Chronology and History in the Hellenistic and Roman Periods*, Philadelphia 1922 (= *JQR*, 9 [1918–1919], pp. 71–102; *JQR*, 10 [1919–1920], pp. 49–80)

קאסל = P. Cassel, *Messianische Stellen des Alten Testaments*, II, Berlin 1885

קרויס = S. Krauss *Griechische und Lateinische Lehnwörter im Talmud, Midrasch und Targum*, Berlin 1989

שוואב = M. Schwab, 'La *Meghillath Taanith*, ou "Anniversaires Historiques"', *Actes du Onzième Congrès International des Orientalistes, Paris 1879*, Paris 1898, pp. 199–259

שווארץ, ׳הלשכה׳ = A. Schwarz, 'Die Schatzkammer des Tempels in Jerusalem', *MGWJ*, 63 (1919), pp. 230–237

AOAT = Alter Orient und Altes Testament

GCS = Die Griechischen Christlichen Schriftsteller

HTR = Harvard Theological Review

HUCA = Hebrew Union College Annual

JQR = Jewish Quarterly Review

JSS = Journal of Semitic Studies

MGWJ = Monatsschrift für die Geschichte und Wissenschaft des Judentums

בבלי סנהדרין

כתבי־יד וענפי נוסח*

מאת

מרדכי סבתו

העיסוק בשאלות הנוסח של התלמוד הבבלי עתיק הוא וניצניו כבר בספרות הגאונים. הגאונים מעירים במקומות רבים בתשובותיהם על שיבוש שיש בנוסח השואלים ולעתים גם מבארים כיצד נוצר.[1]

המחקר החדש בנוסח התלמוד נפתח בידי זכריה פרנקל,[2] ובעקבותיו עסקו בו חוקרים מספר.[3] תקופה חדשה בחקר נוסח הבבלי נפתחה עם הופעת הסדרה 'דקדוקי סופרים', פרי עטו של הרב רפאל נתן נטע רבינוביץ, בשנים תרכ"ח–תרפ"ו, ובה ריכז המחבר באופן שיטתי את נוסחאות הבבלי מכתבי־יד ומספרי ראשונים ואף העיר עליהם הערות מאלפות ומחכימות.

מכאן ואילך נעשו ניסיונות להוציא מהדורות מדעיות של מסכתות מן הבבלי. אלכסנדר מארכס במאמר ביקורת שכתב על מהדורת נ' פרפרקוביץ' למסכת ברכות[4] קבע כי עצם הוצאת טקסט עם שינויי־גרסאות אינה יוצאת ידי חובה של מהדורה ביקורתית. הוא הדגיש את הצורך בחלוקת עדי־הנוסח למשפחות גאוגרפיות, בהתאמתם לדברי הראשונים השונים, ובעיקר בבחינת יחסם לדברי הגאונים.

* ההרצאה התבססה על תוצאות עבודת הדוקטור שלי 'כתב־יד תימני למסכת סנהדרין (בבלי) ומקומו במסורת הנוסח' (להלן: 'כתב יד תימני'). העבודה נכתבה בהדרכת פרופסור דוד רוזנטל והוגשה לסנט האוניברסיטה העברית בניסן תשנ"ו. עם העלאת הדברים על הכתב הוספתי הערות והרחבתי במקומות הנחוצים.

1 ראה את דבריו המפורסמים של רב האי גאון:

> וכן ניראו לנו הדברים, כי אדם כתב את התלמוד בלשון שלנו 'איתמר שור ושור פסולי המוקדשין שנגחו' כשאין בה 'אמ' רבא', וכשמצא נוסחא דכתי' בה: 'אמ' רבא', כאשר פירשנו למע', תלה על ראש השמועה: 'אמ' רבא כתי'', כלומר מצאתי שכתוב 'אמ' רבא'. ובא הנוסֵח ומצא שם תלוי כך, וחשבו כשאר דברי התלמוד, ולא ידע כי זכרון הוא, ונסח את הדברים כולן בקולמוס אחד: איתמר אמ' רבא כתי' שור וכול'. והרבה מצוי כן שתולין בקצה הנוסח או בין טורין תיליא דאדכרתא או דפירוש או לשון אחר ובא הנוסֵח וחושבו עיקר וכותבו כאחד ומטעה הוא עד שיפול בידי חכם שהוא מצרף את הדבר ומוציא את כל מילה לטעמה (תשובות הגאונים, מהדורת א"א הרכבי, ברלין תרמ"ז, עמ' 138).

2 Z. Frankel, 'Zur Textkritik des Talmuds', *MGWJ*, I (1852), pp. 553–555

3 לסיכום קצר של תולדות מחקר נוסח הבבלי ראה: ש"י פרידמן, 'לאילן היוחסין של נוסחי בבא מציעא', מחקרים בספרות התלמודית, ירושלים תשמ"ג, עמ' 96–104.

4 A. Marx, 'Pereferkowitsch's Edition of Berakot', *JQR*, NS I (1910), pp. 279–285

אביגדור אפטוביצר במאמר ביקורת שכתב על מהדורת צ׳ מלטר למסכת תענית[5] הדגיש את הצורך לחשוף עדי־נוסח מעולים השומרים על גרסאות קדומות ואת החובה לבכרם על עדי־נוסח אחרים גם אם רבים הם.

מכאן ואילך נתנו החוקרים את דעתם לגילוים ולחשיפתם של עדי־נוסח קדומים וכן לקביעת טיבם באמצעות כמה בחנים. בעניין זה ייזכר לטוב הפרופסור אליעזר שמשון רוזנטל ז״ל שייעד חלק ניכר מעבודתו לבדיקת נוסח הבבלי ועמד על חשיבותם של כתבי־היד התימניים של התלמוד הבבלי לחקר נוסח הבבלי.[6]

על־פי עקרונות אלו ניגשתי לבדוק את עדי־הנוסח למסכת סנהדרין מתוך תשומת לב בעיקר לבדיקת טיבו של כתב־היד התימני למסכת. כתב־היד היה בספריית הרב מימון וכעת הוא ב׳יד הרב הרצוג׳ בירושלים. אין תצלום ממנו במכון לתצלומי כתבי־יד בירושלים ולכן מיעטו לעסוק בו. תצלום ממנו נמצא בעיזבונו של פרופסור א״ש רוזנטל וקיבלתי אותו מבנו פרופסור דוד רוזנטל והוא אף ניאות להדריכני בעבודתי. בדיקתי כללה גם את כל קטעי הגניזה למסכת, קטעים שנודעה להם חשיבות רבה בקביעת אילן היוחסין של עדי־הנוסח למסכת. הקטעים האלה רוכזו ונרשמו ב׳מפעל המשנה׳ שהוקם לפני כשלושים שנה ביזמתו הברוכה של פרופסור אפרים א׳ אורבך ז״ל מטעם האקדמיה הלאומית הישראלית למדעים בשיתוף החוג לתלמוד. מטרת המפעל היא לרכז באופן שיטתי את כל כתבי־היד וקטעי הגניזה של הספרות התלמודית ולרשום אותם בבחינת צעד ראשון לקראת הכנת מהדורות מדעיות של ספרות זו, מהדורות שיעמידו בסיס איתן ומוצק למחקר התלמוד.

אציג לפניכם את עיקרי המסקנות שעלו מבדיקתי.

הבדיקה מלמדת כי חמשת עדי־הנוסח הישירים למסכת נחלקים לשני ענפים: ארבעת העדים האשכנזיים — דפוס,[7] כ״י מינכן 95,[8] כ״י פירנצה,[9]

5 V. Aptowitzer, 'Sous quelle forme une édition critique du Talmud est-elle possible et admissible?', *REJ*, XCI (1931), pp. 205–217

6 ראה למשל: א״ש רוזנטל, ׳לעריכת מסכת פסח ראשון, בבלי, בצירוף הוצאה ביקורתית של ב׳ פסחים ב׳ א–י״ד א׳, חיבור לשם קבלת התואר דוקטור לפילוסופיה של האוניברסיטה העברית בירושלים, תשי״ט; הנ״ל, תלמוד בבלי, מסכת פסחים — כתב־יד ששון–לונצר ומקומו במסורת־הנוסח, לונדון תשמ״ה; הנ״ל, ׳תולדות הנוסח ובעיות־עריכה בחקר התלמוד הבבלי׳, תרביץ, נז (תשמ״ח), עמ׳ 1–36; הנ״ל, ׳עיונים בתולדות הנוסח של התלמוד הבבלי׳, ספר היובל לרב מרדכי ברויאר, ב, ירושלים תשנ״ה, עמ׳ 571–591.

7 מסכת סנהדרין נדפסה בפעם הראשונה בידי גרשם שונצינו בשנת רנ״ח. בקולופון שבסוף המסכת כתוב: ׳[...] ותהי השלמתו ביום כ׳א כסלו שנת רנ״ח לפ״ק ע״י צעיר המחוקקים גרשם בן הר״ר משה ז״ל ובל״א נקרא מענצלן שונצין׳. לדעתו של רבינוביץ, המסכת נדפסה בעיר ברקו; ראה: רנ״נ רבינוביץ, מאמר על הדפסת התלמוד, מהדורת א״מ הברמן, ירושלים תשי״ב, עמ׳ כ, הערה 17. כל הדפוסים האחרים, למן דפוס ונציה ר״פ, הועתקו מדפוס זה, כפי שכבר ציין רבינוביץ במאמרו הנ״ל (עמוד לח, הערה 5). הציטוטים להלן מנוסח הדפוס הם מדפוס זה.

8 על־פי הקולופון בסוף קדשים ובסוף טהרות נכתב כתב־היד בשנת מאה ושלש לאלף השישי (והיא 1342).

9 תלמוד בבלי, כתב יד פירנצה, ספריה לאומית II.I 7–9, בצירוף הקדמה מאת ד׳ רוזנטל,

וכ״י קרלסרוהה (רויכלין 2)[10] — שנכנה להלן ׳המסורת הרווחת׳, מצד אחד, וכתב היד התימני שהזכרתי קודם — שיכונה להלן כ״י ת — מצד אחר. בין שני ענפים אלו יש שינויים רבים בלשון ובסגנון ולעתים אף בתוכנן של סוגיות מספר. בכך לא באתי לטעון כי המסכת כולה על כל סוגיותיה נמסרה לנו בשני נוסחים. אדרבה, ברוב הסוגיות הנוסח בשני הענפים זהה פחות או יותר. ובכל זאת בסוגיות רבות יש שינויים רבים בין הענפים. כמות השינויים וכן איכותם עולות לאין ערוך על השינויים שבין העדים האשכנזיים של המסכת.

זמנו של כ״י ת אינו ידוע, ואולם עלה בידי להוכיח כי אין הוא קדום לשנה שנדפס בה מדרש איכה רבה בדפוס פיזרו, היא שנת 1519. קביעה זו קבעתי על סמך העובדה שבדף קו ע״ב בצד דרשות התלמוד על פסוקים מאיכה שילב סופר כתב־היד עוד דרשות מאיכה רבה והן חתומות ׳רבתי׳. מקומן מלמד כי הן מעשה ידי סופר כתב־היד עצמו. נוסח הדרשות זהה לנוסח איכה רבה המודפס, ובאחת מהן מופיע משפט שנשמט בדפוס הראשון של המדרש[11] והושלם בדפוס פיזרו על־פי עדים המייצגים מסורת נוסח שונה.[12] פירושו של דבר הוא כי כ״י ת הוא המאוחר שבכל עדי־הנוסח למסכת סנהדרין. מסקנה זו מחייבת לבדוק שמא הושפע נוסחו מנוסחו של הדפוס הראשון של המסכת שנדפס, כאמור, בשנת רנ״ח, היא שנת 1498, ואולי אף של הדפוס השני (ונציה ר״פ / 1520). בדיקה מפורטת העלתה כי אין למצוא כל השפעה של נוסח הדפוס על כ״י ת.

התימניות של כתב־היד מוכחת לא רק מצורת הכתב[13] כי אם גם מנוסחו. בדיקתי מלמדת כי מסורת הנוסח של כ״י ת היא שרווחה בתימן, ואפשר

הוצאת מקור, ירושלים תשל״ב. כתב־היד כולל שלושה קבצים. מסכת סנהדרין באה בקובץ השלישי (II.I 9). לדעת רבינוביץ בהקדמתו שבדקדוקי סופרים לסנהדרין (עמ׳ 4–5), זמנו של קובץ זה קרוב לזמנו של הקובץ הראשון, ושם נזכר בקולופון כי זמנו תתקל״ז. ואולם כבר הוכיח דוד רוזנטל, בהקדמתו למהדורה הפקסימילית של כתב־היד (עמ׳ 4–5), כי הקולופון מתייחס רק לקובץ הראשון וסיכם: ׳קביעת זמן כתיבת ס׳ נזיקין תישאר, איפוא, ענין לפלאוגרפים׳.

10 לדעת רבינוביץ, המובאת בסוף הקדמתו ב׳דקדוקי סופרים׳ למסכת מגילה, נכתב כתב־היד בין שנת ק״נ לשנת ר׳. בכרטסת המכון לתצלומי כתבי־יד בירושלים הוא מתוארך (על־פי חוות דעתם של פלאוגרפים) למאה הי״ג.

11 הוא דפוס קושטא שהיו רגילים לקבוע את זמנו לשנת ר״פ על סמך הקולופון שכתוב בו ׳שנת ורב חסד׳. ואולם כבר הוכיח מ״ב לרנר (׳אגדת רות ומדרש רות רבה׳, חיבור לשם קבלת התואר דוקטור לפילוסופיה של האוניברסיטה העברית בירושלים, תשל״א, עמ׳ לב–לה) כי דפוס פיזרו רע״ט נדפס על־פיו, וכנראה, יש לחשב את השנה בלא האות ׳ו׳ — היא שנת רע״ד.

12 מסורת נוסח זו היא המיוצגת במדרש איכה רבה מהדורת ש׳ בובר. אני מודה לידידי פנחס מנדל, העוסק בחקר מדרש איכה רבה, שלבקשתי בדק ועמד על פרט זה. וראה עתה: פ״ד מנדל, ׳מדרש איכה רבתי — מבוא, ומהדורה ביקורתית לפרשה השלישית׳, חיבור לשם קבלת התואר דוקטור לפילוסופיה של האוניברסיטה העברית בירושלים, תשנ״ז, כרך א: מבוא, עמ׳ 182–187.

13 ראה: י׳ קארה, כתבי־היד התימניים של התלמוד הבבלי — מחקרים בלשונם הארמית (עדה ולשון, י), ירושלים תשמ״ד, עמ׳ 8–9.

למצאה הן בדפים תימניים יחידים ששרדו למסכת הן בציטוטים ממסכת סנהדרין הבאים במדרש הגדול — ילקוטה המובהק של יהדות תימן.

למסכתנו שרדו שלושה דפים תימניים השייכים לשני טפסים של המסכת.[14] נוסח שניהם זהה לנוסח כ״י ת. הזהות ניכרת הן בכתיב הזהה הן בנוסחאות ייחודיות משותפות, ובעיקר בנוסחאות תמוהות משותפות.

במדרש הגדול באים ציטוטים רבים מן המסכת, הן בהלכה הן באגדה,[15] והזהות לכ״י ת ברורה לחלוטין. גם כאן ניכרת הזהות בכתיב, בלשון, בנוסחאות מקוריות משותפות, בנוסחאות תמוהות משותפות ובטעויות משותפות. בדיקת הזהות בין שני עדים אלו לפרטיה מלמדת כי מקורה בתלותו של בעל מדרש הגדול במסורת הנוסח המיוצגת בכ״י ת ולא בהשפעת המדרש על כ״י ת. כך למשל, מצאתי במקרים מסוימים שבעל המדרש מסכם את הסוגיה וסיכומו מתאים לנוסח הסוגיה בכ״י ת בלבד. עוד מצאתי כי במקומות שעיבד בהם בעל המדרש את הסוגיה, בעיקר על־ידי הוספת משפטי הסבר או סיכום, מתאים נוסח מדרש הגדול לנוסח כ״י ת למעט העיבוד. אף הסברה מסייעת למסקנה זו, שכן במקרים רבים הסוגיה מתפצלת לשברים ולשברי־שברים המפוזרים במדרש במקומות רחוקים זה מזה, וקשה להניח כי סוֹפרוֹ של כ״י ת פנה בכל מקום אל המדרש כדי לצטטו משם. על־פי דרכנו למדנו כי בעל מדרש הגדול נוטה לשמר בדרך כלל את נוסח מקורותיו אלא שלא תמיד נשתמרו אלו בידינו.[16] ברוב המקרים עיבודו בא לידי ביטוי בשילובם של מקורות זה בתוך זה ולא בשינוי מרחיק לכת של הנוסח מדעתו.

אף שאין בידינו עוד כתב־יד למסכת הזהה לנוסח כ״י ת, אפשר להוכיח שאין מדובר במסורת תימנית פנימית כי אם במסורת מזרחית קדומה, ולמסקנה זו עדים מספר:

מתוך עשרות קטעי הגניזה שנשתמרו למסכת נמצאו ארבעה־עשר קטעים השייכים על־פי כתבם לטופס אחד וכוללים חלקים מכל פרקי המסכת למעט שני הפרקים האחרונים. בדיקת נוסחם מלמדת שהנוסח זהה לחלוטין לנוסח כ״י ת. מצאתי בהם, מלבד הדמיון המפליא, אף גיליונות משותפים וטעויות משותפות. כמו כן מצאתי עוד קטע גניזה, והוא כתוב בכתב־יד אחר ואף

14 הדפים שמורים ב׳מפעל לחשיפת גנזי תימן׳, אוספו של יהודה לוי נחום מחולון. תצלום האוסף מצוי במכון לתצלומי כתבי־יד בירושלים, ודפי התלמוד כלולים בסרט שמספרו 42077.

15 לרשימה של המקומות ראה: י׳ טובי, ׳המדרש הגדול מקורותיו ומבנהו׳, חיבור לשם קבלת התואר דוקטור לפילוסופיה של האוניברסיטה העברית בירושלים, תשנ״ד, כרך ב, עמ׳ 214–219, ותיקוניי שבסוף הכרך.

16 מסקנה זו זהה למסקנתם של מרדכי מרגליות במבואו למדרש הגדול לספר שמות (ירושלים תשל״ו, עמ׳ 6) ושל מנחם כהנא בעבודתו ׳אקדמות להוצאה חדשה של ספרי במדבר׳ (חיבור לשם קבלת התואר דוקטור לפילוסופיה של האוניברסיטה העברית בירושלים, תשמ״ב, עמ׳ 104–105).

נוסחו מתאים לנוסח כ״י ת. במקום אחד, המקביל לדף קיב ע״ב, מצאתי בקטע זה נוסח תמוה מאוד, שר׳ מאיר הלוי מצטטו בספרו ׳יד רמה׳ למסכת סנהדרין שם ומגדירו ׳נוסחי עתיקאי׳, והוא הנוסח שבכ״י ת. קטעים אלו תיארכו פלאוגרפים כקטעים מזרחיים מן המאה הי״א.[17] ההבדלים שנמצאו בין כ״י ת ובין קטעי גניזה אלו מעטים מאוד, ומכאן למדנו כי כ״י ת, אף שנכתב במאה הט״ז, מייצג מסורת נוסח מזרחית קדומה שנשתמרה בו באופן כללי כצורתה. השיבושים והגיליונות המשותפים מלמדים כי גם טעויותיו של כ״י ת אפשר שהן ירושה מזמן קדום. גם בקטעים אחרים שנתגלו בגניזה מצאתי דמיון רב לנוסח כ״י ת, אף כי לא זהות מוחלטת כפי שמצאתי בקטעים הקודמים. זהות מוחלטת מצאתי גם לקטע קטן שפרסם יעקב מאן בספרו ׳היהודים במצרים ובארץ ישראל׳.[18] קטע זה כלול במכתב שכתב חכם ארץ-ישראלי בסוף המאה הי״א, כפי שבירר מאן שם, ומכאן שנוסח זה שימש גם בארץ-ישראל בתקופה ההיא. כל הנתונים הללו מלמדים כי מסורת הנוסח המיוצגת בכ״י ת הייתה רווחת במזרח.

הוכחה אחרת לקדמותה של מסורת זו מצאתי בהתאמה המוחלטת שבין כ״י ת לנוסח הלכות הרי״ף. התאמה זו באה לידי ביטוי בזהות מלאה בסגנון וכן בנוסחאות ייחודיות ואף בהגהות משותפות. במקום אחד מצאתי נוסח ייחודי של משנת הרי״ף והוא גם נוסח משנת התימני.[19] הבדיקה מלמדת כי נוסח זה הוא הגהה הנובעת מנוסח הסוגיה בכ״י ת בלבד, סוגיה שאינה מצוטטת ברי״ף.[20] במקומות אחרים מצאתי כי הרי״ף אינו מצטט את הסוגיה אלא מסכם את מסקנותיה, והן תואמות את מהלך הסוגיה בכ״י ת בלבד. פרטים אלו בצד פרטים רבים אחרים מלמדים כי אין לראות בהתאמה זו תוצאה של עיבוד כ״י ת על-פי נוסח הרי״ף אלא תוצאה של תלותו של הרי״ף במסורת הנוסח המיוצגת בכ״י ת. בכמה מקרים מדובר במסורת נוסח המשפיעה על פסק ההלכה, וכאמור, אין להבין את פסק הרי״ף בלא הכרת מסורת הנוסח של כ״י ת. כך למשל נאמר בדף כו ע״ב במסורת הרווחת: ׳אמר ר׳ נחמן החשוד על העריות כשר לעדות [...] אמר רבא ומודה רב נחמן לענין עדות אשה שהוא פסול. אמר רבינא ואיתימ׳ רב פפא לא אמרן אלא לאפוקה אבל לעיולה לית לן בה׳. מסקנת הסוגיה היא אפוא שגם בעדות אישה אדם זה כשר, לדעת רב נחמן, אם מדובר בעדות על נישואיה. ואולם הרי״ף כתב: ׳אמר רבא ומודה רב נחמן לעדות אשה שפסול בין לאפוקה בין לעיולה׳. פסק זה אין להבינו בלא הכרת מסורת הנוסח של כ״י ת שגרס לאחר דברי רבינא

17 זו הערכתה של ד״ר עדנה אנגל ממפעל הפלאוגרפיה העברית, המתמחה בחקר הכתב המזרחי. פרטים על ארבעה-עשר הקטעים הראשונים ראה בחיבורי ׳כתב-יד תימני׳ (לעיל, הערת כוכב), עמ׳ 41–60. פרטים על הקטע הנוסף ראה שם, עמ׳ 60–63, ועמ׳ 223 והערה 145 שם.

18 J. Mann, *The Jews in Egypt and in Palestine under the Fatimids*, Oxford 1922, II, p. 227

19 היא משנת ׳ואילו הן הפסולים׳ בדף כד ע״ב.

20 ראה בחיבורי ׳כתב-יד תימני׳, עמ׳ 78–79.

'ולא היא לא שנא לאפוקה ולא שנא לעיולה'[21] נוסח המצוי גם בשני קטעי גניזה.[22]

במקומות שנוסח הרי"ף מתאים בהם לנוסח כ"י ת והם מצוטטים ברמב"ם — ברובם ככולם מצאתי כי נוסח הרמב"ם ופסקיו מתאימים לנוסח כ"י ת, ולא עוד אלא שבמקומות רבים אחרים שאינם מצוטטים ברי"ף מצאתי כי אין להבין את פסק הרמב"ם, ובמקום אחד אף את פירושו למשנה, אלא על-פי הנוסח בכ"י ת. כך למשל הרמב"ם פוסק בהלכות סנהדרין פ"א ה"ה: 'כל עיר שאין בה שני חכמים גדולים אחד ראוי ללמד ולהורות בכל התורה כולה ואחד יודע לשמוע ויודע לשאול ולהשיב אין מושיבין בה סנהדרין'. פסק זה מנוגד לנוסח המסורת הרווחת בדף יז ע"ב, ושם נאמר: 'אמ' רב יהוד' אמ' רב כל עיר שאין בה שנים לדבר ואחד לשמוע אין מושיבין בה סנדרי, ובביתר הוו שלשה וביבנה ארבעה ר' אליעזר ור' יהושע ור' עקיבא ושמעון התימני דן לפניהם בקרקע'. נוסח זה הוא נוסחם של כל עדי המסורת הרווחת ושל קטע גניזה,[23] וכן הוא נוסח רב נחשון גאון,[24] רבנו חננאל ורמ"ה. ואולם בנוסח כ"י ת נאמר 'כל עיר שאין בה שנים אחד לדבר ואחד לשמוע אין מושיבין בה סנהדרין'. ברור שפסק הרמב"ם תלוי בנוסח זה, וכבר שיער כך 'לחם משנה'

21 ולא כפי שהבין 'נמוקי יוסף' על הרי"ף שם. לדעתו, הרי"ף גרס בדברי רבא 'בין לאפוקה בין לעיולה' (וכן כתב ב'בית יוסף', חושן משפט, סימן לד, והגר"א בביאורו לאבן העזר, סימן מב, ס"ק כח). הצעה זו אינה מתיישבת עם לשונו של רבינא 'לא אמרן', המתייחסת לדברי רבא (וראה הערתו של בעל 'חידושי הגהות' ל'בית יוסף', שם, ס"ק ג).

22 סימנם: T–S FII (1).173; BM Or 5558 N.68. כן היא גם גרסת ספר מתיבות על-פי עדותו של בעל העיטור (דפוס ונציה שס"ח, לו סוף ע"ד; מהדורת ר"מ יונה, וילנה–ורשה, תרל"ד–תרמ"ה, חלק א, נז ע"ד); וראה: ב"מ לוין, מתיבות, ירושלים תרצ"ד, עמ' 99. גמרא זו מצוטטת בהלכות גדולות, הלכות עדות (מהדורת ע' הילדסהיימר, ירושלים תשמ"ז, ג, עמ' 33), ושם יש חילופי-נוסחאות בין העדים של הלכות גדולות באשר למשפט זה. המשפט נמצא בדפוס ונציה ש"ח (קיד ע"ד) וורשה תרל"ה (קטו ע"א), בכ"י של ספריית אמברוזיאנה מילנו c 116 ובכ"י וטיקן 136. המשפט חסר בכ"י הספרייה הלאומית בפריס 1402 ובדפוס ברלין תרנ"ב (המכונה 'ה"ג אספמיה') עמ' 764 (= כ"י וטיקן 142), משום כך ציין לוין (מתיבות, עמ' 99) כי 'בה"ג אספמיה חסרה פיסקה זו' (ובעקבותיו ח"צ טויבש, אוצר הגאונים לסנהדרין, ירושלים תשכ"ז, עמ' ריג, הערה 95). ואולם כבר העיר שאול ליברמן ('משהו על מפרשים קדמונים לירושלמי', ספר היובל למארכס, ניו-יורק תש"י, עמ' רפ"ח, הערה 9) כי גם בה"ג אספמיה כתוב בסוף הקטע, לאחר ה'פשיטא': 'ולא היא', והוא כנראה שריד ממשפט זה. מצד אחר, המשפט חסר בתשובת רב נחשון גאון המובאת בעיטור (דפוס ונציה, לו ע"ד; מהדורת ר"מ יונה, חלק א, נז ע"ד; שמו של רב נחשון נזכר רק בכ"י ניו-יורק) וכן בתשובות הגאונים, שערי צדק, ירושלים תשכ"ז, חלק ד, שער ז, סימן יג; L. Ginzberg, *Geonica*, II, New York 1909, p. 161. על הסיבות להוספת המשפט הזה בתלמוד ראה בחיבורי 'כתב-יד תימני', עמ' 85. נציין שכיוון שהרי"ף עצמו פסק כרב ששת, אין לגרסה זו השפעה על פסקו של הרי"ף עצמו.

23 סימנו T–S AS 95.13.

24 תשובות הגאונים, מהדורת ש' אסף, ירושלים תש"ב, עמ' 155 (= תשובות גאונים קדמונים, מהדורת ד' קאססעל, ברלין תר"ח, עמ' מב): 'כל עיר שאין בה אחד לשמוע ושנים לדבר מהו? שנים לפתור ולברר הלכה ואחד ששומע וסובר כר' אליעזר בדורו'. מדברי ר' מאיר הלוי בספרו 'יד רמה' למסכת סנהדרין לסוגיה בדף יז ע"ב עולה כי כך הוא גם נוסחו של רב שרירא גאון, עיין שם.

מסברה.[25] לפי גרסה זו של כ״י ת מסתבר שהמספר שנקט רב ביחס לסנהדרין שהייתה בביתר וביבנה כולל גם את השומע, ואילו לפי הגרסה האחרת אין זה ודאי. אף נראה שלפי פירושו של הרמב״ם למושגים ׳מדבר׳ ו׳שומע׳,[26] שמעון התימני, ש׳דן לפניהם בקרקע׳, הוא המוגדר ׳שומע׳.[27]

נפנה כעת לדון בחלקה האחרון של הסוגיה, וכך הוא הנוסח על־פי המסורת הרווחת: ׳מתיבי שלישית חכמה רביעית אין למעלה הימנה?! הוא דא׳ כי האי תנא דתני׳ שנייה חכמה שלישי׳ אין למעלה הימנ׳׳.[28] על־פי גרסת המסורת הרווחת בתחילת הסוגיה ׳שנים לדבר ואחד לשמוע׳ חייבים לומר כי המונחים ׳שלישית׳, ׳רביעית׳ ו׳שנייה׳ אינם כוללים את השומע אלא את המדברים בלבד, שאם לא כן אין מקום לקושיית הגמרא על רב, ואכן כך פירשו רש״י, רבנו חננאל ורמ״ה. אלא שיש לתמוה מה ראתה הגמרא להניח הנחה זו ולהקשות על רב במקום להניח שהמספר כולל גם את השומע בהתאמה גמורה עם דבריו של רב?![29]

לעומת זאת, על־פי גרסת כ״י ת ׳שנים אחד לדבר ואחד לשמוע׳, שכאמור היא גם גרסת הרמב״ם, קושיית הגמרא ברורה יותר, שכן המונחים בברייתא כוללים גם את השומע, כשם שהמספר שנקט רב ביחס לסנהדרין שהייתה בביתר וביבנה כלל גם את השומע וכל הסוגיה עקיבה במונחיה.[30]

ואולם כאן מתעוררת שאלה אחרת בנוגע לפסק הרמב״ם בהלכה ו, וזו לשונו: ׳סנהדרין שיש בה שנים אלו אחד ראוי לשמוע ואחד ראוי לדבר הרי זו סנהדרין, היו בה שלשה הרי זו בינונית, היו בה ארבעה יודעים לדבר הרי זו סנהדרי חכמה׳. מדברי הרמב״ם עולה כי המושג ׳חכמה׳ מתייחס לסנהדרין שמספר חבריה הוא מעל המינימום הנדרש, ואכן, זו משמעות הלשון ׳חכמה׳.

25 גרסה זו ציטט גם ׳כסף משנה׳ שם, אלא שלא העיר כלל על ייחודה. גרסה זו באה גם בתוספות למנחות סה ע״א ד״ה ׳ויודעים׳, ומדפיסי וילנה ביקשו להגיהה.

26 והוא פירוש הגאונים רב נחשון ורב שרירא (ראה לעיל, הערה 24). רש״י לעומת זאת פירש ׳שנים לדבר בשבעים לשון ואחד לשמוע שיהא מבין בשבעים לשון אע״פ שאינו יודע להשיב׳. וראה ברמ״ה שהוכיח את יתרונו של פירוש הגאונים על פני פירושו של רש״י.

27 ואכן, כך פירש הרמ״ה שקיבל את פירוש רב שרירא גאון למושגים ׳מדבר׳ ו׳שומע׳.

28 לנוסח המסורת הרווחת מצטרף גם קטע הגניזה הקודם וכן עוד קטע גניזה שסימנו T–S AR 50.185

29 וכבר עמד ה׳לחם משנה׳ שם על קושי זה וזו לשונו: ׳ויש הכרח לגירסת רבינו ממה שהקשו מברייתא דשלישית חכמה ואי איתא כגירסתנו הא אפילו ר״י בעי תלת חכמים גדולים שנים לדבר ואחד לשמוע ומאי פריך ליה ממאי דקאמר שלישית חכמה אבל לגירסת רבינו אתי שפיר׳.

30 לפי המסורת הרווחת דבר זה אינו ודאי. כאמור, הרמ״ה, הגורס כגרסת המסורת הרווחת, קיבל את פירוש הגאונים למושגים ׳מדבר׳ ו׳שומע׳, וסובר כי רב כלל במספר שנקט גם את השומע, שכן שמעון התימני, שדן לפניהם בקרקע, מוגדר שומע. לפי זה אין הסוגיה שומרת על עקיבות במונחיה. מצד אחר, לשיטת רש״י בפירוש המושגים ׳מדבר׳ ו׳שומע׳ ניתן לומר כי רב לא כלל את השומע בדבריו, ושמעון התימני היה אף הוא מדבר בשבעים לשון, ואם כן נשמרת העקיבות במונחי הסוגיה (אפשר שזו הסיבה שרש״י פירש כן ושלא כפירוש הגאונים), אלא שהנחה זו דחוקה במקצת, שכן על־פיה לא פירש רב את דבריו כל צורכם.

יש אפוא לשאול מה ראתה הגמרא להקשות על דברי רב מן הברייתא 'שלישית חכמה', והרי אפשר להשיב כי אכן, שלישית חכמה היא ורב דיבר על שניים כמינימום? אין צריך לומר כי תשובת הגמרא 'הוא דאמר כי האי תנא דתניא שניה חכמה שלישית אין למעלה הימנה' אינה מתיישבת כלל עם פסק הרמב"ם. מסתבר שגם כאן פסק הרמב"ם תלוי בנוסח כ"י ת, וכך הוא הנוסח בכתב־יד זה: 'מותיבי שניה חכמה שלישית אין למעלה הימנה הוא דאמ' כי האיי תנא דתניא שלישית חכמה רביעית אין למעלה הימנה'. על־פי הנוסח הזה ברור שאכן, הבינה הגמרא כי המושג 'חכמה' מציין דרגה מעל המינימום ומכאן שדי לה לסנהדרין שיהיה בה אחד 'מדבר' או 'שומע' ולכן הקשתה על רב שהצריך שניים ותירצה כי רב שנה 'שלישית חכמה רביעית אין למעלה הימנה' היינו שניים הם המינימום, שלישית היא חכמה (כדוגמת ביתר), ורביעית (כדוגמת יבנה) אין למעלה הימנה. אכן, עדיין אין מונחי הרמב"ם מתאימים לחלוטין למסקנות הסוגיה, שכן הוא קרא לשלישית 'בינונית' ולרביעית 'חכמה', ונראה שבכך רצה לכלול גם את לשון התוספתא סנהדרין פרק ח: 'שלשה בינונית ארבעה חכמה'.[31]
נביא עוד דוגמה להתאמה שבין פסק הרמב"ם לנוסח כ"י ת.
למדנו בדף ע ע"א:

> ואמר רבי חנין בר מולדה אמר רב הונא אינו חייב עד שיאכל בשר חי וישתה יין חי איני והא רבה ורב יוסף דאמרי תרווייהו אכל בשר חי ושתה יין חי אינו נעשה בן סורר ומורה אמר רבינא יין חי מזיג ולא מזיג בשר חי בשיל ולא בשיל כבשר כיבא דאכלי גנבי.

כך הוא הנוסח, פחות או יותר, בכל עדי המסורת הרווחת.[32] ואולם בכ"י ת במקום 'יין חי מזיג ולא מזיג בשר חי' נאמר 'חי ולא חי'. כלומר במקום הגדרה אחת ליין והגדרה אחת לבשר רבינא נותן, על־פי מסורת זו, הגדרה כפולה לבשר בלבד 'חי ולא חי בשיל ולא בשיל'. ואכן, כך פסק הרמב"ם בהלכות ממרים פ"ז ה"ב: 'ויאכל הבשר חי ואינו חי מבושל ואינו מבושל כדרך שהגנבים אוכלים וישתה היין מזוג כדרך שהגרגרנים שותים'. פסק הרמב"ם הוא בדיוק כנוסח כ"י ת. את הגדרת היין קבע הרמב"ם על־פי הגדרת הבשר.[33]
על דוגמה אחרת להתאמה שבין פסק הרמב"ם ובין נוסח כ"י ת עמד לפני זמן רב א"ש רוזנטל.[34] בהלכות מלכים פי"א ה"ג כתב הרמב"ם: 'אל יעלה על דעתך שהמלך המשיח צריך לעשות אותות ומופתים ומחדש דברים בעולם או מחיה מתים וכיוצא בדברים אלו שהטפשים אומרים אין הדבר כן שהרי

31 וכך הוא גם בירושלמי שקלים פ"ה ה"א, מח ע"ד.

32 בכ"י פירנצה חסר 'ולא מזיג' כנראה השמטה מפאת הדומות.

33 עוד דוגמה הלקוחה מהמשך הסוגיה ראה: נ' דנציג, מבוא לספר הלכות פסוקות עם תשלום הלכות פסוקות, ניו־יורק–ירושלים תשנ"ג, עמ' 516, הערה 31.

34 את דבריו הביא בנו דוד רוזנטל, 'משנה עבודה זרה — מהדורה ביקורתית ומבוא', חיבור לשם קבלת התואר דוקטור לפילוסופיה של האוניברסיטה העברית בירושלים, תשמ"א, עמ' 261.

רבי עקיבא חכם גדול מחכמי משנה היה והוא היה נושא כליו של בן כוזיבא המלך והוא היה אומר עליו שהוא המלך המשיח׳.

דברי ר׳ עקיבא על בן כוזיבא שהוא מלך המשיח ויחסו החיובי כלפיו נזכרים לפנינו בספרות התלמודית,[35] אבל לידיעה שר׳ עקיבא היה נושא כליו של בן כוזיבא אין כל מקור אלא בכ״י ת, דף צג ע״ב, ושם נאמר: ׳תנא ר׳ עקיבה נושא כלים שלבן כוזבא הוה׳. מעניין שכבר הרב מימון שיער בזמנו כי דברי הרמב״ם הללו שאובים ׳ממקור קדמון עתיק׳ כלשונו,[36] אלא שלא שם לב כי מקור עתיק זה אינו אלא כתב-היד התימני שהיה באותה העת ברשותו.[37]

בסך הכול מצאתי עשרים ושמונה מקרים של התאמות בין נוסח הרמב״ם לנוסח כ״י ת. אף כאן שקלתי אם הושפע נוסח כ״י ת מפסק הרמב״ם ומצאתי כי אף שבכמה מקומות הדבר אפשרי, למשל בדוגמה האחרונה, הרי שברוב המקומות, למשל בדוגמה הראשונה שהובאה לעיל, ברור שנוסח כ״י ת הוא שהביא לידי פסק הרמב״ם ולא להפך.

למדנו מכאן כי מסורת הנוסח שבכ״י ת איננה מסורת שהילכה בצדי דרכים אלא היא מסורת הנוסח שעמדה במרכזה של המסורת ההלכתית שעוצבה בהלכות הרי״ף ונפסקה לדורות בפסקי הרמב״ם.

קרבה רבה ביותר מצאתי גם בין נוסח כ״י ת לנוסח ר׳ יהודה אלברצלוני בספר השטרות ובפירושו לספר יצירה, ובכללה ביטויים שאינם בכל עד נוסח אחר. על אחד מהם, המונח ׳בני סיומיה׳, עמד בזמנו דוד רוזנטל ודן במשמעותו במפורט.[38]

זיקה חזקה מצאתי גם לנוסח הרמ״ה. במקומות רבים הרמ״ה מצטט ׳נוסחי עתיקי׳ ונוסחם זהה לנוסח כ״י ת. במקומות אחרים הרמ״ה מדבר על ׳נוסחי דילנא׳, בדרך כלל בניגוד לנוסח שברש״י, ואף כאן נוסחו זהה לכ״י ת. ואולם בדיקה מקיפה של כל ציטוטי המסכת הבאים ברמ״ה מלמדת כי ברוב המקומות נוסחו זהה למסורת הרווחת שלא כנוסח כ״י ת לרבות מקומות הבאים ברי״ף, שנוסחו זהה כאמור לנוסח כ״י ת. ולא עוד אלא שבמקום אחד הרמ״ה דוחה את נוסח הרי״ף, הנמצא לפנינו בכ״י ת, בטענה ׳אלא כיון דלא אשכחן הכי בנוסחי דגמרא לא סמכינן עלה׳.[39] למדנו מכאן כי נוסח

35 ירושלמי תעניות פ״ד ה״ח, סח ע״ד, ועוד.

36 י״ל מימון, ׳אהבה משולשת׳, סיני, מג (תשי״ח), עמ׳ נד.

37 על עוד דוגמה עמד א״ש רוזנטל במקום אחר, ראה: רוזנטל, ׳עיונים׳ (לעיל, הערה 6), עמ׳ 10–9.

38 ראה: ד׳ רוזנטל, ״׳רבנן דסיומא׳ ו׳בני סיומי׳״, תרביץ, מט (תש״ם), עמ׳ 61–52.

39 ראה פירוש הרמ״ה לדף לא ע״ב ד״ה ׳אלא כי אתא רב שמואל בר יהודה אמר רבי יוחנן׳. הרמ״ה אינו נוקב במפורש בשמו של הרי״ף אלא מכנהו ׳בעל הלכות׳. טויבש (אוצר הגאונים לסנהדרין [לעיל, הערה 22], עמ׳ רצב–רצג) הבין שכוונתו לבעל הלכות גדולות, ולכן הביא נוסח זה כנוסחו של בעל הלכות גדולות. ואולם בכל נוסחי הלכות גדולות שבידינו נוסחו זהה לנוסח הרמ״ה. ברור אפוא שכוונת הרמ״ה בכינוי ׳בעל הלכות׳ היא לרי״ף. זה כינויו של הרי״ף בפי הרמ״ה; ראה חידושי הרמ״ה לב״ב דף קנו ע״א: ׳והדין הוא סברא דרבוותא קמאי ודרבינו יצחק בעל הלכות ז״ל׳. מצאנו כינוי זה לרי״ף גם אצל בעל המאור בהקדמתו לספר המאור: ׳אני הצעיר אומר על רבינו הרב הגדול המובהק ר׳ יצחק ב״ר יעקב בעל ההלכות המכונה אבן אלפסי׳, וכן אצל הרמב״ם

הרמ״ה ונוסח הרי״ף, שהוא כאמור נוסח כ״י ת, הם שני ענפים שונים זה מזה של נוסחי ספרד, אף שיש להם מצע משותף רחב. עוד למדנו שמסורת הנוסח הרווחת היא ביסודה מסורת נוסח מזרחית וכי ההתפלגות היסודית שבינה ובין כ״י ת חלה כבר במזרח.

מסקנה דומה עולה גם מבדיקת נוסח פירוש רבנו חננאל. מתברר שברוב הציטוטים נוסח ר״ח זהה לנוסח המסורת הרווחת, ורק במיעוט המקרים נוסחו זהה לנוסח כ״י ת. פרט זה מחזק את המסקנה שההתפלגות היסודית שבין הענף הרווח לנוסח התימני אירעה כבר במזרח. נציין כי בפרט זה המצב כאן שונה מזה שבמסכת פסחים, שלגביה הוכיח א״ש רוזנטל כי נוסח כתבי־היד התימניים זהה לנוסח רבנו חננאל.[40] כל כתב־יד וכל מסכת צריכים אפוא להיבדק בנפרד ואין להקיש כלל מכתב־יד תימני אחד על חברו, אף שבשני המקרים הוכחה קדמותה של מסורת הנוסח שנשתמרה בהם.

בבואנו אפוא לדון בשינויים שבין המסורת הרווחת למסורת שנשתמרה בכ״י ת יש להבדיל בין המקומות שמצטרף בהם אחד הפרשנים האלה, ר״ח ורמ״ה או עד מזרחי אחר, למסורת הרווחת, דבר המלמד על ההתפלגות במזרח גופו, ובין המקומות שפרשנים אלו מצטרפים בהם למסורת כ״י ת, מקומות שיש להניח כי המסורת הרווחת מייצגת בהם את המסורת האשכנזית. הבדיקה מלמדת כי ברוב המקומות שפרשנים אלו מצטרפים לנוסח כ״י ת אפשר להוכיח שאכן, נוסח הענף הרווח הוא נוסח משני, היינו התפתחות שחלה באשכנז אם מחמת שיבוש ואם מחמת הגהה. דוגמה מובהקת לכך היא סדר הפרקים. בכל עדי־הנוסח של סדר המשנה פרק ׳חלק׳ קודם לפרק ׳אלו הן הנחנקין׳. כך עולה גם מתשובת גאון,[41] גם מפירוש רבנו חננאל,[42] גם מן

בתשובותיו (תשובות הרמב״ם, מהדורת י׳ בלאו, ירושלים תשמ״ט, חלק א, סימן נה, עמ׳ 91; חלק ב, סימן ריח, עמ׳ 387). כינוי זה רגיל בתשובות ר׳ אברהם בן הרמב״ם; וראה: ש״י פרידמן, ספר הלכות רבתי לרבינו יצחק אלפסי כתב יד ניו יורק בה״מ לרבנים באמריקה רב. 692, ירושלים תשל״ד, עמ׳ 52, והערה 6 שם.

40 ראה: רוזנטל, ׳לעריכת׳ (לעיל, הערה 6).

41 ל׳ גינצבורג, גנזי שכטר, ב, ניו־יורק תרפ״ט, עמ׳ 395–402. בתשובה המובאת שם הגאון מבאר מילים ממסכת סנהדרין, והציטוטים מפרק ׳חלק׳ קודמים לציטוטים מפרק ׳ואלו הן הנחנקין׳, וכבר עמד על כך גינצבורג, שם, עמ׳ 395.

42 פירוש רבנו חננאל נדפס בדפוס וילנה מכ״י רומא אנגליקה Ms. Or 83/1 (כפי שצוין בסוף ש״ס וילנה ׳אחרית דבר׳, עמ׳ 5). בכתב־היד נפסק הפירוש בסוף דף נו ע״ב, ושם כתב הסופר: ׳צריך הנה קונטרס שלם. חלק כי כך מצאנו חסר׳. הפירוש מתחדש בדף פט ע״א ונמשך עד סוף פרק ׳אלו הן הנחנקין׳ בדף צ ע״א (מדפיסי וילנה הדפיסו גם את הפירוש לדף פט, אבל משום מה השמיטו את הפירוש לדף צ ע״א, אף שהדף הוכן לדפוס ואף הדפיסו בסוף פט ע״ב את שומר העמוד ׳אמר׳. קטע זה הביא ח״י קוהוט בערוך השלם, וינה, תרל״ח–תרנ״ב, חלק שמיני, נרות המערכה, עמ׳ עט–פ, ומשם העתיקו ח״צ טויבש באוצר הגאונים למסכת סנהדרין [לעיל, הערה 22], עמ׳ תקס). בסופו כתב סופר כתב־היד: ׳הדרן עלך אלו הן הנחנקין וסליקא לה מסכת סנהדרין שבח ותהלה ליוצר הרים׳. בהמשך מועתק הפירוש למסכת מכות. אם כן מסתבר שלנגד עיניו של רבנו חננאל היה פרק ׳אלו הן הנחנקין׳ האחרון במסכת ופרק ׳חלק׳ עמד לפניו, וכבר עמד על פרט זה רבינוביץ בהקדמתו לדקדוקי סופרים לסנהדרין, עמ׳ 6.

הרי״ף[43] וגם מן הרמ״ה[44] שאף הוכיח בראיות חותכות את מקוריותו של סדר זה. ואולם בעדי־הנוסח הישירים של הבבלי נשתמר נוסח זה בכ״י ת בלבד, ואילו במסורת הרווחת לכל עדיה פרק ׳הנחנקין׳ קודם לפרק ׳חלק׳. ברור שלפנינו הגהה שמטרתה להצמיד את פרק ׳הנחנקין׳ אל שאר הפרקים העוסקים בארבע מיתות בית דין. מקור ההגהה הוא, כנראה, בפירושו של רש״י, שכן המהרש״ל ב׳חכמת שלמה׳ לתחילת פרק ׳חלק׳ מצטט את נוסח הפירוש המיוחס לרש״י לתחילת פרק ׳חלק׳ וזו לשונו: ׳רש״י בס״א כצ״ל: ונראה למורי ד׳אילו הן הנחנקין׳ ראוי שיקדים לפרק זו דמעיקרא איירי בארבע מיתות׳. לדעת אפשטיין, הכותב הוא הריב״ן ומורו היה רש״י.[45] אם כן, לפני רש״י עדיין עמד הסדר המקורי והוא ביקש לשנותו.[46]

פרט זה ופרטים רבים אחרים, שמקצתם יצוינו להלן, מוכיחים כי המסורת הרווחת יונקת ממקור אחד, והיא מורכבת משתי שכבות. השכבה הבסיסית היא ירושה מהמסורת המזרחית, שכאמור כבר במזרח התפלגה ממסורת כ״י ת. שכבה בסיסית זו הוסיפה להתפתח באשכנז אם מחמת הגהות ואם מחמת שיבושים, והתפתחות זו היא שמשווה לה את האופי ה׳אשכנזי׳. אם כן, יש מקום לכנותה ׳מסורת אשכנזית׳ רק ביחס לאותם שינויים מנוסח כ״י ת שאין לה בהם סיוע מאחד משני הפרשנים רבנו חננאל ורמ״ה או מעד מזרחי אחר. מאפיין ׳אשכנזי׳ אחר למסורת זו הוא ההשפעה המכרעת של הגהות רש״י עליה, הגהות שאין רישומן ניכר בכ״י ת, אלא שבפרט זה יש להבדיל בין הדפוס, כ״י מינכן וכ״י פירנצה, שבהם נקלטו הגהות רש״י ברובן המוחלט, ובין כ״י קרלסרוהה, שלא נקלטו בו הגהות אלו. עוד מצאתי כי הגהות אלו לא השפיעו גם על נוסחאות ילקוט שמעוני, ושני אלה, הילקוט וכ״י קרלסרוהה, מייצגים אפוא את המסורת האשכנזית שלפני השפעתו של רש״י. עוד מצאתי כי רוב ההגהות המצויות בפירוש המיוחס לרש״י לפרק ׳חלק׳ לא נקלטו בכתבי־היד מינכן ופירנצה, ובכך רואה אני סיוע לדעה שפירוש זה אינו מרש״י אלא מחתנו הריב״ן.[47] מסתבר שמעתיקי עדים אלו או אבות הנוסח

43 בכתבי־היד ובדפוסים הישנים, אבל בדפוסים המאוחרים שינו את סדר הפרקים וראה: רבינוביץ, דקדוקי סופרים לסנהדרין, עמ׳ 231, סוף הערה א.

44 ראה את דבריו לתחילת פרק ׳חלק׳: ׳הכי אשכחן בנוסחי עתיקי ודייקי דסמכי פרק חלק לאלו הן הנשרפין בין בנסחי דמתני׳ בין בנסחי דגמרא׳.

45 י״נ אפשטיין, מחקרים בספרות התלמוד ובלשונות שמיות, ג, ירושלים תשנ״א, עמ׳ 21. נציין שבנוסח הפירוש המיוחס לרש״י בדפוסים שלפנינו חסרות המילים הראשונות והפירוש מתחיל במילים ׳מעיקרא איירי בארבע מיתות׳. מסתבר שלאחר ששונה סדר הפרקים על־פי הגהת רש״י הרגישו המעתיקים בזרותם של דברי רש״י ולכן התאימום לסדר החדש.

46 להלן נראה כי כ״י קרלסרוהה אינו מושפע בדרך כלל מהגהות רש״י. כיוון שגם בכתב־יד זה קודם פרק ׳הנחנקין׳ לפרק ׳חלק׳, משמע שהיו עוד ׳אבות׳ להגהה זו.

47 הראשון שהעיר על כך היה רנ״נ רבינוביץ: ׳כי נראה למי שמכיר בלשון רש״י הקצר והנקי שפי׳ פרק חלק אינו מרש״י אלא מאחד מתלמידיו׳ (דקדוקי סופרים למסכת סנהדרין, עמ׳ 260, הערה נ). אחריו בא אפשטיין לבסס דעה זו, והראה כי הפירוש הוא של הריב״ן (לעיל, הערה 45, עמ׳ 21–24). שאול ליברמן (שקיעין, ירושלים תש״ל, עמ׳ 79–92) קיבל את דברי אפשטיין והראה שאפשר למצוא את עקבותיו של פירוש רש״י ל׳חלק׳ בחיבור שנתחבר בצרפת הכולל תרגום רומי של מקומות בתלמוד עם פירוש רש״י, עיין שם. כנגד

שלהם לא הכירו פירוש זה, ואולי עוד היה לפניהם פירוש רש״י המקורי ל׳חלק׳.

חריג בולט במסורת האשכנזית מצאתי בהגהות שבכ״י מינכן. מניתי בגיליון או בין השיטין כארבעים הגהות המתאימות לנוסח כ״י ת בלבד. מסתבר שלפני מגיהו של כ״י מינכן — וכפי שבירר רבינוביץ,[48] הוא ר׳ יהוספיה בנימין, שישב באשכנז ובצרפת — עמדה מסורת הנוסח של כ״י ת או מסורת קרובה לה.

נעיר עוד כי לעדים פירנצה וקרלסרוהה יש גרסאות ייחודיות משותפות ובכללן טעויות משותפות, ויש אפוא לראות בהם ענף מיוחד בתוך המסורת האשכנזית.

נסכם כאן את סוגי חשינויים שנמצאו בין המסורת הרווחת למסורת כ״י ת. לא מצאתי אלא מקום אחד שסדר הסוגיות בו שונה בכל מסורת. מן המקבילה בירושלמי אפשר ללמוד כי הסדר המקורי הוא הסדר שבכ״י ת, סדר המצוי גם באחד מקטעי הגניזה, ואילו הסדר האחר הוא פרי הגהה.[49] במקום אחר מצאתי כי הסוגיה בכ״י ת קצרה יותר מהמסורת הרווחת וחסרים בה שני שלבים של קושיה ותירוץ, המשנים את מסקנת הסוגיה. נוסח קצר זה מתועד גם בפירוש הרמ״ה המצטטו מ׳נוסחי עתיקי׳, היינו כתבי־יד ישנים. מסתבר שגם כאן מסורת זו ראשונית היא, והמסורת האחרת מייצגת שלב נוסף של שכלול הסוגיה, אולי על־פי מקבילתה במסכת נדרים.[50] אלה המקומות הבולטים ביותר של שינויים הקרובים להיות שינויי עריכה, ומסתבר שאינם כן.

שינויים עמוקים באים בעיקר במדרשי אגדה. בדיקתם מלמדת כי אין לראות בהם פרי הגהות מקומיות מחמת קשיים נקודתיים, אלא הם עיצובים שונים זה מזה של המדרש והמשותף להם הוא גרעינו של הסיפור בלבד. מסתבר כי בתקופה הסמוכה לחתימת התלמוד היה לחכמים חופש רב בעיצובם של מדרשי אגדה, ובכ״י ת נקלטה מסורת שונה מן המסורת שנקלטה במסורת האחרת.

מרובים הם השינויים הנובעים מטעויות או מהגהות במסורת הרווחת. בדרך כלל כ״י ת הוא היחיד ששמר על כתיבה הנכון של המילה שנשתבשה באחרים בעיקר במילה נדירה, במילים מפרסית, בשמות מקומות או בשמות אמוראים נדירים וכיו״ב. כך למשל שמר רק כ״י ת (ובעקבותיו מדרש הגדול לבראשית, מהדורת מ׳ מרגליות, ירושלים תשל״ה, עמ׳ תרפ״ז) על המילה הפרסית ׳פרג׳ שהוראתה מתנה, ואילו כל עדי־הנוסח האחרים שיבשו מילה

דעה זו יצא יונה פרנקל (דרכו של רש״י בפירושו לתלמוד בבלי, ירושלים תש״ם, עמ׳ 306 ואילך) הסבור כי עיקר הפירוש הוא של רש״י אלא שנוספו עליו תוספות רבות. אבל ראה מה שהעיר על כך א״א אורבך, בעלי התוספות, ירושלים תשמ״ו, א, עמ׳ 39, הערה 20. וראה עוד: ח׳ מרחביה, ׳לשאלת רש״י לפרק חלק׳, תרביץ, לג (תשכ״ד), עמ׳ 259–286; לה (תשכ״ו), עמ׳ 278–294.

48 דקדוקי סופרים לברכות, הקדמה, עמ׳ 27–35.

49 ראה בחיבורי, ׳כתב־יד תימני׳, עמ׳ 279–280.

50 ראה בחיבורי, ׳כתב־יד תימני׳, עמ׳ 222 ועמ׳ 317.

זו. על עניין זה עמדתי בפירוט במקום אחר,[51] ושם גם הראיתי כי כ״י ת מבהיר את דברי הגאון שהיו סתומים עד כה. כיוצא בזה אירע גם בדף צח ע״א, ושם שבור מלכא אומר לשמואל: ׳אמריתו משיח על חמרא אתי אישדר ליה סוסיא ברקא דאית לי אמ׳ ליה אית לך בר חיור גווני׳ ובתרגום חלקי לעברית: ׳אומרים אתם משיח על חמור יבוא אשלח לו אני ״סוסיא ברקא״ שיש לי, אמר לו ויש לך ״בר חיור גווני״?׳ כך הוא הנוסח, פחות או יותר, בכל עדי המסורת הרווחת. ואולם בכ״י ת נאמר ׳נשדר ליה אנא סוסיא בהרג דידי אמ׳ ליה מי אית לך כאר הזר גוונין׳. נוסח זה יתבאר על־פי תשובת גאון שנאמר בה: ׳מהו סוסיא בארג? אני אשגר לך סוס משובח בנוי כמגדל ביופי בקומה, אמ׳ לו: ויש לך חמור שיש בו אלף מיני צבעונים של יופי? זה לשון פרסי הוא׳,[52] וביתר ביאור בתשובת גאון אחרת שבה נאמר: ׳כר הזאר גונג בלשון פרסי: כר — חמור,[53] הזאר — אלף,[54] גונג — גונים׳,[55] ובדומה בערוך ערך ׳כאר׳. מתשובת הגאון הראשונה משמע שגם המילה ׳בארג׳ היא מילה פרסית. נראה לי כי זו המילה הפרסית *barig* שבמילונים לפהלווית תרגומה ׳משובח, דק׳,[56] בדומה לביאורו של הגאון ׳בנוי כמגדל ביופי בקומה׳.[57] גרסת ׳בהרג׳ הבאה בכ״י ת ובערוך יכולה להתפרש כחילוף פונטי.[58] מכל עדי־הנוסח שמר אפוא רק כ״י ת (ובעקבותיו מדרש הגדול) על דו־שיח ארמי־פרסי זה כמעט באופן מלא. כל השאר, כאמור, שיבשו את כל המילים, והפכו אותן למילים ארמיות הדומות להן מבחינה גרפית: ׳בארג׳ הפך ל׳ברקא׳ או ׳בדקא׳, ׳כאר׳ הפך ל׳בר׳ ו׳הזאר׳ הפך ל׳חיוור׳. לא רק מילים מפרסית נשתבשו. כך קרה גם למילים ארמיות נדירות. כך למשל בדף צח ע״א, בסיפור המפורסם על רבי יהושע בן לוי ששואל את אליהו על מקומו וסימניו של המשיח אומר לו אליהו ׳יתיב ביני עניי סובלי חלא׳ וכולן שרו ואסירי בחד זימנא איהו שרי חד ואסיר חד׳. ובתרגום לעברית: ׳יושב בין העניים סובלי חלאים וכלם מתירים וקושרים בפעם אחת, הוא מתיר אחד וקושר אחד׳. כך הוא הנוסח בכל עדי המסורת

51 מ׳ סבתו, ׳ערכים נוספים למילון התלמודי — פרג׳, תרביץ, סה (תשנ״ו), עמ׳ 509–513.

52 מ״צ וייס, שרידים מהגניזה — ספר היובל לבית המדרש לרבנים בבודפשט, בודפשט תרפ״ח, עמ׳ פא.

53 ראה: D. N. Mackenzie, *A Concise Pahlavi Dictionary*, London 1971, p. 94, s.v. *xar*. קושיותיו של ד׳ גייגר (ש׳ קרויס, תוספות הערוך השלם, וינה תרצ״ז, ערך ׳בארג׳) אין בהן ממש, והשערתו שלו מוזרה ביותר.

54 מקנזי, פהלווית (לעיל, הערה 53), עמ׳ 43, ערך *hazar*.

55 גנזי שכטר, ב (לעיל, הערה 41), עמ׳ 400. כאן המקום להעיר שלדפים צז ע״א – קח ע״א ממסכת סנהדרין יש עד נוסח נוסף: כ״י וטיקן 171. כתב־יד זה כולל קטעים מכמה חיבורים. הנוסח שם הוא: ׳אשדר ליה אנא סוסיא ברקא דאית לי אמ׳ ליה מנא לך כר הזר גוונא׳.

56 מקנזי, פהלווית (לעיל, הערה 53), עמ׳ 17.

57 ואולם פרופסור שאול שקד מעיר לי כי לא ידוע לו שמילה זו משמשת לתיאור בעלי חיים אלא בעיקר לתיאור ראייה חדה וכדומה, וצריך עיון.

58 גייגר (תוספות הערוך השלם [לעיל, הערה 53], ערך ׳בארג׳) מבקש לראות במילה זו את המילה הפרסית *barak* שהוראתה ׳בהמה לרכיבה׳, ופירוש זה יכול לפרנס גם את גרסת ׳ברקא׳, ואולם אין הפירוש הזה מתאים להסבר הגאון.

הרווחת, ואולם בכ״י ת נאמר במקום ׳יתיב ביני ענייי׳ ׳יתיב ביני סקבני׳. גרסה זו ׳סקבני׳ מתועדת גם בקטע גניזה[59] וכן בערוך ערך ׳סקב׳ שכתב: ׳בחלק בענין משיח ויתיב בין סקבני דרומי פי׳ בעלי חבורות׳. מילה זו ׳סקבא׳ היא מילה ארמית שהוראתה ׳פצע, חבורה׳,[60] ו׳סקבני׳ הם, כדברי הערוך, בעלי חבורות. המשך הסיפור, שמסופר בו על התרת התחבושות וקשירתן, מלמד כי המילה ׳סקבני׳ היא המקורית. מסתבר שגם כאן הוגהה המילה מחמת נדירותה. דבר דומה קרה גם למילה ׳בותא׳ המצוטטת בשאילתות משפטים שאילתא ס: ׳מר בריה דרבינא לא שביק ליה לבריה למפתח ליה בותא דילמא אתי למעבד ביה חבורה׳. הגרסה ׳בותא׳ היא גם בשתי תשובות גאונים המפרשים אותה מלשון אבעבועות,[61] היינו מלשון ׳בועתא׳ בנשילת העי״ן[62] וכן בערוך ערך ׳בע׳: ׳לא שביק ליה לבריה למפתח בועתא׳, ובערך ׳בתא׳ כתב: ׳למפתח ליה בותא כבר פירשתי בערך בועתא׳. גרסה זו נשתמרה רק בכ״י ת לדף פד ע״ב. כל שאר העדים גורסים ׳כוותא׳ ופירשה רש״י מלשון ׳כוויה׳ — מילה שאינה הולמת כראוי את הלשון ׳למפתח ליה׳. מסתבר שגם כאן שובשה המילה ׳בותא׳ מחמת נדירותה והייתה למילה ׳כוותא׳, הדומה לה מבחינה גרפית. על דוגמאות אלו אפשר להוסיף עוד כהנה וכהנה. כאמור, ברוב המקרים כ״י ת שומר על כתיבן המקורי של המילים הנדירות, ואולם גם הוא אינו נקי לחלוטין מטעויות העתקה. כמו כן יש בו מקרים רבים של גיליונות שחדרו לגוף הטקסט. לא תמיד ניתן לקבוע מתי חדרו גליונות אלו, ואולם בשני מקרים נמצא הגיליון גם בקטע גניזה בן המאה הי״א,[63] ומכאן שזמנם קדום. מקצת הגיליונות האלה הם הערות פרשניות שחדרו שלא במקומן ומקצתם — הם גרסה חלופית שנרשמה בגיליון ומשם חדרה לגוף כתב־היד.

סוג אחר של גיליונות המצוי בכ״י ת הוא ׳אשגרות׳, היינו תוספות שנוספו לסוגיה בידי הסופר שהשגיר לסוגיה משפט מסוגיה אחרת הדומה לה. שלא כסוג הקודם, אין לראות בהכרח במסורת שבכ״י ת רובד משני יחסית למסורת הרווחת כי ייתכן שהאשגרות הן קדומות והוגהו במסורת האחרת. במקום אחד מצאתי כי האשגרה באה גם בקטע גניזה מן המאה הט׳,[64] ובמקום אחר מצאתי כי האשגרה באה גם ברי״ף. בדף ז ע״ב הרי״ף כותב: ׳אמ׳ ר׳ יהושע בן לוי עשרה שיושבין בדין קולר תלוי בצואר כולן ואפ׳ במקום חתך ואפי׳ תלמיד היושב לפני רבו׳. ביטוי זה ׳ואפי׳ במקום חתך׳ תמוה ונתחבטו בו מפרשי הרי״ף. ר׳ יהונתן מלוניל כותב: ׳כלו׳ ואפי׳ בדין שהוא פסוק ועומד מפי השמועה אע״פ כן צריך שיעיינו בדין בשעה שהוא בא לפניהם׳. הדוחק בפירוש

59 סימנו T-S NS 329.660.

60 ראה את הדוגמאות שהובאו בערוך. מילה זו משמשת גם בסורית; ראה: J. Payne Smith, *A Compendious Syriac Dictionary*, Oxford 1903, p. 387 בערך ׳סקבא׳.

61 גנזי שכטר, ב (לעיל, הערה 41), עמ׳ 401; תשובות הגאונים, מהדורת הרכבי (לעיל, הערה 1), סימן רטז, עמ׳ 102.

62 ראה: י״נ אפשטיין, דקדוק ארמית בבלית, ירושלים תשכ״א, עמ׳ 18. אפשטיין עמד על תופעה זו והביא לה עוד דוגמאות.

63 ראה בחיבורי ׳כתב־יד תימני׳, עמ׳ 45–46, 48–50.

64 ראה בחיבורי ׳כתב־יד תימני׳, עמ׳ 289–290.

זה גלוי לעין, ואין פלא שבחידושי אנשי שם ביקש למחוק מילים אלו. מתברר שהרי״ף תלוי בנוסח שבכ״י ת. בדף ז ע״ב נאמר במסורת הרווחת ׳אמר ר׳ יהושע בן לוי עשרה שיושבין בדין קולר תלוי בצואר כולן פשיטא לא נצרכא אלא לתלמיד היושב לפני רבו׳. ואולם בנוסח כ״י ת נאמר ׳פשיטא לא נצרכא אלא למקום חתך אפלו לתלמיד היושב לפני רבו׳. ברור שהרי״ף תלוי בנוסח כ״י ת. ההבדל הקל שבין נוסח כ״י ת ובין נוסח הרי״ף מלמד כי אין לראות בנוסח כ״י ת העתקה מהרי״ף, אלא הרי״ף הוא שקיצר את לשון הסוגיה. ביטוי זה ׳לא נצרכה אלא למקום חתך׳ מופיע בתלמוד עוד בשלושה מקומות בהקשרים שונים זה מזה.[65] מסתבר שלפנינו בנוסח כ״י ת אשגרה ממקומות אלו בגלל דמיון הביטוי ׳לא נצרכא אלא׳ וממנו עברה האשגרה לרי״ף.

מצאתי לפחות עוד מקום אחד שנראה בו שהאשגרה נובעת משלב הלימוד על־פה, שכן האשגרה היא מסוגיה במסכת אחרת העוסקת בנושא אחר לחלוטין, ורק המבנה החיצוני של הסוגיות דומה.[66] גרסן הגורס את הסוגיות על־פה יכול בנקל להשגיר את לשונה של סוגיה אחת בחברתה, מה שאין כן סופר המעתיק מנוסח כתוב. גם פרט זה, אם צדקתי בפירושו, מלמד על זמנן הקדום של האשגרות.

שינויים רבים בין שתי המסורות הם בסגנון הרצאת הסוגיה, ובדרך כלל אין בהם שינוי משמעות. על סוג זה של שינויים עמד א״ש רוזנטל בכמה ממאמריו,[67] והעלה כי הם שייכים לשלב הלימוד על־פה, כאשר נוסח התלמוד לא היה קפוא בלשון מוגמרת אלא היה קבוע רק מצד ענייניו ותכניו ועדיין היה חופשי בקביעת הלשון.

במקרים רבים הרצאת הסוגיה בכ״י ת מלאה יותר ומפורטת יותר מהמסורת הרווחת. בכמה מקומות הרמ״ה מצטט קטע מסוים הבא רק בכ״י ת ומגדירו ׳לישנא רויחא׳.[68] מעדויות הגאונים אנו למדים כי בתקופה שלאחר חתימת התלמוד היו שגרסו בתלמוד ׳לישנא קייטא׳, היינו לשון קצרה, והיו שגרסו ׳לישנא רויחא׳.[69] מסתבר שתחילה הבחינו החכמים בין לשון הסוגיה ובין פירושה. בשלב מסוים, כנראה בגלל הלימוד על־פה, טושטש הגבול שבין הסוגיה ובין ההסברים שנלוו אליה על־פה. כאמור, במקרים רבים כ״י ת גורס ׳לישנא רויחא׳. מדברי הגאונים למדנו כי הרחבות לשון אלו קדומות. ואכן, בכ״י ת נמצאו הרחבות רבות שאין להוסיפן מסברה משום שאינן רק לשון פירוש אלא הן חוליות הכוללות תוספת מידע. כך למשל בדף ה ע״ב נאמר

65 ברכות סא ע״א (=עירובין יח ע״א) בעניין בריאתה של חוה; חולין סח ע״ב בעניין עובר שהוציא את ידו והחזירה; שם צט ע״א בעניין איסור והיתר.

66 ראה בחיבורי ׳כתב־יד תימני׳, עמ׳ 293–294.

67 ראה בעיקר רוזנטל, ׳תולדות׳ (לעיל, הערה 6).

68 ראה: פירוש הרמ״ה לדף ח ע״א ד״ה ׳תשלומי כפל ותשלומי ד׳ וה׳ בשלשה. שלח ליה רבי נחמן בר רב חסדא לר׳ נחמן בר יעקב׳; שם, ד״ה ׳וחכמים אומרים מוציא שם רע בעשרים ושלשה׳; פירושו לדף י ע״א ד״ה ׳משום רבי ישמעאל אמרו בעשרים ושלשה׳.

69 ראה: ב״מ לוין, איגרת רש״ג, חיפה תרפ״א, עמ׳ 19, 30, 36 ושם הערה א; תשובות הגאונים, מהדורת הרכבי (לעיל, הערה 1), עמ׳ 50; ב״מ לוין, אוצר הגאונים לברכות, חיפה תרפ״ח, חלק התשובות, עמ׳ 5–6.

במסורת הרווחת 'תנחום בריה דרבי אמי איקלע לחתר' וכ"י ת מוסיף 'למיזבן שושמי', תוספת המצויה גם בשני קטעי גניזה.[70] וכן בדף ח ע"א נאמר במסורת הרווחת 'אמ' ליה אי צייתת צייתת ואי לא מפיקנא לך רב מאוניך' ומוסיף כ"י ת 'שמע רב ואיקפד' — תוספת המצויה גם בספר 'והזהיר'.[71] דוגמה מעניינת במיוחד יש בדף קה ע"ב, לאחר דרשתו של ר' שמואל בר נחמני על הפסוק 'נאמנים פצעי אוהב ונעתרות נשיקות שונא' כ"י ת מוסיף את הפתגם 'אמ' רב פפא היינו דאמרי אינשי טבא קולפי דאמא מן שוקיתא דאבא', וכן הוא במדרש הגדול לבמדבר (מהדורת צ"מ רבינוביץ, ירושלים תשמ"ג, עמ' תכח). בפירוש נוסח זה התחבט ש' פיש במהדורתו למדרש הגדול.[72] צ"מ רבינוביץ, מהדירו האחר של מדרש הגדול לבמדבר,[73] הראה שנוסח זה נשתבש מעט ובמסכת תענית דף כ ע"א נשתמרה בכתב־יד פרסי אחד בלבד מקבילה מתוקנת לפתגם זה, ושם נאמר 'אמרי אינשי טבין קולפי דאימא מנשיקותא דאתת אבא',[74] ופירושו 'טובות מכות האם מנשיקות אשת האב'.[75]

מסתבר, כאמור, שאלו הן הרחבות שהילכו במסורת על־פה מתקופה קדומה ושוקעו במסורת כ"י ת.

בבואנו לדון בהבדלים שבין שתי המסורות ובבדיקת טיבו של כ"י ת נודעת חשיבות רבה לבדיקת נוסח הגאונים.

התמונה העולה מן הבדיקה מורכבת, ומתברר שכאשר מדובר במילים או בשמות שנשתבשו או הוגהו כ"י ת שומר ברוב רובם של המקרים על הנוסח המקורי המתועד בגאונים, ודוגמאות לכך ציינו קודם. גם כאשר מדובר בתוספת חוליות המצויות בכ"י ת ברוב המקרים יש לנוסח כ"י ת סיוע מנוסח הגאונים. ואולם כאשר מדובר בסגנון שונה בהרצאת הסוגיה מתאים נוסח הגאון בדרך כלל למסורת הרווחת. אין להניח כי כ"י ת שמר ברוב המקרים את הכתיב הנכון של המילים ועל חוליות מקוריות המצויות בגאונים, ואילו בסוגיות אחרות שיבש לחלוטין את לשונה של הסוגיה. מסתבר אפוא שגם במקומות אלו כ"י ת שומר על נוסח קדום. עצם הדבר שנוסחו בא גם ברי"ף

70 סימנם T–S AS 81.30; Cam. West. Talm. I.52. במקרה זה יש לשקול גם שמא לפנינו אשגרה ממסכת כתובות כא ע"ב: 'איקלע רבנאי אחוה דר' חיא בר אבא למזבן שומשמי'.

71 מהדורת י"מ פריימן, לייפציג תרל"ג, חלק א, עמ' 107. תוספת זו באה גם בגיליון כ"י פירנצה וכן במדרש הגדול לדברים (מהדורת ש' פיש, ירושלים תשל"ה, עמ' כ"ח) התלוי, כפי שאמרנו לעיל, בכ"י ת. כמו כן תוספת זו באה ב'נמוקי יוסף' בדף ב ע"א מדפי הרי"ף בדפוס וילנה. אף כאן יש לשקול שמא לפנינו אשגרה ממסכת מגילה דף כז ע"ב 'שמע רב ואיקפד' אלא ששם מבנה הסוגיה שונה.

72 ראה מהדורתו למדרש הגדול ספר במדבר, חלק שני, ירושלים תשכ"ג, עמ' קצ.

73 ירושלים תשמ"ג, עמ' תכח.

74 ראה: מסכת תענית, מהדורת צ' מלטר, ניו־יורק 1930, עמ' 79, הערה 20. כתב־היד הזה (שסימונו אצל מלטר נ) הוא משנת 1485; ראה: מלטר, שם, עמ' ט; א' סגל, 'מסורות הנוסח של בבלי מגילה', חיבור לשם קבלת התואר דוקטור לפילוסופיה של האוניברסיטה העברית בירושלים, תשמ"ב, עמ' 101. לדעתו של סגל, 'נוסח הגמרא הוא לרוב מעולה'.

75 וראה גם: דברים רבה, מהדורת ש' ליברמן, ירושלים תשל"ד, עמ' 1, והערתו של ליברמן שם.

ובקטעי גניזה קדומים שמקצתם תוארכו למאה הט׳ מסייע לסברה זו. מסתבר שבתקופת הגאונים הילכו כמה מסורות נוסח, ואף הגאונים עצמם היו ערים לדבר.[76] מסייעת לכך גם העובדה שבמקומות מסוימים זהה נוסח כ״י ת לנוסח השואלים מן הגאון והגאון מתקנו. בכמה מהמקרים נראה כי דווקא גרסת השואלים היא הגרסה המקורית וגרסת הגאון איננה אלא הגהה מסיבות כלשהן. למשל, באחד המקומות השואלים מציינים שבתלמודם בא נוסח פסוק השונה מנוסח המסורה, והגאון בתשובתו מעיר כי נוסחם משובש ומצווה עליהם לתקנו.[77] ואכן, רבנו נסים, מחכמי קירואן, מעיד שנוסחם תוקן במקרה זה על־פי נוסח הגאונים.[78] ואולם כ״י ת שומר על נוסח השואלים, ומתוכן הסוגיה נראה שאכן, הוא הנוסח המקורי בסוגיה. על־פי דרכנו למדנו כי כ״י ת לא עבר תחת מכבש עיבודם של הגאונים. לעניין זה נוסיף ונציין כי בכ״י ת מרובים ציטוטי פסוק בנוסח השונה מנוסח המסורה, ולפעמים אפשר להוכיח מתוכן הדרשה שאכן, זה הנוסח שציטט הדרשן.

הקשר החזק שמצאתי בין נוסח כ״י ת לנוסח השאילתות,[79] לרבות חוליה הכוללת דרשה הלכתית המובאת בשניהם בלבד,[80] מוכיח כי הקשרים שבין

76 ראה: סגל, ׳מגילה׳ (לעיל, הערה 74), עמ׳ 27, הערה 2; רוזנטל, ׳תולדות׳ (לעיל, הערה 6); י׳ ברודי, ׳ספרות הגאונים והטקסט התלמודי׳, מחקרי תלמוד, א, ירושלים תש״ן, עמ׳ 303–237.

77 אוצר הגאונים לברכות (לעיל, הערה 69), חלק התשובות, עמ׳ 5–6. תשובה זו מתייחסת לסוגיה שבברכות ג ע״ב ובסנהדרין טז ע״ב. הרמ״ה בפירושו ׳יד רמה׳ לסנהדרין כותב: ׳הכי אשכחן לה בנוסחי דיוקי דילנא והכי נמי אשכחן לה בתשובה לרבינו האי גאון זצ״ל וקאמר דהכין גרסי רבנן כולהון בלא שיבוש ובלא פלוגתא ואזהר לתקוניכון לנוסחי דלית בהו הכי ולאיומי על כולהו רבנן ותלמידי למגרס הכי דלא תהוי חס ושלום תקלה במילתא.׳

78 וזו לשונו בפירושו לתחילת מסכת סנהדרין: ׳לרבינו נסים ז״ל מן פירוש אלפרקין אלאולין מן סנהדרין: [...] ואמר רב יוסף מהאי קרא ״ואחרי אחיתופל יהוידע בן בניהו״ וגו׳. שמועה זו עיקרה במסכת ברכות פר׳ א׳ ומשובשת היא בכל הנוסחאות ואנו תיקננוה מנוסחי הישיבות והנה אנו כותבין הגרסא כפי מה שתיקנו הישיבות׳ (אוצר הגאונים לברכות [לעיל, הערה 69], חלק התשובות, עמ׳ 4–3).

79 מצאתי שמונה־עשר מקרים של התאמות בין נוסח השאילתות לנוסחו היחידי של כ״י ת, ובמקצתן אפשר להוכיח שנוסח השאילות ושל כ״י ת הוא הנוסח המקורי והוא השתבש או הוגה בעדי־הנוסח האחרים; ראה פירוטם בחיבורי ׳כתב־יד תימני׳, עמ׳ 115–123. על זיקת כתב־יד תימני אחר — ענעלאו 271 לפסחים — לשאילתות עמד א״ש רוזנטל; ראה: רוזנטל, כ״י ששון (לעיל, הערה 6), עמ׳ 23–32; רוזנטל, ׳תולדות׳ (לעיל, הערה 6), עמ׳ 19–20.

80 שאילתות פרשת ויחי שאילתא לד: ׳ואי משום דקא אמרת מילה דוחה את השבת ואין קבורת מת מצוה דוחה את השבת דכתי׳ קבור תקברנו ביום ההוא ביום שאתה רוצחו אתה קוברו וביום שאין אתה רוצחו אין אתה קוברו׳. דרשה זו לקוחה ממסכת סנהדרין דף לה ע״ב על־פי נוסח כ״י ת בלבד. הנצי״ב בפירושו שם סבור כי מקור הדרשה הוא במכילתא משפטים פ״ד ׳בו ביום שנהרג בו ביום יקבר׳ (מהדורת הורוביץ־רבין, עמ׳ 264), וזו גם דעתו של ש״ק מירסקי (במהדורתו לשאילתות, ירושלים תש״ך–תשל״ז), המבקש להסיק על סמך דוגמה זו מסקנות כוללות בדבר היחס שבין השאילתות למכילתא. ואולם לשון המכילתא שונה מלשון השאילתות, ולכן נראה לומר כי מקורו בתלמוד הבבלי על־פי נוסח כ״י ת.

יהדות תימן לגאוני בבל שייכים לשלב קדום של תקופת הגאונים, ומסתבר שכבר אז עבר התלמוד לתימן. מסקנה זו נתמכת גם ממקורות אחרים.[81] עובדה זו יכולה להסביר לנו כיצד נשתמרו בנוסח כ״י ת לשונות אחרים של הסוגיה שאינם מתועדים בדרך כלל בתשובות הגאונים שהגיעו לידינו, משום שבדרך כלל התשובות שייכות לשלב מאוחר בתקופת הגאונים.

יכול אני אפוא לסכם ולומר כי תוצאות בדיקתי מלמדות שאכן, כ״י ת עדיף מכל כתבי־היד האחרים למסכת סנהדרין. כבר הזכרתי שהוא שומר על הסדר המקורי של הפרקים שנשתבש באחרים ועל מילים נדירות שהוגהו או נשתבשו באחרים. נוסיף כי כ״י ת שומר במקרים רבים על שרשרת מסירה ארוכה יותר של שמות האמוראים, ומסתבר כי שרשרת זו נתקצרה בעדים האחרים. כך, למשל, העיר אפשטיין[82] שהמאמר בסוף המשנה בעוקצין ׳אמר ר׳ יהושע בן לוי עתיד הקב״ה להנחיל לכל צדיק וצדיק ש״י עולמות שנאמר להנחיל אוהבי יש׳ הוא תוספת על־פי הגמרא בסנהדרין דף ק ע״א, שהרי ר׳ יהושע בן לוי אינו נזכר במשנה. ואולם בכל עדי המסורת הרווחת המאמר בסנהדרין מובא בשמו של רבא בר מארי. רק בכ״י ת, וממנו במדרש הגדול לדברים (עמ׳ רמ) נאמר ׳אמר רבא בר מארי אמר רבי יהושע בן לוי׳ וכו׳. ברור ששרשרת המסירה נתקצרה בכל עדי המסורת הרווחת ונשתמרה בכ״י ת.[83]

כמו כן כ״י ת שומר על סימנים רבים אשר בכתבי־יד אחרים רק מקצתם נשמרו, ולעתים בצורה חלקית ומשובשת שסתמה את כוונתם. חשוב גם לציין כי בכ״י ת נשתמרו מונחים בשימוש נדיר שנעלמו בעדים האחרים, כגון ׳סיפא׳ לציון תוספתא שהיא כסיפא למשנה,[84] המונח ׳תנו רבנן׳ לציון פסקה מן המשנה,[85] וכבר עמד אפשטיין על תופעות אלו בכתבי־יד טובים,[86] וכגון המונח ׳סבר׳ לציון דעה שאינה נדחית,[87] וכבר עמד הרמב״ן ב׳מלחמות ה׳׳ לבבא מציעא דף קט ע״ב[88] על תופעה זו וציין בין שאר דוגמאותיו גם את הדוגמה ממסכתנו, דוגמה המתועדת בכ״י ת בלבד. כל זה, מלבד לשונו שכבר הוכח שהיא קרובה ללשון הגאונים,[89] מורה בבירור על יתרונו. גם זיקתו

81 ראה את דבריו של שלמה מורג בספרו ׳ארמית במסורת תימן — לשון התלמוד הבבלי׳, ירושלים תשמ״ח, עמ׳ 35–37.

82 י״נ אפשטיין, מבוא לנוסח המשנה, ירושלים תש״ח, עמ׳ 979.

83 גם בכ״י וטיקן 171 (לעיל, הערה 55) נמסר המאמר משמו של ר׳ יהושע בן לוי, ואולם שם חסר שמו של רבא בר מארי ומסתבר ששם נתקצרה שרשרת המסירה בתחילתה. בקטע גניזה שסימנו לנינגרד אנטונין 899 (הקטע פורסם בידי א״י כץ, גנזי תלמוד בבלי, ב, ירושלים תשל״ט, עמ׳ רמא) נזכר שמו של ר׳ יהושע בן לוי וחסר שמו של רבא בר מארי, אלא ששם הקטע קרוע בדיוק לפני שמו של ר׳ יהושע בן לוי ואין לדעת אם שמו של רבא בר מארי היה כלול בקטע הקרוע אם לאו.

84 חיבורי ׳כתב־יד תימני׳, עמ׳ 78–79.

85 חיבורי ׳כתב־יד תימני׳, עמ׳ 320.

86 מבוא לנוסח המשנה (לעיל, הערה 82), עמ׳ 108, 900.

87 חיבורי ׳כתב־יד תימני׳, עמ׳ 85–86.

88 בדף סו ע״ב בדפי הרי״ף בדפוס וילנה.

89 ראה קארה, כתבי־היד התימניים (לעיל, הערה 13).

לנוסח הגאונים, אף שאינה מלאה, ובייחוד ללשון השאילתות, מסייעת לקביעה זו.
נחתום את דברינו בדוגמה שיש בה עניין מיוחד.
למדנו בסנהדרין דף צו ע״א:

> אמר ר׳ זירא אע״ג דשלח ר׳ יהודה בן בתירא מנציבין הזהרו בזקן ששכח תלמודו מחמ׳ אונסו והזהרו בוורידין כר׳ יהוד׳ והזהרו בבני עמי הארץ שמא מהן תצא תורה כי הא מילתא מודעינן להו צדיק אתה ה׳ כי אריב אליך אך משפטים אדבר אותך מדוע דרך רשעים צלחה? מאי אהדרו ליה כי את רגלים רצתה וילאוך ואיך תתחרה את הסוסי׳ [...] ומה בשכר ארב׳ פסיעות ששלמתי לאותו רשע שרץ אחר כבודי אתה תמיה כשאני משלם שכר לאברהם יצחק ויעקב שרצו לפני כסוסים על אחת כמה וכמה.

המפרשים התחבטו בהבנת הקשר שבין דבריו של ר׳ זירא, העוסקים בשאלתו של ירמיהו על בעיית רשע וטוב לו ותשובת ה׳, ובין מאמריו של ר׳ יהודה בן בתירא. רש״י כתב:

> ואע״ג דאמר רבי יהודה הכי ׳הזהרו בבני עמי הארץ׳ כי הא מילתא דלקמן מודעינן להו, כי היכי דחזינן לקמן דלא זכה נבוכדנאצר לאותו כבוד אלא מפני זכות ד׳ פסיעות כדאמרינן לקמן, ה״נ אמרינן לבני עמי הארץ דלא זכו לאותו כבוד אלא מחמת זכות מעט שהיה באביהם.

הדוחק בפירוש זה גלוי לעין. גם הפירושים האחרים, ובכללם פירושו של הרמ״ה, לא העלו ארוכה לקושי זה. הקושי אינו קיים כלל בנוסח כ״י ת. בנוסח זה נזכר לאחר שלושת מאמרי רבי יהודה בן בתירא עוד מאמר והוא ׳ומנעו בניכם מן ההגיון׳, מאמר הידוע לנו מתוך מאמריו של ר׳ אליעזר הגדול בברכות דף כח ע״ב. מעתה מתבארים דברי ר׳ זירא בנקל. ר׳ זירא מבקש לומר כי אף-על-פי שאמר ר׳ יהודה בן בתירא ׳מנעו בניכם מן ההגיון׳, כלומר מלהגות במקראות, מכל מקום מקרא זה של שאלת ירמיהו ותשובת ה׳ מלמדים אותם משום שיש בו פתרון לשאלה המציקה של רשע וטוב לו.
גרסה זו עמדה גם לפני הגאונים. בתשובת גאון העוסקת בביאור מילים ממסכת סנהדרין נאמר, במקום המתאים לסוגייתנו: ׳מהו מנעו בניכם מן ההגיון מלהגות במקראות שהן נוטין למינות אבל בפסוק הזה צדיק אתה ייי׳ יהגו שהרי יש לו תשובה כי את רגלים רצתה וילאוך׳.[90]
וכבר שיער וייס, מהדירה של תשובה זו, שבתלמודו של הגאון כללה הסוגיה גם מאמר זה. אלא שוייס לא דייק בשחזור גרסתו של הגאון.[91]
גם בתשובה אחרת לגאון אחר בתוך סדרת ביאורים למילים מפרק ׳חלק׳ בדיוק במקום המתאים לסוגייתנו מובא: ׳ומנעו עצמכם מן ההיגיון ומהגים

90 שרידים מהגניזה (לעיל, הערה 52), עמ׳ פא.
91 שם, עמ׳ צ.

בעונות ראשונים עד שיגדילו ויבחינו׳.[92] אמנם שלא כדברי הגאון בתשובה הקודמת אין בדברי הגאון שכאן הוכחה פנימית שלקח את המאמר מסוגיית סנהדרין, ולכן הפנה הרכבי בהערותיו לתשובה זו למסכת ברכות, ואולם לאור דברי הגאון בתשובה הקודמת ברור שגם לפני הגאון בתשובה זו עמד המאמר בסנהדרין.

גם לפני הערוך היה מאמר זה בסוגייתנו, שכן כתב בערך ׳הג׳: ׳ובפרק תפלת השחר בגמ׳ ר׳ נחוניא בן הקנה ובחלק בענין סנחריב מנעו בניכם מן ההגיון פי׳ מפתרין פסוק כצורתו׳.

דברים דומים לתשובה הראשונה מביא ר׳ אברהם זכות בספר היוחסין, וכך נאמר שם:

> ואכתוב בכאן מה שפירש רב צמח גאון מנעו בניכם מן ההגיון מל׳הגות במקראות שהן נוטין למינות אבל צדיק אתה כי אריב אליך יוכלו להגות שיש שם תשובה כי את רגלים רצתה וכו׳ [...] ויש מפרשים ההגיון כפשוטו [...] אבל בפרק חלק נראה כפירוש רב צמח גאון.[93]

ר׳ אברהם זכות הכיר שאף־על־פי שהֶקשֵר המאמר בברכות מאפשר פירושים אחדים, הקשרו בסנהדרין אינו מתאים אלא לפירוש המפרש היגיון כהגייה במקראות כפי שפירשו הגאונים.

כ״י ת הוא אפוא עד־הנוסח היחיד ששמר בסוגייתנו על מאמר זה, שנשמט בכל העדים האחרים ובהם הנוסחים שעמדו לפני הרמ״ה. השמטה זו סתמה את הבנת הסוגיה וערפלה את כוונתו המדויקת של המאמר המקביל בברכות. דוגמה זו, עם רבות אחרות יחד, מלמדת על טיבו המשובח של כ״י ת ועל יתרונו מן עדי המסכת האחרים.

מאלפת העובדה שאף שכ״י ת הוא, לדעתי, המשובח שבכל כתבי־היד למסכת סנהדרין, הרי הוא, כמצוין לעיל, גם המאוחר שבהם, ׳ללמדך שלאו דווקא קדמות הכתיבה מכרעת אלא טיבה מקומה ומקורה׳.[94]

92 תשובות הגאונים, מהדורת הרכבי (לעיל, הערה 1), סימן שב, עמ׳ 144. המילה ׳עצמכם׳ שבמובאה תמוהה, שכן היא נסתרת מסוף דבריו של הגאון, כפי שהעיר הרכבי שם, ומסתבר שזו טעות העתקה.

93 אברהם זכות, ספר יוחסין השלם, מהדורת צ׳ פיליפוווסקי, לונדון 1857, דף 124 ע״ב, בתחילת האות ה״א. על משמעות הזהות שבין הציטוט כאן מרב צמח גאון לביאור המילים בתשובת הגאון שהובאה ב׳שרידים מהגניזה׳ ראה: ח״צ טויבש, ׳ספר הערוך של רבי נתן מרומי והערוך הקדמון של רב צמח בן פלטוי גאון׳, ספר זכרון לשלמה סאלי מאיר, ירושלים תשט״ז, עמ׳ 126–141; אבל ראה מה שהעיר ש׳ אברמסון, פרקים מן ׳מבוא התלמוד׳ לר׳ שמואל בן חפני גאון, ירושלים תש״ן, עמ׳ 341, הערה 5.

94 השתמשתי כאן בניסוח דבריו של א״ש רוזנטל שנאמרו על כתב־יד תימני אחר (ענעלאו 271 הכולל גם את מסכת פסחים). דבריו נכתבו במכתב פרטי לשלמה מורג, והובאו בשמו בספרו של מורג, ארמית במסורת תימן (לעיל, הערה 81), עמ׳ 55, הערה 111.

דרך ההכרעה,
סמכות של טקסטים ומודעות עצמית

הרהורים על דרכי הפסיקה בשלהי תקופת הגאונים*

מאת

עוזיאל פוקס

משנחתם התלמוד, בערך בשנת 500 לספירה, היו בו אלפי סוגיות, ובהן קושיות ותירוצים, ראיות ופרכות, דברי תנאים ודברי אמוראים, הלכות ואגדות.[1] דבר אחד כמעט לא נמצא בו — הלכה פסוקה, הלכה למעשה. מעטות הן הסוגיות המסיימות ב'והלכתא [...]' או ב'והלכה כ־', ואף הן חשודות שהן מאוחרות.[2] לעומת זאת מרובות ביותר הסוגיות המסתיימות ב'תיקו', ב'קשיא', ב'תיובתא' או פשוט בהצגת הדעות החולקות. גם בתלמוד כחיבור שלם אין ההלכה פסוקה. התלמוד מלא סוגיות וחלקי סוגיות

* פנים המאמר נשמר כצורתו במתכונת ההרצאה. לצורך ההרצאה נוסחו כמה מן הקביעות שבפנים באופן מכליל, חד וחותך. נעזרתי בהערות גם כדי להוסיף הסתייגויות (ראה בעיקר הערות 4, 71). במשך הזמן שבין מסירת המאמר לבין הדפסתו התפרסמו כמה מחקרים העוסקים בסוגיות הנידונות להלן, ובהם שני חיבורים רחבים: גיל, במלכות ישמעאל; ברודי, גאוני בבל. כאן המקום להודות למורַי שעסקו עמי בכמה מנושאי המאמר. עם מקצתם שוחחתי על תוכנו ואחרים הגיבו על דברים שבכתב: פרופ' מנחם בן־ששון, פרופ' ירחמיאל ברודי, פרופ' יעקב זוסמן ופרופ' דוד רוזנטל. טובה אני מכיר גם לחברי ד"ר דוד לוין, שהתחבטתי עמו בכמה סוגיות עוד בטרם ניסוחן. המאמר נכתב בסיוע קרן צבי מנזין (Howard Menzin Memorial Fund) ותודתי נתונה לה.

1 אינני מתייחס כלל לשאלה הסבוכה של חתימת התלמוד ועיצוב דמותו בידי האמוראים, הסבוראים או ה'סתמאים' אלא לתלמוד כפי שהוא מצוי לפנינו, הוא התלמוד שבעיקרו של דבר עמד לפני הגאונים.

2 לבירור הוספות כגון אלה ייחד י"ש שפיגל את עבודתו 'הוספות מאוחרות (סבוראיות) בתלמוד הבבלי', חיבור לשם קבלת התואר דוקטור לפילוסופיה של אוניברסיטת תל־אביב, תשל"ו. מעמוד 163 ואילך הוא דן בפסקי הלכה מאוחרים שחדרו לנוסחי התלמוד. וראה: הנ"ל, 'לשונות פירוש והוספות מאוחרות בתלמוד הבבלי', תעודה, ג (תשמ"ג), עמ' 91–112; ב"מ לוין, רבנן סבוראי ותלמודם, ירושלים תרצ"ז; ש"י פרידמן, 'מבוא על דרך חקר הסוגיה', מחקרים ומקורות, א, ניו־יורק תשל"ח, עמ' 282 ואילך; ד' רוזנטל, '"לא איתפרש לן מאי בעי הכי" על "גופים זרים" בבבלי', בר אילן, יח–יט (תשמ"א), בעיקר עמ' 150–155; י' זוסמן, 'ושוב לירושלמי נזיקין', מחקרי תלמוד, א (תש"ן), עמ' 108, הערה 204; י' ברודי, 'ספרות הגאונים והטקסט התלמודי', שם, עמ' 266–267; י' ברודי, תשובות רב נטרונאי בר הילאי, ירושלים תשנ"ד, עמ' 75. ברודי מסתייג מן הגישה הרווחת הנוטה לראות בכל לשונות פסיקת ההלכה הוספות מאוחרות.

הסותרים אלה את אלה בלי שהוא מנסה להכריע או לפשר ביניהם. המשימה הגדולה שעמדה לפני החכמים שבאו לאחר התלמוד הייתה כיצד לפסוק הלכה על־פי התלמוד וכיצד להעלות את שמועות התלמוד 'אליבא דהלכתא' ולעשותן כ'שולחן ערוך'.

בהמשך הדברים נעסוק באחד המאפיינים של דרך הפסיקה של גאוני בבל וברקע הספרותי והתרבותי שלה. וכאן המקום להעיר ולהזהיר שעיקר ידיעותינו על תקופת הגאונים ועיקר תורתם של הגאונים הם מסוף התקופה דווקא.[3] לשון ההכללה שאני נוקט כאן 'גאוני בבל' ו'תקופת הגאונים' — היא קיצור בלבד. רוב רובם של הדברים נוגעים לגאונים בסוף התקופה, במאה התשיעית והעשירית.[4]

[א]

אחד המאפיינים של דרך פסיקת ההלכה של הגאונים היא ההכרעה.[5] רוצה לומר, בכל אותן סוגיות שאי־אפשר לפסוק על־פיהן מכיוון שאין הן חד־משמעיות יש לבחור את אחד החלקים ועל־פיו לפסוק הלכה. בתוך איברי הסתירה יש להכריע מה חשוב ומה לא, יש להכריע איזו מן הסוגיות הסותרות היא הקובעת ואיזו מימרה היא השלטת בתוך סוגיה סבוכה ונפתלת; וכלשונם של הגאונים, יש להכריע מה 'מוסמך' ומה 'איננו מוסמך'.

3 עיון קל בחיבורו של י' מילר (מפתח לתשובות הגאונים, ברלין תרנ"א) מלמד זאת (עיין למשל שם, עמ' 204, לגבי רב האיי); וראה: ש' אסף, תקופת הגאונים וספרותה, ירושלים תשט"ו, עמ' קג; ד' רוזנטל, 'לתולדות רב פלטוי גאון ומקומו במסורת ההלכה', שנתון המשפט העברי, יא־יב (תשמ"ד–תשמ"ו), עמ' 589–590; צ' גרונר, 'הגאונים', מנהיג והנהגה, ירושלים תשנ"ב, עמ' 155–156; ברודי, גאוני בבל, עמ' 137.

4 אוסיף עוד הסתייגות בעניין המקורות הנידונים להלן: כולם בעלי אופי גלוי ומפורש. רוצה לומר, מקומות שהגאונים מבארים בהם את דרך הפסיקה שלהם. הסתייגות זו חשובה, מפני שרובה של ספרות פסיקת ההלכות בתקופת הגאונים איננה מבארת את דרכה בפסיקת הלכות, כוונתי לספרות ההלכות, לשאילתות, ואף לרבות מן התשובות ההלכתיות של הגאונים שאין הדרך שפסקו בה הלכה מבוארת.
אין צריך להדגיש את החשיבות שיש בניתוחם של הפסקים הסתומים והלא מפורשים. אלא שהלימוד מן הסתום קשה הוא, שלעתים פסק הלכה אחד עולה לכמה טעמים. ראה למשל ביקורתו של מ"פ בעהר (דברי משלם, פרנקפורט תרפ"ו, עמ' 132–140) על ניתוח פסקי ההלכה שבשאילתות על־ידי ח' טשרנוביץ ('פסקי הלכותיהם של הגאונים', התקופה, ה, ורשה תר"ף, עמ' 240–279).

5 הרב ראי"ה קוק במאמרו על אוצר הגאונים (מאמרי הראיה, ירושלים תשמ"ד, עמ' 311–315) עמד על חשיבותה של דרך ההכרעה של הגאונים. לדידו, זו אחת הדרכים שסללו הגאונים 'להכשרתו של התלמוד שיקבע בתור המקור היחידי לחיי עם ד' הגוי כולו'. הדרכים הן: 'עבודת ההכרעה המעשית [...] הפרשנות הראשונה של התלמוד וישור גרסאותיו [...] עבודת הבקורת היותר עליונה [...] היא עבודת הפלפול [...]'. אף שהוא מדגיש 'אמנם בתורתם של הגאונים הננו חשים את הכח הראשוני, את היסוד הראשון לחכמת ההכרעה [...]', הוא רואה את הדרכים כ'אחוזים זה בזה [...]'.

אדגים את הדברים בשתי דוגמאות פשוטות:
הדוגמה הראשונה עוסקת בסוגיה במסכת בבא בתרא[6]. נחלקו המשנה והברייתות בשאלה: האם אדם שמכר את ביתו, מכר אף את כלי המטבח, את התנור והכיריים? לפי המשנה: 'המוכר את הבית וכו' [...] מכר תנור מכר כיריים', ואילו לפי הברייתא שבבבלי ובתוספתא ההלכה הפוכה: 'לא מכר את התנור לא מכר את הכיריים'. רב האיי גאון מעמת את שני המקורות ומכריע: 'ואין הלכה כמותה — כמו הברייתא — לפי שהיא סותרת את המשנה. וקיימ' לן הלכה כסתם משנה'.[7]
הדוגמה השנייה עוסקת בייחוסי הממון שבין הבעל לאשה, במקרה הרגיל ובו גוף הנכסים שייך לאשה אך הבעל אוכל את הפירות. נחלקו הסוגיות בכתובות (פג ע"א)[8] ובבבא קמא (פט ע"א) האם גם פירי הפירות לבעל? כלומר, האם גם רווחים נוספים הנגרמים בזכות הפירות הם לבעל או שהם לאשה? על כך שאלו השואלים את הגאון: 'הכא אמור רבנן [...] אית ליה פירי פירות והתם אמר רבא [...] פירא דפירא לא תקינו רבנן וקשיאן אהדדי', והוא משיב: 'כך הראונו מן השמים שוודאי קשיאן אהדדי מיהא הא ר' יהודה והא רבנן [...]'[9] — חלוקה שאין לה זכר בסוגיה — וכתוצאה מכך הוא מכריע כַּסוגיה בכתובות ודוחה את זו שבבבא קמא מן ההלכה.
בשני מקרים אלו — ובעוד רבים דוגמתם — הגאונים מכריעים במקרה של אי־התאמה בין המקורות. יש להבהיר שההכרעה בין הסוגיות איננה האפשרות הפרשנית היחידה. בשני המקרים מנסים כמה מן הראשונים לאחות, לגשר ולפשר בין הסוגיות.[10]
כדי להדגיש את 'דרך ההכרעה' אפשר להוסיף לשונות פסיקה והכרעה כמו 'וזה שאמרו [...] הוא לפי עיקר המשנה הראשונה שנדחית, אבל אנחנו לא נסמוך אלא על דבר ראוי וידוע';[11] או 'ופירושא דר' נתן לאו דסמכא

6 משנה ב"ב ד:ג; תוספתא ב"ב ג:ה, מהדורת ליברמן, עמ' 138; בבלי ב"ב, סה ע"ב. לסוגיה זו ולנוסחיה ראה: ע' פוקס, 'המוכר את הבית ... מכר תנור מכר כיריים', נטועים, ד (תשנ"ח), עמ' 53–67.

7 ספר המקח והממכר, וינה תק"ס, שער כ.

8 קביעה זו עולה לכאורה מן המשנה עצמה. מתוך שקבע ר' יהודה 'לעולם הוא אוכל פירי פירות עד שיכתוב לה דין ודברים אין לי בנכסיך', מסתבר שהוא חולק על חכמים רק אם כתב שהוא מסתלק מנכסיה. בכל אופן כך הבינו את הדברים החכמים ששאלו את הגאון: 'ואפילו רבנן לא קא אמרי [אלא] כיון דסליק נפשיה מפירי [...] אבל לא סליק נפשיה מפירי אית ליה פירי פירי' (תג"ק, סימן כא).

9 תג"ק, סימן כא (=אוצה"ג, כתובות, חלק התשובות, סימן תרי"א); י' ברודי, תשובות רב נטרונאי (לעיל, הערה 2), סימן תקנ. שם בהערה 1 מזהה ברודי את המשיב כרב נטרונאי גאון, כיוון שהתשובה מצויה בתוך קובץ תשובותיו.

10 כמה מן הראשונים בבבא בתרא מגשרים על הפער שבין המשנה לבין הברייתות על־ידי יצירת אוקימתא: המשנה עוסקת בתנורים וכיריים המחוברים לקרקע, הברייתות — במציאות שאין הם מחוברים לקרקע. בדרך דומה מבחינים בעלי התוספות (ב"ק פט ע"ב וכתובות עט ע"ב, ד"ה פירא דפירא) בין 'מילי דאתו מעלמא' שהסוגיה בבבא קמא עוסקת בהם ובין 'פירא דאתי מגופיה' שהמשנה עוסקת בהם בכתובות.

11 שערי צדק, חלק ד, שער ד, סימן של (כותרת התשובה: 'רב האיי גאון ז"ל'). [=אוצה"ג, יבמות, חלק התשובות, סימן שמז].

הוא׳;[12] או ׳הילכך פירוקא דאביי עדיף ועלה סמכינן׳;[13] או בלשונו של רב שמואל בן חפני ׳ואין לחוש לקושייא זו וכי אין לה מעמד [...]׳;[14] ׳בטלו דברי ר׳ חמא בר חנינא׳[15] ועוד הרבה לשונות כעין אלה.[16]

׳דרך הכרעה׳ זו אין עניינה רק בפסיקת הלכה במקרה מסוים. היא באה לידי ביטוי אף ב׳כללי התלמוד׳, שהרי רבים מכללים אלו, כללי פסיקת ההלכה ההולכים ומתגבשים בתקופת הסבוראים והגאונים, מורים על ׳הכרעה׳: הכרעה בין אמוראים, הכרעה בין מקורות בתוך הסוגיה והכרעה בין סוגיות. לדוגמה: ׳כל לאפוקי — לית הלכתא׳,[17] ולצד אחר ׳זה הכלל — הלכה׳[18] ועוד כאלה.

[ב]

דרך זו, דרך ההכרעה איננה פשוטה כל עיקר, אין היא מובנת מאליה, והקשיים שבה מתמקדים בשני כיוונים.[19] מצד אחד — מבחינת הטקסט —

12 מפירוש כתובות לגאון (אנונימי), גנז״ש, עמ׳ 380 [=אוצה״ג, כתובות, חלק הפירושים, עמ׳ 60].

13 גנזי קדם, ה (תרצ״ד), עמ׳ 111.

14 צ׳ הילדסהיימר (מהדיר), ׳שערי שחיטה וטריפות לרב שמואל בן חפני גאון׳, מוריה, שנה טו, גיליון ז–י (תשמ״ז), עמ׳ כא.

15 מפירוש רב האיי, אוצה״ג, ברכות, חלק הפירושים, סימן קלה. בזמן האחרון נדפסו הדברים שוב בתוך: תשובות הגאונים החדשות, מהדורת ש׳ עמנואל, ירושלים תשנ״ה, סימן קנח, עמ׳ 230.

16 עניינה של ההכרעה איננו רק בדרך פסיקת ההלכה. היא באה לידי ביטוי גם בהתייחסות לפסיקת ההלכה. כלומר, גם באותם מקומות שהסתירה בהם גלויה ויש כורח להכריע אפשר לעשות זאת בשתי צורות. אפשר להתייחס לשתי הדעות כאל אמת, ׳אלו ואלו דברי אלהים חיים, אבל הלכה כדברי פלוני׳, ואפשר להתייחס לדעה שאין פוסקים הלכה כמותה כאל דעה דחויה, לא מוסמכת ולא נכונה. מכמה מקומות נראה שדברי הגאונים מטים כדעה השנייה. למשל: ׳והא דמר בר רב אשי ט ע ו ת א היא מילתא דאתיא בק״ו טרח וכתב ליה קרא׳ (אוצה״ג, קידושין, חלק התשובות, סימן יא). לאמור, הדעה שנדחית בגמרא — טעות היא. וכעין זה הלשון: ׳ובטיל האי פירושה דרב ששת והדרנן כפשוטו׳ (גנזי קדם, ה [תרצ״ד], עמ׳ 21); ׳ובטלו דברי רב ועמדו דברי שמואל׳ (תג״ק, סימן צ. וראה: א״א אורבך, ׳מסורת והלכה׳, מעולמם של חכמים, ירושלים תשמ״ח, עמ׳ 89). הרושם העולה מדברי הגאונים במקומות אלו ובדומיהם הוא שדברים שאין הלכה כמותם הם חלקים ׳לא קנוניים׳ בתלמוד. ועיין להלן, הערה 70.

17 ראה: ש׳ אסף, ׳דרכי התלמוד וכללי ההוראה בתשובות הגאונים׳, תקופת הגאונים וספרותה, ירושלים תשט״ו, סימן כה, עמ׳ רלא.

18 שם, סימן כט, עמ׳ רלג.

19 לשם השוואה: בתלמוד הבבלי עצמו אנו מוצאים לא פעם הכרעה בין מקורות שונים זה מזה ובין מסורות שונות זו מזו. אלא שדרך זו בלולה במקרים רבים ביותר שיש בהם הימנעות מהכרעה, פשרה, מיזוג הדעות או ניסיונות לצאת ידי חובת כל השיטות. עיין למשל בדרכי פתרון הסתירות בין המשנה ובין ברייתות שדן בהן י״נ אפשטיין (מבוא לנוסח המשנה, ירושלים תש״ח, עמ׳ 154–163). גם הניסיון הרווח כל כך אצל האמוראים לצמצם את המחלוקות נובע, ככל הנראה, מן הרצון להרמוניזציה ולהימנעות מהכרעה; ראה: א׳ גולדברג, ׳צמצום מחלוקות אצל אמוראי בבל׳, מחקרי תלמוד, א (תש״ן), עמ׳

איך אפשר לקבוע כלפי טקסט הלכתי מקודש מה מוסמך ומה איננו מוסמך? מצד אחר — מי שם את החכם, המפרש או הפוסק לאיש שר ושופט המכריע בתוך התלמוד מה חשוב ומה איננו חשוב?

ואכן, כאשר פסק רב האיי 'ומה שאתה מוצא בגמרא והלכתא אסמכתא קניא [...] תדע דלדעת ר' יוסי היא ואין לחוש לה ואין סומכין עליה',[20] נזדעקו השואלים מקירואן. הם תמהו על הכרעה זו של הגאון, המבטלת במחי יד את סמכותה של סוגיה שלמה על פסיקת ההלכה המפורשת בה, והם חזרו ושאלו את הגאון: 'אדכר מרן [...] דהילכתא אסמכתא קניא — לית למסמך עלה [...] וקשיא לן ממאי טעמ' מבטלינן הילכתא'.[21] לאחר דורות הקשה המהר"ם מרוטנבורג: 'ואיך יתכן לומר דפסיק סתמא דתלמוד והילכתא דלא הילכתא

135–153; ב' דה־פריס, תולדות ההלכה התלמודית, תל־אביב תשכ"ב, עמ' 129 ואילך. הימנעות מהכרעה ורצון לצאת ידי כל הדעות באים לידי ביטוי במאמרו המפורסם של רב פפא 'הלכך לימריניהו לתרוויהו' (ברכות יא ע"ב, נט ע"א, ע"ב; תענית ז ע"א; מגילה כא ע"ב).

דוגמה למחלוקת בשאלה אם להכריע או להימנע מהכרעה יש בסוגיית נדה לו ע"א: 'אקלע מר זוטרא לאתרין ודרש: הילכתא כוותיה דרב לחומרא והלכתא כוותיה דלוי לחומרא. רב אשי אמר: הלכתא כוותיה דרב, בין לקולא בין לחומרא'. גם עצם הלשון 'הכרעה' היא דוגמה לשתי השיטות דלעיל. בחלק מן המקרים המובן של ההכרעה הוא החלטה כאחת הדעות, אבל במקרים אחרים עניינה של ההכרעה הוא פשרה בין שתי הדעות על־ידי מיזוגן. עיין: י"נ אפשטיין, מבואות לספרות התנאים, ירושלים–תל־אביב תשי"ז, עמ' 205–211; ד' הנשקה, 'על גישת חז"ל לסתירות במקרא', סידרא, י (תשנ"ד), עמ' 39–55.

באותם מקומות בבבלי שיש בהם קביעה פסקנית שחכם פלוני איננו מוסמך הדברים מופנים כלפי מסרנים לא מדויקים, למשל: 'וכי מה עניין ר' בנימין בר יפת אצל ר' חייא בר אבא [...] ר' בנימין בר יפת לא דייק' (ברכות לח ע"ב); 'יצחק סומקא לא בר סמכא' (יבמות סד ע"ב); 'אמר ליה רבי אבין בר סמכא הוא?' (קידושין מד ע"א). לגבי 'מאן לימא לן דר' אביתר בר סמכא הוא' (גיטין ו ע"ב), ההקשר הוא, כנראה, סמכות הלכתית.

בין כך ובין כך, יש להבחין בין הכרעה בין מקורות בני זמן אחד ובין הכרעה לאחר זמן. דרך משל, כאשר רבי מכריע בין מסורות שעמדו לפניו, וקובע שאחת היא הנכונה והאחרת לא, הוא שותף בן הזמן להכרעה זו. בהכרעות מסוג זה אין כל קושי. רק לאחר זמן, כאשר חכמי התקופה חשים שהחכמים שלפניהם בני סמכא ואין לחלוק עליהם, רק אז מתעורר קושי גם בהכרעה, שהרי כל הכרעה עניינה דחיית דברי אחד החכמים. לדיון כללי בשאלת הפיריודיזציה ראה: ש"ז הבלין, 'על "החתימה הספרותית" כיסוד החלוקה לתקופות בהלכה', מחקרים בספרות התלמודית: דברים שנאמרו ביום עיון לרגל מלאת שמונים שנה לשאול ליברמן, ירושלים תשמ"ג, עמ' 148–192; י"י יובל, 'ראשונים ואחרונים, *Antiqui et Moderni*', ציון, נז (תשנ"ב), עמ' 369–394.

20 ספר המקח והממכר (לעיל, הערה 7), שער יז. הדברים מצוטטים ונידונים בתוך: ב' ליפשיץ, אסמכתא: חיוב וקניין במשפט העברי, ירושלים תשמ"ח, עמ' 34 ואילך. לפסיקת ההלכה בסוגיה ראה גם: ש' אסף, 'שלשה ספרים נפתחים לרב שמואל בן חפני', סיני, יז (תש"ה), עמ' קמד–קמה.

21 תג"ק, סימן פו. תשובת הגאון לשואלים נידונה בקיצור על־ידי אסף ('דרכי התלמוד' [לעיל, הערה 17], סימן מד, עמ' רלז). לציטוטי התשובה בספרות הראשונים ולדיון בקונטרס שהיא באה בו ראה: י"נ אפשטיין, מחקרים בספרות התלמוד ובלשונות

היא ולא סמכינן עלה בזה [...]׳?[22] בעניין אחר ובלשון חריפה לא פחות הקשה ר׳ זרחיה הלוי על פרשנות שיצאה מבית מדרשם של הגאונים: ׳יש בכאן שלש שמועות עמוקות בסודותיהן [...] ונעלמות מלב רוב החכמים עד שדנו בהן לפי דעתן שאינן כהלכה, וזה דבר של תמה, איך יהיו הדברים האמורים בתלמוד בסוד העיבור שלא כהלכה [...]׳?![23]

אנסה לחדד את הדברים מתוך השוואתם לטקסט מקודש אחר — התורה שבכתב. לא עלה על דעתו של אדם מישראל לפרש בדרך זו את התנ״ך, ולא נפתרו הקשיים שב׳שני כתובים המכחישים זה את זה׳ בדרכם של הגאונים, לאמור: ׳פסוק זה מוסמך ופסוק זה איננו מוסמך׳; ׳פסוק זה נקבע להלכה ופסוק זה לא נקבע להלכה׳.[24]

מה ההבדל? מדוע ביחס לתורה שבכתב אין לומר זה מוסמך וזה איננו מוסמך, ואילו ביחס לטקסטים תלמודיים כן קובעים זאת הגאונים? והרי על מעין זה כבר אמרו (עירובין סד ע״א): ׳כל האומר שמועה זו נאה וזו אינה נאה מאבד הונה של תורה׳?!

לדעתי, התשובה מצויה בדרך שבה ראו הגאונים את טיבם ואת סמכותם של הטקסטים התלמודיים מחד גיסא ואת סמכותם שלהם מאידך גיסא; בהבנה שהבינו הגאונים את טיבה של הספרות התלמודית ובמודעות העצמית שלהם.

[ג]

שאלת מקור הסמכות, ובכללה שאלת סמכותם של הטקסטים, טרדה את מנוחתם של גאוני בבל ושל הקהילות והחכמים שפנו אליהם. לא מעט שאלות ותשובות עוסקות בבירור סמכותם של חיבורים שונים. רב עמרם נשאל ׳תוספתא מהו לסמוך עליהן׳.[25] בנוסח אחר של שאלה זו יש התייחסות אף ל׳סיפרא דבי רב וסיפרי׳, כלומר למדרשי ההלכה ולסמכותם.[26] רב סעדיה

השמיות, א, ירושלים תשמ״ד, עמ׳ 147; ש׳ אברמסון, רב נסים גאון, ירושלים תשכ״ה, עמ׳ ל-לא.

22 תשבות מהר״ם, דפוס פראג, סימן תתקעו. והשווה ליפשיץ (לעיל, הערה 20), עמ׳ 42–43.

23 בעל המאור, ר״ה כ ע״ב; הדברים נדפסו בזמן האחרון מכ״י מוסקבה בתוך: תשובות הגאונים החדשות (לעיל, הערה 15), סימן לז.

24 ההנחה העומדת ביסוד ההשוואה של יחס הגאונים לתלמוד אל יחס החכמים אל המקרא היא שהגאונים הכירו שהם חיים בתקופה שונה מזו של התלמוד ושהתלמוד ׳מקודש׳ להם כחיבור שנשענים עליו ופוסקים הלכה על־פיו. ועיין עוד לעיל, סוף הערה 19, ולהלן, הערה 57. לעצם העניין העיר לי מורי פרופ׳ מנחם כהנא שהדברים מוגזמים מעט, ויש שהתנאים דוחים פסוק מסוים או מתעלמים ממנו כשיש ׳שני כתובים המכחישים זה את זה׳. וראה: אפשטיין, מבואות לספרות התנאים (לעיל, הערה 19); והשווה: הנשקה (לעיל, הערה 19).

25 L. Ginzberg, *Geonica*, II, New York 1909, p. 328

26 א׳ מארכס (מהדיר), ׳סדר תנאים ואמוראים׳, בתוך: תפארת ישראל — לכבוד ישראל לוי, ירושלים תשל״ב (דפוס צילום), החלק העברי, עמ׳ 160. נוסח דומה מצוי אף במאמרו של ש׳ אברמסון ׳לתולדות נוסח ״סדר תנאים ואמוראים״׳, עיונים בספרות חז״ל במקרא

גאון מתייחס לסמכותו של ספר 'שיעור קומה';[27] רב שרירא גאון דן באיגרתו ב'נוסחי דבריאתא' — קבצים שונים של ברייתות;[28] רב האיי נשאל 'מה הפרש יש בין אגדות הכתובות בתלמוד להגדות הכתובות חוץ לתלמוד',[29] כלומר, הוא נדרש לסמכותם של מדרשי האגדה וליחס שבינם ובין התלמוד הבבלי. נוסף על אלה נדונה לא מעט שאלת סמכותו של התלמוד הירושלמי.[30]

בכל אלה השואלים והגאונים מנסים לברר את היקפו של הקורפוס התלמודי המחייב,[31] כאשר בדרך כלל הקביעה היא 'כל מה שנקבע בתלמוד מחוור

ובתולדות ישראל — מוקדש לפרופ' ע"צ מלמד, רמת־גן תשמ"ב, עמ' 240. לדיון קצר בשני הנוסחים של תשובת רב עמרם עיין אפשטיין, מבואות לספרות התנאים (לעיל, הערה 19), עמ' 546.

27 אוצה"ג, ברכות, חלק התשובות, סימן כט, עמ' 17. יחסו של רס"ג לספר שני פנים לו. בראשית דבריו הוא דוחה את סמכותו ואת 'קדושתו' של הספר במילים חריפות וברורות: 'ואומר כי שיעור קומה לא נתקבצו עליו דברי כל החכמים, מפני שאינו לא במשנה ולא בתלמוד, ואין לנו דרך שיתברר לנו בה אם הוא דברי ר' ישמעאל או לא'. ואף־על־פי־כן הוא מוצא גם דרך לקבל את הספר: 'ואומר, אילו שמנו כתב שיעור קומה לר' ישמעאל היינו מוצאים כמה פנים לדבריו, ומפרשים כי הם יוצאים על דרך האמונה והייחוד'. לדרך דומה של 'פסיחה על שתי הסעפים' השווה להלן, הערה 41, וראה ברודי, גאוני בבל, עמ' 146 ועמ' 170, הערה 55.
גם רב האיי נשאל על סמכותו של הספר. הוא מקבל את סמכותו של הספר ושל המסורות המשוקעות בו 'כי חס ושלום שר' ישמעאל אמר דברים הללו מדעת עצמו', והוא מפרש שהם 'דברי חכמה'. ראה: אוצה"ג, חגיגה, חלק התשובות, סימן טז. לדיון משווה בין יחסו של הרמב"ם ל'שיעור קומה' לבין יחסם של הגאונים ראה: ר' ישפה, 'הרמב"ם ו"שיעור קומה"', מנחה לשרה: מחקרים בפילוסופיה יהודית ובקבלה מוגשים לפרופסור שרה א' הלר וילנסקי, ירושלים תשנ"ד, עמ' 195–209. תשובה אחרת של רב האיי בעניין ספרי מיסטיקה ומגיה מוזכרת להלן, הערה 61.

28 אגרת רש"ג, עמ' 47.

29 אוצה"ג, חגיגה, חלק הפירושים, סימן סט.

30 ראה להלן, סמוך להערה 44 ואילך. עניין קרוב לאלה הנדונים כאן הוא שאלת סמכותם של התרגומים: 'תרגום דילן' לעומת 'תרגום ארץ ישראל'. ראה תשובת רב שרירא ורב האיי בתג"ה, סימן רמח (= אוצה"ג קידושין, סימן רצו; ועיין שם, הערה יד); תג"ה, סימן טו (= אוצה"ג, קידושין, סימן רצה). השוואה של תרגום תורה לתרגום נביאים ראה: תג"ל, סימן צג (ועיין שם, סימן צב = שע"ת, סוף סימן פד). על מנהג בבל בקריאת התרגום ובכללו הוספות 'בדברי הגדה [...] ממין לשון התרגום' ראה: א' גולדשמיט, 'תשובות לרב האי גאון', ספר זכרון 'אש תמיד' לזכר אליעזר שלזינגר, ירושלים תשמ"ט, עמ' כז–כח; וראה ברודי, גאוני בבל, עמ' 170.

31 לשאלה זו יש לקשר גם את השאלות בדבר היקפם של הקורפוסים הקנוניים. הגאונים נשאלו לא פעם על מקורות הנרמזים בתלמוד — הן שמות של ספרים הן מעשים הנרמזים בו — היכן הם מצויים, האם הם ספרים עצמאיים ואם הגיעו לידינו: מה הם 'שלש מאות ממשלות שועלים שהיו לו לר' מאיר' (אגרת רש"ג, נספח א); 'פוק עיין במכילתך, מכילתך מסכתא היא או ברייתה היא' (שם, נספח י [= אוצה"ג, גיטין, סימן ריח]); 'ספרו של אדם הראשון מאי אית ביה' (אגרת רש"ג, נספח יב. וראה גם הבלין [לעיל, הערה 19], עמ' 161, ריש הערה 57); 'מהו סדר אליהו רבה וסדר אליהו זוטא — משניות חיצונות הן [...]' (תג"א תרפ"ט, סימן קסג, עמ' 176; ברודי, תשובות רב נטרונאי [לעיל, הערה 2], עמ' 651); 'מהו אבל רבתי — אבל מסכתא משנה היא [...]' (תג"א תרפ"ט, סימן קסד, עמ' 176; ברודי, שם, עמ' 638; חמדה גנוזה, ירושלים תרכ"ג, סימן צ; אוצה"ג, משקין, סימן קמו); 'דרך

ממה שלא נקבע בו׳.[32] ההיירכיה של הספרות התלמודית נקבעת על־פי התאמתה לתלמוד הבבלי, שהוא המחייב.

ואולם גם בתוך התלמוד גופו הגאונים מבחינים בין המוסמך ובין הלא מוסמך, והם קובעים שחלקים מן התלמוד ׳לאו דסמכא הם׳. כך מרחיבים הגאונים מאוד את העיקרון התלמודי שלפיו חלק מן התירוצים בבבלי הם בגדר ׳שינויא דחיקא דלאו סמכא׳. על־פי שיטתם של הגאונים, תירוצים רבים בתלמוד מגמתם רטורית בלבד, להשיב על הקושיה ולדחות את דברי המקשה, ואין ללמוד מהם עקרונות והלכות.[33] הבחנה אחרת בתוך הסוגיה התלמודית היא ׳וודאי בכוליה תלמודא שאני לן בין מילתא דאמר לה גברא רבה בפירוש ובין מילתא דאתיא מכללא, דמאי דאתי בפירוש לית ביה ערעור ומאי דאתי מכללא קליש וכחיש הוא ולא סמכינן עליה [...]׳.[34] לפי זה חלק לא מבוטל מן התלמוד, החלק שהתלמוד מסיק בו מסקנות ומכליל הכללות מתוך מימרות האמוראים והתנאים, איננו בר סמכא אלא ׳קליש וכחיש׳, וזו קביעה רבת היקף ומשמעות. בדרך ההכרעה מחדשים הגאונים — כנראה רב

ארץ מה היא [...] מסכתא מקטנות׳ (גנזי קדם, ה [תרצ״ד], עמ׳ 63); ׳הלכות שהיו דואג ואחיתופל שונין במגדל הפורח באויר מה הן׳ (תג״ל, סימן יט; אוצה״ג, חגיגה, סימן כו). שאלה קרובה לזה עוסקת בהפרש שבין סוגי הברייתות, בין אלה ש׳איקבען למיגראסאנון׳ ובין אלה שלא כך; ראה: תג״ה, סימן ריח (= אגרת רש״ג, נספח ו); גנז״ש, עמ׳ 152; גנזי קדם, ד (תר״ץ), עמ׳ 105; אוצה״ג, סנהדרין, סימן אלף מז.

ועיין גם בתשובה בעניינו של פסוק המצוטט בתלמוד ואינו שם: ׳וששאלתם הא דאמור רבנן בב״ק דבר זה משלש בכתובים [...] ואינו בכתובים. הכין הוא אילא דברי בן סירא הן, וכתובים היו לפי שהוצרכו רבנן לכתוב מדבריו והם כתובים לראיות ולעניינים, אבל לא בכתבי הקדש׳ (שע״ת, סימן קכא; תג״ל, סימן כז; אוצה״ג, ב״ק, סימן רכו).

שתי תשובות של רב פלטוי עוסקות בהשלמתם של אירועים הנרמזים בתלמוד: מעשה דבעיא מיכסא ובור וסירה שגרמו לו לאבנר שנהרג; ראה: אנ״צ רות, ׳תשובות רב פלטוי גאון בגנזי קויפמן׳, תרביץ, כה (תשט״ז), עמ׳ 146–147. וראה אוצה״ג, קידושין, סימן ש״צ: ׳וכך יש בעשרה יוחסין [...] ומעשה שלהן גמירי ליה רבנן בקבלה ואינו בתלמוד׳. שאלה על רמיזה מסוג שונה ראה: אוצה״ג, תענית, סימנים ו–ז. וראה: ברודי, גאוני בבל, עמ׳ 183.

על ציטוטים בתלמוד המורים על כך שמקור המימרה לא הגיע לידינו כתב רב האיי את דבריו הידועים: ׳וששאלתם [...] ילמדנו אדונינו אנה אמר רב שמועה זו [...] ויש כמו זאת במקומות אחרים שאומרי׳ שמועה מפי חכם ואין מוצאין אותה [...] והשיב: אל יקשה בעיניכם כי הרבה בלא מנין יש בתלמוד שמועות שנאמרו בתוך מעשים וגופה דשמעתא לא נאמרה בדוכתא אחריתי [...] ואנו בנעורינו כך הגיע אלינו [...] ויותר על כן משניות ברייתא דאמרין ת״ר ותניא ולא ידעינן היכא אמירן [...] וכמה תמהנו מזאת עד שראינו רוב התלמוד כך הוא וישר בעינינו׳ (אוצה״ג, פסחים, סימן רסט). נדמה לי שבכל אלה אין לראות שאלות פרשניות גרידא אלא גם שאלות מטרידות בדבר היקפו ומלאותו של התלמוד הבבלי. סביר להניח שנושאים אלו שימשו גם עילה לפולמוסים שונים.

32 דברי רב האיי בתשובתו הנזכרת לעיל, הערה 29.

33 עיין להלן, הערות 49, 50.

34 תג״א תרפ״ז, סימן ט, עמ׳ לה–לו. לדיון בתשובה זו ובשימושו של רב האיי בכלל עיין: צ׳ גרונר, ׳רב האי גאון ודרכו בהלכה׳, חיבור לשם קבלת תואר דוקטור לפילוסופיה של האוניברסיטה העברית בירושלים, תשמ״ד, עמ׳ 90.

סעדיה גאון[35] — שהאגדה איננה בת סמכא, עד שרב האיי מתייחס לכך כאל קביעה ידועה ׳ובכל דדמי לה אמרו רבנן אין סומכין על דברי אגדה׳.[36] רב שרירא גאון קובע שענייני הרפואה שבתלמוד אינם מחייבים — אף שהם מנוסחים ניסוח נורמטיבי: ׳צריכין אנו למימר לכון דרבנן לאו אסותא אינון [...] הילכך לא תסמכון על אלין אסותא [...]׳.[37] גם עניינם של כללי התלמוד, שנזכרו לעיל, הוא ליצור כללים להבחנה בין חלקים מוסמכים בתלמוד ובין החלקים הלא מוסמכים שבו.

הטענה המסתתרת מאחורי הפרטים הרבים היא שהטקסטים שהגאונים עוסקים בהם — מחוץ לתלמוד ובתוכו — אינם אחידים אלא בנויים מכמה רובדי סמכות.[38] יחסם אל הטקסט איננו אחיד אלא בוחֵן ומבדיל, שהרי לדידם של הגאונים הטקסטים התלמודיים השונים ניצבים במבנים היירכיים: גבוה מעל גבוה עומד, מוסמך מעל לא מוסמך.

[ד]

מה הכלים להכרעה בין הטקסטים, וכיצד אפשר להכריע מה מוסמך ומה איננו מוסמך?

קביעה כזאת יכולה להיעשות בשתי דרכים. האחת בדרך החיוב והאחרת בדרך השלילה. בדרך השלילה כיצד? אפשר לקבוע שטקסט איננו מוסמך משום פגם שיש בו; סמכותו מפוקפקת מחמת עצמו. זאת הדרך שבה דוחה רב סעדיה גאון: ׳ואומר כי שיעור קומה לא נתקבצו עליו כל החכמים מפני שאינו לא במשנה ולא בתלמוד׳.[39] וכעין זה מפקפק רב האיי: ׳יש במשניות החיצונות משנה שנקראת פרק חסרות ויתרות ואינה מסוימת נסח אחד אילא

35 עיין המקורות שבאוצה״ג, ברכות, חלק הפירושים, עמ׳ 91, הערה י.

36 אוצה״ג, ברכות, חלק התשובות, סימן שנז. וראה להלן, הערה 41. גם עצם קיומה של ספרות ההלכות — המפרידה בזרוע בין הלכה לבין אגדה — מלמדת על ערכה הנחות של האגדה בעיני הגאונים.

37 אוצה״ג, גיטין, חלק התשובות, סימן שעו. יחס ספקני כלפי טיב בדיקה רפואית המובאת בתלמוד בשם רבן גמליאל מצוי בתשובת רב האיי: שערי צדק, חלק ד, שער ד, סימן ל (=אוצה״ג, יבמות, חלק התשובות, סימן שמז, סוף עמ׳ 149). וראה: ב״מ לוין, מתקופת הגאונים: רב שרירא גאון, יפו תרע״ז, עמ׳ 15.

38 תפיסת הטקסטים התלמודיים כבעלי עיקר וטפל באה לידי ביטוי בהבחנה מקבילה של רב האיי גאון בין ׳עיקר׳ ובין ׳ענף׳ בסוגיות התלמוד, אלא ששם ההבחנה עניינית ולא ספרותית. ראה: ב״מ לוין, ״׳תשובות שאלות״ רב האי גאון׳, רב האי גאון: קובץ תורני מדעי, ירושלים תרצ״ח, עמ׳ 49–50. קבלה והפנמה של תפיסות כאלה — המכירות ברובדי הסמכות השונים של התלמוד — אינן מאפשרות הסקה פשטנית של ההלכה מתוך סוגיות התלמוד. ואכן, כמה וכמה תשובות הגיעו לידינו ובהן מצוטטת סוגיה תלמודית ועליה נשאל הגאון אם ׳הילכתא הכי אי לא׳. ראה למשל ארבע שאלות רצופות בעניין זה בתוך: גנזי קדם, ה (תרצ״ד), עמ׳ 57–58. שאלת סמכותם של טקסטים בתקופת הגאונים נידונה לא מעט בספרו של ברודי ׳גאוני בבל׳, בייחוד בפרק התשיעי ובפרק העשירי.

39 לעיל, הערה 27.

משונה היא ויש בה מדרשות הרבה בכתובים ואותן המדרשות כגין הגדות הן׳.[40] הגדרת מדרש זה כ׳הגדות׳ היא פגיעה בסמכותו, שהרי ׳דברי אגדה לאו כשמועה הם אלא כל אחד דורש מה שעלה על לבו כגון אפשר ויש לומר, לא דבר חתוך — לפיכך אין סומכין עליהם׳.[41]

40 אוצה״ג, מגילה, חלק התשובות, סימן קע; אוצה״ג, נדרים, סימן קה.

41 אוצה״ג, חגיגה, חלק הפירושים, סימן סז. תן דעתך: הניסוח ׳אפשר ויש לומר׳ הוא תרגום של ׳דילמא ואית למימר׳, המשמש כלפי ה׳שינויא׳, ראה להלן בפנים, סמוך להערה 49. לענייננו, סמכותה של האגדה נשללת בעיקר על דרך השלילה, שאין סומכין על האגדה בגלל החסרונות שבה. כך למשל רב האיי משווה בפירושו (אוצה״ג, ברכות, חלק הפירושים, סימן קלה, עמ׳ 45) ב״ין ההלכות שבסוגיה ובין האגדות והדרשות: ׳כל אילו ההלכות נכוחות ונבונות [...] ושאר דראשי יש בהן נכוחים ויש בהן הגדות רחוקות דלאו דסמאכא אינון׳. ההגדות אינן בנות סמכא כיוון שהן רחוקות; יש בהן דברים לא נכונים. גם דרך ההיווצרות של האגדה אינה נובעת ממקור סמכותי, כאמור לעיל. ליחס הגאונים לאגדה ראה: י׳ פרנקל, דרכי האגדה והמדרש, גבעתיים 1991, עמ׳ 504–507; זוסמן, ׳ושוב לירושלמי נזיקין׳ (לעיל, הערה 2) עמ׳ 100, הערה 186; ברודי, גאוני בבל, עמ׳ 312–313, ובמרומז גם בעמ׳ 142, 166. להבחנה של הגאונים בין סמכות ההלכה לזו של האגדה ולזיקתה של אבחנה זו לספרות המוסלמית ראה: D.E. Sklare, *Samuel ben Hofni Gaon and His Cultural World*, Leiden 1996, pp. 42–47

הדיון באגדה בהקשר שאנו דנים בו — טקסטים סמכותיים וטקסטים שאינם סמכותיים — עשוי למתן כמה מן התמיהות שבעניין. יהודה גולדין עסק בשאלת ׳רצינותה׳ של האגדה, ובין השאר תמה על הקביעות הנחרצות שנאמרו עליה בתקופת הגאונים. למשל: ׳*ein somchin* [...] How did it become an oft-repeated formula? [...] *ein somchin al ha-aggadah* is pretty strong, sweeping language [...]׳ (J. Goldin, 'The Freedom and Restraint of Haggadah', in: G.H. Hartman & S. Budick [eds.], *Midrash and Literature*, New Haven–London 1986, pp. 65–66). כאמור, קביעות אלו באות בדברי הגאונים כלפי כמה וכמה עניינים.

למרות דבריהם הברורים של הגאונים בעניין זה יש לסייג את הדברים. בכל הדיון בשאלת יחסם של הגאונים אל האגדה יש להיזהר משנה זהירות. הדברים המצוטטים לעיל הם הרובד ה׳הצהרתי׳. המעיין בפירושי האגדה של אחרוני הגאונים מגלה שאף אגדות או מימרות שדחו בחריפות בהצהרות כגון ׳אין סומכין על האגדות׳, הם מתאמצים לפרש בדרכים אחרות, וכפי שהגדיר זאת רב האיי, ׳מצווין להסיר שבושו׳ (אוצה״ג, חגיגה, חלק הפירושים, סימן סט). אציין שתי דוגמות המבליטות את היחס הדו־ערכי כלפי האגדה. (א) בתשובתו על ארבעה שנכנסו לפרדס (אוצה״ג חגיגה, חלק התשובות, סימן כ) הגאון פותח בדבריו העקרוניים: ׳דעו כי אנו מעודנו אין דרכנו לחפות על דבר ולפרש אותו שלא מדעת מי שאמרו [...] והרי אנו מפרשים לך דעתו של תנא זה ותוכן כואנתו ואמתת מה שהיה סבור, ואין אנו ערבים עכשיו שהדברים הלכה, ודאי משניות הרבה יש שאינן הלכה [...]׳. עם זה מהמשך דבריו נראה שלפחות עם חלק מן האגדה הוא מזדהה: ׳ואנו סוברים כי הקב״ה עושה נסים לצדיקים ולא רחוק ממנו שהוא מראה אותן בפנימיות מראות היכליו ומעמד מלאכיו׳. וכבר עמד על שניות זו א״ה וייס מתוך שהוא דורש את הרישא לשבח ואת הסיפא לגנאי. ראה: דור דור ודורשיו, וילנה תרס״ד[4], ד, עמ׳ 16, 159, 162. (ב) הצדקת האגדה בולטת עוד יותר בדוגמה הבאה. בתשובתם של רב שרירא גאון ורב האיי (אוצה״ג, חגיגה, חלק התשובות, סימן ז), הם מפרשים את סוגיית חגיגה ד ע״ב. המעשה הזר והמוזר ברב ביבי בר אביי ופגישתו עם מלאך המוות קשה גם בגלל עצם הסיפור וגם בגלל תורת הגמול העולה ממנו — ׳ויש נספה בלא משפט׳. כל עניינה של תשובתם נראה כמכוון למצוא צידוק כלשהו להגדה, מתוך שהם מוצאים לכך שישה [!] סוגי הסבר: ׳[1] דע כי אמיתת הדברים הללו מסותרין מבני אדם

ואולם, כאמור, יש שהדבקת התווית 'לא מוסמך' לטקסט נעשית בדרך החיוב, באופן יחסי מתוך השוואה לטקסט מוסמך יותר. טקסט יכול להיות 'לא מוסמך' אף שאין בו שום פגם. זו הדרך שנקבעה בה סמכותם של התוספתא ושל מדרשי ההלכה: 'לא דבר קצוב'; 'יש בהן הלכה ויש בהן שאין הלכה'.[42] הספר עצמו עשוי להיות מוסמך — אלא שבסתירה עם התלמוד הבבלי אין כוחו עומד לו. בראש ההיררכיה של הספרות התלמודית עומד התלמוד הבבלי, וכל שאינו מתאים עמו נקבע כלא מוסמך.[43]

הן, [2] ורב ביבי שאמר את המעשה הזה יחיד הוא, [3] וחס ושלום שמתכוין לשקר אלא שלמאד היה מעמיק לדבר עם המלאכים [...] וממה שהעמיק [...] נסתכן ודומה שנפגע [...], [4] ושמה דברי חכמה ורמז [...], [5] או שמא כך היה הדבר [...] ואפשר לומר שיש בהן מי שטועה ואע"פ שטועה [...] ויש עוד לומר שהקב"ה יודע נסתרות [...] [6] או שמא נידמה לו לרב ביבי בר אביי המעשה הזה בחלומו [...]'. דומה שהגאונים יכלו לדחות בקנה אגדה זו בטענה ש'אין סומכין על האגדה', אך הם לא נקטו דרך זו. הם פירשו את האגדה בדרכים מדרכים שונות. מקצתן מסתייגות מן האגדה ומקצתן מזדהות עמה. על היחס הדו־ערכי של רס"ג לספר 'שיעור קומה' ראה לעיל, הערה 27.

42 ראה המקורות שלעיל, הערות 25, 26.

43 מזווית ראייה זו ראוי לדון ביחסם של הגאונים כלפי כמה עניינים שאין להם זכר בתלמוד, כגון היחס לברכות שאינן מוזכרות בתלמוד (למשל: גנז"ש, עמ' 550; תג"ק, סימן לה; תג"ה, סימן תלח), כלפי סמכותם של נוסחי שטרות (למשל, אוצה"ג, ב"ק, סימן קמו), וכלפי המנהג. וראה: י"ל הכהן פישמן, 'המנהג בספרות הגאונים', ספר היובל לבנימין מנשה לוין, ירושלים ת"ש, עמ' קלב–קנט; ביחסו של רב האיי למנהג דן בהרחבה צ' גרונר, בפרק הרביעי של עבודת הדוקטור שלו (לעיל, הערה 34); וראה דבריהם של י' ברודי, ('כלום היו הגאונים מחוקקים?' [להלן, הערה 57], עמ' 315, הערה 170); וד' רוזנטל, ('לתולדות רב פלטוי גאון', [לעיל, הערה 3], עמ' 626, הערה 219) — אצל שניהם מובלטת החשיבות הגדולה של המנהג אף כשהוא אינו תואם את התלמוד או כשהוא מנוגד לו. ואף גרונר חזר והדגיש עניין זה; ראה: T. Groner, *The Legal Methodology of Hai Gaon*, Chico, Ca., 1985, pp. 16–19
על רקע השאלה אילו חיבורים תלמודיים מוסמכים ביחס לתלמוד הבבלי יש לבחון גם את יחסם של הגאונים לחכמים שקדמו להם ולספרי ההלכות שלפניהם. כידוע, היו חכמים שטענו 'רב האיי לא החשיב ביותר את ספר הלכות גדולות וע"כ גם לא היה בקי בו'. ועל דברים כגון אלה הגיב אברמסון 'שאין לכתוב בלשון זו על גאון ואין לכלול כללים בזה הכל לפי מה שהוא עניין; אם הדברים נכונים "החשיבו" אותם ואם לא לא' ('מתשובות הגאונים', סיני: ספר היובל, ירושלים תשי"ח, עמ' תט [= עניינות בספרות הגאונים: מחקרים בספרות הגאונים ותשובותיהם שבדפוס ובכתבי־יד, ירושלים תשל"ד, עמ' 184]). דברים אלו מובנים כאשר אנחנו מלבנים את השאלה 'האם חשבו הגאונים שדבריו של ספר הלכות גדולות נכונים או לא?' וכן כאשר אנחנו מנסים לברר את השימוש של הגאונים המאוחרים בספר הלכות גדולות. אבל בהקשר שאנו דנים בו יש להבין את הדברים מתוך גישה שונה. השאלה שצריך לשאול היא: האם בעיני רב האיי ספר הלכות גדולות הוא ספר מוסמך לפסיקת הלכה או לא? כלומר, היש לספר סמכות כזאת שעצם הפסיקה בו מחייבת? על שאלה זו תשובתו של רב האיי גאון — וכנראה לא רק שלו — היא לא. אין לספר שום סמכות, 'הכל לפי מה שהוא ענין', אם הוא מתאים לדעותיו של החכם פוסק ההלכה — מה טוב, ואם לא — אין מתחשבים בו. והשווה אף לדבריו הברורים של צ' גרונר ('רב האי גאון' [לעיל, הערה 34], עמ' 103): 'נראה כי יש לו לרב האי שיטה ברורה: ההכרעה וההוראה חייבות להיות של הגאון עצמו. אין הוא רואה את עצמו רשאי להכריע על ידי ציון גרידא לדברי אחרים, אלא שחייב הוא בעצמו להכריע את השאלה כאשר דברי התלמוד הם היסוד לפסק [...] כשאי אפשר להכריע

באשר התלמוד הירושלמי שתי הגישות באות לידי ביטוי. הטענה שנשמעה כבר מפיו של פירקוי בן באבוי נגד מנהגי ארץ-ישראל 'שנוהגין בהן שלא כהלכה אלא כמנהג שמד [...]',[44] באה לידי ביטוי אף כלפי תלמודם של בני ארץ-ישראל, וזו לשונו של רב האיי: 'ומלתא דפסיקא בתלמודא דילנא לא סמכינן בה על תלמודא דבני ארץ ישר' הואיל ושנים רבות איפסיקא הוראה מתמן בשמאדא והכא הוא דאיתבררי מסקני'.[45] סמכותו של הירושלמי מעורערת כיוון שמסורתו איננה מהימנה. אלא שההעמקה בענין מלמדת שנימוק זה — החוזר ונשנה בספרות המחקר[46] — איננו השולט אצל

מתוך התלמוד, אזי הוא מסתמך על מקורות או מסורות שלאחר התלמוד. אולם גם אז הוא המכריע והוא הפוסק, בכל מקרה ומקרה חמחליט חייב להיות רב האי עצמו, והוא הוא הפוסק'. וראה: צ' גרונר, 'תשובות רב שרירא גאון לקירואן', עלי ספר, ח (תש"ם), עמ' 7; רוזנטל, 'לתולדות רב פלטוי גאון' (לעיל, הערה 3), עמ' 623, 629; נ' דנציג, מבוא לספר הלכות פסוקות, ניו יורק-ירושלים תשנ"ג, עמ' 280–281; ברודי, גאוני בבל, עמ' 149.

44 גנז"ש, עמ' 559. בן באבוי חוזר על טענה זו שוב ושוב; ראה שם, עמ' 551–552, 555, 561. גינצבורג, במבואו לחיבור, מנסה להפריך דעה זו ולהראות שיסוד חילופי המנהגים 'בהדעות השונות של ב' התלמודים' (שם, עמ' 507, וכן עוד כמה פעמים בהמשך); על זמנן של 'שמדות' אלו עיין: ב"מ לוין, 'משרידי הגניזה', תרביץ, ב (תרצ"א), עמ' 391. הדברים חזרו ונתלבנו על-ידי ש' שפיגל במאמרו 'לפרשת הפולמוס של פירקוי בן באבוי', ספר היובל לצבי וולפסון, ירושלים תשכ"ה, החלק העברי, בעיקר עמ' רנח–רס.
מן הראוי לציין שבכל הדיון של בן באבוי אין אפילו מילה אחת נגד גופי ההלכות שבתלמוד הירושלמי או נגד סמכותו. במקומות מסויימים בולטת אי-הזכרתו — 'והירושלמי מה הוא? ולמה יפקד שמו?' (לוין, שם, עמ' 397, הערה 2) — עד שמתקבל הרושם שאחת הביקורות החריפות של בן באבוי נגד מנהגי ארץ-ישראל היא 'שתורתם אין להם בית אב' (שפיגל, שם, רנח, הערה 1) ושאף תלמודם חסר 'שאין בידם הלכה אחת מתלמוד הילכת שחיטה ולא מסדר קדשים כולו, נשתכח מהם סדר קדשים כולו ותלמוד סדר טהרות כולו' (גנז"ש, עמ' 560). כאן חסרונו של סדר קדשים הוא ראיה שמסורתם של בני ארץ-ישראל אינה מהימנה. כמובן, אפשר לפרש שאף שכחה ואבדן אלו נובעים מחמת שמדות שהתרגשו ובאו על בני ארץ-ישראל, אלא שאין בכך צורך ואין אלה דברי בן באבוי.

45 תג"א תרפ"ט, סימן ריא, עמ' 125–126. המשכם של הדברים דורש בירור: '[...] הואיל ושנים רבות איפסיקא הוראה מתמן בשמאדא והכא הוא דאיתבררי מסקני אינמי אנן על מסקאני דהכא סמכינן'. על המילה 'אינמי' העיר אסף שם: 'מלה זו נראית מיותרת', ונתבארו הדברים על-ידי ל' גינצבורג: 'מלה זו אשגרא מהך דלקמן' (פירושים וחידושים לירושלמי, א, ניו-יורק תש"א, מבוא, עמ' פה). לפי זה, הגאון טוען שבמקרה סתירה בין הבבלי לירושלמי יש לסמוך על מסקנת הבבלי מפני שמסקנת הירושלמי הושפעה מן ה'שמאדא'. בלא הגהה והשמטת ה'אינמי' יש לפרש את הדברים כשני עניינים: עניין השמד לחוד ועניין 'אנן על מסקאני דהכא סמכינן' לחוד, במובן שהדברים מתבארים לקמן בפנים. יש לתת את הדעת, שעל אף שהגאון טוען שמסורת הירושלמי נפסקה בעקבות השמדות, אין הוא דוחה אותה מכול וכול, ובהמשך התשובה הוא כותב: 'אבל מילתא דלית עלה פלוגתא בתלמוד דילנא חזינא מה דאיתמר התם אינמי לגלויי טעמ' דמילתא כגון פירושא דאיירוח ביה מסברא התם והכא קוטא'.

46 בדרך כלל מוזכר עניין השמד כסיבת הדלדול הרוחני בארץ-ישראל וממילא כסיבת דלדולו של התלמוד הירושלמי לעומת הבבלי. ראה למשל: ז' פראנקל, מבוא הירושלמי, ברסלוי תר"ל, עמ' מח ע"א–ע"ב; א"ה וייס, דור דור ודורשיו, וילנה תרס"ד[4], ג, עמ' 26–38; י"א הלוי, דורות הראשונים, ג, פרסבורג תרנ"ז, עמ' 113–116; שפ"ן הסופר בהקדמתו 'שערי חומת ירושלים' בראש מהדורת הירושלמי, דפוס וילנה, רואה בשמדות

הגאונים. למעשה, זאת הפעם האחת והיחידה שהיא מוזכרת אצלם באשר לתלמוד הירושלמי. נפוצה הרבה יותר הטענה ההפוכה: בירושלמי עצמו אין שום פגם, אלא שיש מוסמך ממנו.

שאלה לרב האיי ותשובתו עליה מבהירות נקודה זו היטב. השואלים מציעים להתעלם מהירושלמי. על־פי הצעתם כל המצוי בירושלמי ואיננו בבבלי — יש לראות בו מחלוקת בין שני התלמודים, וכיוון שכך יש לפרש ולפסוק כבבלי. לאמור, כל שאינו מצוי בבבלי — דומה כמַה שאינו. אך רב האיי אינו מקבל הצעה זו, ולדבריו הירושלמי מוסמך, וכלשונו — 'נאחזנו ונסמוך עליו', אלא שבפגשו את אחיו, את הבבלי — יד הבבלי על העליונה, שהרי הוא ורק הוא מייצג את המסורת הנכונה, המסורת 'שלנו', ולכן 'אנן אתלמוד שלנו סומכין'.[47] לפי זה אמנם תלמודם של בני ארץ־ישראל הוא חלק מן הספרות התלמודית המקובלת ואולי חלק מן הקנון התלמודי, אך מקומו בהיירכיה נמוך.[48]

את הגורם המרכזי למצבו המדולדל של הירושלמי. אבל יש מן החוקרים שאף רואים בשמדות סיבה להעדפה ההלכתית של הבבלי על פני הירושלמי במקרים שיש סתירות; ראה: מ' מרגליות, החילוקים שבין אנשי מזרח ובני ארץ ישראל, ירושלים תרצ"ח, עמ' 18; והשווה א' קרוכמאל, ירושלים הבנויה, לבוב תרכ"ז, עמ' 9. על הוספת עניין השמדות בתוך תשובה של רב האיי ראה להלן, הערה 48, סעיף ו.

47 להלן, הערה 48, סעיף ג.

48 מן הראוי להפריד את הדיון בשאלת הגאונים והתלמוד הירושלמי לשתי שאלות שונות זו מזו. השאלה הראשונה היא עד כמה השתמשו הגאונים בתלמוד הירושלמי וממתי עשו זאת. השאלה השנייה היא מה יחסם של הגאונים כלפי הירושלמי, ובוודאי שתי השאלות קשורות זו לזו. באשר לשאלה הראשונה עדיין מקובלים דבריו של שי"ר 'שרוב הגאונים הראשונים כמעט שלא ידעו כלל מתלמוד ירושלמי' ('תולדות רב נסים גאון', בכורי העתים, יב [תקצ"ב], עמ' 65, הערה 16; וראה מכתבו בתוך כרם חמד, ו [תר"א], עמ' 228 ואילך). עד כמה שידיעותינו מגיעות, הגאון הראשון שהשתמש בירושלמי בציון מקורו הוא רב סעדיה גאון; ראה: ש"א פוזננסקי, 'ענינים שונים הנוגעים לתקופת הגאונים', הקדם, ב (תרס"ח), עמ' 33 (אבל ראה ההסתייגות בעמ' 41). וראה: י' זוסמן, 'מסורת לימוד ומסורת נוסח של הירושלמי', מחקרים בספרות התלמוד — דברים שנאמרו ביום עיון לרגל מלאת שמונים שנה לשאול ליברמן, ירושלים תשמ"ג, עמ' 18, הערה 37; הנ"ל, 'כתב יד ליידן של הירושלמי — לפניו ולאחריו', בר אילן, כו–כז (תשנ"ה), עמ' 209, 220; דנציג, מבוא לספר הלכות פסוקות (לעיל, הערה 43), עמ' 153, 203–204; ברודי, תשובות רב נטרונאי גאון (לעיל, הערה 2), עמ' 73, הערה 30; ברודי, גאוני בבל, עמ' 168; גיל, במלכות ישמעאל, א, עמ' 152–153. יש להעיר שאפילו בזמנו של רב האיי, המרבה להשתמש בירושלמי, אין השימוש בו נחלת כל החכמים: 'והאי בורר ומניח לאלתר דפרשוהי רבואתא לאוכלו לאלתר אישכיחא ליה סיעתא בתלמוד ארץ ישראל [...] ורבנן דילנא דלא הוה שמיע להו הא שמעתא הוה אמרי [...]' (מתוך פירוש רב האיי המובא בספר העתים, ומצוטט בתוך אוצה"ג, שבת, חלק הפירושים, סימן קל; נדפס מחדש על־פי קטע גניזה, ראה: א' הורוביץ, 'שרידים מפירושי הגאונים למסכת שבת', הדרום, מו [תשל"ח], עמ' 163–164). והשווה תג"ל, סימן נח ופוזננסקי, שם, עמ' 37. לענייננו כאן — בירור סמכותם של הטקסטים התלמודיים בעיני הגאונים — חשובה יותר השאלה השנייה: מה יחסם של הגאונים כלפי הירושלמי? אף שאלה זו דורשת בירור רחב יותר, וכאן נתייחס רק לאותם המקומות שהגאונים מודיעים בהם על יחסם זה. נציין את שש התשובות שהגיעו לידינו ובהן דברים מפורשים (כולן לרב שרירא או לרב האיי):

(א) התשובה שהובאה לעיל, הערה 45, וממנה עולה עניין ה'שמאדא'.

שתי גישות אלו — קביעת סמכות בדרך החיוב או בדרך השלילה — באות לידי ביטוי גם בשאלת ה'שינויא'. בדרך כלל נדחה תירוץ מסוים ומוגדר 'שינויא' בגלל פגם שיש בו: הוא מרמז לנו שאינו 'רציני' בהיותו דחוק או

(ב) תשובת רב שרירא גאון: 'ועיקר האי טעות מן בני ארץ ישראל הוא דבתלמודייהו דרבנן אדרשב"ג ודרשב"ג לרבנן [...] והדא אפיכנא בגמרא דילן דבתולה ואינון לא אפכוה ואנחנו לא איכפת לן בהכין ולא חשיבנא ליה דסמכא, ושמיע להון לרבותן דההוא אשתכח כמה (שטן) [שנין] ואהדורי אהדורוהי בנסחאי וכיוצ' בהן ותלמודא דידן נקיט להו רבנן לטעמיה כדבר תורה, ומאי דמשתכח מן חלופי האי הוא דסמכא וההוא לאו דסמכא הא מלתא מחלוקת אנשי מזרח ובני ארץ ישראל [...] וקמאי דילכון מן בני ארץ ישראל נקטי להא מילתא ואתון השתא כל מעשיכם כמנהגות שלנו וכתלמוד שלנו הכין מיבעי לכון למעבד' (ספר המכריע, סימן מב [= אוצה"ג, כתובות, סימן קכא]). ראה: מ"ע פרידמן, 'כתובת אשה מדברי תורה או מדברי סופרים', שנתון המשפט העברי, יא–יב (תשמ"ד–תשמ"ו), עמ' 95, הערה 12, והספרות שנרשמה שם. לענייננו חשובות שתיים מקביעותיו של פרידמן לגבי תשובה זו: ההוכחה שמחברה הוא רב שרירא, ותיקון הנוסח המשובש 'שטן' המצוי בדפוסי ספר המכריע על-פי כתבי-היד הגורסים 'שנין' (וראה: M. A. Friedman, *Jewish Marriage in Palestine*, Tel Aviv 1980, pp. 246–248). חשיבותה של תשובה זו לשאלת היחס לתלמוד הירושלמי מתעמעמת קמעא מחמת הקושי בהבנת המשפט המרכזי בעניין: 'ושמיע להון לרבותן דההוא אשתכח כמה (שטן) [שנין] ואהדורי אהדורוהי בנסחאי וכיוצ' בהן ותלמודא דידן נקיט להו רבנן לטעמיה כדבר תורה'. א' אפטוביצר כתב: 'הלשון אינו ברור, ונראה שכונת הגאון לומר שיש בירושלמי שיטות שונות וחילופים בנוסחאות' (מחקרים בספרות הגאונים, ירושלים תש"א, עמ' 11, הערה 22; שם, עמ' 141, הערה 16). כעין זה כתב גם מ' מרגליות: 'רב שרירא יודע כמו"כ שהירושלמי אינו מסודר כהוגן ויש בו כמה שיטות וכמה נוסחאות וגירסות הפוכות' (החילוקים [לעיל, הערה 46], עמ' 18). עניין זה מרכזי הוא בשיטתו של מרגליות המבאר את שיטת הגאונים המעדיפים את הבבלי מן הירושלמי החסר והפגום. כאמור, ניסוחים אלה מיוסדים על הנוסח המשובש 'שטן' בדפוסי ספר המכריע. מ"ע פרידמן מציע לפרש: 'אחת הסיבות [...] שמסורת הירושלמי אינה בת סמכא, היא מה שמקובל מרבותיו שהוא (התלמוד הירושלמי אשר נגנז?) נמצא לפני כמה שנים, ולכן "ההדירו" אותו בכמה נוסחות' ('על טענת פירקוי בן באבוי בדבר מציאת ספרים גנוזים של הירושלמי', סיני, פג [תשל"ח], עמ' רנ–רנא), אך הוא עצמו מציע פירוש זה בהסתייגות. נדמה לי שכך יש לפרש: במשפט זה הגאון תוקף את המסורת של בני ארץ-ישראל לעומת זו של בני בבל. לבבליים יש תלמוד, שאיננו תורה שבכתב בלבד. תלמודם משקף מסורת רצופה שהם אחוזים בה וב'טעמיה' 'כדבר תורה'. אמנם אף לבני ארץ-ישראל יש תלמוד, אך תלמוד זה הוא 'נוסח', כלומר העתקה בלבד. תלמודם של בני ארץ-ישראל אינו אלא העתקה ושחזור מתוך נוסחים כתובים ולא מסורת חיה ורצופה. בדרך דומה פירש לאחרונה את הדברים מ"ע פרידמן, 'על תרומת הגניזה לחקר ההלכה', מדעי היהדות, 38 (תשנ"ח), עמ' 284 (לשימושו של 'נוסח' אצל הגאונים במשמעות של טקסט כתוב ראה: א"ש רוזנטל, 'תולדות הנוסח ובעיות עריכה בחקר התלמוד הבבלי', תרביץ, נז [תשמ"ח], עמ' 23. לניסוח 'ואהדורי אהדורוהי בנסחאי' השווה לשון היד רמה לסנהדרין סה ע"א [= אוצה"ג, סנהדרין, דף שצז, הערה 81]: 'וכיון דלא ידעי מאי נינהו איה [...] וספרא הוא דטעה ולא שדא ביה ר"ש ואהדרונהו לנוסחי הואיל וישנן בראיה'. להעדפת ה'טעם' מן ה'נוסח', ראה למשל אוצה"ג, ב"ק, סימן ק: 'וכשמצא נוסחא דכתי' בה [...] ובה הנוסח וחושבו עיקר וכותבו כולו [...] עד שיפול בידי חכם שהוא מצרף את הדבר ומוציא את כל מילה לטעמה'). טענה זו של רב שרירא יש בה הד לטענתו של פירקוי בן באבוי, שאף היא צריכה בירור: 'ומקצתן מצאו ספרים שלמשנה ושלמקצת תלמוד גנוזין וכל אחד ואחד עוסקין בספרים ופירש לדעתו מה שעלה על לבו מפני שלא השיגו מן החכמים הראשונים

משונה. ממילא הגאון מסיק שלא נאמר כדי לקבוע הלכה מסוימת אלא שהוא נועד לצרכים רטוריים, לדיחוייא בעלמא, כדי לדחות — ולו בקש — את הקושיה. לפעמים הגאונים אומרים זאת במפורש ובמילים חריפות: '[...]

שילמדו אותם הלכה למעשה'; ראה: שפיגל, 'לפרשת הפולמוס' (לעיל, הערה 44), עמ' רמה. אף בדברים אלה מובע הזלזול בתורתם של בני ארץ-ישראל שאינה אלא תורה שבספרים, ולא מסורת רציפה וחיה. ביחס לדברי רב שרירא גאון הדברים מקבלים משנה חשיבות משום שלפנינו דוגמה לסתירה בין הבבלי ובין הירושלמי בעניין חילוף המחלוקת. כאן חשוב לגאון להדגיש שהמסורת של בני בבל היא המוסמכת, והוא מחזק זאת בטענה לרציפות המסורת הפרשנית של תלמודם. את המילים 'אשתכח כמה שנין' יש לפרש או כשימוש מושאל מן העברית — 'הירושלמי נשתכח לכמה שנים' או בהוראתו הארמית — 'נמצא [מ]כמה שנים'. מובנו של ההמשך הוא שאחר כך העתיקו אותו שוב. ומכל מקום הגאון מדגיש שיותר מאשר 'נוסח', העתקה אין כאן, ועדיין צריך עיון.

בין כך ובין כך, אף בדוגמה זו, עדיפותו של התלמוד הבבלי מן הירושלמי היא מחמת פגמים וחסרונות שבירושלמי. אמנם המעיין שם בהמשך הדברים רואה אף תביעה לסור אל משמעת התלמוד 'שלנו' והמנהגות 'שלנו', ולאו דווקא מחמת בעיותיו של הירושלמי.

(ג) תשובת רב האיי גאון לר' יוסף בן ברכיה נדפסה בתג"ל, סימן מו; שע"ת, סימן לט; ועל-פי אלו נדפסה באוצה"ג, גיטין, חלק התשובות, סימן כג; חזרה ונדפסה בתוך: תשובות הגאונים החדשות (לעיל, הערה 15), סימן נד, עמ' 59 (הציטוט על-פי נוסח זה): 'והשיב: אנו על תלמוד שלנו סמוכין ומאי דפסיק הכא לא חיישנין למאי דאית התם. ודאי לגלויי מילת' דמסתמ' הכא או דלא מיפרשא הכא ולא מכחשא נמי סמכינן עלה, אי נמי מילת' דפירושא'. על המשמעות העקרונית של שאלת השואלים ועל התגובה העקרונית שהשיב הגאון ראה: מ' בן-ששון, צמיחת הקהילה היהודית בארצות האסלאם, ירושלים תשנ"ו, עמ' 257.

(ד) תשובה של רב שרירא ורב האיי לר' יעקב בר' נסים: 'וכך דומה כי חלוקה היא בתלמוד שלהן [...] ותלמוד שלנו שעליו אנו סומכין ועליו כל ישראל סמוכין מכריע כי מבית דויד הוא' (תג"ה, סימן שמט [=אוצה"ג, כתובות, חלק התשובות, סימן תע; שם, סנהדרין, סימן סז]). על הקונטרס המכיל את תשובה זו ראה: בן-ששון, שם, עמ' 451, מס' 12, והמצוין שם.

בשתי התשובות האחרונות עדיפותו של הבבלי עולה מתוך שזה התלמוד 'שלנו' ולא מתוך מגרעותיו של הירושלמי.

(ה) תשובת רב שרירא ורב האיי גאון: 'והא מילתא דרב עמרם אע"ג דלא מיפרשא בגמרא וקבלה היא בידנא כבר מיפרשא בתלמוד ארץ ישר' [...] וכי הא מילתא דאיתה בידנא מעשים בכל יום דמיסתיעא מן תלמוד דא' ישר' דסמכא הוא' (תג"ה, סימן תלד, עמ' 228; תג"א תש"ב, סימן ק, עמ' 103; אוצה"ג, כתובות, סימן קצ; אברמסון, עניינות בספרות הגאונים [לעיל, הערה 43], עמ' 89). על הקונטרס שבו תשובה זו עיין אברמסון, שם, עמ' 117 ואילך ועמ' 177 ואילך; בן-ששון, שם, עמ' 256.

(ו) תשובת רב האיי גאון: 'ונשאל ממר רב האיי ז"ל שאנו מוצאין בתלמוד בבלי הלכות סתומות [...] ובתלמוד ארץ ישראל פרשו [...] יש לנו לסמוך על פירוש תלמוד ארץ ישראל ולהחזיקו בידנו עקר, או נאמר שמא חולקין ויש לנו לבקש לתלמודינו טעם. והשיב, דבר זה אינו מסוים. מיהו כל מה שמצינו בתלמוד ארץ ישראל מפורש שאין חולק על דבר שיש בתלמודנו או שמשמע בסתמא ונותן טעם נאחזנו ונסמוך עליו דלא גרע מפרושי ראשונים, אבל מה שמצינו שחולק על תלמודנו נעזבנו' (ספר האשכול, מהדורת צ"ב אוירבך, ב, האלברשטט תרכ"ח, עמ' 47–49; מהדורת ח' אלבק, א, ירושלים תרצ"ה, עמ' 158–159; אוצה"ג, פסחים, סימן לט; שם, סנהדרין, סימן שעו). כידוע, בספר האשכול שבמהדורת אוירבך נוספו הדברים האלה: 'והא דצם ר' זירא דלשתכח תלמודא דבבלאי [...] אבל בימי ר"א ורבינא הי' שלו' בבבל, ונפיש שמדא בא"י ואימעטא הוראה תמן טובא ונחית מן דהוה תמן לבבל [...] ותו קמייהו הוי תלמוד א"י וידעו טעמי דקדמאי, והיכא

אלא דחייתא בעלמא קא מדחי לדבר דחוק, בטל ומיתלי בהבל [...] ולאו פסקא הוא אלא חד קא דחיק נפשיה ומידחי בדברים שנראים כי הבל המה [...] ובדילמא ואית למימר לא סמכינן עליה [...]׳.[49]

אבל יש מקומות שהגאון קובע קנה מידה שונה. בתשובה ארוכה עוסק אחד הגאונים בשאלת ה׳שינויא׳ והוא קובע את אבן הבוחן לבדיקת טיבם של תירוצים בפסק ההלכה. על־פי שיקולים משיקולים שונים הגאון פוסק הלכה, ואז הוא בודק: אם התירוץ מתאים לפסק ההלכה, הרי הוא תירוץ טוב, ואם

דלא ניחא להו נאדו מן טעמי דקמייהו, וכללא הוא הלכתא כבתראי׳. י״א הלוי (דורות הראשונים [לעיל, הערה 46], עמ׳ 112 113) מייחס דברים אלה לרב האיי גאון, והסיק מכאן שאף דעתו של רב האיי היא כדעתו של הרי״ף שההכרעה כבבלי היא מכיוון שהוא מאוחר לירושלמי וכיוון שהכיר את דבריו. אבל כבר ש׳ אסף (במבואו לתשובה הנזכרת לעיל, הערה 45) ועל־פיו ב״מ לוין (אוצה״ג, פסחים, סימן לט, הערה טז) ול׳ גינצבורג (פירושים וחידושים בירושלמי [לעיל, הערה 45], מבוא, עמ׳ פד–פה) דחו את ייחוס הדברים לרב האיי, והוכיחו שהם הוספה בתוך דבריו. אבל עוד בשנת תשי״ד מתייחס הרב י״י גרינוולד (הראו מסדרי הבבלי את הירושלמי? ירושלים–ניו־יורק תשי״ד, עמ׳ 17) להוספה שבספר האשכול כאל דברי רב האיי; י״ל הכהן פישמן, (׳אחרון הגאונים ודרכי לימודו׳, רב האי גאון: קובץ תורני מדעי, ירושלים תרצ״ח, עמ׳ 86–87), טוען שההוספה באשכול מקורית מדברי רב האיי. הוא מסתמך על העובדה שהטענה בעניין ׳שמאדא׳ באה אצל רב האיי במקום אחר (לעיל, סימן א). בתוך דבריו הוא מערב בין שני עניינים: עצם העדפת הבבלי מן הירושלמי והנימוקים להעדפה זו; ערבוביה זו מצויה אף בדברי ח׳ טשרנוביץ (תולדות הפוסקים, א, ניו־יורק 1946, עמ׳ 31–34). לסיכום קצר של שאלת פסיקת ההלכה כבבלי או כירושלמי ראה: ד׳ רעוועל, ׳החלופים בין בני בבל ובין בני ארץ ישראל ומקורות ההלכה של הקראים׳, חורב, א (תרצ״ד), עמ׳ 4, הערה 7.

לבסוף יש להעיר על הדברים שיוחסו לרב פלטוי בטעות ובהם גם הדעה ששתיקת הבבלי עדיפה מן המפורש בירושלמי: ׳וכן אמר רב פלטוי[...] דמכדי רבנן דגמרא דידן קים להו במתניתא [...] אם איתנהו כהני, אמאי לא איקבעו לה בגמ׳׳ (אוצה״ג, סוכה, חלק הפירושים, סימן מו; ב״מ לוין, אוצר חילוף המנהגים, ירושלים תש״ב, עמ׳ 21, הערה ז). אברמסון הראה שאלו אינם מדברי רב פלטוי אלא מדברי הרי״ץ גיאת, המצטט אותם. ראה: רוזנטל, ׳לתולדות רב פלטוי׳ (לעיל, הערה 3), עמ׳ 622–623, ובפרט הערה 207; ברודי, תשובות רב נטרונאי גאון (לעיל, הערה 2), עמ׳ 73, הערה 30.

סוף דבר, דברים כעין אלה של אפטוביצר ׳אבל לא עלה על דעתם [של הגאונים, ע״פ] לחשוב את תלמוד ארץ ישראל כמקור בר סמכא׳ (מחקרים בספרות הגאונים [לעיל (ב)], עמ׳ 10), ולכן לדעת הגאונים דברים שלא באו ׳אלא בירושלמי אינם נחשבים למאומה׳ — נראים מוגזמים, לפחות במקומות שאחרוני הגאונים מודיעים ומבארים את דעתם.

49 תג״א תרפ״ז, סימן ט, עמ׳ לה–לו (לעיל, הערה 34). להלן כמה מקומות נוספים שגאונים קובעים שתירוצים הם ׳שינוייא׳ מתוך שהם נראים דחוקים או משונים: ׳ומדלא שני שמע מינה אין זה ענינה ושינוין דחיקין הן כולן׳ (גנז״ש, עמ׳ 283–284 [=אוצה״ג, כתובות, חלק התשובות, סימן תקנ״ו]); ׳ורב האי גאון ז״ל פי׳ [...] והלכה כרבנן ואליבא דר׳ אלעזר דראבה קא משני שינויי דחיקי וטמאת עבדת זרה דרבנן היא [...]׳ (אוצה״ג, שבת, חלק הפירושים, סימן קסה [מן הערוך, ערך ׳אבן מסמא׳, כנראה מפירוש רב האיי, אצל ר״ח בלשון סתמית]). קרובה לדברים אלה הקביעה: ׳סברא קלישא הוא׳ (תג״ה, סימן סט, עמ׳ 34). מתוך שמקצת התירוצים בבבלי נתפסו על־ידי הגאונים כ׳שינוייא דחיקא׳ הם נאלצו לפעמים לקבוע: ׳דע כי פירוק מעולה הוא שאמ׳ בתלמוד׳ (תג״ק, סימן עט [=אוצה״ג, פסחים, חלק התשובות, סימן ג]). ועיין: ח׳ אלבק, מבוא לתלמודים, תל־אביב תשכ״ט, עמ׳ 545 ואילך; ולהלן, הערה 50.

איננו מתאים, הרי הוא דחוי. וכך בלשון הגאון: 'אבל ההוא דלאו הילכתא כוותיה לא סמכינן אשינוייה וחזינן ליה כמאן דלא אימור'.[50] גם כאן הדיון איננו מתמקד בקביעה מה איננו מוסמך אלא להפך. מתוך בירור ההלכה, המוסמכת, עולה שהשאר איננו מוסמך.

הרי שדרכי הפסיקה של הגאונים היו מגוונות, מהן על דרך החיוב ומהן על דרך השלילה. יש שהגאון פוגם וממעט בסמכותו של אחד החלקים בסוגיה כדי להכריע נגדו, ויש שהוא נותן משנה תוקף לאחד החלקים כדי להכריע כמותו. מכל מקום, ההכרעה איננה מכנית ואיננה אוטומטית. אין היא נעשית על-פי כללים קבועים, שהרי כל המכיר את שימושם של גאונים וראשונים בכללי הפסיקה יודע שהם כחומר ביד היוצר. בסוגיה אחת מדגישים כלל זה ובאחרת — כלל אחר.[51] וכאן חוזרת ונשנית השאלה: כיצד ומכוח מה הגאונים מכריעים את ההלכה? ההכרה שהתלמוד והספרות התלמודית אינם אחידים אלא שהם מכילים חלקים מוסמכים וחלקים לא מוסמכים היא רק הצעד הראשון לקראת הכרעה, אך אין בה די. גם עצם ההכרה בסתירות שבטקסט עדיין איננה ערובה שיוכל החכם להכריע ביניהן. הוא עשוי למצוא את עצמו מהסס וחושש לפסוק, נוטה לפסוק לחומרה או מנסה לצאת ידי חובת כל השיטות. כדי להכריע נדרש עוד דבר, והוא הערכה עצמית מסוג מסוים.

50 תג"א תש"ב, סימן נט, עמ' 63. י' דינרי ('הגאונים והראשונים ובעיית השינוייא', בר־אילן, יב [תשל"ד], עמ' 108–117) עסק בתשובה זו באריכות, והוא שהעמיד על חשיבותה ועל משמעותה. מדברי דינרי אפשר להבין שלדעתו, אבן הבוחן לקביעה שתירוץ מסוים הוא 'שינויא' בתקופת הגאונים היא התאמתו לפסק ההלכה, ולעומת זאת בתקופת הראשונים יש גם התייחסות להיבטים אחרים. מתוך הדברים שלעיל בפנים ובהערה 49 עולה שגם בתקופת הגאונים שתי השיטות משמשות לקביעה מהו 'שינויא'. בתשובה זו עסק גם צ' גרונר בחיבורו 'רב האי' (לעיל, הערה 34), עמ' 69. הרי עוד דוגמה לשיקול הלכתי שעל-פיו נקבע שתירוץ מסוים הוא 'שינוייא': 'ולא מפי שמועה אמרה אלא שינויא, ודברים ברורים שביקש להשים לרבן גמ' שני דברים להעמיד הלכה על אחד מהן ומודים על אחד מהן [...] ואשינויי לא סמכינן [...]' (תג"ה, סימן רנז [=אוצה"ג, ר"ה, חלק התשובות, סימן קלד]). המעיין שם רואה שהשיקולים הם הלכתיים ולא פרשניים. אי־הבנת משמעותה של בעיית השינוייא גרמה לו לא"ה וייס (דור דור ודורשיו [לעיל, הערה 41] ד, עמ' 250–251) לכתוב על הרי"ף: 'ולא לבד שלא נשא פנים לגאונים כי אם מלאו לבו גם כן לסור מאחרי פירוש התלמוד ולא סמך לפעמים על תירוץ הגמרא בעת שנראה לו התירוץ ההוא דוחק ורחוק מסברתו'. והשווה לדבריו על הגאונים להלן, הערה 57.

51 אפילו באשר לרב האיי, שרבות מתשובותיו הגיעו אלינו ושדרכו בפסיקת ההלכה נידונה בהרחבה, לא תמיד ברורה דרך הפסיקה; עיין: גרונר, 'רב האי', (לעיל, הערה 34), עמ' 81, 93. וראה דברי א"א אורבך: 'ואמנם מוצאים אנו יוצאים מן הכלל לגבי הכללים וגם הסתייגויות מהם'; 'וגם הכללים [...] אינם יכולים לשמש גורם בלעדי לקביעתה של הלכה' ('מסורת והלכה' [לעיל, הערה 16], עמ' 88–89). דברים ברורים ביותר כתב הרשב"א: 'וכל כללי דאתמר בגמרא לאו כללין גמורין הן דלא נפוק כלל מהנהו כללי [...] וכן כל שאר כללי דאתמור בעירובין הא איכא דוכתי דנפקי מינייהו [...]' (שו"ת, א, סימן תלא [= שם, סימן תרפח]).

[ה]

גאוני בבל ראו את עצמם ממשיכיהם של האמוראים, ובידיהם מסורות המשתלשלות ועולות עד סמוך לזמן שנוצר בו התלמוד, כדרך שכתב רב האיי גאון: 'ואתם חבירנו שמרו מפינו דברים שהן מסורת בידינו מפי אבותינו ואבות אבותינו בדורות הרבה כלשון הזה'.[52] הם ישבו על כיסא האמוראים, והם דיברו בלשון שדיברו בה האמוראים.[53] הם גם ראו את בית הדין שלהם כסנהדרין, כדברי רב שרירא: 'ואולם ארבע אמות שלהלכה הנה הם, וזאת הצורה הוא במקום סנהד' וראשה הוא במקום משה רבינו'.[54] הם מתייחסים לפסק ההלכה היוצא מישיבותיהם כאל 'הלכה למשה מסיני'. וכך ביקשו השואלים מן הגאון 'ותאיר בה עינינו ותסיר הספק מלבנו, כי בטוחים אנו שנשמע מפיך הלכה למשה מסיני'.[55] או כפי שכבר ניסח זאת פירקוי בן

52 תג"ה, סימן רכח; וראה: אסף, תקופת הגאונים וספרותה (לעיל, הערה 17), עמ' קלד; לוין, מתקופת הגאונים (לעיל, הערה 37), עמ' 5; אפשטיין, מחקרים, א (לעיל, הערה 21), עמ' 55, הערה 12. על ידיעת הגאונים מן המתרחש בימי הגאונים שלפניהם כתב רב שרירא: 'ואנחנא בריר לנא טובא ממאי דהוה ביומי מר רב פלטוי ומר רב אחי ומר רב מתתיה גאונים נוחם עדן [...]' (אגרת רש"ג, נספח ג, עמ' 4, והמקורות שצוינו שם בהערה ג [=אוצה"ג, יבמות, חלק התשובות, סימן מב]). וראה ברודי, גאוני בבל, עמ' 183.

53 עיין למשל: אסף, תקופת הגאונים וספרותה (לעיל, הערה 17), עמ' קלז; י"נ אפשטיין, דקדוק ארמית בבלית, ירושלים תשכ"א, עמ' 16–17; גיל, במלכות ישמעאל, א, עמ' 49.

54 אגרת רש"ג, לקוטים, עמ' 28; גיל, במלכות ישמעאל, ב, עמ' 73; וראה הביבליוגרפיה שצוינה בתוך אוצה"ג, סנהדרין, עמ' שו הערה 50; וכן אצל מ' בן־ששון, 'שברי אגרות מהגניזה: לתולדות חידוש הקשרים של ישיבות בבל עם המערב', תרביץ, נו (תשמ"ז), עמ' 179, הערה 25, סעיף 3. תפיסה קרובה לזו עולה מן התשובה בתג"ה, סימן שמז: 'הכין חזינא כי במקום שיכולין לשאל את הדבר מבית דין הגדול [...]'; ועיין שם.

55 שאלה לרב שרירא גאון; ראה: אוצה"ג, כתובות, חלק התשובות, סימן תנט והמקורות שצוינו שם, עמ' 182, הערה ח. וראה הדיון בתשובה בתוך: י' דינרי, 'מנהגי טומאת הנידה: מקורם והשתלשלותם', תרביץ, מט (תש"ם), עמ' 315–317. ראוי לציין שהגאון חותם את תשובתו במליצה דומה לזו של השואלים: 'כי בבקשכם הלכה למשה מסיני הגדנו לכם דבר על בוריו'. השימוש במטבעות לשון כעין אלו בא עוד באיגרות ותשובות של גאונים, ראה למשל דברי פירקוי בן באבוי, הנזכרים להלן. והשווה דבריו על 'ספרים ראשונים הישינים שמימות משה ועד עכשיו' (גנז"ש, עמ' 143); תשובת רב שרירא: 'אתיתו לק' למישאל כל אפי [דהלכתא] הל[כה] למשה מסיני' (גנזי קדם, ה [תרצ"ד], עמ' 113 [=אוצה"ג, קידושין, חלק התשובות, סימן רעג]). מצינו את רב שרירא משתמש בלשונות אלו כלפי שואליו. כך הוא כותב בחתימת תשובתו (או תשובותיו): 'דמן שמיא [...] ליזכון יתכון למיסבר ולאובוני כהלכה למשה מסיני ולמידע דבר דבור על אפניו [...]'; ראה: י"נ אפשטיין, 'תפסיר אלפאט מי שאחזו לרב שרירא', גנזי קדם, ה (תרצ"ד), עמ' 12 (ושם, עמ' 192); וכעין זה בפתיחת תשובתו לקהל פאס: 'לאסוקי שמעתא אליבא דהלכתא ולמגמר כהלכה למשה מסיני' (תג"א תרפ"ז, סימן ט). באיגרת של רב שרירא אנו מוצאים השוואה של תפקיד הגאון לזה של משה רבנו: 'ואנחנו יושבים מהבקר ועד הערב שופטים [...] וזלזלו בראשיהם ובחכמיהם שומרי משמרת התורה מימי משה ועד היום' (גיל, במלכות ישמעאל, ב, עמ' 68). השימוש החוזר ונשנה במליצה זו בקשר לישיבות בבל מורה על יחס השואלים והגאונים כלפי סמכות הגאונים ומסורתם. מליצות המשלשלות את מסורת הגאונים עד למשה רבנו משמשות בהבלטה מרובה בפולמוסו של ר' שמואל בן עלי על סמכותה של הישיבה הבבלית. ראה: ש' אסף, 'אגרות ר' שמואל בן

באבוי: ׳ומיכן את למד שתורה שבעל פה שהיא ביד חכמים בישיבה שבבבל ודקדוקי מצות שביד חכמים לא למדו אותה מליבן ולא מחכמתן׳.[56] אף ׳הלכה למעשה שבפיהם׳ היא זו ׳שלמדו מרבותם ורבותם מרבותם עד משה רבינו הלכה למשה מסיני׳.[57]

עלי ובני דורו׳, תרביץ, שנה א, ספר ב (תר״ץ), עמ׳ 64–65. לבירורן של המסורות על הלכה למשה מסיני בספרות התלמודית ראה: ש׳ ספראי, ׳הלכה למשה מסיני: היסטוריה או תיאולוגיה?׳, מחקרי תלמוד, א, (תש״ן), ובעיקר עמ׳ 33–35.

56 לוין, ׳משרידי הגניזה׳ (לעיל, הערה 44), עמ׳ 403. לעניין המקורות המובאים מהערה 52 שלעיל ועד כאן יש להדגיש שאין הם שאובים רק מאיגרות הגאונים. יש בהם מדברי הקהילות הפונות אל הגאונים, ויש מהם הלקוחים מתשובות הלכתיות. ומכאן, שאין לראות את השימוש במטבעות לשון אלו רק רטוריקה שמטרתה הטלת מרות הישיבה על התפוצות או בקשת עזרה מהן. משתקפת מהם תודעה רווחת ביחס לישיבות ולראשיהן. על עובדה זו עמד, בהקשר אחר, גינצבורג, גנז״ש, עמ׳ 47–48; וראה: י׳ פאור, עיונים במשנה תורה להרמב״ם, ירושלים תשל״ח, עמ׳ 35–36. על התפיסה שבבל היא היא מקום התורה שבעל פה ראה: שפיגל, ׳לפרשת הפולמוס׳ (לעיל, הערה 44), עמ׳ רס–רסו; על הניסיון של הגאונים לחדש את קשריהם עם קהילות המגרב במאות העשירית והאחת־עשרה ועל הרטוריקה המשמשת באיגרותיו של רב שרירא ראה: בן־ששון, ׳שברי אגרות מן הגניזה׳ (לעיל, הערה 54), בעיקר עמ׳ 179–184; לשאלת התלות של בית המדרש הקירואני בישיבות ישיבות בבל ראה: בן־ששון, צמיחת הקהילה היהודית בארצות האסלאם (לעיל, הערה 48 [ג]), עמ׳ 281–290; צ׳ גרונר במאמרו ׳הגאונים׳ (לעיל, הערה 3), מערער את התפיסה הרווחת בדבר מנהיגותם הפוליטית והרוחנית של גאוני בבל. בין השאר הוא דן בשאלת ההתייחסות של התפוצות לגאונים. חשיבותם של דברי גרונר היא שהם מאזנים את התפיסה הרווחת שראתה בגאונים עריצים המשעבדים את בני התפוצות למרותם. בין השאר קובע גרונר באשר ליחסי הגאונים והקהילות שבתפוצות ׳אין כאן מנהיגות רוחנית אלא שימוש בידענות ובמומחיות׳ (שם, עמ׳ 157). בהקשר שאנו עוסקים בו נדמה לי שידענות ומומחיות בתלמוד מבטאות את יכולת הפירוש ופסיקת ההלכה. בעולם שההלכה קובעת בו את אורחות החיים יש ליכולת זו משקל רב ביותר. וראה: צ׳ גרונר, ׳המגרב וישיבות הגאונים בבבל׳, פעמים, 38 (תשמ״ט), עמ׳ 55; ברודי, גאוני בבל, עמ׳ 131. לענייננו לא כל כך חשובה השאלה אם הייתה מנהיגותם של הגאונים אמתית או מדומה אלא העובדה שבתודעתם של הגאונים הם היו מנהיגי הדור, בוודאי בתחום הפרשנות התלמודית ופסיקת ההלכה; ראה: מ׳ בן־ששון, ׳קשרי מגרב–משרק במאות הט׳–הי״א: נאמנות, מחויבות, שותפות׳, פעמים, 38 (תשמ״ט), עמ׳ 42.

57 לוין, ׳משרידי הגניזה׳ (לעיל, הערה 44), עמ׳ 396. הקביעות והציטוטים שבשתי הפסקאות האחרונות אינם צריכים לטשטש את העובדה שהגאונים — בוודאי המאוחרים שבהם — ראו את התלמוד ואת תקופת התלמוד כחתומים. שלא כסבוראים שיצירתם משולבת בתלמוד גופו יצירתם של הגאונים עצמאית ונפרדת מן התלמוד. אף לא עלה על דעתם של הגאונים לחלוק על התלמוד. ראה ברודי, גאוני בבל, עמ׳ 7, 39, 161–162 (וההסתייגות שם, עמ׳ 180). אמנם אצל כמה מן החוקרים נצטרפה דרך הפירוש והפסיקה של הגאונים — דרך ההכרעה — אל הדגשת סמכותם של הגאונים ותפיסתם כמחוקקים עצמאיים, ולכן קבעו: ׳וכשלא נראו להם דברי הגמרא לא חששו לדחותם לפעמים בלא טעם וראיה׳ (טשרנוביץ, תולדות הפוסקים [לעיל, הערה 48 (ו)], עמ׳ 41). תפיסה זו בולטת ביותר — ומגמתה ברורה — בדברי א״ה וייס: ׳ואף לפעמים חתכו הדין בהכרעת שכלם בנטיה מדעת התלמוד׳ (דור דור ודורשיו [לעיל, הערה 41], ד, עמ׳ 14; ההוכחות לטענתו מצויות בחלק ג של ספרו, עמ׳ 197–199). על רבות מדוגמאותיו שם הוא כותב: ׳שזה מפורש כנגד מסקנת הגמרא׳ או כעיין זה. את רוב המקרים האלה יש לפרש מתוך הבנה נכונה של דרכי הפירוש והפסיקה של הגאונים (ראה למשל לעיל, הערה 50). ולא זו בלבד

התחושה שפסק ההלכה שלהם הוא דבר ה׳, כמליצתם: ׳כך הורונו מן השמים׳,[58] מעמידה את הגאונים בעמדת הכרעה באשר לטקסט. תחושת הרציפות וההמשכיות וכמוה תחושת הסמכות — מאפשרות להם להכריע מה מוסמך ומה איננו מוסמך בטקסט. וכאן נוצר מצב פרדוקסלי. מצד אחד — התלמוד מחייב אותם, והם מכריעים הלכה מתוכו, אך מצד אחר — כפוסקים וכפרשנים הם המכריעים והקובעים אילו חלקים ממנו מוסמכים ואילו אינם מוסמכים.[59]

כאמור, תפיסת הטקסטים כמערכת בעלת כמה רמות של סמכות עדיין איננה מאפשרת לפעול ולהכריע בתוכה. רק הצירוף של תודעת הרציפות והסמכות מאפשר לגאונים לראות את תפקידם בסידורה של המערכת הזאת: בקביעת ההיירכיה שבתוכה, בהכרעה בין סתירות ובפסיקת הלכה. לשונו של רב האיי מבטאת שילוב זה: ׳יש [...] משנה שנקראת פרק חסירות ויתירות ואינה מסוימת נסח אחד [...] ואותן המדרשות כגין הגדות הן׳ — עד כאן לעניין אפיון הטקסט, אבל הגאון מוסיף: ׳ואשר אנו אומרין — דברים שיש לסמוך עליהן׳[60] כאן באה לידי ביטוי תחושת הסמכות וההכרעה. וכעין זה בתשובה

אלא שכמה מן ההוכחות שהגאונים חלקו על התלמוד אינן אלא טעויות. למשל, את הדברים שבשערי ברכות לרב שמואל בן חפני: ׳והגאונים חולקין עליו בשחיטה [...]׳ הבין א״ה וייס (׳שערי ברכות׳, בית תלמוד, ב [תרמ״ב], עמ׳ 382) כציטוט של חכמים החולקים על התלמוד, ולפיכך תמה: ׳והתימה שהגאונים חולקין על הגמ׳ בענין׳. ולעומת זאת, הבין את הדברים אל נכון ב״מ לוין (אוצה״ג, ברכות, חלק הפירושים, עמ׳ 72) כמוסבים ׳על רשב״ח׳. תשובתו של רב סעדיה גאון (אוצה״ג, כתובות, סימן תשכ״א) עדיין צריכה עיון. וראה: ד׳ הלבני, מקורות ומסורות, סדר נשים, תל-אביב תשכ״ט, עמ׳ 8, הערה 5*. שאלת היחס למנהג במקום שהוא סותר את התלמוד צריכה להידון בנפרד, ועיין לעיל, הערה 43. לשלילת התפיסה המדגישה את פעולת החקיקה של הגאונים יוחַד מאמרו של י׳ ברודי, ׳כלום היו הגאונים מחוקקים?׳, שנתון המשפט העברי, יא–יב (תשמ״ב–תשמ״ד), עמ׳ 279–315.

58 ראה א״י השיל, ׳על רוח הקודש בימי הביניים׳, ספר היובל לכבוד אלכסנדר מארכס, ניו־יורק תש״י, החלק העברי, עמ׳ רה–רח. אבל כבר א״א אורבך קבע: ׳אולם אין זאת יותר ממליצה [...]׳ (׳הלכה ונבואה׳, תרביץ, יח [תש״ז], עמ׳ 22, הערה 183 [=מעולמם של חכמים, ירושלים תשמ״ח, עמ׳ 42]). לענייננו, אף אם רוח הקודש אין כאן, נראה שבהחלט משתקפת תחושת הביטחון של הגאון שפסק ההלכה שלו מכוון לרצון שמים. די להשוות את לשונותיהם של הגאונים ללשונות של חכמי ספרד הקדמונים, ר׳ משה בר׳ חנוך ובנו: ׳כך נראה לנו׳ (י׳ מילר [מהדיר], תשובות גאוני מזרח ומערב, ברלין תרמ״ח, סימן רז); ׳כך נראה לי׳ (שם, סימן רח); ׳כך הדעת מכרעת׳ (שם, סימן רכג. וראה מה שכתב מילר שם, סימן רכא, הערה א). לשונות אלו משקפות מודעות עצמית שונה מזו של הגאונים. סמכותם ותחושת ה׳מוסדיות׳ שבדברי הגאונים באה לידי ביטוי גם בעובדה שלעולם תשובותיהם כתובות בלשון רבים. ראה למשל: ברודי, גאוני בבל, עמ׳ 61.

59 ליחס המורכב שבין קבלת סמכות לבין קביעתה ראה דבריו של גרונר (׳רב האי גאון׳ [לעיל, הערה 34], עמ׳ 111) באשר להסתמכותו של רב האיי על מסורת הישיבות: ׳כדי לקבוע סמכותו של מקום בתלמוד, רב האי נזקק לקבלת הישיבות וחכמיה. הרי הם הממשיכים את ישיבות האמוראים ויוצרי התלמוד, והם אשר ראויים לקבוע בקבלה אלו מקומות בתלמוד בני סמכא הם׳.

60 ראה לעיל, הערה 40.

ארוכה על השימוש בשם המפורש ועל ספרים ונוסחים מגיים.[61] בתחילה מערער רב האיי על אמתתם של הספרים האלה: 'והנוסחים שראיתם הרוצה לעשות כך וכך יעשה כך וכך, הרבה מאוד יש אצלנו מזאת כאשר נקרא ספר הישר, ואשר נקרא חרבא דמשה [...] והרבה יגעו והוציאו שנותיהן ולא מצאו אמתה לדבר' — עד כאן פקפוק בטקסטים אלו, ומיד מצורף לזה: 'וכל מי שיאמר לכם חוץ ממה שאמרנו אל תאמינו בו ואל תסמכו על דבריו'. תפיסת הטקסטים שלובה בתודעת הסמכות.

תפיסת הטקסטים של הגאונים ודרך ההכרעה בתוכם עברו מן הגאונים אף אל מקצת הראשונים; מפורסמים שבהם הרי"ף[62] והרמב"ם.[63] אך כלום זו הדרך היחידה? כלום היחס לטקסטים, תודעת הסמכות ודרך ההכרעה הן מחויבי המציאות? דומני שלא, והיו מחכמי ישראל שנקטו דרך אחרת. כדי לחדד את הדברים מן הראוי להנגיד אותם לדרכם של בעלי התוספות. וכך כותב פרופ' אורבך — שלכבודו ולזכרו נתכנסנו הערב — בפרק הסיכום על דרכם של בעלי התוספות בפירוש התלמוד:

> היגיעה השכלית הרבה בדברי התלמוד [...] היא פרי אמונה שהתלמוד הוא שלם ודבריו כולם הם דברי אמת. לאמונה זו לא ניתן ביטוי דוגמאטי, אלא היא משוקעת ביסודן של כל אותן שאלות בלתי פוסקות [...] כלפי כל מאמר, כל משפט וכל מלה אשר בגמרא. שאלות אלו יוצאות מתוך הנחה שאין בגמרא לא יתירים ולא חיסורים [...][64]

61 התשובה וקטעים ממנה נדפסו בכמה מקורות; ראה: אוצה"ג, חגיגה, חלק התשובות, סימן כא. התשובה חזרה ונדפסה בתשובות הגאונים החדשות (לעיל, הערה 15), סימן קטו. עיקרה אינו מופנה כלפי סמכותם של ספרים ונוסחים דווקא אלא כלפי סמכות המסורות על עושי נסים ונפלאות. לדיון בתשובה זו, במגמותיה וברטוריקה שלה ראה: בן־ששון, צמיחת הקהילה היהודית בארצות האסלאם (לעיל, הערה 48 [ג]), עמ' 275–277, 416; ברודי, גאוני בבל, עמ' 144–145. לענייננו מן הראוי לציין שהגאון אינו דן בשאלת האמת והשקר שבדברים — רוצה לומר נכונות המסורות מול תפיסת עולם רציונליסטית — אלא בשאלת סמכותן.

62 ראה: ס' ולד, 'לדרך שימושו של הרי"ף במקורות התלמוד הבבלי', שנתון המשפט העברי, יח–יט (תשנ"ב–תשנ"ד), עמ' 199–214. בסוף מאמרו יש הבחנות חשובות, החורגות מעבר לתורתו של הרי"ף.

63 ראה: י' לוינגר, דרכי המחשבה ההלכתית של הרמב"ם, ירושלים תשכ"ה, עמ' 155 ואילך, ושם דיון בהבחנה של הרמב"ם בין 'תלמוד ערוך' לבין 'משא ומתן של גמרא'; ב"ז בנדיקט, הרמב"ם ללא סטיה מן התלמוד, ירושלים תשמ"ה; מ"ש פלדבלום, 'פסקיו של הרמב"ם לאור גישתו לחלק הסתמי שבבבלי', ספר היובל של האקדמיה האמריקנית למדעי היהדות, ירושלים תש"ם (*Proceedings of the American Academy for Jewish Research*, 46–47 [1979–1980]), עמ' קיא–קכ. דווקא 'כישלונו' של פלדבלום למצוא 'קריטריון מדויק שהרמב"ם השתמש בו בכדי לחלק את סמכותו של החומר הסתמי' חשוב ביותר, ובייחוד דבריו שם 'ומסופקני אם בכלל היה לו קריטריון מדויק לחלוקה כזאת' (עמ' קכ). בזאת נפתח פתח לפרשנותו של הרמב"ם בדרכים מגוונות ולא מתוך הנחות יסוד ביקורתיות ומודרניות, שהן אנכרוניסטיות לגבי קדמונינו.

64 בעלי התוספות, ירושלים תשמ"ו[5], עמ' 716. מרגע שנקבעה תפיסה זו בעולמם של בעלי התוספות היא עברה מהם אף אל חכמי ספרד ששתו ממימיהם. ראה למשל דברי הרמב"ן בחידושין לגיטין כט ע"א. הוא מתייחס לפסק הלכה של הרי"ף המכריע בין שתי לשונות

בכמה מקומות הוא מעמיד על 'דרך ההשוואה' של סוגיות שנקטו בעלי התוספות, היא שיטת יישוב הסתירות, שהפכה את התלמוד ל'כדור' אחד עגול, הרמוני, אחיד ונטול סתירות.[65] במקום אחר[66] הוא מעמיד על הדמיון שבין דרך ההתהוות וההתגבשות של התוספות לבין התלמוד:

> בעלי התוספות החלו במקום שהתלמוד הפסיק וחיבוריהם היו ל'תלמודים' חדשים [...][67]

דמיון חיצוני זה הוא פרי דרך לימודם של חכמי התלמוד, שנתחדש בבתי המדרש של בעלי התוספות. והתחדשות זו באה בעקבות רוח החופש ששלטה בהם. הכוח הקובע לא היה בסמכות בלתי-מעורערת של ראש הישיבה, שבאה לו מעצם תפקידו ולא הייראכיה מוגדרת, אלא בוויכוח החופשי ובביקורת החריפה בלא משוא פנים.

בגמרא כשהוא מסיים את הכרעתו במילים 'וכן הדעת נוטה'. לאחר שביאר הרמב"ן שהרי"ף פסק לפי הכלל שהלכה כלישנא בתרא כתב: 'כתבתי דבר זה כדי לפרש שאפשר שמפני כן העמידו בגמרא בלישנא בתרא [...] אבל לא מפני שזו היא דעת נוטה שאמר רבינו ז"ל שאין הכרעתנו הכרעה במחלוקת שבגמרא לומר זה הלשון מחוור מזה ולא נהגו הגאונים ולא כל בעלי ההוראה לפסוק הלכה על דרך זו [...]'; ועיין שם. וראה: אלבק, מבוא לתלמודים (לעיל, הערה 49), עמ' 554.

65 הדברים מכוונים לדברי המהרש"ל הידועים בהקדמת 'ים של שלמה' למסכת חולין. ראה: בעלי התוספות, שם, עמ' 696. וראה עוד שם, עמ' 689, 715, 727, 730. והשווה: א' גרוסמן, חכמי צרפת הראשונים, ירושלים תשנ"ה, עמ' 439; י"מ תא-שמע, הלכה, מנהג ומציאות באשכנז, ירושלים תשנ"ו, עמ' 21–23. לעיל עמדנו על העובדה שאצל גאוני בבל יש הבחנה ברורה בין מה שבתוך התלמוד הבבלי למה שמחוצה לו ושהאגדה סמכותית פחות מן ההלכה. תפיסות אלו, שמצאו להן מהלכים אצל כמה מחכמי ספרד לא נתקבלו אצל כמה מחכמי אשכנז וכמה מבעלי התוספות. אצלם גבולות הקורפוסים שאפשר ללמוד מהם ולפסוק על-פיהם רחבים הרבה יותר: גם מקורות שמחוץ לבבלי וגם מקורות אגדה נחשבים בעיניהם כמקורות בעלי סמכות. על ניסיונות הרמוניזציה אף בין הבבלי לירושלמי ראה בעלי התוספות, שם, עמ' 709. על הרחבת תחומי הלימוד נוסף על הבבלי ראה: זוסמן, 'מסורת לימוד ומסורת נוסח של הירושלמי' (לעיל, הערה 48), עמ' 14, הערה 11; שם, עמ' 42, הערה 130; הנ"ל, 'כתבי יד ומסורות נוסח של המשנה', דברי הקונגרס העולמי השמיני למדעי היהדות, ג, ירושלים תשמ"ג, עמ' 224, הערה 45; על שילובם של קטעי אגדה בתוך 'ספר הירושלמי' ראה: הנ"ל, '"ירושלמי כתב יד אשכנזי" ו"ספר ירושלמי"', תרביץ, סה (תשנ"ו), עמ' 58, הערה 152. על אי-הבנה שנוצרה מחמת אי-הבנת דרכם של חכמי צרפת ואשכנז לראות במקורות האגדה מקורות בעלי משקל הלכתי ראה: א' גרוסמן, 'שורשיו של קידוש השם באשכנז הקדומה', קדושת החיים וחירוף הנפש, ירושלים תשנ"ג, עמ' 105 ואילך.

66 בעלי התוספות (לעיל, הערה 64), עמ' 678–679.

67 השווה שם, עמ' 22; ושם, עמ' 743: 'כוונתם ומטרתם של בעלי התוספות לא היו לחתום את ההלכה ולסדר אותה סידור משוכלל בסעיפים גדולים וקטנים, אלא להמשיך את יצירתה ואת פיתוחה האורגני'. וראה: א"א אורבך, ההלכה מקורותיה והתפתחותה, גבעתיים 1984, עמ' 234: '[...] ועד לבעלי התוספות שסיגלו לעצמם את דרך התלמוד במידה כזאת שכל מפעלם אינו אלא תחיית היצירה התלמודית והמשכה'; י' זוסמן, 'מפעלו המדעי של פרופסור אפרים אלימלך אורבך', אפרים אלימלך אורבך — ביו-ביבליוגרפיה מחקרית, מוסף מדעי היהדות, 1 (תשנ"ג), עמ' 18–19.

בדבריו של פרופ׳ אורבך יש שלש קביעות:
א. יחסם של בעלי התוספות אל הטקסט הוא כאל טקסט בעל מרקם אחיד ׳דבריו כולם הם דברי אמת׳;
ב. דרכם הפרשנית היא דרך של מיזוג והרמוניזציה;
ג. דרך ההתהוות של חיבורי התוספות מתאימה ל׳רוח החופש׳ ששלטה בבתי המדרש של בעלי התוספות, ובהעדר הסמכות הנלווית לתפקיד ראש הישיבה.

כאמור, בכל שלוש הנקודות שונה דרכם של הגאונים. צא וראה עד כמה התאמצו בעלי התוספות לפשר בין סוגיות חולקות, כדברי רבנו תם ׳כי אפילו כשיש בתלמוד חייב במקום אחד ופטור במקום אחר אנו מתרצים, כל שכן קושיות אחרות׳.[68] לעומתם הכריעו הגאונים בלא שום קושי בין סוגיות ודחו סוגיות שלמות כלא מוסמכות. כוחו של רבנו תם מתגלה בפרשנות, ׳והדבר ידוע גודל לבו של ר״ת שהיה בידו לטהר את השרץ׳.[69] לעומת זאת מתגלה ידם החזקה של הגאונים ביכולת ההכרעה דווקא, ביכולתם להתייחס לחלקים מסוימים בתלמוד כאל לא מוסמכים.[70]

68 ספר הישר, סימן נו, מהדורת ש״פ רוזנטל, ברלין תרנ״ח, עמ׳ 125 (מובא בתוך בעלי התוספות [לעיל, הערה 64], עמ׳ 68).

69 ספר אור זרוע, ב, זיטאמיר תרכ״ב, הלכות ערב שבת, סימן לג (בעלי התוספות [לעיל, הערה 64], עמ׳ 69). להקשר הדברים באור זרוע ראה: ע׳ פוקס, ׳עיונים בספר "אור זרוע" לר׳ יצחק בן משה מוינה׳, עבודת גמר לשם קבלת תואר מוסמך של האוניברסיטה העברית בירושלים, תשנ״ג, עמ׳ 23–24.

70 מבחינה מסוימת אפשר להגדיר את פעילותם של הגאונים בתחום זה כפעולת קנוניזציה. ההבחנה שלהם שהתלמוד חתום זה מכבר (ראה לעיל, הערה 57) אינה מטשטשת את הצורך שלהם להגדיר את מקומו בהשוואה לטקסטים האחרים ואת החשיבות היחסית של חלקיו השונים. הם אינם מקבלים את התלמוד על כרעיו ועל קרבו אלא נדרשים להכריע בכל סוגיה וסוגיה מה חשיבותה המוחלטת והיחסית. ואולי נכון יותר לקבוע שבמעשיהם יש רה־קנוניזציה של התלמוד. אמנם התלמוד מונח לפניהם, אך הם עדיין צריכים להכריע ולהגדיר את החלקים שבתוכו. ניסוח יפה של תודעה זו ניסח ח׳ טשרנוביץ: ׳כשחתמו הגאונים את התלמוד, נהגו בו מעין זה, שנהגו אנשי כנסת הגדולה בשעה שחתמו את כתבי הקודש [...] אלא שהראשונים גזרו על הספרים, שלא נתקבלו לכתבי הקודש, גניזה ממש; והאחרונים לא גזרו גניזה, אלא הכריזו על חלק מן התלמוד, שאין לו אותו כח המכריע ואותה הקדושה של שאר החלקים, וממילא נכנס בכלל ספרים חיצוניים׳ (תולדות הפוסקים [לעיל, הערה 48 (1)], עמ׳ 24). אלא שאצל טשרנוביץ כרוך הדבר בתפיסת הגאונים כחותמי התלמוד ואין הוא מתייחס שם אלא להפרדת ההלכה והאגדה. לעומת זאת הרושם הוא שאצל בעלי התוספות היחס שונה. הם מתייחסים אל ה׳ספר׳ — וסתם ׳ספר׳ אצלם הוא התלמוד הבבלי — כאל ספר מקודש, מתחילתו ועד סופו; ראה דברי אורבך לעיל, סמוך להערה 64 (ואי־אפשר לקבל את דברי טשרנוביץ [שם, עמ׳ 40], המפרש את פעולתם של הגאונים על־פי זו של בעלי התוספות).
המתיחות שבין גישות השואפות להרמוניזציה של מקורות ההלכה לבין גישות המוצאות בהם כמה רבדים של סמכות נמשכה גם בדורות מאוחרים ואף כלפי הישגיהם ההלכתיים של בעלי התוספות עצמם. היו מן החכמים שראו את מסורת הפסיקה כולה כמקודשת. ראה למשל את דברי הביקורת החריפים של ר׳ מנחם המאירי, בית הבחירה לבבא בתרא קל ע״ב (מהדורת א׳ סופר, ירושלים תשל״ב^2, עמ׳ 538): ׳והוא ממה שראיתי דור זה נכשל

סוף דבר: דרך ההכרעה שנקטו הגאונים נובעת מהתפיסה שתפסו את אופיו של הטקסט התלמודי מזה ומן המודעות העצמית שלהם מזה. תפיסת הטקסט נתנה להם צידוק פרשני לדרך ההכרעה, והמודעות העצמית נתנה להם כוח וסמכות לנקוט דרך זו.[71] כמדומה שאם פרשנות תרבותית זו נכונה — לא על עצמה יצאה ללמד אלא אף על הבנת כמה תחומים אחרים בתורתם של הגאונים, אך אלה אין מקומם במסגרת זו.

בענינים אלו [...] הם נסמכים לחלוק בנימוקי בלאות של חדושין ותוספות ולקוטין של לשונות וצווחים ככרוכיא ראה זה מצאתי שכך כתב פלני מבלי שידעו או שישגיחו אם נאמר כראוי אם לאו [...] ולא ישגיחו לא על האומר ולא על המאמר [...] לא שישגיחו על המאמר אם הוא אמתי אם לאו, או אם הוא מאמר דרך פסק מוחלט או דרך פירוש או דרך תירוץ קושיא [...]'. מצד אחר קרא ר' חיים מפרידברג במאה הט"ז לקידושה של מסורת הפסיקה כולה: 'ויש מורים זחוחי דעת שרוצים לעשות מדרגות בדיני איסור והתר, ואומרים שהכל לפי מה שמוזכר הדין או סברא היא, אם בגמרא אם בדברי הפוסקים הקדמונים אם בדברי הפוסקים האחרונים, כך יש להקל ולהחמיר [...] וכבר כתבתי שאין בידינו לעשות הפרש בין דברי הפוסקים מסברת נפשינו' (ויכוח מים חיים, מצוטט אצל יובל [לעיל, הערה 19], עמ' 393).

71 הדברים בגוף המאמר מוצגים כעין נוסחה מתמטית: תפיסת הטקסטים + סמכות הגאונים = דרך ההכרעה. מידה רבה ביותר של תמימות נדרשת כדי לסבור שבדרך פשטנית ובמודל סיבתי שכזה אפשר להסביר תופעות תרבותיות ופרשניות. הצגת הדברים בדרך זו נועדה להדגיש ולהציע דגם אפשרי להבנת דרך ההכרעה של הגאונים, אף אם איננו הדגם היחיד האפשרי. עם זה, קרוב לוודאי שיש להביא בחשבון גורמים כגון תפיסות עולם ופרשנות בעולם המוסלמי בן זמנם של הגאונים (וראה ספרו של סקלר, לעיל, הערה 41).

רשימת המהדורות והקיצורים הביבליוגרפיים

אוצה"ג = ב"מ לוין, אוצר הגאונים, ברכות – בבא מציעא, חיפה תרפ"ח – ירושלים תש"ג; ח"צ טויבש, אוצר הגאונים, סנהדרין, ירושלים תשכ"ז.

אגרת רש"ג = ב"מ לוין (מהדיר), אגרת רב שרירא גאון, חיפה תרפ"א (דפוס צילום: ירושלים תשל"ב).

ברודי, גאוני בבל = R. Brody, *The Geonim of Babylonia and the Shaping of Medieval Jewish Culture*, New Haven–London 1998

גיל, במלכות ישמעאל = מ' גיל, במלכות ישמעאל בתקופת הגאונים, תל־אביב 1997.

גנז"ש = ל' גינצבורג (מהדיר), גנזי שכטר, ב, ניו־יורק תרפ"ט.

שערי צדק = תשובות הגאונים שערי צדק, ירושלים תשכ"ו.

שע"ת = שערי תשובה, לייפציג תרי"ח.

תג"א תרפ"ז = ש' אסף (מהדיר), תשובות הגאונים, ירושלים תרפ"ז.

תג"א תרפ"ט = ש' אסף (מהדיר), תשובות הגאונים מן הגניזה, ירושלים תרפ"ט.

תג"א תש"ב = ש' אסף (מהדיר), תשובות הגאונים, ירושלים תש"ב.

תג"ה = א"א הרכבי, זכרון לראשונים וגם לאחרונים, חלק ראשון, מחברת רביעית, ברלין תרמ"ז.

תג"ל = י' מוסאפיה (מהדיר), תשובות הגאונים, ליק תרכ"ד (דפוס צילום: ירושלים תשכ"ז).

תג"ק = ד' קסל (מהדיר), תשובות גאונים קדמונים, ברלין תר"ח.

ר׳ ברוך ממגנצא

דמותו של חכם על־פי שרידי כתביו

מאת

שמחה עמנואל

פתיחה*

מרכז התורה העתיק של קהילות אשכנז, זה ששכן על גדות הריינוס, העמיד דורות הרבה של תלמידי חכמים. המרכז הזה רשם דפים מפוארים רבים בתולדות עם ישראל, ואחד הבולטים שבהם הוא קבוצת החכמים הגדולה שפעלה שם במפנה המאות הי״ב והי״ג. באותה תקופה פעלו בקהילות הריינוס ר׳ יהודה בר׳ קלונימוס משפירא ור׳ יהודה בר׳ קלונימוס ממגנצא, ר׳ שמואל החסיד ובנו ר׳ יהודה החסיד, ראבי״ה ור׳ אלעזר מוורמייזא, ריב״א הבחור ור׳ שמחה משפירא ועוד רבים רבים אחרים. אחד החכמים הבולטים שבדור דעה זה הוא ר׳ ברוך בר׳ שמואל ממגנצא, אך חוקרי התקופה קיצרו בדבריהם עליו. העיסוק המועט יחסית במחקר בתורתו של ר׳ ברוך נבע, כנראה, מצירופם של שני גורמים. האחד — ר׳ ברוך לא זכה להעמיד תלמידים רבים, שסיפוריהם על מעשי הרב ומנהגיו מוסיפים תמיד נופך ועניין לדמותו, והאחר, החשוב עוד יותר — חיבורו הגדול של ר׳ ברוך, ספר החכמה, אבד מאתנו, ואין בידינו אלא קרעי קרעים מתורתו, עד שקשה להכיר מהם אותו ואת משנתו.

איננו אנשי בשורות, ואיננו באים להכריז כאן על גילויו של ספר החכמה. הספר אבד ואיננו. למיטב ידיעתנו, אין בספריות העולם כתב־יד של הספר ואף לא דף אחד יחיד ממנו. דברינו להלן יתבססו כולם על הציטוטים הפזורים והמקוטעים שנשארו לנו מתורתו של ר׳ ברוך בהלכה, ומטרתנו תהא לנסות לדובבם ולהפיח בהם מעט חיים ובמידת האפשר אף ללמוד מהם על דמותו של ר׳ ברוך.

* מאמר זה הוא פרק מורחב מתוך עבודה לשם קבלת תואר דוקטור בנושא ׳ספרי הלכה אבודים של בעלי התוספות׳, בהדרכת פרופ׳ ישראל תא־שמע, שהוגשה לאוניברסיטה העברית בירושלים, בשנת תשנ״ג. המאמר נכתב בסיועה של מלגה על־שם פרופסור א״א אורבך מטעם קרן הזיכרון לתרבות יהודית. תודתי נתונה להנהלת הקרן, וכן גם למכון לתצלומי כתבי־היד העבריים שבבית הספרים הלאומי והאוניברסיטאי בירושלים. רשימת קיצורים ביבליוגרפיים מובאת בסוף המאמר.

פטורים אנו מלחקור את תולדות חייו של ר׳ ברוך, שכן כבר דן בהם במפורט אפרים אלימלך אורבך בספרו הגדול על בעלי התוספות. ואלו דבריו[1]:

עם חבורת חכמי אשכנז בראשית המאה השלוש־עשרה נמנה גם ר׳ ברוך בר׳ שמואל ממגנצא. הוא עמד בקשרים קרובים עם ר׳ שמחה, ובעיקר עם הראבי״ה,[2] שאליו פנה בשאלותיו עוד בחיי אביו ר׳ יואל.[3] ר׳ ברוך צורף לבית־הדין של מגנצא אחר מות רבו, ר׳ משה בר׳ שלמה הכהן, ואנו מוצאים אותו חותם כשלישי יחד עם ר׳ יהודה בר׳ קלונימוס בר׳ משה ועם ר׳ משה בר׳ מרדכי,[4] שאותם הוא קורא ׳רבותינו במגנץ׳ ולפניהם הוא דן.[5] בצעירותו למד עוד, לפי הנראה, אצל ר׳ אפרים בר׳ יצחק מריגנשבורג, הנקרא לרוב על־ידו ר׳ יקר.[6] על שהותו של ר׳ ברוך בשפירא בבית־מדרשו של ר׳ יהודה בר׳ קלונימוס מוסר לנו ר׳ יצחק אור זרוע[7] [...]

1 אורבך, בעלי התוספות, עמ׳ 425–429 (הציטוטים הם מעמ׳ 425–427. הדברים שבהערות אינם מלשונו של אורבך). בשנים האחרונות התפרסמו שלושה מאמרים על ספר החכמה: ד׳ זפרני, ׳ר׳ ברוך ממגנצא וספר ״החכמה״ ׳, סיני, פד (תשל״ט), עמ׳ רמה–רסה (מתוך פרק המבוא לחיבורו ׳תורתו של רבי ברוך ב״ר שמואל ממגנצא׳, עבודת גמר לקבלת תואר מוסמך של אוניברסיטת תל־אביב, ראשון לציון תשל״ה); א׳ הלפרין, ״׳ספר החכמה״ לרבינו ברוך בר׳ שמואל ממאגנצא על פי המובאות ממנו שב״ספר המרדכי״׳, סיני, פו (תש״ם), עמ׳ רכג–רכו; מ״א רבינוביץ, ׳ספר החכמה לרבינו ברוך ב״ר שמואל ממגנצא׳, סיני, צח (תשמ״ו), עמ׳ קצו–ר. הבסיס למחקרו של זפרני הוא ציטוטים של דברי ר׳ ברוך בספר המרדכי, ספר שנזכר בו ר׳ ברוך יותר מבכל חיבור אחר. אך זפרני כמעט לא דן בציטוטים מתורתו של ר׳ ברוך שנשתמרו במקורות אחרים, ואף לא הִשווה את הנוסח המשובש שבספר המרדכי הנדפס בתלמוד בבלי דפוס וילנה עם נוסחיו שבכתבי־יד. שני המאמרים האחרים מביאים תיקונים לדברי זפרני מתוך כתבי־היד של ספר המרדכי לשלוש מסכתות, וגם הם מבוססים על ס׳ המרדכי לבדו ואף על מסכתות יחידות שלו, ואין בכוחם לצייר תמונה שלמה של שרידי ספר החכמה.

2 ראה למשל להלן, בגוף המאמר, ליד הערות 63, 68, 78, 145; ולהלן, הערות 65, 84, 86.

3 להלן בנספח, סעיף א (עמ׳ 155), מובאת תשובה של ר׳ ברוך לשאלה שנשאלו גם ר׳ יואל וראבי״ה. על הקשרים האישיים שבין ר׳ ברוך לר׳ יואל ראה מרדכי, חולין, סימן תרפד: ׳מעשה בא לפני רבותינו שבמגנצא [...] ואני ברוך דנתי לפניהם [...] ואח״כ בא רבינו יואל הנה וסחתי לו כל המעשה ואמר שיפה דנתי וכן היה נוהג חמיו ראב״ן והוא אחריו כל הימים [...] עכ״ל ר״ב׳ (נוסח מקוצר של הדברים מצוי בכ״י פרמה 86, עמ׳ עה, סימן קמה).

4 ראה להלן, הערות 65, 84, 86.

5 ראה לעיל, הערה 3; מרדכי, בבא בתרא, סימן תקעה.

6 ראה למשל תשב״ץ, למברג 1858, סימן שנב: ׳מצאתי בשם רבינו ברוך שסיפר פעם אחת שאכל רבינו אפרים ז״ל מדג שקורין בורבטא [...]׳ (והשווה: אור זרוע, חלק ד, עבודה זרה, סימן ר); מרדכי, חולין, סימנים תקפז–תקפח: ׳ושמעתי שרבינו יקר היה רגיל [...] ולא זכיתי לשאול את פי עצמו איך היה המעשה׳. וראה גם בהערה הבאה ולהלן, הערה 135. ר׳ ברוך הוא החכם הראשון — וכמעט גם האחרון — המביא דברים מספרו האבוד של ר׳ אפרים הנקרא ארבעה פנים; ראה: עמנואל, ׳ספרים אבודים׳, עמ׳ 72–73.

7 אור זרוע, חלק א, סימן תעה: ׳כתב הרב רבינו ברוך ב״ר שמואל ראיתי ששאל מורי רבינו יהודה משפיר״א למורי רבינו יקיר זצ״ל [...]׳; מרדכי, סנהדרין, כ״י בודפשט 1, דף 192ב–ג:

בספר חכמה סימן רנ״ח, כולהו סבירא להו יש אם למקרא [סנהדרין ד ע״א], הק׳ ר״ב לרבי׳ יהודה משפיירא אמאי לא חשיב נמי הכא דר׳ יוח׳ בן ברוקה דגר׳ פ׳ לולב וערבה [סוכה מה ע״ב] מאי טעמ׳ דר׳ יוחנן ב״ב דכת׳ כפות תמרים ורבנן כפת כת׳ [...] ועוד שאל

ר׳ ברוך שאל דברים מר׳ אליעזר ממיץ[8] [...] הוא שלח לר׳ יהודה החסיד שאלה בדבר מנהג בקריאת שמע[9] [...] בין שואליו היה רבנו שמחה.[10] אמנם הוא הציע בשאלתו גם תשובה, אבל ר׳ ברוך דוחה את דעתו וכותב ׳אגב חורפיה דמר לא עיין בה שפיר׳.

על תולדותיו של ר׳ ברוך יש לנו להוסיף או להבהיר רק עניינים מספר. (א) ר׳ ברוך חתם על תקנות שו״ם בשנת תתק״ף (1220),[11] ולדברי צונץ, הוא נפטר בשנה שלאחר מכן. במקום אחד כתב צונץ כי ר׳ ברוך נפטר באביב של שנת 1221,[12] אך הוא לא ביאר מנין לקח ידיעה זו, והחוקרים לא יכלו לבדוק אחריו. במקום אחר, נידח יותר, ידע צונץ לומר את יום הפטירה המדויק של ר׳ ברוך: 25 באפריל 1221.[13] גם במחקרו השני לא כתב צונץ מנין לקוחים דבריו, אך דומה כי התאריך המדויק שהזכיר מלמד על המקור שהסתמך עליו, ורשאים אנו לשוב ולפקפק בדבר. דברי צונץ נובעים, כנראה, מנוסח של מצבה שהתגלתה במגנצא בסוף המאה הקודמת, ועליה נכתב: ׳ר׳ ברוך בר׳ שמואל הנפטר באייר בתתקפ״א לפרט׳.[14] מסתבר שצונץ שמע על מצבה זו עוד קודם שנודעה ברבים, אך נוסח המצבה נמסר לו שלא בדקדוק. צונץ חשב כי יש לקרוא במצבה: ׳הנפטר ב׳ אייר׳, וסבר כי מצבה זו היא של ר׳ ברוך

[...] ונר׳ לר״ב דכל היכא דהמקרא וגם המסור׳ תרויהו אית להו משמעות אחד [...] כ״ע מודו דתרויהו (ד)דרשי׳ אם נוכל [...] ואומ׳ רבי׳ יקיר דלכל היכא דלשון המסורת אינו נקרא כלל בלשון תורה דלא אשכחן כי האי לישנ׳ בקרייה הת׳ פליגי [...] אבל כל היכא דאף לפי המסורת הוא נקרא כלשון תורה, הת׳ לא פליגי דשניה׳ עיקר היכא דאיפשר לקיים שניהם ואם לאו המסורת עיקר [...]

(במרדכי, כ״י וטיקן 141, דף 137א: ׳ר״ב בספר החכמ׳ סימ׳ צח׳ [האותיות ר׳ ונ׳ נסמכו זו לזו, עד שנראו כצ׳]. מקצת הדברים הובאו גם אצל אורבך, בעלי התוספות, עמ׳ 428, הערה 18*. ר׳ יהודה בר׳ קלונימוס משפירא האריך מאוד בסוגיה זו בספרו ׳יחוסי תנאים ואמוראים׳, אך לא הזכיר שם את דברי ר׳ ברוך; ראה: ערכי תנאים ואמוראים, מהדורת מ״י בלוי, ניו־יורק תשנ״ד, ערך ׳רבי יהודה בן יועץ׳ [עמ׳ קמא–קמה], ערך ׳רבי יוחנן בן ברוקה׳ [עמ׳ רמו–רנז] וערך ׳יוחנן בן דהבאי השני׳ [עמ׳ רסא–רסב]. וראה גם את דיוניהם של הראב״ן, סנהדרין ד ע״א [דף רכג ע״ד – רכד ע״א], ושל ר׳ אליעזר ממיץ, רבו של ר׳ ברוך [ספר יראים, מהדורת א״א שיף, וילנה תרנ״ב–תרס״ב, סימן קטז].)

8 ראה למשל להלן, הערות 50, 92.

9 ראה להלן, הערה 79.

10 ראה: תשובות מהר״ם, דפוס פראג, סימן תשלט; להלן, בגוף המאמר, ליד הערה 77 ובהערה 81.

11 תשובות מהר״ם, דפוס פראג, בסופו (מהדורת בלאך, דפים קנח ע״ג–קנט ע״ב); L. Finkelstein, *Jewish Self-Government in the Middle Ages*, New York 1924, pp. 231–232

12 L. Zunz, *Literaturgeschichte der synagogalen Poesie*, Berlin 1865, p. 306

13 L. Zunz, *Die Monatstage des Kalenderjahres*, Berlin 1872, p. 22. דברי צונץ בספרו זה לא נזכרו אצל כל העוסקים בתולדותיו של ר׳ ברוך, והביאם רק צבי אבנרי (להלן, ההערה הבאה).

14 בפעם הראשונה נזכרה המצבה, כנראה, בחיבורו של זלפלד (S. Salfeld, *Das Martyrologium des Nürnberger Memorbuches*, Berlin 1898, p. 435, no. 56). הנוסח המלא של המצבה נדפס בידי צ׳ אבנרי, ׳כתובות עבריות ממגנצא בדורות ימי־הביניים׳, מחקרים בתולדות עם־ישראל וארץ־ישראל לזכר צבי אבנרי, חיפה תש״ל, עמ׳ 144.

בעל ספר החכמה. ומכאן אפוא נבעו דבריו כי ר׳ ברוך נפטר ביום 25 באפריל 1221, שחל בדיוק ביום ב׳ באייר תתקפ״א. ואולם ברור כי יש לקרוא במצבה ׳באייר׳ בלי ציון של היום בחודש, ולא עוד אלא שאי־אפשר שמצבה זו היא של ר׳ ברוך בר׳ שמואל בעל ספר החכמה, שהרי לא נכתב בה התואר רב, כראוי לתלמיד חכם מופלג שכמותו.[15]

אם אמנם דברי צונץ על יום פטירתו של ר׳ ברוך מבוססים על אותה מצבה, הרי שאין להם עוד קיום, ומעתה אין בידינו לדעת את שנת פטירתו של ר׳ ברוך, ובוודאי לא את היום המדויק.[16]

(ב) ר׳ ברוך מרבה להזכיר את ׳מורי קרובי׳, וכוונתו לר׳ אליעזר ממיץ.[17] זיהוי זה מוכח הן ממקבילות בספר יראים, שמשפטים שלמים ממנו הביא ר׳ ברוך מילה במילה בשם ׳מורי קרובי׳,[18] הן מדברי ר׳ ברוך עצמו, שפירש את דבריו בשני מקומות: ׳קבלתי מקרובי רבינו אליעזר ממיץ׳; ׳כמו שקבלתי ממורי קרובי ה״ר אליעזר ממיץ׳.[19] הכינוי ׳מורי קרובי׳ דבק בדרך מקרה אף בר׳

15 וכבר העיר על כך זלפלד, שם, הערה 2.

16 נשתמרה בידינו חליפת מכתבים בין ר׳ שמואל מבמברג, בנו של ר׳ ברוך, ובין ר׳ שמחה משפירא, משנת פטירתו של ר׳ ברוך. אך התכתבות זו איננה מתוארכת, ואין היא מסייעת לקבוע את זמן פטירתו של ר׳ ברוך; ראה: שו״ת מהר״ח אור זרוע, סימנים נו–ס, ובפרט סימן נו, ד״ה ואי וד״ה תאיר, ושם, סוף סימן ס. חליפת המכתבים שבסימנים סא–סד מוקדמת יותר, ור׳ ברוך נזכר בה בברכת החיים; ראה שם, סוף סימן סב וסוף סימן סד.

17 ר׳ שמואל מבמברג, בנו של ר׳ ברוך, היה אף הוא תלמידו של ר׳ אליעזר ממיץ (ראה: אורבך, בעלי התוספות, עמ׳ 429), אך לפי שעה לא מצאנו שקראוֹ ׳מורי קרובי׳. במקום אחד כינה ר׳ ברוך בתואר זה את ר׳ יהודה בר׳ קלונימוס ממגנצא; ראה דבריו המובאים בס׳ המרדכי, כ״י בודפשט 1, דף 242ד: ׳במגנצא אירע [...] (יצא) [וציוה] מורי קרובי רבי׳ יב״ק׳. אך נראה שאין זו אלא טעות סופר, שכן בס׳ המרדכי הנדפס הלשון היא ׳וצוה מורי ריב״ק׳, בלי המילה ׳קרובי׳ (חולין, סימן תקפח), וכך גם באמרכל, כ״י ציריך, ספרייה מרכזית Z. Heid. 145 (ראה להלן, הערה 133), דף 62א, בשם ׳ספר רבי׳ ברוך ממגענצא׳: ׳וצווה מו׳ רבי׳׳. קרובי משפחה אחרים של ר׳ ברוך, שאף הם היו תלמידי חכמים, הם ר׳ אליעזר, אחיו של ר׳ ברוך (ראה להלן בנספח, סעיף ב, עמ׳ 159), ור׳ ברוך בן אברהם, נכדו של ר׳ ברוך (ראה להלן, הערה 125). שלום אלבק משער כי ׳הקצין ר׳ ברוך בר׳ שמואל׳, שעל ידו שלח רשב״ם תשובה לראב״ן (ראב״ן, דף רצד ע״ג), הוא זקנו של ר׳ ברוך דידן; ראה: ספר ראב״ן הוא ספר אבן העזר, מהדורת ש׳ אלבק, ורשה תרס״ה, מבוא, פרק ח, עמ׳ xviii–xix.

18 ראה: מרדכי, גיטין, סימן שפא, מהדורת רבינוביץ, עמ׳ 528–529 (ושם בשינויי־הנוסחאות מפורש לנכון: בספר החכמה [= ספר יראים (לעיל, הערה 7), סימן קסד, דף עו ע״ב]); הגהות מימוניות, הלכות שבת, פ״י ס״ק ר (= ספר יראים, סימן רעד, דפים קלז ע״ב–קלח ע״א); פסקי עירובין למהר״ם, עמ׳ נט, הערה 40 (= ספר יראים, סימן רמו, דפים קיא ע״ב–קיב ע״א); שיטה מקובצת לבבא מציעא סח ע״א (מובא להלן, הערה 57 [= ספר יראים, סימן קיח, דף מד ע״ב]); שיטה מקובצת לבבא מציעא עא ע״ב (מובא להלן, הערה 59 [= ספר יראים, סימן קנו, דף עג ע״ב]).

19 מ׳ היגער, ׳ספר אמרכל על הלכות פסח׳, ספר היובל לכבוד אלכסנדר מארכס למלאת לו שבעים שנה, ניו־יורק תש״י, חלק עברי, עמ׳ קס–קסא (הפִסקה כולה לקוחה מספר יראים [לעיל, הערה 7], סוף סימנים שא–שג, דפים קסז ע״ב–קסח ע״א); מרדכי, בבא בתרא, סימן תרכג. אפטוביצר (מבוא לספר ראבי״ה, עמ׳ 77–78; עמ׳ 329, הערה 4) ואורבך (בעלי התוספות, עמ׳ 426, הערה 10) טענו כי הדובר כאן הוא ראבי״ה ולא ר׳ ברוך, אך בכ״י

ברוך ובמשפחתו. מהר״ם מרוטנבורג מכנה את ר׳ ברוך ׳רבי׳ ברוך קרובי׳,[20] ואילו את בנו, ר׳ שמואל מבמברג, הוא מכנה ׳מורי קרובי׳.[21]

(ג) אפרים קופפר מצא בכתב־יד פסקה המלמדת לכאורה כי ר׳ ברוך למד לפני ר׳ יצחק בר׳ מרדכי. אורבך לא הזכיר עניין זה בדיונו בר׳ ברוך, והדין עמו. פסקה זו משובשת, והיא העתקה מתוך ספר אביאסף של הראבי״ה, ואין לה כל קשר לר׳ ברוך.[22]

(ד) ר׳ ברוך קיבל את כל תורתו בגרמניה ולא למד בצרפת. את ידיעותיו בתורתם של חכמי צרפת קיבל מרבותיו, בעיקר מר׳ משה בר׳ שלמה הכהן ממגנצא,[23] ולפעמים רק מפי השמועה (כגון ׳אני ברוך שמעתי שבצרפת מתירין להלות לישראלים משומדים ברבית וללות מהם׳).[24] ר׳ ברוך דומה

בודפשט 1 חתום בסוף הפסקה ׳חכמה׳ (ראה להלן, הערה 78), וגם במקבילה מפורש: ׳וקבלתי ממורי קרובי [...] עכ״ל ר״ב׳ (מרדכי, כתובות, סימן רח).

20 תשובות ופסקים מאת חכמי אשכנז וצרפת, סוף עמ׳ 319. וראה גם שם, סימן קלד, בתשובה עלומת שם: ׳אמ׳ לי מו׳ וקרובי ר׳ ברוך בשם רבי׳ ממיץ׳ (וראה להלן, הערה 127).

21 ראה: אורבך, בעלי התוספות, עמ׳ 527, הערה 27. באותה לשון נקרא ר׳ שמואל מבמברג כמה וכמה פעמים גם אצל אחד ממפרשי הסידור, ראה לפי שעה: סידור רבנו שלמה ב״ר שמשון מגרמייזא וסידור חסידי אשכנז, מהדורת מ׳ הרשלר, ירושלים תשל״ב, עמ׳ רכג; פירושי סידור התפילה לרוקח, מהדורת מ׳ וי״א הרשלר, ירושלים תשנ״ב, עמ׳ תג; A. Marx, 'The Darmstadt Haggadah', *JQR*, NS 19 (1928–1929), p. 11. וראה מאמרי: ׳הפולמוס של חסידי אשכנז על נוסח התפילה׳, מחקרי תלמוד, ג (בדפוס), סעיף ד.

22 ראה: תשובות ופסקים מאת חכמי אשכנז וצרפת, מבוא, עמ׳ כ, הערה 71; עמנואל, ׳ספרים אבודים׳, עמ׳ 110–111.

23 ראה מרדכי, חולין, סימן תרפד: ׳וכשבא מורי הכהן מצרפת אמר שזו הסברא אמר קרובי הרב רבינו שמואל מוורדוס לפני ר״ת והודה לו׳; מרדכי, בבא מציעא, סוף סימן תכג: ׳אמר לי מורי הכהן בשם רבינו תם׳; להלן, בגוף המאמר, אחרי הערה 39. עוד דברים שהביא ר׳ ברוך בשמו של ר׳ משה הכהן באים בס׳ המרדכי, כתובות, סימן קנב וסימן קסב; מרדכי, גיטין, סימן תכ, מהדורת רבינוביץ, עמ׳ 685; מרדכי, בבא קמא, סימן קלג, מהדורת הלפרין ושורץ, עמ׳ קס–קסא; מרדכי, בבא מציעא, סימן תכז (דף פג סוף ע״ג; בכ״י וטיקן 141, דף 246ב נכתב בראש העניין: ׳מספר החכמה׳) וסימן תלא; י׳ קלינמן, ׳ספר מרדכי השלם על מסכת בבא מציעא פרק איזהו נשך׳, נצר מטעי על מסכת בבא מציעא, ירושלים–גייטסהד תשנ״א, עמ׳ קא–קב; הגהות מימוניות, הלכות ספר תורה, פ״ז ס״ק מ; פסקי עירובין למהר״ם, עמ׳ קי–קיא, סימן רסא. עניין מיוחד יש בפסקה שלהלן, מתוך ס׳ המרדכי לבבא מציעא (כ״י בודפשט 1, דף 129ד), שנשמטה לפנינו בדפוס:

> אם שאתך בתורה ובמצות אל תונהו [בבא מציעא נט ע״א]. והאי קרא באונאת דברים, אבל לעניין אונאת ממון אמ׳ לי מורי הכהן ז״ל אפי׳ אינו אתך בתורה ובמצות אל תונהו, כגון שאינו מקיים מצות. ואע״ג דכת׳ אל תונו איש את אחיו, כיון דלא כת׳ אחיך ליכא למימר בעושה מעשך עמיך כמו בכבד את אביך. ואני אומ׳ א״כ מצינו אונאת ממון חמור מאונאת דברים, ולעיל לא משמע הכי, והילכך מצינו למימ׳ דלא ממעט הכא כ״א אונאת גוי מתרויהו, אבל ישראל לא אפי׳ אינו עושה מעשך עמך. ומיהו מדקתני לעיל אם היה בעל תשובה לא יאמ׳ לו כו׳ משמ׳ דאם אינו בעל תשובה דאז אין בו משום אונאת דברים. ספר חכמה.

24 ראה להלן, הערה 59.

בזאת לחבריו, חכמי גרמניה במפנה המאות הי״ב והי״ג, שאף הם לא יצאו ללמוד בצרפת, שלא כמקובל בדורות שלפניהם ושלאחריהם.[25]

(ה) ר׳ ברוך לא זכה להעמיד תלמידים הרבה.[26] ר׳ יצחק הבחור, ׳תלמיד מו׳ הרב ר׳ ברוך׳, שכתב קיצור של שיטת שאנץ למסכת בכורות,[27] הוא כנראה ר׳ יצחק הבחור בר׳ יוסף, תלמידו של ר׳ ברוך הצרפתי, מחבר ספר התרומה.[28] ר׳ יצחק הבחור ליווה את ר׳ ברוך הצרפתי בדרכו לארץ־ישראל והגיע עמו לקנדיאה,[29] ואין לו קשר לר׳ ברוך ממגנצא.

דברינו להלן על תורתו של ר׳ ברוך מבוססים כולם על ציטוטים מפוזרים שנשארו ממנה בכתביהם של חכמים. הציטוטים באים לרוב בסתם, ׳כתב רבינו ברוך׳, ולעתים גם בהזכרת חיבורו ׳ספר החכמה׳ או ׳ספר רבינו ברוך׳. זיהוי הקטעים מדבריו של ר׳ ברוך שהתפזרו למקומות ממקומות שונים כרוך בכמה קשיים. פעמים רבות השמיטו המעתיקים את החתימה ׳חכמה׳ שבסוף הפסקה, והדברים נשארו אנונימיים.[30] גם שמו של ר׳ ברוך שובש הרבה: ר׳ ברוך הפך לר״ב (ולפעמים אף ל׳ר״ת׳,[31] הוא רבנו תם), ממנו ל׳רב׳, ׳הרב׳ או ׳רבינו׳,[32] ובכתביהם של תלמידי מהר״ם מרוטנבורג לעתים שיבשו המעתיקים את ׳רבינו׳ ל׳רבינו מאיר׳.[33] בעיה אחרת, חמורה לא פחות, נוצרה מפני שהיו עוד חכמים אחרים בעלי שם דומה, שקשה להבחין ביניהם; ר׳ ברוך בר׳ שמואל ׳הספרדי׳ ׳מארץ יון׳,[34] שכתביו נפוצו אף באשכנז, זהה

25 ראה בעניין זה: זוסמן (להלן, הערה 87); עמנואל,׳ואיש על מקומו מבואר שמו׳ (להלן, הערה 28), עמ׳ 437–439.

26 ר׳ אברהם בן משה מרגנסבורג מזכיר בתשובה את ׳מורי הרב ר׳ ברוך ז״ל׳, וכוונתו, כנראה, לר׳ ברוך דידן. ראה: ראבי״ה, ד, סימן תתקא, עמ׳ קמ; וראה: אורבך, בעלי התוספות, עמ׳ 435, הערה 48.

27 נדפס בשם ׳תוספות שאנץ על מסכת בכורות׳, מהדורת י״ד אילן, בני־ברק תשל״ג; וראה שם, עמ׳ 86. אורבך (בעלי התוספות, עמ׳ 432) סבר כי ר׳ ברוך זה הוא ר׳ ברוך דידן.

28 על ר׳ ברוך בר׳ יצחק הצרפתי, הנקרא בטעות ׳ר׳ ברוך מוורמייזא׳, ראה מאמרי ״ואיש על מקומו מבואר שמו״: לתולדותיו של ר׳ ברוך בר יצחק׳, תרביץ, סט (תש״ס), עמ׳ 423–440.

29 ראה: י׳ תא־שמע, ׳כרוניקה חדשה לתקופת בעלי התוספות מחוגו של ר״י הזקן׳, שלם, ג (תשמ״א), עמ׳ 321–322.

30 ראה למשל לעיל, הערה 23; להלן, הערות 42, 58, 84, 106, 114, 122.

31 ראה למשל מרדכי, כתובות, סימן קנג: ׳ושאלו לר״ת [...] וכן נראה להר״ר שמואל מבונבירק׳. אך בכ״י בודפשט 1, דף 283ג: ׳ושאלו לר״ב [...] וכן נר׳ להר׳ שמואל בנו מבבנברק׳; תשובות מימוניות, הלכות מאכלות אסורות, סוף סימן ז: ׳ור״ת כתב בספרו׳ (וכך גם ברמב״ם מהדורת פרנקל!), אך בכתבי־היד של תשובות מימוניות: ׳ור״ב כת׳ בספרו בסי׳ נו׳ (כ״י בודפשט, האקדמיה למדעים A77, כרך ד, דף 151א) או ׳ור״ב כת׳ בספרו בסימ׳ נג׳ (כ״י אוקספורד 641, דף 161[ii]ב; כ״י מוסקווה 621, דף 162א, וכך כנראה, גם בכ״י ששון 1043, עמ׳ 464).

32 ראה למשל להלן, הערה 84, ובגוף המאמר, ליד הערות 94, 96, 97.

33 ראה להלן, הערה 148.

34 ראה עליו: אפשטיין, מחקרים, ב, עמ׳ 694–742; ש׳ אברמסון, ׳רבנו ברוך ב״ר שמואל הספרדי׳, בר־אילן, כו–כז (תשנ״ה), עמ׳ 17–115. אפשטיין (שם, עמ׳ 742 ועמ׳ 706) משער כי ר׳ ברוך מארץ יון נפטר בשנת תת״ץ (1130) בערך, והוא קדם אפוא בתשעים שנה בערך

בשמו ובשם אביו לר' ברוך ממגנצא, ואילו באשכנז ובצרפת חיו בסמוך לזמנו של ר' ברוך שלנו גם ר' ברוך בר' יצחק מרגנשבורג ור' ברוך בר' יצחק הצרפתי, בעל ספר התרומה.[35] תורתם של כל אותם חכמים מובאת פעמים רבות תחת הציון הסתמי 'כתב רבינו ברוך'. ואף אם הקפידו המצטטים לציין את שם הספר שהעתיקו ממנו, באו הסופרים וקיצרו 'ר' ברוך בס"ה', עד שלא ידעו הבאים אחריהם אם הכוונה לספר החכמה של ר' ברוך ממגנצא או לספר התרומה של ר' ברוך הצרפתי.[36] ועדיין מסופקים אנו ברבים מהציטוטים לאיזה מן החכמים הכוונה.

אף כאשר אין כל ספק שהקטע שלפנינו הוא מדבריו של ר' ברוך ממגנצא עדיין קשה להסיק ממנו דברים ברורים, שכן חכמים המצטטים מחיבורים העומדים לפניהם נוהגים לעתים קרובות לשנות את הדברים ולעבדם.[37] נסתפק כאן בדוגמה אחת, והיא קטע מסימן אחד בספר החכמה המובא אצל שני חכמים, כדי להראות עד כמה נהגו החכמים חופש בהביאם את דברי קודמיהם ועד כמה קשה להסתמך על ציטוט המובא במקור אחד בלבד:

ספר המרדכי	שיטה מקובצת
משכנתא לית בה משום דינא דבר מצרא.[38]	כתב רבינו ברוך ז"ל בספר החכמה וז"ל, משכנתא לית בה משום דד"מ דכי היכי דעבד ביה האי מלוה טוב וישר דאוזפיה אית ליה ללוה נמי למעבד הטוב והישר למכור לו אותו משכון בדמים שרוצים אחרים ליתן לו, וב"מ לא מצי מעכב עליה דאיהו מצרן טפי דשכונה גביה דלהכי מיקריא משכנתא.
<השווה להלן>	ויש מצריכים שתהא ממושכנת בידו שנה קודם משום דאמרינן בפרק הרבית גבי רב מרי בר רחל דסתם משכנתא שתא. ואיני רואה את דבריהם, דהתם מיירי שאינו יכול לסלקו מן המשכון בפחות משתא.
ונר' דאם בא המצרן בתחילה כשרצה זה	ומיהו אם בא המצרן מתחלה ואמר למלוה

לר' ברוך דידן. (וראה כעת מה שכתבתי בתוך: אור הגנוז: ספרי ראשונים על מסכת קידושין, מהדורת א' שושנה, ירושלים תשנ"ט, מבוא, עמ' 49–55.)

35 ראה עליהם אצל אורבך, בעלי התוספות, עמ' 346–361, ובמאמרי '"ואיש על מקומו מבואר שמו"' (לעיל, הערה 28).

36 ראה למשל מרדכי, בבא קמא, סימן א: 'וכתב רבינו ברוך ממגנצא בס' התרומה' (כך בדפוס וילנה), וצריך להיות: בספר החכמה (וראה מהדורת הלפרין ושורץ, עמ' ה, ושם בשינויי־נוסחאות ס"ק כא; וראה להלן, בגוף המאמר, ליד הערה 113); שם, סימן קצד, עמ' רמד: 'וכתב ר"ב בספר החכמה', וכך נכון; אך בציטוט שבשו"ת ופסקי מהרי"ק החדשים, מהדורת א"ד פינס, ירושלים תשמ"ד[2], עמ' 7: 'וכתב רבינו ברוך בספר התרומה'; מרדכי, גיטין, סימן שפא (ראה לעיל, הערה 18); שם, סימן תלז: 'בספר החכמה', אך מהדורת רבינוביץ, עמ' 758–759: 'ספר התרומה', וכך נכון (עיין שם בשינויי־הנוסחאות ובהערות).

37 ראה: עמנואל, 'ספרים אבודים', עמ' 43–48.

38 בבא מציעא קח ע"ב.

ספר המרדכי

למשכנו ואמ׳ המצרן למלוה אני רוצה להלוות לו כדי שאם יבא למכור שאקנה אני את, שיש לדמותו לההוא דלעיל[39] זבן גריוא דארעא בי מיצעי כו׳ חזינן כו׳, וה״נ חזינן אם בשביל הערמה הוא עושה המלוה שאם ימכור הלוה את השדה שיקחנו מסלקינן ליה ואי לא לא מסלקינן ליה, דבתרויהו אינו קונה עתה את הקרקע אלא סופו לבוא ליד זה.
ומורי הכהן אמ׳ לי בשר״ת (בניין) [שנראה בעיניו] שאינו יכול (לדחות) [למחות].
ומיהו אם קדם המצרן וקנה או אפי׳ אדם אחר אין המלוה יכול להוציא מידו. וזה אין נ״ל אלא כמו שקיבל ממורי רבי׳ יהודה ממגנצא דכיון דשכונה גביה עדיף מכולהו ויוציא מידן.
ורבי׳ שמחה מצריך שתהא ממושכנת בידו שנה קודם משום דאמר׳ לעיל באיזהו נשך סתם משכנתא שתא, גבי רב מרי בר רחל דמשכן ליה לההוא גוי ביתא.[41] ואיני רואה את דבריו, דהת׳ ה״פ שאינו יכול לסלקו בפחות משתא, ודוק. ויש שרוצים נמי לחלק בין משכנתא דשדה למשכנת׳ דבית, ואין נ״ל, וצ״ע. חכמה.[42]

שיטה מקובצת

אני רוצה להלות לו ולא אתה,

נראה שיש לדמות לההיא דלעיל זבן גריוא דארעא וכו׳,
ה״נ חזינן אם בשביל הערמה הוא עושה המלוה שאם יבא למכור זה את השדה שיקחנו הוא מסלקי ליה ואי לא לא מסלקי ליה.

ומרי הכהן אמר לי בשם ר״ת ז״ל שנראה בעיניו שאין יכול למחות.
ומיהו אם קדם המצרן וקנה או אפילו אדם אחר אין המלוה יכול להוציא מידם. וזה אין נ״ל אלא
כיון דשכונה גביה עדיף מכולהו ויוציא מידם. ע״כ. סי׳ קס״ט.[40]

<השווה לעיל>

השינויים בין הציטוט שבספר המרדכי ובין הציטוט שבשיטה מקובצת גדולים עד מאוד. ואם כאן יכולים אנו להכיר כי אחד החכמים שינה את לשונו המקורית של ר׳ ברוך, הרי שבמרבית הציטוטים שנשארו בידינו מספר החכמה אין לנו מקבילות כדי לבדוק את דייקנותו של המצטט, ואין לנו אלא מה שעינינו רואות.

פעמים אחדות ציינו הראשונים לתוספות ר׳ ברוך[43] (ולדברי י״נ אפשטיין,

39 שם, סוף ע״א.

40 שיטה מקובצת לבבא מציעא, שם (ורשה תר״ס, דף רכ ע״ד, ד״ה כתב רבינו ברוך). קטע אחר מסימן זה בספר החכמה מובא אף הוא בשיטה מקובצת לבבא מציעא סט ע״א (דפוס ורשה, דף קסא ריש ע״ב).

41 ראה: תשובות בעלי התוספות, מהדורת א״י איגוס, ניו־יורק תשי״ד, סימן מג.

42 מרדכי, בבא מציעא, כ״י בודפשט 1, דף 146ב–ג (בס׳ המרדכי הנדפס, סימן שצג, נשמטה החתימה ׳חכמה׳; והשווה: תשובות מימוניות, קנין, סוף סימן טז, ושם בהגהה. וראה גם: ראבי״ה, תשובות, ב, סימן תתקצו, עמ׳ קעה–קעח).

43 מרדכי, בבא קמא, סימן קכו, מהדורת הלפרין ושורץ, עמ׳ קנד–קנה (ונכפל שם, סוף סימן קצט וסימן ריד) = הגהות מימוניות, הלכות גזלה ואבדה, פ״ז ס״ק ב (והשווה גם: תשובות מימוניות, משפטים, סימן לא, בהגהה); מרדכי, בבא מציעא, סימן תיט (והשווה להלן, בגוף המאמר, ליד הערה 111); מרדכי, חולין, סימן תרכ (דף ב סוף ע״ד); מרדכי, כ״י בודפשט 1, דף 151ב–ג (לבבא בתרא ה ע״ב); שם, דף 205א (על דברי הרמב״ם, הלכות

התוספות הנדפסות למסכת סוטה של ר' ברוך הן).[44] מדברינו להלן יתברר כי ככל הנראה תוספות ר' ברוך הן הן ספר החכמה, שכן דברים הבאים בספר המרדכי בשם תוספות ר' ברוך באים בתשובות מימוניות בשם ספר החכמה, ואם כן אין לנו אלא חיבור אחד שכתב ר' ברוך, הוא ספר החכמה.[45] ננסה אפוא לשחזר את צורתו של ספר החכמה ואת טיבו ולעקוב אחר יחסם של החכמים לספר, ומתוך כך ננסה להכיר מעט גם את דמותו של ר' ברוך עצמו.

היקף ספר החכמה

מציטוטים אחדים עולה שספר החכמה היה בנוי על־פי סדר המסכתות, אך ברוב רובם של הציטוטים אין מראה מקום מדויק, והציון הוא 'ספר החכמה' סתם. מסתבר שבדרך כלל לא ראו חכמים צורך לציין מראה מקום לדבריהם, שכן הציטוט מספר החכמה בא מן הסוגיה שעל אתר. הדברים אמורים בפרט בספר המרדכי, שהִרבה יותר מכל הראשונים לצטט מספר החכמה, והוא המקור העיקרי לידיעותינו על ספר זה. הן ספר החכמה הן ספר המרדכי נבנו על סדר המסכת, ומרבית הציטוטים שבספר המרדכי הם בוודאי מדברי ר' ברוך על אתר, ועל כן לא נזקק ר' מרדכי בן הלל לציין מראה מקום מדויק לדבריו. מראי המקומות המעטים שבספר המרדכי — ואכן, כמעט כולם הם לדיוניו של ספר החכמה במסכתות אחרות — הם למסכתות האלה: כתובות, קדושין, בבא מציעא, סנהדרין וחולין.[46] ומכאן שספר החכמה הקיף את סדרי

מכירה, פט"ז ה"ו): 'ובתוס' ר"ב מצאתי דווקא היכא שמכרה המוכר בתנאי שאינה טריפה בשעת המכירה, הילכך הוי מקח טעות, אבל אם מכרה בסתם אין כאן מקח טעות שהרי כל העולם יודעין שיש בהמות טרפות וקונין על הספק'; הגהות מימוניות, הלכות טוען ונטען, פ"ד ס"ק ב.

44 אפשטיין, מחקרים, ב, עמ' 663–669. וראה: אורבך, בעלי התוספות, עמ' 637–639.

45 ראה להלן, בגוף המאמר, ליד הערה 111. פיוטיו של ר' ברוך נדפסו בידי א"מ הברמן ('פיוטי רבינו ברוך בר שמואל ממגנצא', ידיעות המכון לחקר השירה העברית בירושלים, ו [תש"ו], עמ' מז–קס), המביא אף פיוט שכולו פירוש לסוגיה בתלמוד (שם, עמ' קנו–קנז). בכ"י לונדון (הספרייה הבריטית 662, דף 114א–115א) יש השלמה של ברוך בר' שמואל לפירוש קהלת של ר' יוסף קרא, ובה פירוש הפסוקים האחרונים של הספר החסרים אצל ר' יוסף קרא (ראה: G. Margoliouth, *Catalogue of the Hebrew and Samaritan Manuscripts in the British Museum*, II, London 1905, p. 287), אך אין ראיה לזיהוי הכותב עם ר' ברוך דידן. פירוש למגילת רות, ובראשו נכתב 'טעמים של רות מרבי' ברוך ממעצתא', מצוי בכ"י פריס (ספרייה לאומית heb. 334, דף 188ב ואילך, בחלון), ואף כאן מסתבר שהכוונה לחכם אחר; ראה עתה: B. Walfish, 'An Annotated Bibliography of Medieval Jewish Commentaries on the Book of Ruth in Print and in Manuscript', *The Frank Talmage Memorial Volume*, I, Haifa 1993, pp. 257–258, no. A.3.2; p. 262, no. B.4

46 'ס' החכמה בפ"ק דכתובות' (מרדכי, שבועות, סימן תשלט); 'מספר חכמה פ' האשה שנפלו' (יבמות, כ"י בודפשט 1, דף 267ד [=סימן כו בס' המרדכי הנדפס]); 'בפ"ק דקידושין כתב בספר החכמה' (גיטין, סימן שסח, מהדורת רבינוביץ, עמ' 478); 'הק' הר"ב וז"ל בפ"ב דקידושין בספר החכמה' (גיטין, סימן תכ, מהדורת רבינוביץ, עמ' 684); 'בס' החכמה פרק השואל' (בבא בתרא, סימן תקכח); 'בספר החכמה בפ' זה בורר' (סנהדרין, כ"י בודפשט 1, דף 194ג); 'וז"ל רבינו ברוך בסוף פרק זה בורר' (בבא מציעא, סימן תכד); 'ור"ב ממגנצא כתב בפ"ק דחולין דצריך לשכור בכל ערב שבת' (עירובין, כ"י בודפשט 1, דף 56ב. השווה:

נשים ונזיקין ואת מסכת חולין. ספר החכמה הקיף גם את סדר מועד, אף שהעדויות לדבר מקוטעות יותר; בספר אמרכל נעתקה פִּסקה אחת 'מספר מהר"ר ברוך בפרק כיצד צולין'[47] — והרי היא עדות למסכת פסחים, בפסקי עירובין של מהר"ם מרוטנבורג באו קטעים אחדים 'מספר ברוך' למסכת עירובין,[48] ובקובץ תשובות מהר"ם מרוטנבורג שבכתב־יד הועתקה פִּסקה ארוכה מספר רבינו ברוך למסכת ביצה (דף ו ע"א), ונביא כאן רק את מקצתה[49]:

דין טילטול מת בי"ט מספר רבי' ברוך ז"ל. אמ' רבא מת בי"ט יתעסקו בו עממי' [...] ראיתי ש[נח]לקו בדבר, יש אומ' דווק' חפירת קבר ולמיגז לי' אסא וכיוצא בהם שהם מלאכה גמור' דאסור' לישר', אבל לישא את המת לקבור' שאינו כי אם דרבנ' טילטול בעלמ' מתירי' לישר', ויש שאוסרי' אף לישא. וכן עמא דבר שעממי' נושאי' אותו ואין עושים כל צרכיו בי"ט אלא על ידי עממי' [...] ומעשה היה והביאו מת בספינ' מחוץ לתחום וצוה מו' ז"ל[50] לגוים להוציאו מן הספינ' בשבת ולהביאו לבית קרוביו על ידי מחיצ' של בני אדם מפני כבוד המת, דהא דאמ' מת בי"ט ראשון יתעסקו בו עממין, (ה"מ) [ה"ה] בשבת, ומשום י"ט שיני נקט י"ט ראשון. ואיני רואה דבריו ואין להאריך.

והאידנ' דאיכא חברי, יש ספרי' דגר' חיישינ' אי קברי ליה עממי' הדרי (ומפרי) [וחפרי] ליה מקיברי', משמע דאי"ט ראשון קאי. ולא נהיר', אל' כפי' רש"י דאי"ט שיני קאי, וכן ראיתי שפי' בערוך[51] חיישינ' שמא יאמרו

הגהות אשרי, עירובין, פ"ו סימן א, ובהגהות הב"ח שם; פסקי עירובין למהר"ם, עמ' נו, הערה 12; להלן, הערה 128); 'וכ"כ ר"ב פ"ב דחולין' (עבודה זרה, סימן תתמז, דף מג ע"ג). זפרני (לעיל, הערה 1), עמ' רנג) ציין גם לדברי ס' המרדכי, כתובות, סימן רנד: 'כך מצאתי בספר החכמה [...] ער"פ אע"פ', ופירשם: 'על ראש פרק אע"פ', אך בכ"י בודפשט 1, דף 296ג לנכון: 'עיין ר"פ אע"פ', והוא מלשונו של ספר המרדכי עצמו.

47 שערי דורא, כ"י קיימבריג', האוניברסיטה Or. 71, דף 151ב בגיליון (והשווה לס' שערי דורא הנדפס, סימן לז, הגהה א):

אמרכל, שאני חלב דמפעפע [חולין צז ע"א] אבל שומן הגיד מותר דאינו מ[פ]עפע א"כ כיון דאינו (מפעפע) אסור כ"א ממנהג של ישראל קדושים לא איכפת לן. ואומ' אני ברוך כיון שאינן אלא דבר מועט אין מפעפע דומיא דגדי כחוש דקולף ואוכל עד שמגיע (לחלקו) [לחלבו]. מספר מהר"ר ברוך בפרק כיצד צולין.

48 ראה להלן, בגוף המאמר, ליד הערה 128.

49 כ"י המבורג, ספריית המדינה והאוניברסיטה 45, דף 158ב–ד, סימן סג.

50 הוא ר' אליעזר ממיץ. המשא ומתן בעניין זה בין ר' ברוך לר' אליעזר בא באריכות בספר המרדכי, שבת, כ"י בודפשט 1, דף 33ג–34א (בס' המרדכי הנדפס: סימן שיג + חדושי אנשי שם, שם, ס"ק ט + סימנים תנח–תנט). והשווה: ראבי"ה, א, סימן שצא, עמ' 428 ואילך (בכתב־היד הקדום יותר של ראבי"ה, שלא היה לפני אפטוביצר, כתוב: 'והובא במגנצא בספינה' [כ"י לונדון, בית הדין 11, דף עט ע"א], וצדק אפטוביצר בהגהתו); הרוקח, ירושלים תשכ"ז, סימן קעט; אורבך, בעלי התוספות, עמ' 156–158; ר' ריינר, 'רבינו תם: רבותיו (הצרפתיים) ותלמידיו בני אשכנז', עבודת גמר לקבלת תואר מוסמך של האוניברסיטה העברית בירושלים, תשנ"ז, עמ' 111–112.

51 הערך 'חבר' (השני).

לישר׳ כיון שאתם קוברי׳ מיתיכם בי״ט גם תקברו מיתינו בי״ט שלכם חיישינ׳ ומשהינן עד למחר. ע״כ הועתק מספר רבי׳ ברוך.

מצירוף כל העדויות יש להסיק כי ספר החכמה הקיף, כנראה, את הסדרים מועד, נשים ונזיקין, כלומר כל שלושת הסדרים הנוהגים בזמן הזה, וכן את מסכת חולין (ואולי גם את שתי המסכתות הנותרות, ברכות[52] ונדה).

מבנה ספר החכמה

על־פי עדויות אחדות היה ספר החכמה מחולק לסימנים. הציונים לסימנים באים בחיבוריהם של שלושה חכמים: בספר המרדכי, בהגהות מימוניות ובכתביו של ר׳ בצלאל אשכנזי, ועל־פיהם ננסה לשחזר מה היה מבנהו של ספר החכמה. אך קודם לכך עלינו לתת את דעתנו לדרכם של שלושת המחברים האלה בציון הסימנים. ר׳ בצלאל אשכנזי ציין לסימנים ברוב הציטוטים שהביא מספר החכמה, אך ר׳ מרדכי בן הלל ור׳ מאיר הכהן ציינו לסימנים רק במקרים יחידים, ובדרך כלל הביאו את דברי ר׳ ברוך בלי לציין את מקומם המדויק בספר. דרך זו מעלה את השאלה מדוע במקומות מסוימים דווקא ציינו ר׳ מרדכי בן הלל ור׳ מאיר הכהן לסימנים? לעיל הערנו כי ספר המרדכי ציין ל׳ספר החכמה במסכת פלונית׳ רק כאשר הביא את דבריו ממקום רחוק, ואולי אף כאן, ניתנו הציונים לסימני הספר דווקא כאשר הציטוט הוא מסוגיה רחוקה במקום שלא היינו מצפים למוצאו? לדוגמה, ספר המרדכי למסכת בבא בתרא מרבה להביא מדברי ספר החכמה בסתם, ורק פעמיים הוא מציין לסימנים.[53] כלום רשאים אנו להסיק כי שני סימנים אלו

52 הפִסקה הבאה לקוחה אולי מספר החכמה לברכות מח ע״ב: ׳בשבת אומרים נחמינו. והרב ר׳ ברוך ממגנצא בר שמואל זצ״ל כתב בספרו שמצא במדרש אגדה לכך אומרים בשבת נחמינ׳ לפי שנקנסה מיתה על אדם הראשון והגין השבת עליו לכך פותחין בנחמינו שהמת צריך תנחומין׳ (כ״י אוקספורד 1103, דף 7א, ונכפל שם בגיליון, בלשון שונה מעט. פסקה זו מצויה בכתבי־יד נוספים: כ״י פריס, ספרייה לאומית heb. 1408, דף 56ד [ראה: C. Sirat, *REJ*, 125 (1964), p. 344]; כ״י בודפשט, קויפמן A399, עמ׳ 146; כ״י ורונה, ספרייה עירונית 101, דף 71א בגיליון; כ״י ניו־יורק, בית המדרש לרבנים Mic. 4454, דף 8א בגיליון; כ״י ניו־יורק, בית המדרש לרבנים Mic. 4479, דף 25א בגיליון; כ״י ירושלים, אברהמס 12, דף 71ב. והשווה: פרקי דר׳ אליעזר, פי״ט ופ״כ. נוסח הברכה עצמה בכ״י אוקספורד, אחרי ברכת ובנה ירושלים ולפני רצה(!): ׳נחמינו ה׳ אלהינו בציון עירך ושמחינו מלכנו בבניין בית בחירתך ויבא אליהו ומשיח בן דוד עבדך, מלכותך הקם ומלכות בית דוד משיחך במהרה תחזיר למקומה׳. על טיבו של כ״י אוקספורד ראה במאמרי ׳הפולמוס של חסידי אשכנז׳ (לעיל, הערה 21), סעיף ד.

53 ראה להלן, הערה 63; מרדכי, בבא בתרא, כ״י בודפשט 1, דף 156ג (= האגודה, קראקא של״א, בבא בתרא, פ״א סימן כט): ׳שני אחין אחד עני ואחד עשיר כו׳ [בבא בתרא יג ע״א] [...] פסק ר״ב בסימ׳ קצ״ח דאם יש בו כדי חלוקה יכול להשכיר חלקו לאחרים ולעשות בו כל מה שהוא רוצה׳.

(קצח ושסב) הם מתוך ספר החכמה למסכת בבא בתרא? ושמא להפך, עלינו ללמוד מכאן כי דווקא שתי מובאות אלו, אף שהן עוסקות בסוגיות ממסכת בבא בתרא, לקוחות ממקום אחר בספר החכמה, ועל כן טרח ר׳ מרדכי בן הלל, שלא כהרגלו, וציין למקומן המדויק בספר?

קושי אחר לשחזור מבנה הספר מקורו בזלזולם של הסופרים במראי המקומות. רבים מציוני הסימנים נשמטו בדפוסים, ואף בכתבי־היד יש שינויי־נוסח רבים. ואם, למשל, כתב־יד אחד גורס ׳סימן שנה׳ ובחברו נכתב ׳סימן פה׳,[54] ברור כי ניסיון השחזור המוצע להלן הוא בגדר הצעה בלבד, ועלינו לשוב ולבדקו לכשיצאו מהדורות מתוקנות של החיבורים שציטטו מספר החכמה. בייחוד הדברים אמורים בספר המרדכי, שרק מסכתות אחדות ממנו יצאו לאור במהדורות מתוקנות על־פי כל כתבי־היד, ואילו במסכתות אחרות בדקנו בעיקר את הדפוס הנפוץ (דפוס וילנה) ואת כתב־היד המתוארך הקדום ביותר (בודפשט, המוזאון הלאומי 1 °2, משנת קל״ג).

החטיבה הבולטת ביותר בציונים שבידינו היא סימנים קלה, קלו, קמד, קנא וקסט, שכולם ממסכת בבא מציעא.[55] מקצת הסימנים לבבא מציעא באו בשיטה מקובצת של ר׳ בצלאל אשכנזי, שכזכור הקפיד בדרך כלל לציין את מראה המקום המדויק, ועל כן הוא המקור המהימן ביותר לשחזור סימניו של ספר החכמה. עם זה, סדר הסימנים בחטיבה זו איננו תואם את סדר המסכת: סימן קלה עוסק בפרק השישי,[56] סימן קלו בפרק החמישי,[57] סימן קמד בפרק

54 ראה להלן, הערה 71.

55 הציונים האחרים שנשארו בידינו, מלבד אלו שיובאו להלן בהערה 62, הם: סימן כב (הגהות מימוניות, הלכות סנהדרין, פ״ה ס״ק ח); סימן כז (מרדכי, בבא קמא, מהדורת הלפרין ושורץ, עמ׳ צז–צח; ועיין שם בשינויי־נוסחאות, ס״ק עט); סימן נג או נו (ראה לעיל, הערה 31); סימן נד או נז (ראה להלן, הערה 104); סימן נט (ראה להלן, הערה 92; ושמא יש לתקן שם ׳שנט׳, וסימן זה היה במדור התשובות של הספר); סימן עז (שוחטמן [להלן, הערה 137], עמ׳ 286); סימן קצח (ראה לעיל, הערה 53); סימן רנד (מרדכי, בבא קמא, סימן קלג, מהדורת הלפרין ושורץ, עמ׳ קס–קסא); סימן רנח (ראה לעיל, הערה 7). ועל כך ראה: עמנואל, ׳ספרים אבודים׳, עמ׳ 129–134.

56 מרדכי, בבא מציעא, כ״י וטיקן 141, דף 66ב–67א (והשווה: תשובות מהר״ם, דפוס פראג, סימן תרסג; תשב״ץ [לעיל, הערה 6], סימן תקכו):

> חכמה בסימ׳ קל״ה, כל האומני׳ שומרי שכר, ואמרי׳ בגמר׳ בההיא הנאה דקא תפיס ליה אאגריה כו׳ [בבא מציעא פ ע״ב] [...] מלמד שנתנו לו הספר בביתו ללמוד בו הנער, או סופר שנת׳ לו להעתיק, ונגנב או שאבד, (ו)נראה דדמי להכא וחייב, וכן מצאתי בספרו של ראב״ן. ומיהו יש שאומ׳ שחייב מתקנת קדמוני׳ שאין מלמדין וסופרי׳ יכולין לעכב שום ספר עבור שכרם. וחביריי הם חלוקי׳ עלי לומר דדוקא אומנים לתפוס דאל״כ א״כ כל נפקד שהוא שומר חנם אם נתחייב לו המפקיד אפי׳ פשוט אחד יעשה שומר שכר. ואני אומ׳ דהתם נמי במפקיד ליכא ריוח, ודוק.

57 שיטה מקובצת לבבא מציעא סח ע״א ד״ה ועיין (דפוס ורשה [לעיל, הערה 40], דף קנח ע״ג): ׳וז״ל ה״ר ברוך בספר החכמה סימן קל״ו, ושכרו כפועל, לאו דוקא, אלא אפילו דבר מועט רק שלשם שכר יתן לו ומותר [...] כן קבלתי ממורי קרובי זצ״ל׳ (וראה לעיל, הערה 18).

התשיעי,[58] סימן קנא שוב בפרק החמישי[59] וסימן קסט שוב בפרק התשיעי.[60] נראה אפוא שספר החכמה היה דומה במבנהו לספר הראבי״ה, שאף הוא עשוי בעיקרו על סדר המסכתות, אך איננו עוקב כסדר אחר המסכת, ומדלג לו מעניין לעניין ומסוגיה לסוגיה.

קובץ תשובות

ספר המרדכי מציין פעמיים כי בספר החכמה היה חלק מיוחד לתשובות: ׳וכתב רבינו ברוך בספר החכמה בסוף התשובות׳.[61] מדברי ספר המרדכי משמע שקובץ התשובות בא באמצע הספר ולא בסופו, שאם לא כן היה כותב ׳בסוף ספר החכמה׳. ציונים רבים לחטיבה זו שבספר נשתמרו בידינו, שכן

58 מרדכי, בבא מציעא, כ״י בודפשט 1, דף 145ד: ׳אמ׳ רבא האי מאן דמקבל עיסק׳ מחבריה ופסדה וטרח ומלייה כו׳ [בבא מציעא קה ע״א], מכאן פסק הר׳ שמואל מבנבירק אדם שמלוה לחצי ריוח שצריך להשלים מן הריוח אם יתן מס [...] מספר חכמה בסימן קמ״ד׳ (בס׳ המרדכי הנדפס, סימן שצא, נשמטה החתימה). והשווה: תשובות מהר״ם, דפוס פראג, סימן תשמד; כ״י קיימבריג׳, האוניברסיטה Or. 786, דף 176ד (נדפס בספר שיטת הקדמונים, מהדורת מ״י בלוי, ניו־יורק תשנ״ב, עמ׳ שנה, סימן קעו), ושם: ׳מפי מו׳ הרואה ז״ל׳ (על טיבו של כתב־יד זה ועל פסקי ר׳ שמואל מבמברג המובאים בו בשם ׳מורי הרואה׳ ראה: עמנואל, ׳ספרים אבודים׳, עמ׳ 289–291).

59 שיטה מקובצת לבבא מציעא עא ע״ב (אמסטרדם תפ״א, דף קנט ע״ג–ע״ד, ובדפוסים אחרות נשמט מפני הצנזורה):

> מספר החכמה להר״ר ברוך סימן קנ״א. אני ברוך שמעתי שבצרפת מתירין להלות לישראלים משומדים ברבית וללות מהם [...] ומורי קרובי היה אומר היכא דשביק היתירא ואכיל איסור׳ זהו מין ומורידין אותו [...] ואני אומר בע״כ לדידיה אסור ללות ולהלות ליש׳ ברבית, דמי התיר לו, וכיון דלדידיה אסור, גם לנו אסור להלוות לו או ללות ממנו משום ולפני עור וגו׳ [...].

והשווה: תשובות מהר״ם, דפוס פראג, סימן קסד. ׳מורי קרובי׳ הוא ר׳ אליעזר ממיץ, ודבריו מצויים גם בספר יראים (ראה לעיל, הערה 18). דבריו של ר׳ אליעזר ממיץ התגלגלו למקומות רחוקים, ושם יוחסו בטעות לרש״י ולרי״ף; ראה: תשובות הגאונים ׳הקצרות׳ (קושטא של״ה), סימן רפד; שו״ת הרשב״א, חלק ז, ורשה (תרכ״ח) [תרנ״ט], סימן תלד (ומשם בתשובות רש״י, מהדורת י״ש אלפנביין, ניו־יורק תש״ג, סימן קעו). וראה מה שכתבתי על כך במאמרי ׳תשובות הגאונים הקצרות׳, עטרה לחיים: מחקרים בספרות התלמודית והרבנית לכבוד פרופסור חיים זלמן דימיטרובסקי, ירושלים תש״ס, עמ׳ 447–449.

60 ראה לעיל, הערה 40.

61 מרדכי, חולין, סימן תשכד: ׳וכתב רבינו ברוך בספר החכמה בסוף התשובות אפילו נאכלין מחמת מלחן אסור [...]׳ (הלשון המקורית של התשובה נשתמרה בשערי דורא, סימן יב, הגהה ג: ׳נשאלתי על חתיכות בשר שנמלחו בכלי שאינו מנוקב [...] ואסרתי כי אמרתי הא דבעינן שאינו נאכל מחמת מולחו [...]׳); מרדכי, חולין, סימן תשכז: ׳כתב רבינו ברוך בספר החכמה בסוף התשובות וז״ל נשאלתי על חתיכת בשר תפל שנתערב בין חתיכות מלוחות [...]׳ (= שערי דורא, סימן יב, הגהה ד. חלקה הראשון של התשובה בא בלא שם מחברה בקובץ התשובות שבכ״י פרמה 86, עמ׳ עב, סימן קלח).

התשובות שבספר החכמה היו שלא 'על הדף', וכל הפניָה אליהם הצריכה מראה מקום מדויק. הציונים לחטיבה זו מצויים אך ורק בספר המרדכי, וממנו אנו למדים כי חלק התשובות השתרע בערך מסימן שנ של הספר ועד לסימן ת.[62]

ר' ברוך הכניס לחטיבת התשובות הן את התשובות ששלחו לו חכמי הדור במענה לשאלותיו (כגון 'כתב בספר החכמה בסימן שס"ב שכך השיב ראבי"ה לר"ב'[63]) הן את תשובותיו שלו לשאלות שנשלחו אליו (ולפעמים אף את דברי השואלים, כגון 'בספר החכמה בסי' שס"ה הקשה רבינו משולם לר"ב [...] והשיב לו ר"ב [...]'[64]) הן תשובות שכתב בצוותא עם חבריו לבית הדין

62 הציונים שבידינו הם לסימנים האלה: שנה (ראה להלן, בגוף המאמר, ליד הערות 69, 72, 76); (שנט [?]; ראה לעיל, הערה 55); שסב (להלן, בגוף המאמר, ליד הערה 63); שסה (להלן, בגוף המאמר, ליד הערה 64); שסז (מרדכי, כתובות, סימן רמב: 'לעיל בסי' שס"ז הוכיח ר"ב גם מכאן דגבי שליחות לא בעי' רק גילוי דעתא [...] וראבי"ה כתב [...]'); שעא (מרדכי, פסחים, כ"י בודפשט 1, דף 347ג [והשווה לס' המרדכי הנדפס, דף לז ע"ב]: 'ובספר החכמה כתב ר"ב בסוף סימ' שע"א דהא דאמ' הכ' [פסחים קו ע"א] אין לי אלא בלילה ביום מניין ת"ל זכור את יום, דווק' בסעוד' שנייה לכבוד שבת אבל לא בסעוד' שלישית, משם רבי אפרים ותשובות הגאונים'); שעב (להלן, בגוף המאמר, ליד הערה 77); שעח (מרדכי, בבא קמא, סימן קעב, מהדורת הלפרין ושורץ, עמ' ריג–ריד: 'בספר החכמה סי' שע"ח כתב ר"ב על בעל הבית שחייב לתת לשדכן כל אשר התנה וכן פסק רבי' שמחה'. והשווה: תשובות מהר"ם, דפוס פראג, סימן תשו [להלן, בגוף המאמר, ליד הערה 96]); שפו (להלן, הערה 65); שפז (להלן, הערה 66); שפט (מרדכי, תענית, כ"י בודפשט 1, דף 86א [השווה: ס' המרדכי הנדפס, סימן תרלז; מרדכי השלם על מסכת תענית, מהדורת י' הורוביץ וא' חבצלת, ירושלים תשנ"ה, עמ' לה–לו]: 'בספר החכמה בסימ' שפ"ט בסופו כתב ר"ב בשם רא"ם ראיתי מנהגים שלא ישרו בעיניי, אומר אני חדשים מקרוב באו לא שערום רבותינו הראשוני' אשר מימיהם [ומפיהם] אנו שותים אנו חיין, ואזכירה מקצתן [...]').

63 מרדכי, כ"י בודפשט 1, דף 190ד (והשווה לס' המרדכי הנדפס, בבא בתרא, סימן תרנב). והשווה: תשובות מהר"ם, דפוס פראג, סימן תשיא: 'ועל ראובן שטוען לשמעון הלויתי מנה לפלוני עליך שהיית' ערב [...] ותבעתי הלוה ואמ' שפרע לי ורוצה לישבע ואיני חפץ בשבועתו, ואפי' אם ישבע לא תפטר ממני [...] נר' שהדין עם ראובן, והר' אליעזר חולק עליו [...]'. ואפשר שהדובר הוא ר' ברוך, ור' אליעזר הוא הראבי"ה (על השימוש שעושה ס' תשובות מהר"ם דפוס פראג בספר החכמה ראה להלן, עמ' 144 ואילך). וראה עוד: תשובות ופסקים מאת חכמי אשכנז וצרפת, סימן קד (החתימה 'שמחה בר שמואל' בסוף הפסקה הראשונה נוספה בידי המהדיר, ואיננה בכתב־היד שנדפס ממנו הספר [כ"י אוקספורד 692, דף 221א, סימן קצ]).

64 מרדכי, חולין, סימן תשלז. על הקשרים שבין ר' ברוך ובין ר' משולם בר' דוד ראה עוד: אור זרוע, חלק ג, בבא קמא, סימן תמ (ראה להלן, הערה 85); שו"ת מהר"ח אור זרוע, סוף סימן סב וסימן סד. ר' ברוך נשא ונתן אף עם ר' דוד בר' קלונימוס, אביו של ר' משולם, ראה: אור זרוע, שם; תשובות ופסקים מאת חכמי אשכנז וצרפת, סימן קג, ושם, עמ' 320–318; תשובות מהר"ם, דפוס פראג, סימן תתעב (ראה להלן, הערה 90); מרדכי, יבמות, סימן צג.

במגנצא[65] הן דיונים נרחבים, שהוא השתתף בהם עם כל חכמי הדור, בשאלות שעלו על הפרק.[66]

לפעמים ציין ספר המרדכי פעמיים ושלוש לאותו סימן בספר החכמה,[67] וכאן יכולים אנו להכיר את שלבי המשא ומתן שבין ר׳ ברוך לחבריו. כך, למשל, יש בספר ראבי״ה סְדרה של שלוש שאלות ששלח ר׳ ברוך לראבי״ה:

> אשאלך והודיעני על מעשה שבא לידינו על אודות חנוך ושמעון אשר נגשו למשפט, טען חנוך על שמעון ואמר [...] אמך היתה אלמנה כמה שנים וצותה לך לפני מותה בחלייה לתת לי [מנכסיה] [...] וענה שמעון ואמר אמת שצוותה עלי, אבל לא גמרתי בלבי [...] כי לא [נשבעה] על כתובתה והנכסים שלי [...]
>
> ועוד טען חנוך עם שמעון [...] והשיב שמעון אמת שהיה השטר בידי אבל

65 מרדכי, בבא מציעא, סימן תג: ׳כ׳ ראבי״ה וז״ל [...] ומזה נחלקו עליו רבינו יקר בר שמואל הלוי ורבינו שאלתיאל בספר החכמה [בסימ׳ שפ״ו] וכתבו [...] ורבינו יהודה בר׳ קלונימוס ור׳ משה בר׳ מרדכי ורבינו ברוך בר׳ שמואל כתבו להם, הגד הוגד לנו לפני בא כתבכם שה״ר אליעזר חולק על זו הסברא ורוצה לומר [...] ולא נהירא דבריו בעינינו [...]׳ (ההשלמה בסוגריים מרובעים על־פי כ״י בודפשט 1, דף 148ג. וראה: אפטוביצר, מבוא לספר ראבי״ה, עמ׳ 214–215 [המובא שם מתשובות מהר״י וויל לקוח מס׳ המרדכי, בבא מציעא, סימן רכו]); מרדכי, בבא מציעא, סוף סימן שלח (קלינמן [לעיל, הערה 23], עמ׳ קיט): ׳ובספר החכמה בסוף סימן שפו כתוב בתשובת רבינו יהודה ב״ר קלונימוס ור״מ ב״ר מרדכי ור״ב ראה ראינו מעשים בכל יום שמלוים איש לחבירו ברבית על משכונות הגוים [...]׳ (ר׳ ברוך עצמו חלק על פסק זה; השווה: תשובות מהר״ם, דפוס פראג, סימן תשלז. וראה: ח׳ סולוביצ׳יק, הלכה כלכלה ודימוי־עצמי, ירושלים תשמ״ה, עמ׳ 132, תעודה מס׳ 16, ושם, עמ׳ 65–66, הערה 25.) קטע שלישי מסימן זה בספר החכמה מובא בס׳ המרדכי, בבא מציעא, כ״י בודפשט 1, דף 142ב:

> בספר חכמה בסימן שפ״ו כתב רבי׳ אברהם בתשובתו, הא דאמ׳ פשיעה בבעלים פטור [בבא מציעא צה ע״א], היינו פשיעה כי האי גוונא דלא הוה ליה לאסוקי אדעתיה כולי האי שיארע כן אותו דבר, כמו היכא שפשעו ביה ואיגנוב, או כעין הנהו כונדאי [שם, צז ע״א] שלא נתנו לבם לדבר להכביד במשאה עד שמת משום דלא נזהרו יפה כמ׳ שהצריכתו תורה לעשות, ולולי שהתורה לא הטילה עליהם חומר אותו זהירות, מסברא לא היינו מחייבין אותו כעין גניבה ואבדה בשומר שכר ובשומר חנם פשיעה הקרובה לשוגג ולמזיד, לשם פטרתו תורה כשהן עמהן בבעלים. אבל באבדה מדעת, כגון אם לא קשר בטוב הארנקי, לזה אינו מועיל בבעלים, דאבידה מדעת היא כגון בצלוחית בהמוכר את הספינה [בבא בתרא פז ע״ב] זהו כזורק ארנקי לים, ומזיק הוא דמיקרי ולא שומר, ואנן לא אשכחן פטור בבעלים אלא גבי שומרין.

66 כגון ׳בספר החכמה בסימ׳ שפ״ז מעשה בנערה שהיתה משודכת לכהן ולא נתקדשה ובא פריץ אחד בבית הנערה עם שני עדים [...] ונתן לה טבעת [...] והנה הושוו כל הגדולים שהקידושין לא הוו קידושין, רא״ם הביא ראייה [...] ור״ב הביא ראייה [...] ופסק הר׳ אליעזר מבהם [...] ונחלקו עליו ר״י הלבן ורא״ם, וכתב ר״י הלבן [...] והרא״ם כת׳ [...] בספר החכמה בסימ׳ שפ״ז כתב רא[״]ם בתשובתו דהיכא דהאחד מן העדים לא ראה נתינת הטבעת אין לבטל בכך הקידושין [...]׳ (מרדכי, קידושין, כ״י בודפשט 1, דף 307ב–ג. השווה: ס׳ המרדכי הנדפס, סימן תקלא; י׳ רוט, ׳ספר המרדכי לרבינו מרדכי בן הלל האשכנזי למסכת קידושין׳, מחקרים ומקורות, ב [תש״ן], עמ׳ 290–302).

67 ראה גם לעיל, הערה 65.

פרוע הוא ושרפתיו ואמרת לי לשרפו [...] ועתה יורנו הרב אם יש לדמות זה להא דאמרינן בהחובל [...]
ועוד תודיעני על מת שמת בשבת ואבריו מתעקמין, אם יכולין לפושטו ע״י גוים או על ידי ככר או תינוק. ואם הדברים פשוטים בעיניך אל יהיה לך למוזח ולמסח כי רבותינו חלוקים בהם. ברוך ב״ר שמואל.[68]

הראבי״ה העתיק בספרו רק את תשובתו לשאלה הראשונה של ר׳ ברוך, ושתי השאלות האחרות נשארו שם בלא מענה. והנה חליפת המכתבים בין ר׳ ברוך לראבי״ה וכן המשא ומתן שהתפתח בעקבותיה, בהשתתפותם של עוד חכמים, היו מצויים בחטיבת התשובות שבספר החכמה, וחלקים מהם מביא ספר המרדכי, בארבע מסכתות. ארבעת הציטוטים שבספר המרדכי (המובאים להלן) כוללים קטע מתשובתו של ראבי״ה לשאלה השנייה (א), קטע מתגובתו של ר׳ ברוך על תשובת ראבי״ה לשאלה השלישית (ג), שתי תגובות של ר׳ ברוך לתשובתו של ראבי״ה לשאלה הראשונה, אחת שנשלחה לראבי״ה עצמו ואחת שנשלחה לר׳ שמחה משפירא (ד), ועוד קטע שלפי שעה איננו יודעים לאיזה עניין הוא מתקשר (ב):

(א) בספר החכמה בסי׳ שנ״ה השיב ראבי״ה לרבינו ברוך ממגנצא על דבר השטר שטען השליש פרוע הוא לכן שרפתיו ואתה אמרתי לי לשורפו, והמלוה כופר, ונסתפקת(י) אם יש לדמותו להך דהחובל [...].[69]

(ב) חד אמ׳ לדידי אוזפי בריבית וחד אמ׳ לדידי גנב קתא דבורטיא,[70] מכאן פסק מו׳ רבי׳ יקיר דמי שתבעוהו שנים לדין בין בבת אחת בין בזה אחר זה ונשבע להם דיכולין להעיד ולפוסלו. ובסימ׳ שנ״ה[71] הביא ר״ב ראיה בתשובתו וגם דעתו כן.[72]

68 ראבי״ה, תשובות, א, סימן תתקכה, עמ׳ מו ואילך.

69 מרדכי, בבא קמא, סימן צח, מהדורת הלפרין ושורץ, עמ׳ קכג (בגוף המהדורה: ׳בסי׳ שנ״ח׳, ותיקנתי על־פי שינויי־הנוסחאות שם, ס״ק סח). וראה עוד: הגהות מימוניות, הלכות טוען ונטען, פ״ט ס״ק ד.

70 ראה סנהדרין כה ע״א: ׳חד אמר קמי דידי אוזיף בריביתא וחד אמר לדידי אוזפי בריביתא׳; שם, כז ע״א–ע״ב: ׳חד אמר קמאי דידי גנב קבא דחושלא וחד אמר קמאי דידי גנב קתא דבורטיא׳. וכאן גרסה מחודשת. וראה: תשובות הרשב״א המיוחסות להרמב״ן, ורשה תרמ״ד, סימן קט; שם נשאל הרשב״א באותו עניין, והשואל ציטט את הגמרא ׳כאותה שאמרו חד אמר לדידי גנב וחד אמר קמאי דידי גנב׳, והשיב לו הרשב״א: ׳ואותה שהבאת לדידי גנב, אינה כן, דההיא לאו לדידי גנב קאמר אלא חד אמר קמאי דידי גנב קבא דחושלא וחד אמר קמי דידי גנב קתא דבורטייא, אלא נתחלפה לך בההיא אחריתי דאיתא בההוא פרקא גבי מלוה בריבית [...] חד אמר קמאי דידי אוזיף ברביתא וחד אמר לדידי אוזפן ברביתא׳.

71 כך גם בכ״י וטיקן 141, דף 138א ובכ״י ורצ׳לי, דף 91ג. בכ״י קיימבריג׳, האוניברסיטה Add. 490, דף 31ג ובכ״י ניו־יורק, בית המדרש לרבנים Rab. 674, דף 92ד: ׳בספר החכמה בסימן פה׳.

72 מרדכי, סנהדרין, כ״י בודפשט 1, דף 194ב (והשווה לס׳ המרדכי הנדפס, סימן תרצג). והשווה: תשובות מהר״ם, דפוס פראג, סימן תשי.

(ג) מניח עליו ככר או תינוק ומטלטלו,[73] כתב רא״ה[74] נ״ל (אין) [אם] חוששי׳ שלא יתקשו איבריו ולא יהא ראוי עוד לפשוט והוא ביזויו מניח עליו ככר או תינוק ודוחק על הככר עד שיפשטו איבריו כדחזינא נמ׳ בפ׳ המצניע[75] [...] ור״ב פליג בספר החכמ׳ בסימ׳ שנ״ה וכת׳ דאין ראייה מפרק המצניע, דהתם אגב טילטול הככר מטלטל המת, אבל הכא שהככר מונח על המת ומזיז איברי המת בלא טילטול ככר, אסור. ומי׳ כשאינ׳ מזיזין איברי המת בלא טילטול ככר אז ודאי שרי.[76]

(ד) פסק ראבי״ה בתשובתו (ור״ב) [לר״ב] ממגנצא, מה שטען ראובן שאין במתנת אמו ממש לפי שלא נשבעה על כתובחה [...] ור״ב השיבו, על אודות שנתנה האלמנה שלא נשבעת על כתובת׳ ומתה נר׳ דאינה יכולה לתפוס ולא לשום עצמה ולא לתת לאחרים עד שתשבע על כתובת׳ [...] ומ״מ אני דנתי כמוך [...] שוב בסימ׳ שע״ב כתב ר״ב לרבי׳ שמחה, מ״ה [=משום הכי] קיימנו המתנה כיון שלא נתברר [הדבר בבירור שהיו כל המטלטלין של בעלה האחרון, אבל נתברר] בברור שהיו של בעלה האחרון לא דננו כן.[77]

נוסף על הקטעים שמנינו מספר החכמה שמצוין עליהם במפורש כי הם היו בסימנים שנ–ת בערך, בחטיבת התשובות, יש בידינו עדויות על שאלות ותשובות רבות אחרות פרי עטו של ר׳ ברוך שנכללו בספר החכמה. ציטוטים אלו כוללים הן שאלות ששלח ר׳ ברוך לכמה חכמים באשכנז: ראבי״ה,[78]

73 שבת מג ע״ב.

74 ראבי״ה, א, סימן רד, עמ׳ 289–290. וראה גם שם, סימן שסו, תחילת עמ׳ 385. אפטוביצר (מבוא לספר ראבי״ה, עמ׳ 188–189) כבר העיר כי אפשר שדברי ראבי״ה כאן לקוחים מתשובתו לר׳ ברוך על שאלתו השלישית.

75 שבת צד ע״ב.

76 מרדכי, שבת, כ״י בודפשט 1, דף 226ב (בס׳ המרדכי הנדפס: סימן שיב + סימן תנו [דף פ ע״א]). בכ״י בודפשט, בכ״י ורצ׳לי, דף 183ד ובדפוס: ׳בסימן שנ״א׳, אך תיקנתי על־פי כ״י וטיקן 141, דף 279א.

77 מרדכי, כתובות, כ״י בודפשט 1, דף 292ד–293א (והשווה לס׳ המרדכי הנדפס, סימן רכז). וראה עוד דברי ר׳ ברוך בס׳ המרדכי, כתובות, סימנים רנב ורנג.

78 מרדכי, כ״י בודפשט 1, דף 184ג–ד (השווה לס׳ המרדכי הנדפס, בבא בתרא, סימן תרכג; וראה לעיל, הערה 19): ׳ואלמנה שתפסה ספרים שהיו של בעלה ורוצה לגבות כתובתה מהן [...] ראבי״ה כתב [...] וי״ל כמו שקיבלתי ממורי קרובי רא״ם [...] חכמה׳; מרדכי, כתובות, סימן קנב: ׳וכן עשה רבינו ברוך מעשה באלמנה מן האירוסין שתפסה מעות מחיים ופסק ליתן לה כתובה [...] וכן פסק ה״ר שאלתיאל בספר החכמה, וראבי״ה אמר [...] וכתב רבינו (שמשון) [ברוך] לא נהירא לי [...]׳. חליפת המכתבים בין ר׳ ברוך לראבי״ה בשני עניינים אלו באה גם בספר ראבי״ה, תשובות, ב, סימן תתקצה, עמ׳ קע–קעד. מקצת מדברי ספר החכמה בעניין זה נשתמרו בס׳ מרדכי הגדול ונדפסו בטעות על שמו של מהר״ם מרוטנבורג בתשובות בעלי התוספות (לעיל, הערה 41), סימן פ (שתי הפסקאות הראשונות: שאלת ר׳ ברוך, ביתר הרחבה ממה שהביא ראבי״ה בספרו; הפסקה השלישית היא תשובת ראבי״ה). מילות הסיום של סימן פ ׳עב״ל מאיר בר ברוך ז״ל׳ (ובכתב־היד שעמד לפני המהדיר [ניו־יורק, בית המדרש לרבנים Rab. 673] יש המשך, אך הוא לא הביאו: ׳עיי׳ פ׳ י״ח דאישות וכן בס׳ המצ׳ בסימ׳ כ׳׳) אינן שייכות לתשובה; מילים אלו מודגשות בכתב־היד, והן לקוחות מס׳ המרדכי (כתובות, סוף סימן רנא).

ר׳ יהודה החסיד[79] ור׳ דוד בר׳ קלונימוס ממינצבורג[80] הן תשובות שהשיב ר׳ ברוך לר׳ שמחה משפירא[81] ולחכמים אחרים[82] הן מעשים שבאו לפני ר׳ ברוך[83] הן תשובות שהשיב עם חבריו לבית הדין במגנצא.[84] מסתבר שתשובות אלו כולן או לפחות מרביתן היו אף הן במדור התשובות.

המילים הן ׳דיבור המתחיל׳ לעניין הבא בכתב־היד, כדרכו של ספר המרדכי הגדול, להעתיק משפט אחד מס׳ המרדכי ולהוסיף עליו ליקוטים (ראה: עמנואל, ׳דפוס פראג׳, עמ׳ 585, הערה 128 ועמ׳ 586, הערה 132).

79 תשב״ץ (לעיל, הערה 6), סימן ריט: ׳יש בספר שתקן רבינו ברוך ממגנצא ששלח לרבינו יהודה חסיד ושאל היאך היה עושה בפסח ובשבועות ובנישואין שקריאת שמע נמשך לפעמים עד לאחר שלשה שעות [...] והשיב לו רבינו יהוד׳ חסיד [...]׳. תשובתו של ר׳ יהודה החסיד לשאלה זו נשתמרה באריכות במקום אחר; ראה: א״א אורבך, ערוגת הבשם, ד, ירושלים תשכ״ג, עמ׳ 94–96.

80 תשובות מימוניות, נשים, סימן לה = תשובות ופסקים מאת חכמי אשכנז וצרפת, סימן קג. מהר״ם מרוטנבורג הביא את המשפט הראשון של שאלת ר׳ ברוך בשם הרב יוסף כהן ׳שכך מצא בספר רבי׳ ברוך קרובי זצ״ל׳ (שם, עמ׳ 319–320).

81 מרדכי, בבא בתרא, סימן תריז: ׳ושאל רבינו שמחה את רבינו ברוך על שטר שלא היה כתוב בו קנין הפירות כראוי [...] ורבינו ברוך השיב [...] עכ״ל ספר החכמה׳; מרדכי, שבועות, סימן תשעב: ׳שאל רבינו שמחה את רבינו ברוך אם יכול התובע להשביע הנתבע בטענה שאומר לו הוגד לי בבירור מפי נאמנין אך לא כשרין להעיד [...] והשיב רבינו ברוך [...] ספר החכמה׳.

82 כ״י פרמה 86, סימנים תנ ותס (ראה להלן, נספח).

83 מרדכי, בבא בתרא, סימן תקז: ׳ובספר החכמה מצאתי שכתב רבינו ברוך ממגנצא, אני ברוך ברבי שמואל וה״ר אליעזר ישבנו בדין אחד [...]׳ (מעשה זה בא גם בכ״י פרמה 86, עמ׳ רמח–רמט, סימן תנח); מרדכי, בבא בתרא, סימן תקנג: ׳ואני נשאלתי על עובד כוכבים שהחזיק בקרקע של ישראל [...] ספר החכמה׳; מרדכי, שבועות, סימן תשסג: ׳נשאלתי על מעשה שאירע שהקהל נתנו חרם [...] ספר החכמה׳ (וראה להלן, בגוף המאמר, ליד הערה 97).

84 שו״ת מהר״ח אור זרוע, סימן רכב (= כ״י לונדון, מונטיפיורי 130, דף 15א–ב, סימן צה). סימן זה, שכבר נידון הרבה אצל כל העוסקים בשלטון הקהל באשכנז בימי־הביניים, כולל שאלה ששלחו שלושה מחכמי וורמייזא, תשובה שהשיבו שלושת חכמי מגנצא: ר׳ יהודה בר׳ קלונימוס, ר׳ משה בר׳ מרדכי ור׳ ברוך, תשובה נוספת על כך מאת ראבי״ה (התשובה חסרה בכ״י מונטיפיורי 130) והערה קצרה של ר׳ ברוך (בשו״ת מהר״ח אור זרוע: ׳ורבינו ברוך מצא בספר הישר [...]׳, והלשון המקורית נשתמרה בכ״י מונטיפיורי 130: ׳ואני ברוך מצאתי בספר הישר׳, וכן הוא גם בכ״י מונטיפיורי 129, דף 82א בגיליון). תשובות אלו מובאות פעמיים בס׳ המרדכי: פעם אחת חתומים על התשובה של חכמי מגנצא רק ר׳ יהודה בר׳ קלונימוס ור׳ משה בר׳ מרדכי, ונכתב בסוף העניין ׳חכמה׳ (בבא בתרא, כ״י בודפשט 1, דף 154ג–155א; בס׳ המרדכי הנדפס, סימנים תפב–תפג, נשמטה החתימה), וכנראה, ר׳ ברוך השמיט את חתימתו שלו בעת שהעתיק את התשובה לספרו; בפעם האחרת הביא ס׳ המרדכי קטע מן התשובה על שמו של ר׳ ברוך לבדו, כנראה משום שמצאה בספר החכמה שלו (בבא מציעא, כ״י בודפשט 1, דף 123ג: ׳אם יש שם ב״ד מתנה בפניהם, ואומ׳ הר״ב ז״ל דווק׳ הכא בעינן תנאי בפני ב״ד [...]׳ [בס׳ המרדכי הנדפס, סימן תכז: ׳ואומר הרב דוקא הכא׳] = הגהות מימוניות, הלכות גזלה ואבדה, פי״ב ס״ק ד: ׳אמר רבי׳ ברוך ממגנצא׳. המובאה שבס׳ המרדכי ובהגהות מימוניות לקוחה מאמצע התשובה של חכמי מגנצא [שו״ת מהר״ח אור זרוע, דף עד ריש ע״ג], בשינוי לשון. על תשובה זו ראה עוד להלן, בגוף המאמר, ליד הערה 108).

עוד יש בידינו שאלות ותשובות רבות שהריץ ר׳ ברוך לחבריו, מקצתן לבדו[85] ואחרות עם חבריו לבית הדין במגנצא,[86] ומסתבר שאף הן ברובן היו בספר החכמה, אף שלא מפורש עליהן כן.

דרכו של ר׳ ברוך להבליע את תשובותיו בתוך ספרו איננה מיוחדת לו דווקא. בזאת הלך ר׳ ברוך בדרכם של חכמים אחרים מבעלי התוספות שספריהם בידינו — רבנו תם וראב״ן שקדמו לו, ראבי״ה בן דורו ור׳ יצחק אור זרוע בדור שלאחריו — שכינסו את תשובותיהם לחטיבה מיוחדת, שהובלעה בתוך ספר חידושיהם. המכנה המשותף לספריהם של המחברים שנקטו דרך זו הוא שצורתם הספרותית רופפת; הם ערוכים בעיקרם על־פי סדר המסכתות, אך אין בהם פירוש סדיר ושיטתי על הדף, דוגמת התוספות, ועל כן חטיבת התשובות איננה חורגת בהרבה ממסגרת החיבור. השרידים שבידינו מספר החכמה מלמדים כי אכן, ספר זה היה דומה בטיבו ובמגמתו לספרים אבן העזר, אבי העזרי ואור זרוע. ספר החכמה היה ברובו פירוש לתלמוד, אך לא תמיד עקב אחר סדר המסכת, והמחבר שילב בו גם דברים שכתב בפנקסו בשנים קודמות ואף דברים שכתב עם חבריו בצוותא במושב בית הדין. ספר החכמה הלך בדרך המלך של חכמי גרמניה במפנה המאות הי״ב–הי״ג, שאמנם אחזו בדרך הלימוד של בעלי התוספות הצרפתיים, אך מיעטו לכתוב תוספות. הם אספו את כל תורתם בחיבור אחד, שהיה ערוך על־פי סדר התלמוד, פחות או יותר, ושיקעו בו גם ביאורי סוגיות, תשובות ועוד.[87]

85 אור זרוע, חלק ג, בבא קמא, סימן תמ (והשווה: מרדכי, כתובות, סימן קנ [בדפוס בקיצור, ומעט יותר באריכות בהגהות אשרי, פ״ב סימן לד. הנוסח המלא מצוי בכ״י בודפשט 1, דף 282ג]); תשובות מהר״ם, דפוס פראג, סימנים תשלט, תתעב (ראה להלן, הערה 90) ותתקלג (ראה להלן, הערה 91); תשובות מהר״ם, דפוס ברלין, עמ׳ 278, סימן פה (ראה להלן, הערה 92); מרדכי, יבמות, סימן כא; מרדכי, כתובות, סימן רסא.

86 ראבי״ה, תשובות, א, סימן תתקכב, עמ׳ כז ואילך (וראה: אפטוביצר, מבוא לספר ראבי״ה, עמ׳ 219–221); ראבי״ה, תשובות, ב, סימן אלף וז׳, עמ׳ רח–רי; מרדכי, יבמות, סימן נח; מרדכי, כתובות, סימן רז (התשובה באה בלא שם מחברה בכ״י פרמה 86, עמ׳ רלז–רלט, סימן תמט, ושם חסרה הפסקה האחרונה [׳ועוד שכתבת׳], וסיום התשובה אחר. והשווה עוד: ראבי״ה, תשובות, א, סימן תתקכג, עמ׳ מא ואילך [וראה דברי אפטוביצר, מבוא לספר ראבי״ה, עמ׳ 189–190]); מרדכי, בבא בתרא, סימן תסח (בכ״י בודפשט 1, דף 151א: ׳מצאתי תשובה אחת שפסקו בה רבי׳ ר׳ יהודה בר׳ קלונימוס ורבי׳ משה בר׳ מרדכי ורבי׳ אפרים בר יעקב׳, וחסר שמו של ר׳ ברוך).

87 על חכמי גרמניה בדורות אלו ראה: אורבך, בעלי התוספות, פרק שמיני, עמ׳ 345–447 (אך ראה מאמרי ״׳ואיש על מקומו מבואר שמו׳״ [לעיל, הערה 28]). דרכם הייחודית של חכמי גרמניה באותם דורות חודדה והודגשה בעת האחרונה בכמה מחקרים; ראה: סולוביצ׳יק (לעיל, הערה 65), עמ׳ 97–98, ובמאמריו המצוינים שם, הערה 53; י׳ זוסמן, ׳מפעלו המדעי של פרופסור אפרים אלימלך אורבך׳, מוסף מדעי היהדות, 1 (תשנ״ג), עמ׳ 39, הערה 63 ועמ׳ 48–54.

קובץ ליקוטים

היקפם הגדול של הספרים שכתבו בעלי התוספות מצד אחד ויוקר הספרים מצד אחר הגבילו את תפוצתם. חכמים לא יכלו להעתיק לעצמם טופס שלם של החיבורים ונאלצו להסתפק בהעתקת פסקאות נבחרות מהם. המלקטים בחרו את הפסקאות שבאותה שעה נראו להם חשובות, והם היו צריכים אף לשער אלו פסקאות יידרשו להם לצורך לימודם בעתיד. בליקוטים אלו חלו גלגולים רבים במרוצת הדורות, שכן המעתיקים גרעו והוסיפו בהם כראות עיניהם מאותן סיבות בדיוק שהניעו את המלקטים הראשונים לבחור להם פסקאות מסוימות דווקא מתוך החיבורים הגדולים. ברבות הימים איבדו ספרי הליקוטים את צורתם הראשונה, ויש לעמול הרבה כדי לעמוד על טיבה של כל פסקה ופסקה בהם. בעיה זו חמורה במיוחד כאשר ספריהם המקוריים של בעלי התוספות אבדו מאתנו, ונשארו בידינו רק אותן פסקאות מפוזרות ועלומות שם, המשוקעות בספרי הליקוטים המאוחרים. כך אירע, לדעתנו, גם לקובץ שלם של ליקוטים מספר החכמה, והם מצויים בידינו בדפוס, אך חכמים טרם עמדו על טיבם.

קובץ ליקוטים זה מובלע בתוך ספר תשובות מהר״ם מרוטנבורג, דפוס פראג.[88] ספר זה מורכב מעט, ועלינו להקדים משפטים מספר על טיבו.[89] אוסף התשובות הגדול שנדפס בפראג — יותר מאלף תשובות — נחלק לשני חלקים עיקריים, ועניינו כאן בחלקו השני, המשתרע מסימן תרס ואילך. חלק זה בא אף בכמה כתבי־יד, והחשובים שבהם: כ״י אוקספורד 641 וכ״י פראג, המוזאון היהודי 20 (שנדפס בחלקו השלישי של ספר תשובות מהר״ם, דפוס ברלין). כתבי־היד מלמדים כי בחלק השני של דפוס פראג נעשו במהלך הזמן שינויים מסוימים; כמה תשובות נשמטו מן הספר ונשארו רק בכתבי־היד, ותשובות אחדות הוזזו ממקומן, כדי לצרפן לתשובות אחרות העוסקות בנושא דומה. בעזרת כתבי־היד המקבילים לדפוס פראג אפשר בדרך כלל לשחזר את צורתו המקורית של אוסף התשובות, ושחזור זה יקל עלינו במעט לזהות את הליקוטים מספר החכמה המסתתרים בו.

הסימנים בדפוס פראג הלקוחים מספר החכמה יש בהם ארבעה סוגים:

88 קטעים יחידים מתורתו של ר׳ ברוך מצויים אף בתשובות מהר״ם, דפוס לבוב, סימנים קצט, רד (השווה: כ״י לונדון, בית הדין ובית המדרש 28, דף 73א: ׳ראיתי כתוב שכך הורה רבינו ברוך אביו של הח״ר שמואל דאין לפסול את המגילה לפי שכתו׳ בה ברכותיה בתחילה ובסופה [...]׳; חמשה קונטרסים [להלן, הערה 131], דף כה ע״ב) ואמצע סימן תקב (וראה להלן, בגוף המאמר, אחרי הערה 108). נוסף על סימנים אלו, ששמו של ר׳ ברוך רשום עליהם, יש אולי בדפוס לבוב עוד סימנים מפרי עטו של ר׳ ברוך, כגון סימן קו (השווה: מרדכי, בבא בתרא, סוף סימן תקצ — בשם ר׳ ברוך; מרדכי, בבא קמא, סימן מ, מהדורת הלפרין ושורץ, עמ׳ נ–נא — בשם ר׳ יקיר).

89 לתיאור מפורט של הקובץ ראה: עמנואל, ׳דפוס פראג׳. (וראה עתה גם מאמרי הנזכר להלן, הערה 124.)

(א) ארבעה סימנים מכילים שאלות ותשובות שהחליף ר׳ ברוך עם חבריו (סימנים תשלט, תתעב,[90] תתקלג[91]; כ״י פראג 20, סימן פה[92]).

(ב) באחד־עשר סימנים אחרים נזכר ר׳ ברוך במפורש, לעתים בגוף ראשון ובדרך כלל בגוף שלישי[93]:

תרעט. רוב הסימן לקוח מספר ראב״ן (דף קצח ע״ג–ע״ד), ובסופו תוספת: ׳ורבינו ז״ל הביא ראייה׳, אך במקבילות: ׳ורבי׳ ברוך הביא ראיה׳.[94]

תשד. ׳ואני ברוך איני רואה הדבר כלל [...]׳. חלק מהסימן מובא בספר המרדכי ובהגהות מימוניות בשם ר׳ ברוך.[95]

90 בכותרת שבראש הסימן נכתב: ׳הא לך שאילות רבינו ברוך לרבינו דוד ב״ר קלונימוס ז״ל׳, אך בתחילת השאלה נזכר חכם אחר: ׳אל מי מקדושי׳ אפנה הלא אל הרב הגדול רבינו יב״ק׳, ובסוף התשובה חתומים שניים, שאחד מהם לא נזכר עד כה: ׳ושלום, דב״ק, אלעזר הקטן בן רבינו יהודה׳ (ובדומה לזה במקבילה שבס׳ מרדכי הגדול, כ״י אוקספורד 678, דפים 366ד–367ג. כאן אין כותרת, בתחילת השאלה נכתב: ׳מורי׳ רבי׳ יב״ק נשאלתי׳, ובחתימת התשובה: ׳ושלום דוד בר קלונימוס, אלעזר הקטן׳. על העתקותיו של ספר מרדכי הגדול מתוך דפוס פראג ראה: עמנואל, ׳דפוס פראג׳, עמ׳ 585–586). בכ״י פראג 20, דפים 206ד–207ד, סימן רלה, נזכר אך ורק ר׳ דוד: ׳הא לך שאיל׳ הר״ב ז״ל לרבנו דב״ק על דין שבוירצבורקא. אל מי מקדושי׳ אפנה הלא אל הר הגדול הר׳ דב״ק [...] ושלו׳ דוד בר׳ קלוני׳׳.

91 בכ״י פראג 20, דף 183ג–ד, סימן קלד, חסרה חתימתו של ר׳ ברוך, ובראש התשובה כתוב ׳תשוב׳ ר׳ שמוא׳ בן רב׳ ברוך׳ (וכבר העיר על כך בלאך במהדורתו לדפוס פראג). אך בקובץ אחר של תשובות מהר״ם (כ״י מוסקווה 155, דף 169א, סימן שצז) נכתב בראש התשובה: ׳זו היא תשובת ר״ב׳ (על העתקותיו של כ״י מוסקווה מתוך דפוס פראג ראה: עמנואל, ׳דפוס פראג׳, עמ׳ 580–581).

92 נדפס בתשובות מהר״ם, דפוס ברלין, עמ׳ 278–279. הלשון בכ״י 20 פראג, דפים 172ד–173א: ׳מעשה בא לפנינו בראובן שקבל לקהל על יתומים קטנים [...] ברוך׳ (וכן הוא גם בכ״י אוקספורד 641, דף 165ב, סימן כג), והמהדיר שינה — בלי שהעיר על כך — על־פי ס׳ המרדכי, גיטין, סימן שפב, מהדורת רבינוביץ, עמ׳ 535–543 (ושם: ׳שאל ר״ב את רא״ם על מעשה שבא בראובן׳. דברים אלו נרמזים שוב בהמשך ס׳ המרדכי, עמ׳ 574, ושם הוא כותב: ׳חכמי׳ נ״ט כתבתי לעיל בפ׳ השולח׳ [וראה לעיל, הערה 55]). בקובץ אחר של תשובות, כ״י פרמה 86, עמ׳ רלז, סימן תמח, מתחילה התשובה ׳ראובן צוה וקובל על קהל על יתומים קטנים׳, והיא נקטעת שם באמצעה.

93 ראה גם סימן תתיא: ׳ושמעתי משם הר׳ ברוך׳.

94 כ״י אוקספורד 678, דף 287ב; כ״י פראג 20, דף 172ד, סימן פה. כנוסח הדפוס מצוי גם בכ״י אוקספורד 641, דף 165ב, סימן כב.

95 מרדכי, בבא קמא, סימן פט, מהדורת הלפרין ושורץ, עמ׳ קיג–קיד; הגהות מימוניות, הלכות חובל ומזיק, פ״ד ס״ק ג. תשובת הגאון, שר׳ ברוך דוחה בתקיפות רבה (׳ואני ברוך איני רואה הדבר כלל [...] ושרא להו רחמנא למאן דנפק מפומהון׳), מיוחסת בדפוס פראג לרב יהודאי גאון (וכך גם בכ״י פראג 20, דף 210א, סימן רנג, ובכ״י מוסקווה 155, דף 143א, סימנים רפב–רפג), ואילו בכ״י אוקספורד 641, דף 170א, סימן נב: ׳רב אחאי גאון׳. התשובה מובאת גם בספר העיטור, ושם: ׳בתשובת הגאונים׳ (העיטור, חוב: מלוה על פה, מהדורת ר׳ מאיר יונה, ורשה תרמ״ה, דף יח ע״ג), בספר ראבי״ה, ושם היא מיוחסת לרב מתתיה גאון (ראבי״ה, תשובות, ב, סימן אלף לז, עמ׳ שכח) ובליקוטים מאיסור והיתר של רש״י, כ״י קיימבריג׳, האוניברסיטה Add. 667,1 דף 183ד, בשם ׳ר׳׳. על תשובת רב יהודאי שמביא ר׳ ברוך בדפוס פראג, סימן תתי (ראה להלן, בגוף המאמר, ליד הערה 103) ראה מה שכתב ש׳ אברמסון, ׳עיונים׳, סיני, עה (תשל״ד), עמ׳ טו.

תשו. 'שאלו לרב ז"ל', אך בכתבי־היד: 'שאלו לר"ב ז"ל'.[96] הציטוט שהביא ר' ברוך ממדרש איכה מצוי אצלו הרבה (ראה להלן, הערה 161).

תשיב (תחילת הסימן). 'שאלו לרבינו', אך בכ"י פראג: 'שאלו לר"ב', ובספר המרדכי מובאים הדברים בשם ספר החכמה.[97]

תשטו (סוף הסימן).[98] 'פסק רבינו ברוך ב"ר שמואל בספר החכמה'.

תשכז. הסימן חתום 'ברוך', והדברים באים בשמו גם בספר המרדכי.[99]

תשלז. 'ולא נהירא לרבי' ברוך'.[100]

תשפד. רוב הסימן לקוח מספר ראב"ן (דף רב ע"א), ובסופו תוספת: 'והרב רבינו ברוך [אומר]', והדברים באים בשמו גם בספר המרדכי.[101]

תשפה. הסימן לקוח מספר ראב"ן (דף רב ע"ב), ובסופו תוספת: 'ולהרב רבינו ברוך מספק''.[102]

תתי. בסוף הסימן: 'ונר' לרבינו ברוך' (והדברים באים בשמו גם בהגהות מימוניות), ואף תחילת הסימן מובאת בספר המרדכי בשמו של ר' ברוך.[103]

תתסז. 'כתב רבינו ברוך'.[104]

96 כ"י אוקספורד 641, דף 171א, סימן נה; כ"י פראג 20, דף 210ד, סימן רנח. והשווה: מרדכי, בבא קמא, סימן קעב (מובא לעיל, הערה 62).

97 כ"י פראג 20, דף 212א–ב, סימן רסח; מרדכי, שבועות, סימן תשסג; שלטי הגבורים על ס' המרדכי, כתובות, דפוס וילנה, דפים א ע"ב – ב ע"א, ס"ק ו. בסיום התשובה נוסח דפוס פראג הוא: 'ומורי הרב פסק' (וכן גם בכ"י אוקספורד 641, דף 172ב, סימן סה), בכ"י אוקספורד 678, דף 352א: 'ומורי הרב שיח' פסק', ואילו בכ"י פראג 20, דף 212ד, סימן רעב: 'ומורי הר"ב פסק'.

98 אין קשר בין תחילת הסימן לסופו. בכתבי־היד הם באים במקומות שונים זה מזה (ראה: עמנואל, 'דפוס פראג', עמ' 582–583 והערה 116, ושם, עמ' 594, הטבלה), ובדפוס פראג הם צורפו בשל הנושא המשותף, אם יכול אדם לתבוע את בית הדין לדין. על תחילת הסימן ראה להלן בנספח, סעיף א, עמ' 155.

99 מרדכי, בבא מציעא, כ"י בודפשט 1, דף 128ד; שלטי הגבורים על ס' המרדכי, בבא מציעא, דפוס וילנה, דף עז ע"א, ס"ק ד.

100 וראה לעיל, הערה 65.

101 מרדכי, בבא מציעא, סימן שה, בגוף ראשון: 'ואני אומר'. נוסח מקוצר של הסימן מצוי בכ"י פרמה 86, עמ' יט, סימן לו, וגם שם: 'ואני ברוך או'' (ההשלמה שבסוגריים מרובעים על־פי כ"י אוקספורד 641, דף 184ב, סימן קלג; כ"י פראג 20, דף 166ב, סימן מ).

102 הדברים מובאים בשמו גם בגיליון ס' המרדכי, כ"י פרמה 929, דף קמד ע"א וכ"י ירושלים 6695, דף 30א: 'וכת' רבינו ברוך ראיתי דלר"ת מספק' ליה [...]'.

103 הגהות מימוניות, הלכות שלוחין ושותפין, פ"א ס"ק ז; מרדכי, בבא קמא, סימן קכו, מהדורת הלפרין ושורץ, עמ' קנא–קנב (וראה לעיל, סוף הערה 95).

104 ר' שמואל הנזכר בהמשך הוא בנו של ר' ברוך; השווה כ"י פראג 20, דף 205ב, סימן רל: 'והר' שמואל בנו אמ''; מרדכי, כתובות, כ"י בודפשט 1, דף 287ב: 'פסק הר"ב [...] והר' שמואל בנו אומ'' (בס' המרדכי הנדפס, סימן קפט, בהגהת הרמ"א: 'שמואל בני אומר'). ר' ברוך הזכיר כנראה את בנו גם במקומות אחרים בחיבורו, ראה לעיל, הערות 31, 58; מרדכי, עבודה זרה, כ"י בודפשט 1, דף 231ב:

שאלו את ר"י על גבינות הרבה שעש' ישראל בבית גוים [...] והשיב [...] יש להקל ולומר שהגוי ירא לזייף [...] שוב מצאתי משם הר' שמו' בן ר"ב דתשובה זו היא לפי מה שהיו רגילין בימיהם שלא להעמיד בעור קיבת נבילה ואין איסורן אלא משום גילוי, אבל עתה שפשוט ומוחזק לנו שכל הגוים מעמידין בעור קיבת נבילה ואין ספק בגבינות גוים

(ג) שבעה־עשר סימנים (או חלקי סימנים) אחרים הם משל ר׳ ברוך, אך שמו לא נזכר כלל עליהם:

תרסג. רוב הסימן לקוח מספר ראב״ן (דף רה ע״א), ובסופו יש תוספת: ׳ומיהו יש אומרים [...]׳. תוספת זו מובאת בספר המרדכי בשם ׳חכמה בסימ׳ קל״ה׳.[105]

תרצא. מובא בספר המרדכי בשם ספר החכמה.[106]

תשי. מובא בספר המרדכי בשם ר׳ ברוך ׳בסימן שנ״ה׳.[107]

תשטו (תחילת הסימן) + תשיח. שני הסימנים מובאים בספר המרדכי בשם ספר החכמה, והם חלק מתשובה ארוכה של ר׳ ברוך המובאת להלן בנספח, סעיף א, עמ׳ 155- 159.

תשכ. סימן זה הוא קטע מתשובת ר׳ יהודה בר׳ קלונימוס, ר׳ משה בר׳ מרדכי ור׳ ברוך הבאה במלואה בשו״ת מהר״ח אור זרוע, סימן רכב.[108]

תשכד. סימן זה הוא קטע מתוך דברי ר׳ ברוך הבאים בתשובות מהר״ם, דפוס לבוב, אמצע סימן תקב. אותה פסקה בדפוס לבוב היא מספר החכמה, על־פי עדותו של ספר המרדכי, בבא מציעא, סימן רפ.

תשמב. מובא בספר המרדכי בשם ר׳ ברוך ובתשובות מימוניות בשם ספר החכמה.[109]

תשמד. מובא בספר המרדכי ׳מספר חכמה בסימן קמ״ד׳.[110]

תשמו. סוף הסימן מובא בספר המרדכי בשם ׳תוספות הרב רבינו ברוך׳, ובתשובות מימוניות בשם ספר החכמה.[111]

תתב (תחילת הסימן).[112] מובא בתשובות מימוניות (קנין, סימן כב) בשם ספר החכמה. אף כאן, הדברים הם חלק מתשובה ארוכה של ר׳ ברוך, המובאת להלן בנספח, סעיף ב, עמ׳ 159–161.

לאיסור יש להחמיר [...] ונחלקו עליו רבי׳ שמחה וה״ר משה בר׳ חסדאי והתירו [...] חכמה סימן נ״ז.

(בס׳ המרדכי הנדפס, סימן תתכט, מצויה רק תשובת ר״י. בכ״י לונדון, הספרייה הבריטית 537, דף 156ב: ׳החכמה בסימן נ״ד׳. והשווה גם: א׳ מרמורשטיין, ׳חכם ופוסק איטלקי׳, דביר, ב [תרפ״ד], עמ׳ 232, סימן 29; אורבך, בעלי התוספות, עמ׳ 431, הערה 37.)

105 ראה לעיל, הערה 56.

106 כ״י בודפשט 1, דף 163ד (בס׳ המרדכי הנדפס, בבא בתרא, סימן תקלד, נשמט הציון ׳חכמה׳).

107 ראה לעיל, בגוף המאמר, ליד הערה 72.

108 קטע זה בא בשו״ת מהר״ח אור זרוע בדף עד ע״ג. וראה דברינו על תשובה זו לעיל, הערה 84.

109 מרדכי, בבא קמא, סימן מא, מהדורת הלפרין ושורץ, עמ׳ נב–נג (סימן מא הוא המשך דברי ר׳ ברוך שבסוף סימן מ); תשובות מימוניות, נזיקין, סימן טז. הדברים באים אף בכ״י פרמה 86, עמ׳ קמא, סימן רנו.

110 ראה לעיל, הערה 58.

111 מרדכי, בבא מציעא, סימן תיט; תשובות מימוניות, משפטים, סימן נז, בהגהה (בכתבי־יד של תשובות מימוניות נשתרבבה ההגהה לגוף התשובה, לפני ׳ומפרש ריב״א׳, ולפניה כתוב ׳מספר החכמה׳ [כ״י בודפשט, האקדמיה למדעים A77, כרך ד, דף 165ב; כ״י נירנברג, הארכיון הפרוטנסטנטי Fen. V. 58. 2°, דף 506א]). וראה את דברינו לעיל, בגוף המאמר, ליד הערה 43.

112 עד למילים ׳אנא ברגלוי ואנת בפריטי׳, ומשם ואילך נספחו דברים אחרים באותו עניין.

תתד. הסימן כולו הוא מדברי רבנו תם בספר הישר, והוא מובא בספר המרדכי בשם ספר החכמה.[113]

תתה. לשונו של המחבר 'שהחזן יושב כאן במע(נ)גנץ וכותב כתובות לבני הכפרים' מרמזת שהכותב הוא ר' ברוך ממגנצא, ואכן, ספר המרדכי מביא מקצת מן הסימן בשם ספר החכמה.[114]

תתמט. מובא בספר המרדכי בשם ר' ברוך ממגנצא.[115]

תתקכג. תחילת הסימן לקוחה מהרי"ף וסופו מספר ראב"ן,[116] ורק המשפט שבאמצע הוא מלשונו של הכותב. משפט זה מובא בספר המרדכי בשם ספר החכמה.[117]

כ"י פראג 20, סימנים רנא–רנב.[118] סימן רנא מובא בספר המרדכי (בבא בתרא, סימן תריג) בשם ספר החכמה.

(ד) ר' ברוך הרבה להשתמש בספרו של ראב"ן, בן עירו, והעתיק ממנו קטעים ארוכים, לעתים בלי שהוסיף עליהם כמעט דבר משלו.[119] והנה, יותר משישים סימנים בחלקו השני של דפוס פראג מכילים קטעים מספרו של

113 ספר הישר לרבינו תם, חלק החידושים, מהדורת ש"ש שלזינגר, ירושלים תשל"ד², סימן תרד; מרדכי, בבא קמא, סימן א, מהדורת הלפרין ושורץ, עמ' ה–ו (וראה גם לעיל, הערה 36).

114 כ"י בודפשט 1, דף 190א (בס' המרדכי הנדפס, בבא בתרא, סימן תרמו, נשמטה החתימה 'חכמה').

115 מרדכי, בבא בתרא, סימן תקצו (והשווה: אור זרוע, חלק ג, בבא קמא, סימן שנו; אפשטיין, מחקרים, ג, עמ' 39, הערה 106 ועמ' 40).

116 רי"ף, בבא בתרא, דפוס וילנה, דף ח ע"ב; ראב"ן, דף רט ע"ב. דברי הרי"ף בסוגיה זו הגיעו לידינו בשני נוסחים, האחד בדפוסים המצויים והאחר בדפוס קושטא רס"ט (וכן גם בנוסח שהדפיס עתה א"ל פלדמן, 'הלכות הרי"ף למסכת בבא בתרא פרק ראשון ושני נוסח כ"י ניו-יורק', סיני, קיח [תשנ"ו], עמ' יג). הלשון שבדפוס פראג מקבילה לזו שבדפוס קושטא, אך בלאך במהדורתו תיקן ביד חזקה על-פי הרי"ף שבדפוסים המצויים (על דרכו זו של בלאך להגיה על-פי המהדורות הנפוצות ראה: עמנואל, 'דפוס פראג', עמ' 563).
ר' ברוך הביא בחיבורו פעמים רבות את הרי"ף (ראה למשל: מרדכי, בבא קמא, סימן קכו [ובמקבילות; ראה לעיל, הערה 43]; מרדכי, כתובות, סימן רלה; פסקי עירובין למהר"ם, עמ' קיד, הערה 59; ועוד הרבה), אך הוא חסר ברשימת החכמים הנזכרים בספר החכמה שערך זפרני (לעיל, הערה 1), עמ' רנד–רנו. דבריו של י' תא-שמע ('קליטתם של ספרי הרי"ף, הר"ח ו"הלכות גדולות" בצרפת ובאשכנז במאות הי"א–י"ב', קרית ספר, נה [תש"ם], סוף עמ' 194), שסמך על רשימתו של זפרני, טעונים תיקון.

117 מרדכי, בבא בתרא, כ"י בודפשט 1, דף 156ג–ד: 'ומשמ' ה"ה עשיר יכול לומ' לעני וליכא למימ' גוד [ליכ'] דמה העשיר יכול אם זה עני, כנ"ל (משני אחין) ע"כ חכמה' (התיקונים על-פי כ"י וטיקן 141, דף 284ב). במקבילה לדפוס פראג שבכ"י מוסקווה 155, דף 131א, סימן רכז, מובאים רק דברי הרי"ף, ובסופם נכתב: 'ע"כ ב... [מילה אחת לא ברורה] וס' החכמה'.

118 נדפס בתשובות מהר"ם, דפוס ברלין, עמ' 283.

119 ראה למשל: פסקי עירובין למהר"ם, עמ' קט–קי, אמצע סימן רס: 'ור' (אפו) [אב"ן] כתב דישראל ההולך ממגנצא לקולוניא [...]'. קטע ארוך זה כולו מדברי ראב"ן (דף קנז ע"ב) למסכת עירובין, חוץ ממשפט אחד: 'וזה ל"נ לי ברוך דאדרבה הוי כל העיר כד' אמות כדפ' לעיל'; פסקה ארוכה מדברי ראב"ן (דף קצט ע"א–ע"ב) באה בכ"י פרמה 86, עמ' יו, סימן כז (ובקיצור אף בתשובות מהר"ם, דפוס פראג, סימן תשיד), ובסופם הערה של ר' ברוך: 'ואני ברוך תמיה למה לא יהיה הלכה כלישנ' קמ' דרבא דאמ' שבח דאתי מגופיה לא עביד איניש דמקניה'. וראה גם להלן, הערות 128, 181.

ראב״ן,[120] ואפשר שאינם העתקות ישירות מחיבורו זה כי אם מספר החכמה. ואכן, במקצת המקרים יש בידינו ראיות שדברי ראב״ן שבדפוס פראג באו לשם מתוך ספר החכמה, שכן בין הסימנים בדפוס פראג שמנינו לעיל כלקוחים מספר החכמה היו חמישה שדברי ראב״ן תפסו בהם חלק ניכר מהסימן.[121] בידינו עדויות שעוד ארבעה סימנים בדפוס פראג (תרפו, תשפח, תתו, תתח), שלכאורה לקוחים מספרו של ראב״ן, מצויים היו גם בספר החכמה, ומסתבר שמשם באו לדפוס פראג.[122]

עלו בידינו שלושים וחמישה סימנים בחלקו השני של ספר תשובות מהר״ם, דפוס פראג, שוודאי הם לקוחים מספר החכמה: תרסג, תרעט, תרפו, תרצא, תשד, תשו, תשי, תשיב (תחילת הסימן), תשטו, תשיח, תשכ, תשכד, תשכז, תשלז, תשלט, תשמב, תשמד, תשמו, תשפד, תשפה, תשפח, תתב (תחילת הסימן), תתד, תתה, תתו, תתח, תתי, תתמט, תתסז, תתעב, תתקכג, תתקלג; כ״י פראג 20, סימן פה וסימנים רנא–רנב. מקצת הסימנים האלה באים במפורש על שמו של ר׳ ברוך, ואחרים באים בעילום שם, ואפשר לזהותם רק על-פי מקבילות. רובם המכריע של הסימנים בא בחלקו הראשון של הקובץ, בין הסימנים תרס–תתעב.[123] קרוב לוודאי שעוד סימנים רבים בקובץ, שחלקם עלומי שם וחלקם מכילים את תורתו של ראב״ן, מדברי ר׳ ברוך הם. ויש לדקדק בכל סימן לגופו.[124]

120 דפוס פראג, סימנים תרסג–תרסו, תרסח–תרעג, תרעט, תרפא, תרפד–תרפח, תשיד, תשכט, תשלא, תשלו, תשלח, תשנו–תשצג, תתו–תתח.

121 ראה בדברינו לעיל על סימנים תרסג, תרעט, תשפד, תשפה ותתקכג (ואם אמנם סימנים תרסג ותשפד–תשפה לקוחים מספר החכמה, הרי שהסימנים הסמוכים להם, שגם בהם דברי ראב״ן, וברצף אחד עם סימנים אלו, אף הם מספר החכמה).

122 סימן תרפו: מובא בס׳ המרדכי בשם ספר החכמה (כ״י בודפשט 1, דף 152א. בס׳ המרדכי הנדפס, בבא בתרא, סימן תע, נשמטה החתימה ׳חכמה׳). סימן תשפח: מובא בגיליונות שבכתבי-יד של ס׳ המרדכי בשם ספר החכמה (כ״י פרמה 929, דף קמו ע״א בגיליון; כ״י ירושלים 6695, דף 31א בגיליון; כ״י ורצ׳לי, דף 245ב בגיליון; כ״י לונדון, מונטיפיורי 129, דף 79א בגיליון. נדפס בשלטי הגבורים על ס׳ המרדכי, בבא בתרא, דפוס וילנה, דף צ ע״ב, ס״ק ו). סימן תתו: מובא בגיליונות שבכתבי-יד של ס׳ המרדכי בשם ספר החכמה (כ״י פרמה 929, דף קנו ע״א בגיליון; כ״י ירושלים 6695, דף 39א. בשניהם מובא גם המשך דברי ראב״ן [דף רז ע״א], שלא הובאו בדפוס פראג [בכ״י מונטיפיורי 129, דף 81א בגיליון הובא רק המשך דברי ראב״ן, שם, ואף כאן חתום בסוף העניין: ׳מספר החכמה׳]). סימן תתח: אף הוא מובא בגיליונות שבכתבי-יד של ס׳ המרדכי בשם ספר החכמה (כ״י פרמה 929, דף קיו ע״א בגיליון; כ״י ירושלים 6695, דף 11ב בגיליון; כ״י ורצ׳לי, דף 15ג–ד בחלון; כ״י ניו-יורק, בית המדרש לרבנים Rab. 674, דף 9א בגיליון).

123 בסימן תתעג מתחילה חטיבה של ארבעים סימנים רצופים מספר הדינים של ר׳ יהודה הכהן. על כך ראה: א׳ גרוסמן, חכמי אשכנז הראשונים, ירושלים תשמ״א, עמ׳ 196 ואילך. הסימנים שמנינו בכ״י פראג 20 שייכים אף הם לחלקו הראשון של הקובץ, ומקומם אחרי סימנים תרעט ותשג שבדפוס פראג (ראה: עמנואל, ׳דפוס פראג׳, הטבלה בעמ׳ 593–594).

124 על סימן תשיא ראה לעיל, הערה 63. חלקו השני של דפוס פראג (סימן תרס ואילך) כולל תשובות, פסקים ופירושים של חכמים מגוונים, אך רכיבי הקובץ פתוחים ומעורבים זה

תפוצתו של ספר החכמה

החכמים שבדורות הסמוכים לר׳ ברוך מיעטו מאוד לצטט את ספר החכמה. מובאה אחת מספר החכמה מצאנו בתורתו של בנו, ר׳ שמואל מבמברג, ועוד מובאה אצל נכדו של המחבר, ר׳ ברוך בר׳ אברהם.[125] ר׳ יצחק אור זרוע, שהביא בספרו הגדול עשרות ומאות פעמים מתורתם של ראבי״ה ור׳ שמחה משפירא, חבריו של ר׳ ברוך, איננו מזכיר את ר׳ ברוך אלא פעמים ספורות בלבד,[126] כנראה משום שלא למד לפניו.
מהר״ם מרוטנבורג עדיין שייך לדורות הראשונים שמיעטו להביא מדברי ר׳ ברוך. על-פי עדות אחת של ר׳ אברהם, אחיו של מהר״ם, מהר״ם הכיר אישית את ר׳ ברוך ושטח לפניו את ספקותיו: ׳מעשה בא לפני מורי אחי שיחיה בוירצבורק בראובן שהלווה לשמעון מעות לחצי ריוח [...] והשיב לו הר״ר ברוך ממעגינצא שאין לטעון בזמן הזה פרוסבול היה לי ואבד [...]׳. אך עדות זו אי-אפשר לקיימה, שכן ר׳ ברוך נפטר כנראה בשנות העשרים של המאה הי״ג, כשבעים שנה קודם למהר״ם. ואכן, במקום אחר הביא ר׳ אברהם עצמו את המעשה בלשון אחרת: ׳מעשה בא לפני מורי אחי הר״ם שלי״ו [...] והשי׳ מורינ׳ בשם מורי׳ ברוך ממגנצא זצ״ל שאין לטעון [...]׳. על-פי נוסח זה, שהוא בוודאי המדויק יותר, מהר״ם לא הכיר את ר׳ ברוך, ורק ציטט מדבריו.[127] דברים נוספים בשם ר׳ ברוך באו בכתב-היד של פסקי עירובין של מהר״ם; קטע ארוך מספר החכמה למסכת עירובין הועתק שם עם פסקי

בזה עד שקשה להבחין ביניהם. (וראה עתה מאמרי ׳תשובות מהר״ם מרוטנבורג שאינן של מהר״ם׳, שנתון המשפט העברי, כא [תשנ״ח–תש״ס], עמ׳ 149–205).

125 תשובות מהר״ם, קרימונה שי״ז, סימן קמג (׳בספר אבי מו׳ כתוב׳. ר׳ ברוך נטל את דבריו מספר ראב״ן, סימן ק. והשווה גם: תשובות מימוניות, שופטים, סימן ט, בהגהה); תשובות בעלי התוספות (לעיל, הערה 41), סימן קו (׳זקיני רבי׳ ברוך כתב בספרו׳. תשובה אחרת של הנכד נדפסה בתשובות ופסקים מאת חכמי אשכנז וצרפת, סימן קסה, ושם הוא מזכיר את דודו, ר׳ שמואל מבמברג). ר׳ שמואל מבמברג נזכר, כנראה, בעצמו בספר החכמה; ראה לעיל, הערה 104.

126 אור זרוע, חלק א, סימן תעה; שם, חלק ג, בבא קמא, סימן רצו(?), תמ (ראה לעיל, הערה 85); שם, בבא מציעא, סימן ט; תשובות מימוניות, נשים, אמצע סימן לה (׳הועתק מס׳ אור זרוע׳, אך ליתא לפנינו שם).

127 שני הנוסחים באים בקובץ של תשובות מהר״ם, כ״י לונדון, בית הדין 14, הראשון בדף 207ד, סימן תתתקעב והשני בדף 183ב, סימן תתתלז. הנוסח הראשון נמצא עוד בשני קבצים של תשובות מהר״ם: כ״י אוקספורד 641, דף 195ב, סימן קעז וכ״י טורונטו, האוניברסיטה frdbg 3–012, דף 117א, סימן קנ (כ״י טורונטו הוא כ״י אמסטרדם הרשום בתשובות מהר״ם, דפוס ברלין, עמ׳ 211, סימן קמז ובתשובות מהר״ם, דפוס פראג, סימן תתקעב, מהדורת בלאך, הערה א. כ״י אמסטרדם, שנחשב שנים רבות לאבוד, נתגלה לא מכבר, והוא מצוי בטורונטו). הנוסח השני בא בארבעה קבצים אחרים של תשובות מהר״ם: תשובות מימוניות, משפטים, סימן י; תשובות מהר״ם, דפוס פראג, סימן תתקעב (נשמט שם מחמת הדומות, ויש להשלים על-פי עדי הנוסח המקבילים: כ״י פראג 20, דף 235א, סימן שעט; כ״י אוקספורד 678, דפים 220ד, 370א); כ״י וינה, ספרייה לאומית 67, דף 84א, סימן [יא]; כ״י קיימבריג׳, האוניברסיטה Or. 548, סימן צז (ושם: ׳מעשה בא לפני מורי קרובי בראובן שהלווה׳. והשווה: תשובות ופסקים מאת חכמי אשכנז וצרפת, סימן קלד [לעיל, הערה 20]). והשווה לקטע מספר החכמה המובא בס׳ המרדכי, גיטין, סימן

מהר״ם, ועוד קטעים קצרים הובאו בגיליון הפסקים.[128] אך הן הקטע שבגוף כתב־היד הן הקטעים שבגיליונות הובאו שם על־ידי המעתיק, ואין למהר״ם עצמו חלק בהם.

הרא״ש עדיין אחוז בדרכם של הדורות הראשונים, שמיעטו להשתמש בספר החכמה. בכל כתביו הביא הרא״ש, כנראה, רק שתי פסקאות מהספר, ואחת מהן הביא בהדגשה שספר החכמה הוא מן ׳הספרים החיצונים׳(!): ׳שוב בדקתי בספרים החיצונים ומצאתי בספר החכמה שייסד רבינו ברוך ז״ל׳.[129]

שינוי של ממש כלפי תורתו של ר׳ ברוך בא אצל חבריו של הרא״ש, תלמידיו האחרים של מהר״ם מרוטנבורג. רוב המובאות שבידינו מספר החכמה באו מכתביהם של תלמידי מהר״ם, שפעלו בגרמניה כשבעים–שמונים שנה לאחר זמנו של ר׳ ברוך, והם גם הראשונים הנוקבים בשמו המפורש של הספר — ספר החכמה. ראש וראשון לתלמידי מהר״ם הוא ר׳ מרדכי בן הלל, שציטט כמאתיים פעם מדברי ר׳ ברוך, וממנו עיקר ידיעותינו על הספר ועל מבנהו. וכבר הזכרנו פעמים רבות בהערות שאין לסמוך על נוסח הדפוס כי אם על כתבי־היד הטובים של ספר המרדכי. ציטוטיו של ספר המרדכי מתרכזים בעיקר בסדרי נשים ונזיקין ובמסכת חולין, והוא ממעט מאוד להביא מדברי ר׳ ברוך בסדר מועד.

קטעים רבים מספר החכמה הועתקו בקובצי התשובות של מהר״ם ובעיקר בחלקו השני של ספר תשובות מהר״ם, דפוס פראג, וכבר עסקנו בזה לעיל. כמה וכמה קטעים, מהם נכבדים וחשובים, באים גם בקובץ התשובות שבכ״י פרמה 86, ועל כך ראה בנספח שלהלן ובהערותינו שלעיל.[130]

ציטוטים רבים מספר החכמה באו גם בספר אמרכל. את הקטעים שב׳ליקוטים מהלכות מועדים מספר אמרכל׳[131] ובהלכות יין נסך כבר רשם יעקב

שפא (ראה לעיל, הערה 18). על זמן פטירתו של ר׳ ברוך ראה לעיל, בגוף המאמר, ליד הערות 11–16.

128 הקטע הארוך נדפס בפסקי עירובין למהר״ם, עמ׳ קט–קטו, והקטעים שבגיליונות כתב־היד (לונדון, הספרייה הבריטית 1094, דף 32א–58א) הביאם המהדיר בהערותיו לספר. המהדיר השמיט כמה מן הגיליונות, כגון זה שבדף 253ב (לסימן רסד): ׳ישר׳ הבאים ליריד של גוים כגון בורנקנוורט, ומאכסי׳ בחצר אחד בד׳ בתים, והגוי בעל חצר הוא בבית אחד בחצר, אע״פ ששכרו ממנו הבתי׳ והחצר צריכי׳ לחזור ולשכור רשות שיש לו בחצר בער׳ שב׳, ולא מצי סמכי על מה ששכרו ממנו הבתי׳ והחצר. ואם הם ב׳ שבתות, בכל שבת צריכי׳ לשכור. ר״ב׳ (פסקה זו מבוססת על דברי ראב״ן [דף קנח ע״א] למסכת עירובין. והשווה לפסקה מספר החכמה למסכת חולין שהבאנו לעיל, הערה 46).

129 תוספות הרא״ש על מסכת בבא מציעא, דף לד ע״ב ד״ה תיפוק לי (מהדורת מ׳ הרשלר וי״ד גרודזיצקי, ירושלים תשי״ט, עמ׳ צג. והשווה: מרדכי, שבועות, סימן תשסט); שו״ת הרא״ש, כלל לה, סוף סימן ב, ונשנו הדברים בפסקי הרא״ש, קידושין, פ״א סימן כ (דברי ר׳ ברוך שברא״ש באים גם בס׳ המרדכי, קידושין, סימן תפה, מהדורת רוט [לעיל, הערה 66], עמ׳ 105). הרא״ש משתמש בכינוי ׳ספרים החיצונים׳ גם במקומות אחרים, ראה: שו״ת הרא״ש, כלל ג, סימן ז (פעמיים) וכלל פד, סימן ג (פעמיים), אך שם לא פירש לאיזה חיבור כוונתו.

130 הערות 3, 61, 83, 86, 92, 101, 109, 119.

131 חמשה קונטרסים, מהדורת נ״נ קורוניל, וינה תרכ״ד, דפים כא ע״א–כז ע״א (הלכות איסור

פריימן,[132] ועליהם יש להוסיף עוד ציטוטים רבים שבאו בחלקים אחרים של ספר אמרכל: בהלכות פסח שההדיר מיכאל היגר, בהלכות בדיקה ושחיטה (שטרם נדפסו) ובקטעים מהלכות איסור והיתר שהובאו בהגהות לשערי דורא.[133]

עוד קטעים מספר החכמה באים בספר התשב״ץ, בהגהות מימוניות ובתשובות מימוניות, וכבר הזכרנו את מקצתם לעיל במהלך דברינו. קטעים אחדים באים גם בגיליונות כתבי־היד של ספר המרדכי[134] ובכתבי־יד אחרים.[135]

במחצית המאה הי״ד בערך נדם קולו של ספר החכמה, וחכמי אשכנז חדלו לצטט ממנו מכלי ראשון.[136] ואולם הספר שב ועלה עוד פעם אחת במאה הט״ז, ובמזרח דווקא, בכתביו של ר׳ בצלאל אשכנזי. שימושו של ר׳ בצלאל בספר היה מוגבל מאוד; בשיטה מקובצת למסכת בבא מציעא ובכללי התלמוד שלו הוא הביא קטעים אחדים מספר החכמה,[137] אך בשיטותיו למסכתות האחרות — ובהן גם שיטתו למסכת חולין, שנתגלתה לא מכבר בכ״י מוסקווה 946 — אין הוא מביא מהספר אלא מה שהביא גם בכללי התלמוד שלו.[138] נראה אפוא כי ר׳ בצלאל אשכנזי ראה את כתב־היד של

והיתר שבדפים כז ע״ב–לה ע״ב הם קיצור של ספר שערי דורא, ואינן מספר אמרכל; ראה: שזח״ה, ׳שערי דיני ממונות ושערי שבועות בחרוז ובמשקל לרבינו האי גאון זצ״ל׳, ישרון, ו [תרכ״ח], עמ׳ 150, הערה 1).

132 J. Freimann, ׳Das ספר אמרכל על הלכות יין נסך׳, *Festschrift zum Siebzigsten Geburtstage David Hoffmann's*, Berlin 1914, p. 426 (ויש להוסיף לרשימתו: הלכות יין נסך, עמ׳ vii).

133 היגער (לעיל, הערה 19), עמ׳ קנ, סימנים ו–ז; עמ׳ קס–קסא, סימן יח; עמ׳ קסב, סימן כג; עמ׳ קסז, סימן לג; עמ׳ קעא, סימן לט; כ״י ציריך, ספרייה מרכזית Z. Heid. 145, דפים 60א–64א בגיליון: ׳פסקי׳ מן המרכול אשר חיבר כל הפסקי׳ על השחיטה ובדיקה׳; שערי דורא, סימן יב, הגהה ג והגהה ד (ראה לעיל, הערה 61), סימן לז, הגהה א (ראה לעיל, הערה 47) וסימן נה, הגהה ה (שני קטעים; השני נעתק גם בספר חמשה קונטרסים [לעיל, הערה 131], דף לב ע״ב).

134 בעיקר בגיליונותיהם של שני כתבי־יד, פרמה 929 וירושלים 6695 (ראה למשל לעיל, הערות 102, 122). בשניהם הקטעים באים בגיליון מסכתות בבא קמא ובבא מציעא. על שימושו של ספר מרדכי הגדול בספר החכמה ראה לעיל, סוף הערה 78.

135 ראה למשל ׳בדיקות הנוהגים בעיר מעגנץ׳, כ״י מילנו, ספריית אמברוזיאנה 119, דף 164א: ׳ובספר ברוך כתוב אני ראיתי שמורי הרב ר׳ יקיר עשה מעשה והכשיר שתי עינונית׳ דוורדא׳ (ומיד אחר כך מתבררת זהותו של הכותב — בנו של ר׳ יצחק מדורא: ׳וגם אני הכותב ראיתי מעשה במעגנצא שמורי אבי הישיש הרב ר׳ יצחק בן הח״ר מאיר מדורא זצ״ל והר׳ יצחק הלוי שליח צבור ז״ל [...] והכשירוה׳).

136 וראה: שו״ת מהר״מ מינץ, סימן סג (מהדורת י״ש דומב, ירושלים תשנ״א, עמ׳ רנו): ׳וכן תקנות ר׳ יעקב בר׳ מאיר במיידבורק עשה בהסכמת כל הרבנים כאשר הוא מבואר באותו ספר חכמה בכמה מקומות ונלאתי להעתיקם׳, ולא הבנתי את דבריו.

137 ראה לעיל, הערות 40, 57, 59; א׳ מארכס, ׳כללי התלמוד לר׳ בצלאל אשכנזי׳, ספר היובל לרב ד״צ הופמן (לעיל, הערה 132), חלק עברי, עמ׳ 216–217, סימן 421; א׳ שוחטמן, ׳כללי התלמוד לר׳ בצלאל אשכנזי׳, שנתון המשפט העברי, ח (תשמ״א), עמ׳ 286, 304.

138 שיטה מקובצת לכתובות לד ע״ב (ורשה תר״ס, חלק א, דף קנד ע״ב ד״ה וכתב; ועיין שם דף קנז ע״ב ד״ה ואזדו) = שוחטמן (לעיל, הערה 137), עמ׳ 304; שיטה מקובצת לבבא

ספר החכמה רק זמן קצר, בעת שכתב את שיטתו לבבא מציעא ואת כללי התלמוד. בזמן שכתב ר׳ בצלאל את שיטותיו לשאר המסכתות כבר לא היה ספר החכמה ברשותו, ונשארו בידיו רק הקטעים שהעתיק לעצמו לצורכי כתיבת חיבורו על כללי התלמוד.

על־פי עדותו של יוסף וונדרבאר, ספר החכמה מובא גם בכתביו של ר׳ חיים בר׳ בצלאל, אחיו של מהר״ל מפראג, מחכמי גרמניה במאה הט״ז. מובאה זו, וכמוה מובאות מחיבורים נדירים של ראשונים אחרים, ראה וונדרבאר בספר אור החיים שנדפס, לדבריו, במעזיבוז בשנת 1801, ובו פירושו של ר׳ חיים בר׳ בצלאל על ספרי עץ חיים ופרי עץ חיים של ר׳ חיים ויטאל והאר״י.[139] וונדרבאר ראה את ספר אור החיים אצל הצנזור בריגה, אך ספר זה, כמו ספרים רבים אחרים שראה שם, אינם ידועים משום מקום אחר. החוקרים נחלקו בשאלת מהימנותן של רשימות וונדבאר, וטרם הגיעו בזה לעמק השווה[140] (ועתה, עם פתיחתם של שערי ברית המועצות לשעבר, הגיעה השעה לחדש את הדיון בזה). עם זה, אין אנו צריכים להיכנס למחלוקת כללית זו, שכן ודאי שספר אור החיים לא היה ולא נברא, וזיופו מוכח מתוכו.[141] ר׳ חיים בר׳ בצלאל נפטר בשנת שמ״ח, כשישים שנה קודם לכתיבתו של ספר פרי עץ חיים, וברור שלא יכול לפרש אותו.[142] ואם כן, ודאי

קמא קה ע״ב (ורשה תרס״א, דף קנז ע״ב ד״ה ותנא תונא וכו׳) = מארכס (לעיל, הערה 137). ר׳ ברוך נזכר עוד פעמיים בשיטה מקובצת, אך בשתיהם יש מקום לספק אם הכוונה לר׳ ברוך דידן: (א) שיטה מקובצת לבבא בתרא יט ע״א (ליוורנו תקל״ד, דף יב ע״ג: ׳ע״כ מספר רבינו ברוך בר שמואל ז״ל׳, ובדפוסים מאוחרים בשיבוש. דברי ר׳ ברוך לקוחים, כמפורש בראשם, מפירוש רב שרירא. והשווה פירושו של רב שרירא למסכת בבא בתרא שנדפס בתוך J. Mann, *Texts and Studies*, I, Cincinnati 1931, pp. 571–572). לדברי י״ל צונץ וי״נ אפשטיין, ציטוט זה הוא מספר החכמה ואילו ה׳ גרוס סבור שהציטוט הוא מספרו של ר׳ ברוך מארץ יון (L. Zunz, *Zur Geschichte und Literatur*, Berlin 1845, p. 162; אפשטיין, מחקרים, א, עמ׳ 138, סימן 9; ב, עמ׳ 711, הערה 4; H. Gross, 'Isaak b. Malki-Sedek aus Siponto und seine süditalischen Zeitgenossen', *Magazin für jüdische Geschichte und Literatur*, 2 [1875], p. 43, n. 90. ר׳ זכריה אגמתי הביא דברים דומים, אם גם לא זהים, בשמו של ר׳ ברוך הספרדי, הוא ר׳ ברוך מארץ יון [שיטה מקובצת הנר, בבא בתרא, מהדורת יקותיאל כהן, ירושלים תשמ״ח, עמ׳ לו], אך עדיין אפשר שדבריו של רב שרירא גאון נמסרו הן בספר החכמה הן בספרו של ר׳ ברוך מארץ יון); (ב) שיטה מקובצת לנדרים כו ע״א (ברלין תר״ך, דפים לא ע״ד–לב ע״א). על־פי הסגנון נראה לי כי פסקה זו היא של חכם מאוחר. וראה עוד: ליקוטי הגאונים לנזיר כא ע״ב, בתוך: ברית יעקב, ליוורנו תק״ס, דף קיח ע״ד.

139 J. Wunderbar, *Literaturblatt des Orients*, 9 (1848), p. 276, no. 233

140 ראה: ג׳ שלום, ׳לבעיות ספר מערכת האלהות ומפרשיו׳, קרית ספר, כא (תש״ד–תש״ה), עמ׳ 293–295, 316; א׳ יערי, ׳הערה על רשימת וונדרבר׳, קרית ספר, כב (תש״ה–תש״ו), עמ׳ 84; ח׳ ליברמן, ׳הדפוס העברי באוסטרהא׳, עלי ספר, ח (תש״ם), עמ׳ 111, מס׳ 1. כמה מן הספרים שברשימת וונדרבאר רשם שלום גם במחברתו: עלו לשלום, רשימת ספרי קבלה וחסידות המבוקשים לאוסף ספריו של גרשם שלום, ירושלים תרצ״ז.

141 וכבר העיר על כך י״א בן יעקב, אוצר הספרים, וילנה תרל״ז, עמ׳ 24, מס׳ 491.

142 על תאריך פטירתו של ר׳ חיים בר׳ בצלאל ראה בספרו של חותני, י׳ זימר, גחלתן של חכמים, ירושלים 1999, עמ׳ 183 (מתוך ספריו האחרים של ר׳ חיים בר׳ בצלאל עולה כי אוצר ספריו היה מצומצם, ואף דבר זה סותר את עדותו של וונדרבאר על אוצר כתבי־היד

הוא שספר אור החיים הוא המצאה של וונדרבאר, שלא השכיל לכוון בזיופו. ומעתה אין בידינו עדות להימצאותו של טופס מספר החכמה באשכנז במאה הט״ז.[143]

סיום

הידיעות שאספנו על ספרו של ר׳ ברוך מלמדות גם על אישיותו של המחבר עצמו. בתחילת דברינו הערנו כי כמעט אין בידינו ידיעות על תלמידים שהעמיד ר׳ ברוך; בהמשך ראינו כי ר׳ ברוך ייחד בספרו מקום נכבד לתשובותיו על מעשים שבאו לפניו ואף לתשובות שכתב עם חבריו לבית הדין במגנצא; ועתה מצאנו כי ספר המרדכי הרבה מאוד לצטט מספר החכמה לסדרים נשים ונזיקין, אך מיעט להביאו בסדר מועד, ובאותה הדרך נהגו גם המלקטים בקובצי התשובות של מהר״ם מרוטנבורג, שהביאו מספר החכמה בעיקר קטעים בדיני ממונות.

צירופן של שלוש הידיעות עשוי להאיר את דמותו של ר׳ ברוך ואת דרך לימודו. ר׳ ברוך לא לימד בישיבה, ועל כן לא העמיד תלמידים הרבה שיפיצו את תורתו. עיקר עיסוקו היה דיין בבית הדין, וכך נודעה לרבים גדולתו בתורה. ר׳ ברוך שיקע בספרו חלק נכבד מן המשא ומתן שבא לפניו בבית הדין, ואפשר שאת שם ספרו קבע על־פי מאמר ר׳ ישמעאל במשנה, סוף מסכת בבא בתרא: ׳הרוצה שיחכים יעסוק בדיני ממונות שאין לך מקצוע בתורה גדול מהן׳. אפשר שר׳ ברוך ייעד את עיקר ספרו לדיני ממונות, ולכן רוב הציטוטים מן הספר הם בנושאים האלה. אך אפשר גם שר׳ ברוך דן בהרחבה בכל חלקי התלמוד, ורק החכמים בדורות שלאחריו הם שהתמקדו בדיני ממונות שבספר החכמה, שהרי אלה היו עיקר מומחיותו של ר׳ ברוך, וציטטו פחות מן החלקים האחרים של הספר. בין כך ובין כך, ספר החכמה, שנועד מעיקרו להיות פירוש מקיף על התלמוד (ולכן נקרא לפעמים ׳תוספות ר׳ ברוך׳), שימש גם מעין פנקס של בית הדין במגנצא במפנה המאות הי״ב–הי״ג, וחבל על דאבדין ולא משתכחין.

הנזכרים בספר אור החיים). על זמן כתיבתו של ספר פרי עץ חיים ראה י׳ אביב״י, בנין אריאל, ירושלים תשמ״ז, עמ׳ סח ואילך.

143 מהרש״ל לא ראה את ספר החכמה, ושלא כדבריו של אורבך (בעלי התוספות, עמ׳ 428). אורבך מצא בכל כתביו הרבים של מהרש״ל רק ציטוט אחד בשם ר׳ ברוך (שו״ת מהרש״ל, סימן יא), אך ציטוט זה לקוח בוודאי מספר המרדכי, בבא קמא, סימן קצד, שמשם העתיק מהרש״ל גם את דברי מהר״ם ור׳ שמחה באותו עניין. הציטוטים שמביא הר״ן בחידושיו לנדרים (אורבך, שם) הם מפירושו של ר׳ ברוך בר׳ שמואל מארץ יון, כפי שכבר העיר אפשטיין (מחקרים, ב, עמ׳ 708).

נספח
שתי תשובות חדשות מספר החכמה

א. כ״י פרמה 86, עמ׳ רלט–רמג, סימן תנ

תשובה זו מדגימה שלושה עניינים שעמדנו עליהם לעיל בהרחבה: (א) הפרשה הנידונית בתשובה זו אירעה, כנראה, לאחד מתקיפי הקהל, שלא נחה דעתו מפסיקתם של חכמים בעניינו, ולפיכך שוב ושוב ערער לפני בתי דינים שונים, כדי להשיג את מטרתו, עד שלבסוף פנה לר׳ ברוך.[144] ר׳ יואל הלוי וראבי״ה בנו השיבו אף הם על מעשה זה, ותשובותיהם נשתמרו בספר ראבי״ה.[145] ר׳ יואל הלוי נפטר בשנת 1200,[146] ופרשה זו התרחשה אפוא יותר מעשרים שנה קודם לפטירתו של ר׳ ברוך, שעדיין היה צעיר יחסית. ואם סכסוך מורכב ומסובך זה, שנידון לפני בתי דין רבים, הובא בסופו של דבר אל שולחנו של ר׳ ברוך ממגנצא דווקא, שלא היה באותה שעה מזקני הדור, אות הוא למעמדו המיוחד של ר׳ ברוך ממגנצא בקרב חכמי גרמניה כפוסק וכדיין מובהק.
(ב) שני הקטעים האחרונים של התשובה הובאו בתשובות מהר״ם, דפוס פראג, תחילת סימן תשטו וסימן תשיח,[147] אך שם לא נזכר עליהם שמו של ר׳ ברוך, והם הועתקו בעילום שם.
(ג) אותם שני קטעים הביא גם ספר המרדכי, והוא מעיד כי הם לקוחים מספר החכמה[148] — ומכאן שר׳ ברוך העתיק את תשובתו אל תוך ספרו.

ששאלת על ראובן ושמעון שנגשו למשפט, טען שמעון על ראובן אני ואת׳ היינו באינגלטירא ואשתי היית׳ בזה המלכות, והיה לי כסף, וכשנפרדת׳ ממני שלחתי לאשתי על ידך עשר׳ זקוקים, ולקחת׳ אות׳ שלא מדעתי והלוית׳ אות׳ והרוחת׳ בהם, ולי ולאשתי לא נתת׳, ואני תובע ממך הקרן והריבית. ענה ראובן ואמר, אמת שנתת לי עשרה זקוקי׳ להוליך לאשתך והילויתי אות׳ לשר עם כספי בהקפה באחריותי, ואני מוכן לתת לך הקרן, והריבית לא אתן כי (אם) באחריותי הלויתי ולא באחריותך. וחייבוהו ב״ד לתת לשמעון הקרן והרבית, כי אמרו לראובן אינך נאמן לומר שלחתי

144 סדרי הדין באשכנז באותם ימים, כפי שהם עולים מתשובה זו, היו מורכבים ומסובכים, ואכמ״ל. לפי שעה די להדגיש כי התמונה כאן מורכבת הרבה יותר מן המתואר במקורות שהביאו ש׳ אסף (בתי הדין וסדריהם אחרי חתימת התלמוד, ירושלים תרפ״ד, עמ׳ 74 ואילך) ומ׳ פרנק (קהלות אשכנז ובתי דיניהן, תל־אביב תרצ״ח, עמ׳ 104 ואילך).

145 ראבי״ה, ד, סימן תתקטז, עמ׳ רמד–רנג; ראבי״ה, תשובות, א, סימן תתקנז, עמ׳ קנו–קסא. וראה: אפטוביצר, מבוא לספר ראבי״ה, עמ׳ 199. חכמי אנגליה במחצית השנייה של המאה הי״ג דנו אף הם בשאלה דומה, ראה: א״י חבצלת, ׳פסקי רבינו אליהו מלונדריש׳, מוריה, כרך טו, גליון ג–ד (תשמ״ז), עמ׳ י–יא (= אורבך, בעלי התוספות, עמ׳ 501–502).

146 אפטוביצר, מבוא לספר ראבי״ה, עמ׳ 422.

147 בצורתו הראשונה של קובץ התשובות באו שני סימנים אלו זה אחר זה, ראה: עמנואל, ׳דפוס פראג׳, הטבלה שבעמ׳ 594.

148 כ״י בודפשט 1, דף 192ב: ׳ומה ששאלתם אם יכול אדם לערער על הדיינין להזמינן לדין [...] ומה שאמרתם שקבעתם לו זמן [...] חכמה׳ (בס׳ המרדכי הנדפס, סנהדרין, סימנים תרעו–תרעז: ׳ונשאל לרבינו מאיר אם יכול [...]׳!). תשובה זו נזכרת גם בס׳ המרדכי, בבא מציעא, סימן רצה, בתוך דברי ר׳ יואל בפרשה זו: ׳כ״כ רבינו ברוך ממגנצא בספר החכמה׳.

בהן יד והלויתי לעצמי, דהא תנן בבב׳ מצי׳[149] המפקיד מעות אצל שולחני אם צרורין לא ישתמש בהן כו׳ אצל בעל הבית בין צרורי׳ בין מותרי׳ לא ישתמ׳ בהן לפיכ׳ אם אבדו אינ׳ חייב באחריות׳, והילכך לאו כל כמיניה לומ׳ עברתי על דברי חכמ׳, דאדם קרוב אצל עצמ׳ ואין אדם משים עצמ׳ רשע,[150] אלא לתקוני של שמעון הלוה אות׳ ובאחריות׳ הלוית׳, על כן יש לך ליתן הקרן והרבית.

ויה׳ כאשר ראה ראובן שחייבוהו ב״ד, הזמין את הדיינים לפני ב״ד אחר, ואות׳ ב״ד שאלו לב״ד אחר להאיר עינינו בדבר הבא לפנינו, כי ראובן ושמעון בררו להן דייני׳ ובאו לפניהן לדין והצדיקו את שמעון וחייבוהו את ראובן, ורבנים הרב׳ הסכימו לדעת׳, והדין אין נרא׳ בעיני ראובן ובעיני אוהביו, ולא רצה לעשות ציווי ב״ד עד שנדרו לו הדיינים כדאמ׳ פיהם וגם נתנו לו ערב בדבר לתת לו פסק להראות׳ לפני חכמ׳ ישראל, ואם יהו סותרין את הדין יהו חוזרין בהם. ושמו מועד לדבריה׳, שאם לא יבא ראובן עד אות׳ הזמן עם ראיותיו והיה מראה דשלא כדין חייבוהו, שמשם והלא[ה] לא יהא עוד רשאי לערער על הדין. והנה אחר המועד בא ראובן וקיבל על הדייני׳ בפני הקהל וביטל תפילתו כמ׳ פעמ׳, כי לא רצו הדייני׳ לרדת עמו לדין מפני כמה (פעמ׳) [טעמ׳], אחד מפני שאו׳ תקנת הקהילות הוא שלא לערער אחר דברי הדייני׳ כיון שנפסק, ועוד שלא בא למועד אשר יעדו. וכ״כ קיבל עד שנאותו הדיינים לברר ב״ד ליטעון בפניהם שיקבלו דבריהם ויגיעום לפני יודעי דת ודין, ואם יתחייבו הדיינים לבא (אל) [עם][151] ראובן לדין אז יוציא ראיותיו ונרא׳ דבר מי יקום. והנה אנחנו קיבלנו דבריה׳ להביאם לפניכם לדונם כאשר תדונו.

ואלה דברי ראובן, אמת כי עבר הזמן, אך קודם לכן באתי (לאחר׳) [לאחד] הדייני׳ המיוחד שבהם, ואמרתי לו שהבאתי זכיותי והראית׳ לו שהיה מחזיר לי מה שנתת׳ על פי או שהיה קרב עמי למשפט, וא׳ לי שהייתי ממתין כי לא השיבוהו עדיין תשוב׳ על דבריו אשר שלח לרבותי׳, ולא היה יכול (להשביני) [להשיבני] עד בא דבריהם ותשוב׳ שלהם. ואמרתי לו, ירא אני פן תרצו פטורות ממנ׳ אם אעבור הזמן. והשיב, מזה אל תרא כי יהיה דינך אחר הזמן כאשר עד עת׳, ועל פי הדברי׳ האלה המתני. ותשובת הדייני׳, אמת פסקנו על פי רבותי׳ בלא שום תנאי, ומה שנדרנו אחרי זאת, עשינו לפני משורת הדין, וראיית זכיות׳ לא הראת׳ לנו, ואני שאלתי לרבותי והסכימו לדעתי. ומה שאמרת(י) שלפני הזמן דברת׳ עלי והרחבת לך הזמן, להד״ם, אלא שאמרתי לך עדיין לא פוגע לידי תשוב׳ רבותיי. ואפילו אם עשיתי לך כדבריך, דברים בעלמ׳ היו שאמרתי כדי לדחותך, ולמה היית׳ סומך על דברי אם היה שום זכות בידך, שהיה לך להושיב ב״ד ולהראות בפניה׳ זכות׳, ואחרי שלא עשיתה אינ׳ נזקק לדבריך עוד. וראובן משיב א״כ אני אנוס, שאת׳ אומ׳ אי׳ לסמוך על דבריך, ואת׳ נאמן כ״כ בעיני שהייתי סבור שאינ׳ חוזר מדיבורך.

הנני ברוך בר׳ שמואל נתתי את לבי לדרוש ולתור על אודות השאיל׳ אשר שאלת׳, ונר׳ לי שאין לראובן לתת שום ריוח לשמעון, אחרי אשר שלח יד במעות של שמעון ופשע בהן והלוה אות׳ לגוי בלא ערבון ועשאם כתו (מחמר) מכמר,[152] ומיד נתחייב

149 בבא מציעא מג ע״א.

150 סנהדרין ט ע״ב.

151 תיקון בגיליון.

152 על-פי בבא קמא קיז ע״א: ׳מה תוא זה כיון שנפל במכמר אין מרחמין עליו, אף ממון של ישראל כיון שנפל ביד עובדי כוכבים אין מרחמין עליו׳.

באחריות׳ ונתחייב ההיא שעת׳ הקרן לכשכנגדו. לא מיבעי׳ שהילום לגוי, אל׳ אפי׳ הילום לישר׳ או הפקידם ביד ישר׳ אחר חייב, דהא ק״ל[153] שומר שמסר לשומר חייב. ועל דבריכ׳ שאת׳ אומרי׳ אינ׳ נאמן לומר ששלח בהן יד לפי שאדם קרוב אצל עצמו ואין אדם משים עצמו רשע, יש לתמוה, הא קמן דשלח בהן יד, ועוד א״כ למה אתם מחייבין אות׳ ליתן לו ריוח לפי דבריכם, אדרב׳, היה לכם לומר העמידנו על חזקתו ונאמר שלא שלח בהן יד והרי הם עדיין בעין, ולא יתן כי אם הקרן ושאר מעות שאמר שהילוה לגוי ולא אות׳. וא״ת דפלגינ׳ דיבור׳, שלעניין זה יהי׳ נאמן כמו שאומר שהילוום לגוי בריבית, אבל מה שאומ׳ שהילום בלא משכון לא יהא נאמן לפי שהו׳ פשע ורשע ושליחו׳ יד, ליכ׳ למימר, דהכי אמרינן ב(פ)בב׳ בתר׳ בפרק יש נוחלי׳[154] כי פלגינן דיבור׳ בתרי גופי בחד גוף׳ לא פלגינ׳, והכא חד גוף׳ הוא. ועוד[155] מאן לימ׳ לן דהאידנ׳ בזמן הזה דבעל הבית דאין דינ׳ כשולחני, מאחר דרוב עיסקי בעל הבית הוא במעות וצריכין למעות תמיד, ותנן[156] המפקיד מעות אצל שולחני אם מותרין הם ישתמש בהן לפיכך אם אבדו חייב באחריות׳.[157] ואפי׳ אם באת׳ לחלק בין בעל הבית לשולחני, זהו דווק׳ כשאין צרורין וחתומי׳ בקשר משונ׳ כדאיתה הת׳ בהמפקיד אבל מ״מ צרורין הן, אבל מותרי׳ לגמרי אפי׳ ב״ה ישתמש בהן מאחר דלא הקפיד אפי׳ לקשרם. ואפילו את״ל דבמותרין לגמרי לא ישתמש בהן מאחר שהוא בעל הבית, נראה דה״מ כשבעל הבית יושב בביתו כשמפקידי׳[158] בידו, דמסתמ׳ אינו צריך למעות תדיר, אבל הכא ששניהם היו באנגלטירא והפקידם בידו להוליכם לאשתו במלכות אחר׳, דאנן סהדי דאדם שהוא בא בדרך רחוק׳ שכל שעה צריך למעות, דכיון[159] שאינ׳ צרורי׳ בקשר משונ׳ דינ׳ כשולחני. ואם באת׳ לחלק בינן לשולחני על כל זאת אין לדמותו לההוא דמי שמת דגר׳ הת׳[160] רב ספרא שבק אבוה זוזי שקלינהו (ועבר) [ועבד] בהן עיסק׳ (תבאוה) [תבעוה] אחוה לדינ׳ לקמ׳ דרבא ואמ׳ רבא רב ספרא גבר׳ רבה הוי לא שביק גיר׳ וטרח לאחרינ׳, ומשמ׳ דווק׳ רב ספרא דגברא רבה הוא הא לאו הכי לא, ולא דמי, דהת׳ היו שותפין וקנה רב ספר׳ מתפיס׳ הבית, הילכך אי לאו דגבר׳ רבה הוא היה לנו לומר השכר לאמצע, אבל הכא משעה שפשע בהן שהילוה אות׳ לגוי קמו להו ברשותי׳ ובאחריותו, ואין לכשכנגדו עליו אלא הקרן. ואפילו אם הלום על המשכון נרא׳ דאין לתת ריוח לכשכנגדו, מאחר שע״י מעשה שעשה ששלח בהם שלקחם והלוום לגוי שלא בשליחותו ע״כ כל הריוח לעצמ׳ מאחר שמעשיו גרמו לו. ובאיכ׳ רב׳ גר׳[161] גבי ההוא ינוק׳ אנא בריגלוי ואנת

153 בבא מציעא לו ע״ב.

154 בבא בתרא קלד ע״ב.

155 פסקה זו, מכאן ועד אחרי הערה 159, הועתקה בס׳ המרדכי, כ״י ניו־יורק, בית המדרש לרבנים Rab. 674 (שבגיליונותיו הועתקו תשובות רבות מתוך כ״י פרמה 86), ושם נכתב בסופה ׳עב״ל רבי׳ ברוך בר׳ שמואל בעל ספר החכמה׳ (דף 36א בגיליון).

156 בבא מציעא מג ע״א.

157 דברים דומים כתב ר׳ יואל הלוי בתשובתו שבספר ראבי״ה (לעיל, הערה 145), עמ׳ רמה, מתוך תוספות ר׳ יצחק בר׳ מרדכי בשם ריב״א.

158 בכ״י ניו־יורק (לעיל, הערה 155): בשעה שמפקידי׳.

159 בכ״י ניו־יורק: וכיון.

160 בבא בתרא קמד ע״א.

161 מדרש איכה רבה, פרשה א (מהדורת ש׳ בובר, וילנה תרנ״ט, דף כה ע״א): ׳חד מן אתינס אתא לירושלם ואשכח מינוקא, יהב ליה פריטין א״ל זיל וזבון לי תאיני, אזל וזבן, א״ל

בפריטתך, ואין להביא משם ראייה, דהת׳ נמי הלך ועמד בשליחותו, מה שאין כן הכא. ובהמפקיד תנן[162] כיצד הלא עושה סחורתו בפר(ע)תו של אחרים, זהו לפי שזה היה מרוי׳ ואות׳ היה מפסי׳ ואפילו הקרן, אבל הכא שזה מחוייב לשלם לו הקרן, אין לו עליו יותר. והא דתנן הת׳[163] נשבע ולא רצה לשלם ואח״כ נמצא הגנב למי משלם כפל לבעל הפקדון, היינו נמי משו׳ שאין לנפקד כלום באות׳ בהמ׳ שהרי הוא נשבע ונפטר והרי הוא בר׳ המפקיד, אבל הכא המעות הן ביד הנפקד מאחר ששלח בהן יד והלוום לגוי.

ומה[164] ששאלת׳ אם יכול לערער על ב״ד ולהזמינן לדין, נר׳ לי דיכול, דהכא לא שמעינן שיהא חרם או תקנת הקהילות מלערער על הדייני׳, ואדרב׳ מעשים בכל יום שמערערין על הדייני׳ ומזמיני׳ אות׳ לדין, ואי משו׳ דגר׳ בפרק דסנהדרי׳[165] גופ׳ אמר ר׳ אבהו שנים שדנו לדברי הכל אין דיניהם דין, איתיבי ר׳ אבא לר׳ אבהו דן את הדין זיכה את החייב מה שעשה עשוי ומשלם מביתו, הכא במאי עסיקינן דקבלו עלייהו, א״ה אמאי ישלם מביתו, דאמרינן לית דאנת לן דין תורה, ומשמ׳ דכל היכא דקבלו עלייהו בסת׳ שלא אמר בפירו׳ דינת (לו) [לן] דין תור׳ דלא ישלמון, אין להביא ראייה משם, חדא דמצינן לפרש הת׳ כשקיבלו עלייהו מסתמ׳ על דעת כן קבלוה שידון דין תור׳ והיינו דקא מסיק דאמר לית דאנת לן דין תור׳, ועוד הת׳ מיירי בדליכא אלא חד דיין, ושקיל וטרי אליבא דמ״ד הת׳ דחד אין כשר לדון כלל מן התור׳, והילכך כיון דקבלו עלייהו לדון ביחידי שלא כדין תור׳, משמ׳ ליה דמסתמ׳ קבלו עלייהו נמי שלא ישלם אם יטעה, אבל היכא דדיינינן דין תור׳ כמשפט, מסתמ׳ להכי נחתי הבעלי דיני׳ ליקח ג׳ דייני׳ כמשפט שלא ידונו כ״א דין תור׳.[166]

ומה[167] שאמ׳ שקבעת׳ לו זמן להזמינכ׳ לדין שאם לא יזמינכם עד אות׳ זמן שלא

ישר חילך, א״ל על מגין, א״ל מאן את בעי, א״ל את בפריטך ואנא ברגליי׳. פסקה זו במדרש איכה חביבה הייתה על ר׳ ברוך, והוא מביאה עוד פעמיים: בתשובתו השנייה הבאה להלן וכן בדבריו שבתשובות מהר״ם, דפוס פראג, סימן תשו (ראה לעיל, בגוף המאמר, ליד הערה 96. עוד הזכרה של מדרש איכה באה בדברי ר׳ ברוך בנושא אחר, ראה: תשובות ופסקים מאת חכמי אשכנז וצרפת, עמ׳ 75).

162 בבא מציעא לה ע״ב.

163 שם לג ע״ב.

164 פיסקה זו מובאת בס׳ המרדכי, סנהדרין (לעיל, הערה 148) ובתשובות מהר״ם, דפוס פראג, סימן תשטו.

165 סנהדרין ו ע״א (ויש לקרוא כאן: בפר״ק).

166 בס׳ המרדכי, שם, נוסף: ׳ואפי׳ אם באנו לחלק ולומ׳ דן את הדי(י)ן מה שעשה עשוי וישלם מביתו זהו דוק׳ בימיהם כשהיו דנין ומכריחין העולם לדון בפניהם בעל כרחן אבל בזמן הזה שמכריחין את הדייני׳ לישב בדין על פי חרם הקהילות על כן אם טעו לא ישלמו דמה יש להם לעשות, מ״מ יש להם לחזור כשדנין שלא כדין, ואם אינן רוצין, דין הוא ישלמו׳. דברים אלו הובאו גם בתשובות מהר״ם (לעיל, הערה 164), ונכתב בראשם: ׳פסק רבינו ברוך ב״ר שמואל בספר החכמה׳. על חרם הקהילות הנזכר כאן ראה עוד: ספר חסידים, מהדורת י׳ וויסטינעצקי וי׳ פריימאנן, פרנקפורט ע״נ מיין תרפ״ד, עמ׳ 337, סימן תתקפ: ׳ושמו הקהל חרם כשבעלי הדין יבררו בית דין שלא יוכלו בית דין למנוע מלישב בדין׳. וראה פרנק (לעיל, הערה 144), עמ׳ 100–103.

167 פיסקה זו מובאת בס׳ המרדכי, שם, ובתשובות מהר״ם, דפוס פראג, סימן תשיח.

יהא רשאי להזמין עוד, וקיבל עליו, והעביר המועד. נ״ל מאחר דלא קיבל עליו בקניין כ״א בדברי׳ בעלמ׳ דיכול לחזור בו, דעד כאן לא פליגי רבנן ור׳ מאיר בפר׳ זה בורר[168] גבי נאמן עלי אבא כו׳ וגבי דור לי בחיי ראשך אם יכול לחזור בו או לא אלא לאחר גמר דין, אבל לפני גמר דין דברי הכל דיכול לחזור בו כדאמ׳ הת׳ בגמר׳,[169] והיינו טעמ׳ כיון דליכא אלא דברי׳ בעלמ׳ ואף לא ירדו עדיין לדין ולא עשו שום מעשה על פי דבורו, משו׳ הכי יכול לחזור בו. והך עובד׳ דהכא נמי כלפני גמר דין דמי, שהרי לאחר שעשית׳ הדין קבעת׳ לו הזמן וקיבל עליו ושוב לא נעשה מעשה על פי דיבורו, ומשו׳ הכי יכול לחזור בו. והא דאמרינן בפ״ק דקידושין[170] גבי עבד למה לי שטר שיחרור לימ׳ ליה באפיה ב״ד זיל א״נ באפי תרי, ומשמ׳ דאין צריך קניין, זהו כשמוחל לו מיד מה שבידו ומה שהוא תפוס משלו, וזהו פשוט וידוע אם אדם מוחל לחבירו מה שיש לו בידו משלו שאין צריך קניין, אבל הכא שלא מחל לכם מיד אל׳ שאמ׳ אם לא אבא עד אותו הזמן לדין שלא (עירער) [אערער] עליכ׳ והיה בדעתו לעשות (ב״ד) [כדבריו][171], בהא נרא׳ דצריך קניין אפי׳ אם אמר מעכשיו, דהא ק״ל בסנהדרי׳ בפ״ק[172] פשרה צריכ׳ קניין, הכא נמי הכא.

ב. כ״י פרמה 86, עמ׳ רנ–רנא, סימן תס

התשובה איננה חתומה, אך חלקה האחרון מובא בתשובות מימוניות (קנין, סימן כב) ונכתב שם בראשו ׳לשון רבינו ברוך בספר החכמה׳. חלק זה בא אף בתשובות מהר״ם, דפוס פראג, תחילת סימן תתב (ונספחו לו דברים אחרים), ושם הוא בא בעילום שם ולא נזכר שמו של ר׳ ברוך עליו, כדרך שמצאנו גם בתשובה הקודמת. השואל היה תלמיד חכם, וידע להביא לדבריו ראיה מסוגיה במסכת בבא קמא פרק מרובה. אף כאן, כמו בתשובה הקודמת, נשלחה השאלה גם לחכמים אחרים, ובספר אור זרוע נשתמרה תשובה של ר׳ שמחה משפירא על אותו מעשה.[173] שמו של השואל איננו נזכר לא בכ״י פרמה ולא בספר אור זרוע, אך זהותו מתבררת מדבריו של תלמיד אחר של ר׳ שמחה משפירא,[174] שסיכם בקצרה את תשובת רבו:

> במרובה גנב פוטר עצמו בכבש, ומכאן יש ראייה לההוא מעשה שנעשה לפני הר׳ אליעזר אחי הר׳ ברוך באדם אחד שהיה שונאו של שר העיר ואמר ליהודי טול ד׳ זקוקים והתרצה לי פני שר העיר [...] ודן שלא היה צריך להחזירו והביא ראייה מכאן מדגנב פוטר עצמו בכבש [...] ונראה לר׳ דלית׳ האי ראייה [...] (תשובות מהר״ם, דפוס פראג, סימן תתריד).

168 סנהדרין כד ע״א.

169 שם ע״ב.

170 קדושין טז ע״א.

171 התיקונים על-פי תשובות מהר״ם, דפוס פראג, סימן תשיח.

172 סנהדרין ו ע״א.

173 אור זרוע, חלק ג, בבא קמא, סוף סימן תנז — תחילת סימן תנח. ר׳ שמחה מזכיר אף הוא בתשובתו את דברי השואל: ׳וההיא דפ׳ מרובה שהבאתה הרי עלי עולה [...]׳.

174 על זהותו של התלמיד ראה במאמרי (לעיל, הערה 124), עמ׳ 173–176.

מדברי אותו תלמיד עולה כי השואל היה ר׳ אליעזר, אחיו של ר׳ ברוך, ומכ״י פרמה מתברר כי הוא שלח את שאלתו גם לאחיו, ר׳ ברוך ממגנצא.

מי יתן הייתי רץ כצבי וארוצה עד איש האלהים ואשוב׳[175] כי שם הייתי מוצא תשובה, על ראובן שהיה דר בעירו ונתחייב לשופט ד׳ זקוקי׳, וברח מחמת ממון שלא היה לו לפרוע. לימי׳ נתעשר ושלח לשמעון חבירו הדר באות׳ העיר עצמ׳ ליתן לשופט, כדי שיוכל ראובן לחזור לעירו, והלך שמעון ונתפשר עם השופט בחצי דמים, וכל מה שהיה לראובן לעשות באות׳ ד׳ זקוקים, עשה שמעון בב׳ זקוקי׳, ונעשה אהוב כבראשונ׳. ועת׳ אינו רוצ׳ שמעון להחזיר לראובן אות׳ ב׳ זקוקי׳ הנשארי׳, כי אמר מן שמי׳ קזכו ליה, כי עשיתי באות׳ ב׳ זקוקי׳ כל מה שהיה לעשות בד׳, ועוד אניח לך ערב אם לא יטב לך השופט יותר מבראשונ׳ אחזירם לך, ומה הפסדת(י). ועת׳ יורנו אם יזכה שמעון בדבריו, מי אמ׳ בפר׳ מרוב׳[176] אמר הרי עלי עולה והפריש שור ובא אחר וגנבו גנב פטור עצמ׳ מן הבעלי׳ [בכבש] לרבנן [בעולת][177] העוף לר׳ אליעזר ב״ע ואע״ג דהאי אמר (מיניה) [מצוה] מן המובחר בעינן למיעבד וכו׳, ונרא׳ לדמות דברי ראובן למצוה מן המובחר בעינ׳ למיעבד, ודברי שמעון דפוטר עצמ׳ [בכבש].
תשוב׳. הראייה שהבאת׳ מעולה אך יש לדחות מה עניין גניב׳ לשליחות, הת׳ גבי עולה והפריש שור ובא אחר וגנבו, הגנב אינ׳ שלוחו, וגם לא גנב ממנו כי אם דבר הגורם לממון, הילכך בכל מה שיכול לפטור עצמ׳ יפטר. ודווק׳ נקט הרי עלי עולה והפריש שור, אבל אם היה בדעתו להפריש דמים ולקנות שור והלך זה וגנב הדמ׳ מי יאמר שיפטר את עצמ׳ בדמי כבש או בדמ׳ עוף. אבל הכא שעשאו שליח מצי(ה) א״ל לתקונ׳ שדרתי׳ כדאמר בכתובות אלמנ׳ ניזונת[178] אלמנ׳ שהיית׳ כתובה מאתים ומכרה שוה מנה במאתי׳ או שוה מאתים במנה נתקבלה כתובת׳, ואמרי׳ בגמר׳ מ״ש שוה מאתי׳ במנה דאמרינן לה את הפסדת׳, שוה מנה במאתי׳ נמי תימ׳ אנא ארווחי, אמר רב נחמן אמ׳ רבה בר אבוה כאן שנ׳ ר׳ הכל לבעל המעות כדתניא.[179] מה ששמעון או׳ מן שמיא קא זכו ליה, אדרב׳ ראובן מצי למימר הכי, כאמר באילו מציאות[180] גבי ר׳ ישמע׳ בר׳ יוסי דהוה אזל באורח׳ פגע ביה ההו׳ גבר׳ דהוה פתכה דאופי כו׳ עד דא״ל לכ״ע אפקריתנהו ולא לך, ה״נ מצי למימר אדעת׳ דגוי סלקתי עצמי ממעותי ולא אדעת׳ דידך. ובתשוב׳ מצאתי[181] שנים שהיו בפונדוק דתגר ואזל חד מינייהו וזבין עיסק׳ מידי דכייל או מידי דמימני או (דמריד) [דמדיד] ואמר לחבריה

175 על־פי מלכים ב ד: כב.
176 בבא קמא עח ע״ב.
177 בכתב־היד: ככבש, כעולת. וכן בסמוך.
178 כתובות צח ע״א.
179 נשמט כאן.
180 בבא מציעא ל ע״ב.
181 ראב״ן, סימן ג. התשובה היא של רב צמח גאון; ראה: מרדכי, כתובות, סימן רנו; תשובות מהר״ם, דפוס פראג, תחילת סימן תתב (המילים ׳בתשובות של רב צמח׳ שבסוף סימן תתא שייכות אף הן לסימן תתב, כמצוי הרבה בדפוס פראג; ראה: עמנואל, ׳דפוס פראג׳, עמ׳ 562); תשובות מימוניות, קנין, סימן כב (בשם ספר החכמה). ומשם הובאה התשובה באוצר הגאונים, כתובות, סימן תשפ.

תא וסייע בהדאי בין בחנם בין בשכר ואזל וסייעי׳ והוה ביה חריפות׳ והטעה לגוי בין במשקל בין במדה בין בפשיטי, את׳ לקמי דהילל הזקן ואמ׳ להו זילו מדדו ותקלו ומנו ומאי דפייש פליגו בעקב, דאי לא זוזי דהאיך לא הות מטעי׳ לגוי, ואילמל׳ לא מטעי לא הוה פייש, והודו לו חכמ׳ להילל הזקן.[182] ובאיכ׳ רבתי[183] נמי גבי ההוא ינוק׳ אשכחנ׳ שאמר אנא ברגל׳ ואת בפריטך, ולפי אות׳ הדברים היה להם לחלק.

182 מעשה זה איננו לפנינו בספרות חז״ל, כפי שכבר העירו אלבק (לעיל, הערה 17) וערנרייך בהערותיהם לראב״ן שם.

183 דברי המדרש הם תוספת של ר׳ ברוך על דברי הגאונים, וראה על כך לעיל, הערה 161.

רשימת הקיצורים הביבליוגרפיים

מהדורות ומחקרים

אור זרוע = אור זרוע, א–ב, זיטומיר תרכ״ב; ג–ד, ירושלים תרמ״ז–תר״ן.

אורבך, בעלי התוספות = א״א אורבך, בעלי התוספות, ירושלים תש״ם[4].

אפטוביצר, מבוא לספר ראבי״ה = א׳ אפטוביצר, מבוא לספר ראבי״ה, ירושלים תרצ״ח.

אפשטיין, מחקרים = י״נ אפשטיין, מחקרים בספרות התלמוד ובלשונות שמיות, א–ג, ירושלים תשמ״ד–תשנ״א.

הגהות מימוניות; תשובות מימוניות = משנה תורה, וילנה תר״ס; משנה תורה, מהדורת ש׳ פרנקל, ירושלים ובני־ברק תשל״ה–תשנ״ט (ספרים: זמנים, נשים, קדושה, הפלאה, זרעים, נזיקין, קנין, משפטים, שופטים).

מרדכי, בבא קמא, מהדורת הלפרין ושורץ = מרדכי השלם מסכת בבא קמא, מהדורת א׳ הלפרין וח׳ שורץ, ירושלים תשנ״ב.

מרדכי, גיטין, מהדורת רבינוביץ = מ״א רבינוביץ, ׳ספר המרדכי לרבינו מרדכי בן הלל האשכנזי למסכת גיטין והילכות הגט׳, מחקרים ומקורות, ב (תש״ן), עמ׳ 325–872.

עמנואל, ׳דפוס פראג׳ = ש׳ עמנואל, ׳תשובות מהר״ם מרוטנבורג דפוס פראג׳, תרביץ, נז (תשמ״ח), עמ׳ 559–597.

עמנואל, ׳ספרים אבודים׳ = ש׳ עמנואל, ׳ספרי הלכה אבודים של בעלי התוספות׳, חיבור לשם קבלת התואר דוקטור של האוניברסיטה העברית בירושלים, תשנ״ג.

פסקי עירובין למהר״ם = פסקי עירובין למהר״ם מרוטנבורג, מהדורת א׳ קליין (תשובות, פסקים ומנהגים, ד), ירושלים תשל״ז.

ראבי״ה, א–ג = ראבי״ה, מהדורת א׳ אפטוביצר, א–ג, ירושלים תשכ״ד[2].

ראבי״ה, ד = ראבי״ה, מהדורת א׳ פריסמן וש״י כהן, ירושלים תשכ״ד.

ראבי״ה, תשובות, א–ב = ראבי״ה: תשובות ובאורי סוגיות בענינים שונים, מהדורת ד׳ דבליצקי, בני־ברק תשמ״ט–תש״ס.

ראב״ן = אבן העזר הוא ספר ראב״ן, מהדורת ש״ז ערנרייך, שאמלויא תרפ״ו.

שו״ת מהר״ח אור זרוע = שאלות ותשובות מהר״ח אור זרוע, מהדורת י׳ רוזנברג, ליפסיא תר״ך.

שערי דורא = שערי דורא, מהדורת י״נ פרייליך, וראנוב ת״ש–תש״א.

תשובות ופסקים מאת חכמי אשכנז וצרפת = תשובות ופסקים מאת חכמי אשכנז וצרפת, מהדורת א׳ קופפר, ירושלים תשל״ג.

תשובות מהר״ם, דפוס ברלין = שערי תשובות מהר״ם בר׳ ברוך, מהדורת מ״א בלאך, ברלין תרנ״א.

תשובות מהר״ם, דפוס לבוב = שאלות ותשובות מהרם בר ברוך, מהדורת רנ״נ רבינוביץ, לבוב תר״ך.

תשובות מהר״ם, דפוס פראג = תשובות מהר״ם מרוטנבורג, פראג שס״ח; מהדורת מ״א בלאך, בודפשט תרנ״ה.

כתבי־יד

כ״י אוקספורד 641 = קובץ תשובות, חלקן של מהר״ם מרוטנבורג, כ״י אוקספורד, ספריית בודליאנה 641 (Opp. Add. fol. 34).

כ״י אוקספורד 678 = מרדכי הגדול, כ״י אוקספורד, ספריית בודליאנה 678 (Opp. 42).

כ״י בודפשט 1 = ספר המרדכי, כ״י בודפשט, המוזאון הלאומי 1 °2.

כ״י וטיקן 141 = ספר המרדכי, כ״י וטיקן Ebr. 141

כ״י ירושלים 6695 = ספר המרדכי, כ״י ירושלים, בית הספרים הלאומי והאוניברסיטאי 6695 °4 (לשעבר: כ״י ירושלים, היכל שלמה ג 45).

כ״י פראג 20 = קובץ תשובות, חלקן של מהר״ם מרוטנבורג, כ״י פראג, המוזאון היהודי 20.

כ״י פרמה 86 = קובץ תשובות, חלקן של מהר״ם מרוטנבורג, כ״י פרמה, ספריית פאלאטינה 2758 (דה רוסי 86).

כ״י פרמה 929 = ספר המרדכי, כ״י פרמה, ספריית פאלאטינה 2902 (דה רוסי 929).

דברי סיום

עזרא פליישר

אנו חותמים כעת את יום העיון הזה, שבו נשתעשענו בתורתם של חוקרים רכים בשנים אך אבות בחכמה, שהקיפו בדבריהם קשת מרהיבה של נושאים ושיקפו איש על פי דרכו את עומק הבנתם בסוגיות סבוכות וקשות. גם מי שהלך שולל, כמוני, אחרי קסם דבריהם, בוודאי התקשה להסיח דעתו מנוכחותו בתוכנו, ברוח, במעמד הזה, של מי שנגזר עלינו על פי רצונו שלא לייחד דברים לזכרו. מי שזוכר את האקספרסיוויות הנדירה של תווי פניו בוודאי ראה אותו לאורך השעות הללו כובש, כדרכו בעת רצון, בת־צחוק של סיפוק. הדברים שהושמעו כאן הם שכר גדול לפועלו, והעובדה ששכר זה בא לו למרות רצונו היא סימן יפה לא רק לו; היא סימן יפה גם לנו.

אזכיר לעצמנו גם זאת: פרופסור אורבך עליו השלום היה לא רק חוקר גדול, איש בעל כושר עבודה אדיר ומבין מושלם בהצטרכויות האמתיות של מקצועותיו. הוא היה לא רק ידען גדול ודייקן גדול ועמקן גדול ובנאי גדול של ספרים גדולים. הוא היה גם אדם חופשי במובן העמוק והנדיר של הצירוף היפה והגאה הזה; בן־חורין גמור בעיצוב דעותיו ודרכו; אדם ריבון — לא רק במחקר אלא גם בהליכותיו ובעמדותיו ובעשיותיו, ברשות היחיד וברשות הרבים כאחד.

הוא היה גם אדם אמיץ מאוד, אדם עשוי לבלי חת, בלתי נכנע לאימה, בלתי מחשב חשבונן של סכנות, בלתי מקבל מרות מלבד מרות מצפונו ושיקול דעתו. איש שידע לומר דברים שעמיתיו פחדו לגלות ללבם, קל וחומר לפיהם, ולעשות מעשים מבהילים בתעוזתם, שמאחוריהם הסתתרה — כפי שכולנו יודעים כעת — ראייה בהירה, כמעט נבואית, של הנולד.

הוא היה גם איש שָׂשׂ לקבל עליו אחריויות, מנהיג מולד שהעמיס על כתפיו עולם של צורכי ציבור וראה עצמו אפוטרופוס טבעי על דברים שנראו חשובים בעיניו. הוא היה אדם שברח מן הכבוד אבל ביקש את הסמכות, איש שתחושת מחויבויותיו הכלליות הייתה עזה בלבו לא פחות מחמדת המחקר שלו.

לא לשבח את פרופסור אורבך באתי בדברים האלה; חס לי לעבור על מצוותו. אף לא עליו דיברתי, אלא, בדרך ההיפוך והתוכחה, על עצמנו. ודיברתי כנגד החברים הצעירים שלנו, ממשיכי דרכו. אנשי מופת אמתיים מופת הם בכוליות הווייתם. תורה שהניח פרופסור אורבך בקרן זווית ראינו שבאו ונטלו. מי ייתן ונראה אותם נוטלים ונושאים בגאון גם את שאר כתריו.

CONTENTS

ISBN 965-208-155-8

Typeset by Monoline Press Computers Ltd.
Printed in Israel at Keterpress Enterprises, Jerusalem

PUBLICATIONS OF THE ISRAEL ACADEMY

OF SCIENCES AND HUMANITIES

SECTION OF HUMANITIES

ISSUES IN TALMUDIC RESEARCH

Conference Commemorating

the Fifth Anniversary of the Passing of

Ephraim E. Urbach

2 December 1996

JERUSALEM 2001